面向新工科的电工电子信息基础课程系列教材

教育部高等学校电工电子基础课程教学指导分委员会推荐教材

信息系统
分析与设计

熊伟 陈浩 陈荦 编著

清华大学出版社

北京

内容简介

本书以建立整体化、系统化的信息思维为目标，构建从信息基础知识到前瞻性技术的知识体系。从信息系统相关的概念引入，以信息系统开发生命周期为主线，全面系统地介绍信息系统的技术基础、数据库技术、规划、分析、设计、实施与管理等理论、方法和技术。在全面覆盖基础知识点的同时，注重介绍敏捷开发、持续集成等新的信息系统开发方法，分析新型硬件架构发展的背景下，互联网时代云计算、大数据、元宇宙、人工智能等技术对信息系统开发带来的挑战，跟踪信息技术最新的发展趋势。此外，在知识点的阐述中引入适当的实例分析，在每章最后通过思维导图串联全部知识点，并提供习题进一步加深对知识点的理解。

本书可作为高等院校信息工程、信息管理与信息系统、软件工程、管理工程等专业"信息系统原理与应用""信息系统分析与设计""软件工程"等课程的教材，也可作为信息系统开发和管理人员、信息系统教学和科研人员的参考书。

本书封面贴有清华大学出版社防伪标签，无标签者不得销售。
版权所有，侵权必究。举报：010-62782989，beiqinquan@tup.tsinghua.edu.cn。

图书在版编目(CIP)数据

信息系统分析与设计/熊伟，陈浩，陈莘编著. —北京：清华大学出版社，2024.1
面向新工科的电工电子信息基础课程系列教材
ISBN 978-7-302-65189-5

Ⅰ.①信… Ⅱ.①熊… ②陈… ③陈… Ⅲ.①信息系统—系统分析—高等学校—教材 ②信息系统—系统设计—高等学校—教材 Ⅳ.①G202

中国国家版本馆CIP数据核字(2024)第001032号

责任编辑：文 怡 李 晔
封面设计：王昭红
责任校对：刘惠林
责任印制：沈 露

出版发行：清华大学出版社
网　　址：https://www.tup.com.cn, https://www.wqxuetang.com
地　　址：北京清华大学学研大厦A座
邮　　编：100084
社 总 机：010-83470000
邮　　购：010-62786544
投稿与读者服务：010-62776969, c-service@tup.tsinghua.edu.cn
质量反馈：010-62772015, zhiliang@tup.tsinghua.edu.cn
课件下载：https://www.tup.com.cn, 010-83470236

印 装 者：三河市铭诚印务有限公司
经　　销：全国新华书店
开　　本：185mm×260mm　　印　张：20.5　　字　数：460千字
版　　次：2024年1月第1版　　印　次：2024年1月第1次印刷
印　　数：1~1500
定　　价：75.00元

产品编号：096512-01

前言

在信息领域,各类信息基础设施的广泛布设,移动互联网实现的泛在互联等,使得信息的获取和传输能力达到了空前的水平。面对更为丰富的数据获取与采集手段、全新的数据分析和处理模式以及不断增长的应用需求,信息系统的体系架构和服务模式必须产生重大变革。另外,信息应用领域也正在开始全面应用计算领域带来的成果和进步。在新兴计算领域,各种计算系统已经可以支撑不同架构、不同规模的计算问题,有能力进行大尺度的信息处理和计算。这样就有必要开展系统层面的研究,从软件体系架构入手,深入研究信息处理和计算的优化方法和工程化应用方法,以期形成能够为社会经济服务的信息系统,在应用中作为系统平台支撑各类行业级甚至公众级应用。

从 2007 年起,笔者所在的研究团队结合高性能计算技术,研发新一代的自主可控高性能地理信息系统 HiGIS,全面提升了地理空间数据的管理、处理、分析和可视化效率,为很多应用提供了高性能支持。HiGIS 就是典型的信息系统,在 HiGIS 的研发过程中,从开始的 C/S 架构到最终的 B/S 架构,从单一由空间数据库统管到多种存储模式,从传统的 MPI 并行计算到基于分布式内存的 Spark 计算,研究团队进行了很多尝试,也收获了丰富的经验。因此,笔者一直想把研究团队对信息系统分析与设计的理解和认识形成文字,为更多的信息系统科研和应用人员提供参考。

笔者在"数据库系统原理""信息系统分析与设计"等课程教学中发现,将数据库技术和系统分析设计的知识点分开讲授,学生在信息系统研发实践中衔接得不是很好,一方面,数据库实践缺少信息系统的展示;另一方面,信息系统开发常常需要回顾数据库知识,因此一直考虑将这两部分内容融会贯通。另外,信息技术是发展和变化最快的领域,云计算与大数据带来了新的信息系统思维方式。互联网时代持续集成与传统软件开发方法区别很大,新的开发方法和技术也层出不穷,传统的教学内容需要及时更新。最后,在面向军事院校的教学中,应该充分考虑未来新军事需求。在瞬息万变的战场中,信息具有变化快、不确定、不完备、不精确的特点,具备对信息特征的辩证统一思想,熟练运用知识、自驱更新知识,才能胜任战争新形态、作战新形式的需求。本书特色在于建立整体化、系统化的信息思维,让信息系统开发人员构建从信息基础知识到前瞻性技术的知识体系。

本书主要内容如下。

第 1 章绪论。介绍数据和信息、管理与决策、机构、系统等相关概念。

第 2 章认识信息系统。介绍信息系统、系统分析员、系统开发生命周期等基本概念,以及信息系统体系结构和不同类型。

第 3 章信息系统技术基础。主要介绍和信息系统开发相关的计算机系统、计算机网

前言

络技术,以及常用的信息系统开发方法。

第4章数据库技术基础。通过数据管理技术的发展,介绍关系模型、关系代数、SQL,以及数据库技术在 NoSQL、机器学习、新型硬件架构和云原生方面的进展。

第5章系统规划。介绍信息系统的规划模型和方法。

第6章系统分析。介绍信息系统开发的结构化分析方法和面向对象分析方法。

第7章系统设计。介绍信息系统开发的结构化设计方法和面向对象设计方法。以多种设计模式为案例,对面向对象设计方法进行详细介绍。

第8章数据库设计。介绍数据库设计的过程,以及指导数据库设计的实体联系模型和关系数据库设计理论。

第9章系统实施与管理。介绍信息系统的实施、测试、运行与维护方法,以及信息系统项目开发的管理方法。

第10章信息系统发展趋势。介绍云计算环境、大数据思维、元宇宙和知识驱动背景下信息系统的发展趋势。

本书的主要读者对象包括但不局限于高等院校信息工程、信息管理与信息系统、软件工程、管理工程等专业学生,信息系统研发与管理人员,信息系统教学和科研人员,等等。

在本书的编写过程中得到了多位老师的悉心指导和帮助支持,尤其是国防科技大学电子科学学院信息工程教学团队的老师们,包括:信息工程专业实践教学组长、信息工程专业工程认证组秘书李沛秦副教授,信息工程专业本科教学团队秘书欧阳雪副教授,信息与通信工程学科研究生信息处理与分析教学组组长杜春副教授,信息与通信工程学科研究生教学团队秘书吴烨副教授,信息工程专业航天遥感教学组组长计科峰教授等。感谢笔者所在研究团队的研究生们为高性能地理信息系统研发所提供的案例贡献,包括:博士生陈南宇、刘泽邦、资文杰、刘凤等,硕士生李瑞清、曹竞之、苏鸿宇、李杨、邓益凌、郝一鸣、熊淑怡、高嘉媛、黄旺、彭为晨等,书中很多内容参考了大家的研究成果,在此表示诚挚的感谢!

在本书的编写过程中参考了大量信息系统分析与设计的相关书籍、教材和论文,并列在主要参考文献中,在此向相关文献的作者表示衷心感谢。同时限于篇幅,对其他未能列举引用的内容作者表示歉意。

信息系统分析与设计是一个快速发展的领域,由于笔者能力有限,书中难免出现错漏和不足之处,殷切希望同行专家和读者批评指正,给出宝贵建议(tupwenyi@163.com)。笔者也会尽最大努力不断修改完善,在后续再版时及时更新。

编　者

2023年10月

目录

资源下载

第 1 章 绪论	1
1.1 数据与信息	2
1.1.1 数据和信息的概念	2
1.1.2 信息的特征	3
1.1.3 信息的分类	5
1.2 管理与决策	6
1.2.1 管理的概念	6
1.2.2 管理的基本职能	7
1.2.3 决策模型	8
1.2.4 非结构化决策与结构化决策	10
1.3 机构	10
1.3.1 机构的概念	10
1.3.2 机构的组成结构	11
1.4 系统	14
1.4.1 系统的组成与概念	14
1.4.2 系统的特征	15
1.4.3 系统的类型	17
本章思维导图	18
习题 1	18
第 2 章 认识信息系统	20
2.1 信息系统概念	21
2.2 系统分析员	22
2.2.1 系统分析员求解问题的一般思路	22
2.2.2 系统分析员所需的知识和技能	24
2.3 系统开发生命周期	25
2.3.1 系统开发生命周期概念	25
2.3.2 系统开发的过程性	26
2.3.3 系统开发的方法学	27
2.3.4 SDLC 的演变	29

目录

- 2.4 信息系统体系结构 … 31
- 2.5 典型信息系统 … 34
  - 2.5.1 事务处理系统 … 34
  - 2.5.2 管理信息系统 … 35
  - 2.5.3 决策支持系统 … 38
  - 2.5.4 办公自动化系统 … 40
  - 2.5.5 指挥信息系统 … 41
- 本章思维导图 … 43
- 习题 2 … 44

第 3 章 信息系统技术基础 … 45

- 3.1 计算机系统 … 46
  - 3.1.1 计算机硬件 … 47
  - 3.1.2 计算机软件 … 49
  - 3.1.3 计算机系统类型 … 50
- 3.2 计算机网络 … 53
  - 3.2.1 计算机网络发展阶段 … 53
  - 3.2.2 计算机网络系统组成 … 54
  - 3.2.3 计算机网络类型 … 57
- 3.3 信息系统开发方法 … 59
  - 3.3.1 结构化方法 … 59
  - 3.3.2 面向对象方法 … 63
  - 3.3.3 原型法 … 67
  - 3.3.4 面向方面的方法 … 69
  - 3.3.5 敏捷开发方法 … 70
- 本章思维导图 … 74
- 习题 3 … 74

第 4 章 数据库技术基础 … 76

- 4.1 数据库系统概念 … 77
  - 4.1.1 从简单的通讯录数据管理问题开始 … 77
  - 4.1.2 数据库系统相关概念 … 80
  - 4.1.3 数据管理技术的发展 … 83
- 4.2 关系模型 … 85

目录

  4.2.1 数据模型 ……………………………………………………… 85
  4.2.2 典型的数据模型 ………………………………………………… 86
  4.2.3 关系及其特性 …………………………………………………… 90
 4.3 关系代数 ……………………………………………………………………… 92
  4.3.1 关系代数概述 …………………………………………………… 92
  4.3.2 集合运算 ………………………………………………………… 93
  4.3.3 关系运算 ………………………………………………………… 95
  4.3.4 综合运用 ………………………………………………………… 98
 4.4 SQL 语言 ……………………………………………………………………… 99
  4.4.1 SQL 语言概述 …………………………………………………… 99
  4.4.2 使用 SQL 建立数据库 ………………………………………… 100
  4.4.3 SQL 高级查询 …………………………………………………… 105
  4.4.4 完整性约束 ……………………………………………………… 108
 4.5 数据库技术发展趋势 ………………………………………………………… 110
  4.5.1 NoSQL 数据库 ………………………………………………… 110
  4.5.2 机器学习与数据库的结合 ……………………………………… 111
  4.5.3 面向新型硬件架构的数据库 …………………………………… 113
  4.5.4 云原生数据库 …………………………………………………… 114
 本章思维导图 ……………………………………………………………………… 116
 习题 4 ……………………………………………………………………………… 117

第 5 章 系统规划 119

 5.1 信息系统规划概述 …………………………………………………………… 120
  5.1.1 信息系统规划概念 ……………………………………………… 120
  5.1.2 信息系统规划的作用和特点 …………………………………… 120
  5.1.3 信息系统规划的组织 …………………………………………… 121
  5.1.4 信息系统规划的目标和任务 …………………………………… 122
 5.2 信息系统规划模型 …………………………………………………………… 123
  5.2.1 诺兰模型 ………………………………………………………… 123
  5.2.2 西诺特模型 ……………………………………………………… 124
  5.2.3 三阶段模型 ……………………………………………………… 124
 5.3 信息系统规划阶段 …………………………………………………………… 125
  5.3.1 信息系统发展战略规划 ………………………………………… 125

目录

  5.3.2 业务流程规划 …………………………………… 126
  5.3.3 信息系统总体结构规划 ……………………………… 128
  5.3.4 项目实施与资源分配规划 …………………………… 128
  5.3.5 可行性研究 ………………………………………… 129
 5.4 常用的信息系统规划方法 ……………………………………… 131
  5.4.1 企业系统规划 ………………………………………… 131
  5.4.2 关键成功因素 ………………………………………… 136
  5.4.3 战略数据规划 ………………………………………… 137
  5.4.4 战略栅格 …………………………………………… 138
  5.4.5 价值链分析 ………………………………………… 138
  5.4.6 战略一致性模型 ……………………………………… 139
本章思维导图 ………………………………………………………… 140
习题 5 ………………………………………………………………… 140

第 6 章　系统分析 …………………………………………………… **142**

 6.1 系统分析概述 …………………………………………………… 143
  6.1.1 系统分析的概念 ……………………………………… 143
  6.1.2 系统分析的必要性 …………………………………… 144
  6.1.3 系统分析的活动 ……………………………………… 145
 6.2 获取系统需求 …………………………………………………… 147
  6.2.1 系统的需求分类 ……………………………………… 147
  6.2.2 系统需求的信息来源 ………………………………… 148
  6.2.3 获取系统需求的方法 ………………………………… 150
 6.3 结构化分析方法 ………………………………………………… 153
  6.3.1 结构化分析方法的思想 ……………………………… 153
  6.3.2 业务流程图 ………………………………………… 154
  6.3.3 数据流程图 ………………………………………… 155
  6.3.4 处理逻辑描述 ………………………………………… 162
 6.4 面向对象分析方法 ……………………………………………… 164
  6.4.1 面向对象分析的概念 ………………………………… 164
  6.4.2 面向对象分析建模 …………………………………… 165
  6.4.3 系统行为建模：用例图和场景 ……………………… 166
  6.4.4 对象静态结构：类图和包图 ………………………… 170

目录

  6.4.5 对象交互建模：顺序图和协作图 …………………………… 174
  6.4.6 对象行为建模：状态图和活动图 …………………………… 178
 本章思维导图 ………………………………………………………………… 181
 习题 6 ………………………………………………………………………… 182

第 7 章 系统设计 …………………………………………………………………… 183
 7.1 系统设计概述 ………………………………………………………… 184
  7.1.1 系统设计原则 ……………………………………………… 184
  7.1.2 系统设计的目标 …………………………………………… 185
  7.1.3 系统设计阶段的主要活动 ………………………………… 186
 7.2 系统结构的结构化设计方法 ………………………………………… 190
  7.2.1 结构化设计方法 …………………………………………… 190
  7.2.2 模块和模块化 ……………………………………………… 191
  7.2.3 模块结构图 ………………………………………………… 192
  7.2.4 模块结构图的构造 ………………………………………… 194
  7.2.5 评价模块结构图的度量标准 ……………………………… 200
 7.3 处理流程设计 ………………………………………………………… 204
  7.3.1 系统流程设计 ……………………………………………… 204
  7.3.2 模块处理流程设计 ………………………………………… 205
 7.4 输入输出设计 ………………………………………………………… 208
  7.4.1 输入设计 …………………………………………………… 208
  7.4.2 输出设计 …………………………………………………… 212
 7.5 用户界面设计 ………………………………………………………… 214
  7.5.1 用户界面的特征及其设计思路 …………………………… 215
  7.5.2 用户界面设计的指导原则 ………………………………… 216
  7.5.3 用户界面的形式 …………………………………………… 218
 7.6 面向对象的设计模式 ………………………………………………… 220
  7.6.1 软件架构设计 ……………………………………………… 221
  7.6.2 设计模式 …………………………………………………… 225
 本章思维导图 ………………………………………………………………… 233
 习题 7 ………………………………………………………………………… 233

第 8 章 数据库设计 ………………………………………………………………… 235
 8.1 数据库设计过程 ……………………………………………………… 236

目录

  8.1.1 数据库设计概述 ………………………………………………… 236
  8.1.2 数据库设计阶段 ………………………………………………… 238
 8.2 实体联系模型 …………………………………………………………… 241
  8.2.1 ER模型基本概念 ………………………………………………… 241
  8.2.2 ER图设计 ………………………………………………………… 243
  8.2.3 ER图转换为关系 ………………………………………………… 244
 8.3 关系数据库设计理论 …………………………………………………… 245
  8.3.1 好的关系模式 …………………………………………………… 245
  8.3.2 规范化理论 ……………………………………………………… 246
  8.3.3 范式 ……………………………………………………………… 249
本章思维导图 ………………………………………………………………… 254
习题8 ………………………………………………………………………… 254

第9章 系统实施与管理 ………………………………………………… 256

 9.1 系统实施 ………………………………………………………………… 257
  9.1.1 系统实施阶段的主要任务 ……………………………………… 257
  9.1.2 系统实施计划制定 ……………………………………………… 258
  9.1.3 系统实施的环境建设与设备购置 ……………………………… 259
 9.2 程序开发 ………………………………………………………………… 260
  9.2.1 好程序的标准 …………………………………………………… 261
  9.2.2 程序设计方法 …………………………………………………… 261
  9.2.3 程序设计语言的选择 …………………………………………… 262
  9.2.4 程序设计的风格 ………………………………………………… 263
 9.3 系统测试 ………………………………………………………………… 263
  9.3.1 测试的概念 ……………………………………………………… 263
  9.3.2 黑盒测试方法 …………………………………………………… 265
  9.3.3 白盒测试方法 …………………………………………………… 267
  9.3.4 测试阶段 ………………………………………………………… 270
 9.4 系统开发管理 …………………………………………………………… 272
  9.4.1 项目与项目管理 ………………………………………………… 272
  9.4.2 系统开发的组织与管理 ………………………………………… 274
  9.4.3 成本及进度管理 ………………………………………………… 276
  9.4.4 质量控制 ………………………………………………………… 278

目录

  9.4.5 文档管理 ································· 279
 9.5 运行与维护 ····································· 281
  9.5.1 系统的安装与转换 ····················· 281
  9.5.2 软件维护 ································· 283
  9.5.3 维护的代价 ······························ 284
  9.5.4 维护的活动及其管理 ··················· 284
  9.5.5 影响系统可维护性的因素 ············· 286
 本章思维导图 ··· 287
 习题9 ··· 288

第10章 信息系统发展趋势 ························ 289

 10.1 云计算 ··· 290
  10.1.1 基本概念 ································ 290
  10.1.2 体系架构 ································ 291
  10.1.3 关键技术 ································ 293
 10.2 大数据思维 ······································ 294
  10.2.1 基本概念 ································ 294
  10.2.2 大数据背景下的思维方式 ············ 296
  10.2.3 大数据处理 ····························· 298
 10.3 元宇宙 ·· 300
  10.3.1 基本概念 ································ 300
  10.3.2 主要技术 ································ 300
  10.3.3 元宇宙与信息系统的发展 ············ 303
 10.4 知识驱动 ··· 304
  10.4.1 知识图谱 ································ 304
  10.4.2 知识图谱体系架构 ···················· 307
  10.4.3 知识图谱关键技术 ···················· 308
  10.4.4 发展趋势 ································ 309
 本章思维导图 ··· 310
 习题10 ··· 310

参考文献 ·· 312

第1章 绪论

传感网技术和网络技术的进步,使得获取的数据规模和精度都在呈指数级快速上升,互联网时代的应用如地图服务、社交网络、旅游出行、电子商务等对数据进行存储、管理、处理和应用已经成为当今信息系统应用开发面临的严峻问题。如何从数据中获取信息和知识,是信息系统首先要解决的问题。什么是信息?什么样的信息才是有价值的?如何利用信息?谁来使用信息?需要从管理、决策、机构和系统等多个概念、多个角度进行解读,这样才能对信息系统有全面而明确的认识,从而提高正确开发和运用信息系统的能力。

1.1 数据与信息

1.1.1 数据和信息的概念

定义 1-1 数据是用来记录客观事物和原始事实的可识别的物理符号序列。

数据的定义包括两个特征:一是它的事实性,即它是对客观事物属性或客观事实的描述,如士兵的姓名、每周的训练小时数、器材库存量等;二是它的可鉴别性,即用来描述的物理符号不只是数值型的数字符号,还可以表现为文本、日期、图形、图像、声音等不同的数据类型,如表 1-1 所示,从计算机的存储、处理和表示角度,可将数据的这两个特征看作它的语义和语法两个要素。语法规定了描述数据的格式,语义则体现了数据的含义。同样的数据,给予不同的解释,可能代表着完全不同的含义。例如,2023 这个数据,既可以解释为学生入学时间,也可以解释为教师参加工作的时间。数据仅代表真实世界的客观事物和事实,只有按照一定的逻辑意义进行组织安排之后,才构成信息。

表 1-1 数据类型

数 据 类 型	举　　例
数值数据	年龄、身高、工资
文本数据	籍贯、政治面貌
日期数据	出生年月、入学时间
图形数据	地图、标注
图像数据	遥感影像、照片
声音数据	录音、合成语音

对于信息的概念,不同的学科有不同的解释,它们符合各自学科规范的要求,如"信息就是消息""信息就是知识""信息是客观事物运动状态的反映"等。信息论的奠基人香农认为"信息是用来消除随机不确定性的东西",控制论创始人维纳认为"信息是人们在适应外部世界,并使这种适应反作用于外部世界的过程中,同外部世界进行互相交换的内容和名称"。因此,从不同学科角度对于信息的理解不同。而当计算机产生后,就可以从数据及数据处理、信息管理与信息系统学科的角度来看待数据了。

如果把计算机看成可以对数据进行处理的工具,那么数据和信息之间的关系是"原材料"与"产品"的关系。

定义 1-2 信息是加工处理之后的数据,是有一定含义的数据,是对决策有价值的数据。

这个定义说明,数据经过处理仍然是数据,处理数据是为了更好地解释数据,只有经过解释,数据才有(对应用的)意义,才能成为信息。信息的存在形式仍然是数据,不同的是,数据记录事实,信息表达意义。例如,天气预报报道的温度、湿度数据,可以帮助人们判断天气是晴朗还是阴雨;北斗导航系统获取的经度和纬度数据,可以解释为军事目标的地理位置;遥感卫星获取的影像数据,经过判读可以识别军事目标。对信息的应用,形成了人所拥有的真信念、方法论和技能,就成为了知识。数据、信息和知识的对比如图1-1所示。

数 据	信 息	知 识
【例:0、1、2、3、4】	【例:今天最低气温是0℃】	【例:水在0℃结冰】
• 记录客观事物的、可鉴别的符号 • 具有文本、数字、图像等形式 • 最原始的记录,不回答特定问题	• 对客观世界产生影响的数据集合 • 对数据进行了加工处理 • 回答who、when、where、what等问题	• 由语法语义关联的信息结构 • 人所拥有的真信念、方法论和技能 • 回答how、why等问题

图 1-1 数据、信息和知识对比

从信息的定义可以归纳出3个层次的含义:一是主观性,即信息是人们对数据有目的地加工处理的结果,这一将数据转换为信息的过程称为处理,信息的表现形式可根据实际情况来决定;二是客观性,即信息反映了客观事物的事实状态,体现了人们对事实的认识和理解程度;三是有用性,即信息是人们行动或行为的依据。

1.1.2 信息的特征

1. 事实性

事实性是信息的中心价值。不符合客观性的信息不仅没有价值,而且可能产生负价值,它们往往是由不具有客观性的数据转换而成的,有时也可能是由不正确的处理(转换)过程引起的,或者不具有完整性。

信息的事实性体现了信息必须反映客观事实的意义,也是由数据的"事实性"决定的。来自虚假数据的信息是没有价值的。例如,"赤壁之战"中,周瑜用计令前来劝降的蒋干盗得假冒曹操水军都督蔡瑁、张允写给周瑜的降书,曹操批阅此书后,将两人斩首示众,致使曹军损失了通水性的将领,导致关键性战役的失败。蒋干获取的是虚假的信息,不但没有价值,反而带来损失。

2. 层次性

信息的层次性是与一个机构管理体系的层次性相对应的,一般分为战略级信息(生命周期约为5年)、战术级信息(生命周期为1~3年)和作业级信息。战略级信息是指高层管理决策者需要的关系到机构全局和长远利益的信息,它的制定需要大量地获取来自外部的信息,如国家行业政策、新技术动向、经济形势等。战术级信息来自一个机构所属的各个部门,它是部门负责人需要的各种关系到局部和中期利益的信息,如各种装备的计划,人、财、物等资源的配置等。作业级信息与日常事务处理活动有关,是基层执行人员需要的各种业务信息,如原材料的消耗量、生产的情况等。不同管理层次对信息层次性这一特征的属性要求如图1-2所示。

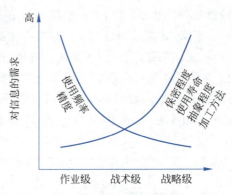

图 1-2　信息层次性的属性

信息的层次性由信息使用者的需求"层次"决定,顶层决策者使用战略级信息,局部管理者使用战术级信息,而基层执行者使用作业级信息。不同层次信息的属性不同,战略层信息主要是有关重大方向性问题的信息,如作战(经营)方针、长远计划等,这些信息可能不会经常使用,也没有那么细致,但对保密程度、使用寿命、抽象程度和加工方法要求很高;战术层信息是为了保证战略决策所需要的人、财、物的准备的信息,如队伍组建、装备(物资)周转、资源分配等,对信息的属性要求介于作业级和战略级之间;作业层信息是为了提高日常工作效率和效益而产生的信息,如日常业务问题等,使用频率很高,通常要求精确,但其他属性要求不高。

例如,解放战争时期的"平津战役"之前,东北野战军刚打完"辽沈战役",战士们觉得要进行三个月到半年的休整,国民党傅作义集团则做好兼顾南撤西退的部署,毛泽东站在解放全中国的战略高度,命令东北野战军立即发起"平津战役",这就是不同层次的使用者对于相同信息不同的理解、使用和决策。

3. 时效性

信息的时效性又可看作滞后性或增值性。信息是有寿命时效的,它只有在一定的时间内才能体现出其最大最有效的价值。用于某种目的的信息往往随着时间的推移而发生退化,失去原有的价值。这也是由客观事物的"时变性"决定的,现实世界中的事物随时变化,数据随之更新,旧信息失效,新信息产生。例如,2004 年 12 月 26 日,印度洋发生里氏 9.0 级强烈地震并引发海啸。由于没有及时获取和发布相关信息,缺乏完善的灾害处理预案,给印度尼西亚、斯里兰卡、泰国、印度等国造成巨大的人员伤亡和财产损失。因此时效性特点要求在有效时间内及时利用信息,才能充分发挥信息的价值。信息的时效性同时也体现在信息往往是大量数据处理之后的结果,而这些数据从采集、处理到应用过程都需一定的时间,这就是说信息滞后于数据,如图 1-3 所示。

图 1-3　信息的时效性特点

4. 共享性

信息在一定的时间内可以多次由多个使用者从多个不同的角度使用,而且信息的享用者均可以得到信息的全部。从某种意义上讲,信息也只有实现了共享才能真正成为资源。信息的这种共享与物质的共享不同,物质只能独享或者被享用者部分占有。信息的共享性又称为非消耗性。

诺贝尔文学奖得主萧伯纳说过:"你有一个苹果,我有一个苹果,我们相互交换苹果,每人仍然只有一个苹果。然而,你有一种思想,我有一种思想,我们彼此交换思想,那我们将同时拥有两种思想。"这就体现了信息的共享性。

5. 相关性

信息相关性是指信息与信息使用者要做的事情的相关程度。显然,相关性越高的信息价值越高。信息的相关性和完整性需要辩证来看待。在很长一段时间里,人们都在为解决信息的完整性问题而努力。但是,近年来信息技术的快速发展带来了信息量的激增,甚至是"信息爆炸"。在这种情况下,如何甄选出相关性高的信息就成为关注的重点。信息的相关性体现在两方面:一方面与事物相关,因为信息是由具体事物的数据产生的;另一方面与使用者相关,信息总是由关心该信息的人来使用的,使用方式、目的和效果都与使用者相关。

例如,沃尔玛超市发现感恩节前后啤酒与尿布的销售量要比平日多。原来家庭主妇大多在这几天出去逛街,留下男人在家,男人一边照看孩子一边看足球喝啤酒,致使啤酒与尿布需求量大增。这就是信息相关性的典型案例。

6. 传输性

信息能否发挥作用在于能否在正确的时间,通过正确的途径将正确的信息送到正确的地点,交给正确的人。这个正确的途径就是信息的传输性,使得在方便信息资源的交换与共享同时,既要保证信息利用的及时性、正确性,也要保证信息不被非法用户使用的安全性。

信息可以传输也需要传输,因为信息的使用者往往在不同空间位置。信息传输有多种方式,可传递、可广播。信息传输必须借助物理媒质,如声音、文件、电波等。而信息传输的基本要求就是及时、正确、安全。

在北京冬奥会期间,虽然无法让全世界的观众都到现场观看比赛,但是通过卫星电视、网络等多种传播方式,世界各地的人们足不出户,仍然能观赏到精彩纷呈的冬奥会节目。

1.1.3 信息的分类

信息是一种十分复杂的研究对象,信息从信源传输到信宿,对结果接收、处理、实施各环节再反馈到信源,就形成了一个信息运动的循环,称为信息循环,如图1-4所示。

信源,即信息的来源,可以是人、机器、自然界的物体等。信源发出信息时,一般以某种符号(文字、图像等)或某种信号(语言、电磁波等)表现出来。信道,就是信息传递的通

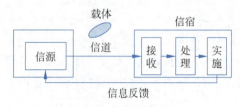

图 1-4　信息循环

道,是传输信息的媒质,如电缆、无线、微波、人工传送等。信道的关键问题是信道的容量。信道也担负着信息的存储任务。信宿,即信息的接收者,可以是人、机器,或另一个信息系统。

根据使用的需要和信息循环中的不同环节,信息可以分为如下类型。

- 按信息来源可分为内部信息和外部信息。
- 按信源性质可分为自然信息、社会信息、生物信息、机器信息等。
- 按载体性质可分为文献信息、语言信息、电子信息等。
- 按管理职能可分为市场信息、技术信息、人事信息、客户信息、产品信息、销售信息、财务信息等。
- 按应用层次可分为战略级信息、战术级信息、作业级信息等。
- 按信息流向可分为输入信息、输出信息、反馈信息等。

此外,还可以按信息使用频率、信息保存时间加以划分。

1.2　管理与决策

信息系统是服务于管理的,要使它能让管理者受益,就必须首先了解管理的内容以及管理所需的决策信息。

1.2.1　管理的概念

管理是人类社会一项经常性的活动,管理作为一种实践活动,自古有之,它不仅是一门科学,也是一门艺术。与对信息的理解类似,不同的学者研究管理的目的、侧重面不同,对它也就有不同的见解,也形成了几种有代表性的观点,现代管理理论创始人法约尔在 1916 年提出,"管理是以计划、组织、指挥、协调和控制等职能为要素组成的活动过程",这也成为管理定义的基础。根据美国管理协会的定义,"管理是通过其他人的工作达到机构的目标",这种表述包含 3 层意思:管理其他人及其他人的工作;通过其他人的活动来收到工作效果;通过协调其他人的活动进行管理。行为科学理论认为,"管理就是协调人际关系、激发人的积极性,以达到共同目标的一种活动",这种表述突出了人际关系,管理的核心是协调人际关系,根据人的行为规律去激发人的积极性;同一机构中的人具有共同的目标。管理的任务是促进人们相互间的沟通,为完成共同目标而努力。诺贝尔奖获得者西蒙认为,"管理就是决策",任何机构的管理者在管理过程中都要进行决策,所以从这方面看管理就是决策。毛泽东同志在 1964 年提出,"管理也是社会主义教育",这一观点强调了人的信仰、价值观在管理中的重要作用。这些对管理的解释是从不同的

角度反映管理性质的某个侧面,从其本质的共性的观点出发,可以给出如下的简单定义:

定义 1-3 管理是通过计划、组织、控制和领导等环节来协调资源,以期更好地达到机构(organization)目标的过程。

这个定义体现了管理的4个基本要素:管理主体是管理者;管理客体是管理对象,一般是指人、财、物,但随着生产力的不断发展,管理范围不断扩大,还包括技术、信息等对象;管理目标是指管理所要达到的目标,它使整个组织活动更富有成效;管理职能和手段是管理过程的具体体现,也是管理的核心,其本质就是管理的"活动"和"行为"。

因此,可以将管理进一步描述成管理活动,即管理的主体为达到一定的目标,运用一定的职能和手段对管理对象发生影响与作用的过程。以装备管理信息系统为例,管理的要素、含义和说明如表1-2所示。

表 1-2 管理的要素

要 素	含 义	举 例
管理主体	管理者	装备参谋等
管理客体	被管理对象	装备、器材、库房等
管理目标	管理所要达到的目标	动用感知、查找记录等
管理职能和手段	管理活动	装备入库、领用、维修、报废等

1.2.2 管理的基本职能

管理是一个过程,该过程主要是由体现管理职能的若干活动构成的,即管理的职能就是管理工作所包含的几类基本活动内容。

(1) 计划职能。计划职能是管理的首要职能,也是基本职能,"首要"是指其他职能的完成必须在计划职能的基础上;"基本"是指没有计划(没有目标),也就谈不上管理活动。计划就是确定机构目标,并制定实现目标的策略。计划职能主要解决两个基本问题:一是目标的确定,这也是计划的关键,它决定机构应该做什么,包括评估机构的资源和环境条件等,建立一系列机构目标,包括战略性目标和战术性目标等;二是过程的顺序,这是计划的准则,它制定相应的战略、战术措施以实现这些目标,不同的目标所实施的计划方案也不同。

(2) 组织职能。有了计划之后,如何去执行既定的计划?组织是决策目标如何实现的一种技巧,它通过建立最适合的组成结构,同时落实与配备相关的人力、物力等资源来体现,协调机构中的各个部分,建立高效的信息沟通网络,处理好机构的不同成员之间的各种关系,使组织的全体成员能和谐一致地进行工作。因此组织职能简单地说就是确定组成结构、分配机构资源、建立沟通网络、协调各种关系。

(3) 控制职能。控制也是管理工作中重要一环,随着机构内各项工作的展开,管理者需要通过参照计划来建立并使用一套指标体系,来评估组织资源的活动,再对照执行情况,纠正已经脱离或可能会脱离标准的偏差。控制职能与计划职能相比较,如果说计划职能侧重于"事先"对行动加以引导的话,那么控制职能则侧重于"事情过程中"对行动加以监督,确保计划的顺利实现。控制要求及时发现萌芽状态中的偏差,并加以有效的防止。

（4）领导职能。领导就是指挥、引导、协调并激励机构的成员，为实现目标而努力的过程。领导的职能贯穿于管理工作的各方面，但不能把领导与管理看作一回事，它只是管理中的一个环节，与其他职能的区别主要体现在人际的密切关系，领导的本质就是成员的追随与服从。成员追随和服从的原因就在于他们所信任的领导人员能够满足他们的愿望和需求。因此这也揭示了管理（实质上就是领导职能）是一门艺术的性质。

需要注意的是，随着管理理论研究的深入及客观环境的变迁，人们对管理职能定会有许多进一步的认识，但管理的这些基本职能不会发生根本性的变化。它们各自发挥着独特的功能和作用，完成管理过程中的基本活动，同时它们又是围绕管理目标而相互密切联系着的有机整体。

关于管理职能，还需补充说明以下几点。

第一，对管理职能认识的本身在不断变化。管理的计划、组织、控制、领导这4个基本职能，在20世纪初管理界就已有认识。时至今日，这种认识也未发生根本性的变化。但随着管理理论研究的深化和客观环境的变化，人们对管理职能又有了进一步的认识，原有的4个职能的某些方面加以强调，分离出新的职能，如有的书上还列出了激励职能、决策职能和创新职能。

第二，协调作为一切管理工作的根本，是一切管理工作的核心。归根到底，管理工作就是要创造一种环境，使组织成员协调工作，有效地完成组织的目标。每项管理职能的展开，都是为了促进整个组织的协调。有了协调，才可能收到个人单独活动所不能收到的良好效果，即整体大于部分之和。追求和谐是东方管理思想的核心。

第三，不同业务领域在管理职能内容上的差别。管理工作通常需要紧密地结合业务工作去做。不同组织、不同部门的具体业务领域不同，其管理工作也会表现出不同的特点。例如，营销部门、财务部门、人事部门都有计划，但在计划的目标及实现途径上表现出很不相同的特点。

第四，不同组织层次管理职能重点不同。高层管理重点在组织和控制，而基层管理人员在领导职能上花的时间比高层更多一些。即使相同的管理职能，不同层次的管理人员的工作内涵也不相同。例如，就计划职能而言，高层管理人员重点在长期战略计划，中层管理人员偏重中期的内部管理性计划，而基层管理人员侧重短期作业计划。

信息是管理的基础，也是决策的灵魂。管理本身就是一个有序化的过程，管理者需要根据大量、准确、全面、及时的信息，不断做出调整，以体现出管理的效率和有效性，从而保证目标的实现。效率是指"做正确的事情"，而有效性是指"将事情做正确"。所以从管理的观点，现代信息系统既要具有计划的功能，又要具有控制的功能。信息系统对管理具有重要的辅助和支持作用，现代管理要依靠信息系统来实现其管理职能、管理思想和管理方法。

1.2.3 决策模型

通常把管理活动分成3个层次：高层管理、中层管理、基层管理或操作管理。计划职能主要体现在中高层，基层只占很小的比重，控制职能则主要集中在中低层。实际上，计划和控制可能发生在组织的各级管理部门,有时候也不严格区分。以西蒙为代表的"决策理论"管理学派认为,"管理就是决策",整个管理过程就是一系列的决策过程。其实,根据管理的职能,也不难看出决策是管理的基本任务,通俗地讲,决策是对未来行动方向的确定和行动方案的选择。

定义 1-4 决策就是确定未来的行动方向、行动方案。

因此,管理的过程就是决策的过程,决策离不开管理。它不仅仅局限于高层管理人员的工作。西蒙建立的决策过程的基本模型包括 3 个阶段,如图 1-5 所示。

(1) 情报阶段(intelligence phase)。决策的第一步是调查企业内外的情况,收集有关数据并进行分析处理,以发现问题,寻找机会。所谓发现问题,就是发现企业管理中某方面的现实情况与理想情况的差别,并评价这种差别判断是否构成值得重视的问题。这里的理想情况可以是预定的计划,或者是过去情况的外推,或随环境变化而提出的目标。所谓寻找机会,就是对比经营管理的实际数据和理想情况,找出更有利于实现企业目标的经营方式的可能性。

(2) 设计阶段(design phase)。问题确立之后,应提出各种解决问题的可能方案。每种方案可能包含一系列有关的活动。对这些方案进行可行性分析,排除不可行的方案,将可行的方案及其优缺点整理出来,作为下一阶段进行抉择的依据。在进行分析时,可能发现第一阶段收集的数据不够,这时应返回第一阶段。

(3) 抉择阶段(choice phase)。设计阶段结束后,决策者按共同的准则对那些可行的方案进行比较,选出一种方案并付诸实施。选择方案时,必须以企业的某种利益和目标为根本出发点。企业由多个部门组成,部门与整体、部门与部门的利益可能有冲突,因此,必须强调以企业的整体利益和目标为决策依据。即使如此,由于企业是多目标系统,在这些目标中如何折中兼顾也非易事。在方案实施过程中,决策者还应进行监督,收集反馈信息,对行动方案进行必要的调整与修正。

在第三阶段也可能发现第二阶段提供的几种方案都不能令人满意,或者由于各种不确定因素而无法判定方案优劣。这时决策者就要返回第二阶段重新设计方案,或返回第一阶段进一步收集数据,以减少这些不确定性。

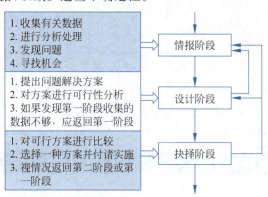

图 1-5 西蒙决策模型

但是,并非准备好全部数据后,决策者就可以获得所有情报并作出决策,因为并非所有数据都是信息,也不是所有信息都可以用来作决策。不同层级的人员有不同的职责,不同层次的决策所需要的信息也不同。一般说来,通常的信息系统能解决大多数问题,但不能提供全面解决方案,中高层的决策面向的问题大多不是结构化的,这需要借助于高级的或专门的信息系统才能完成。

1.2.4 非结构化决策与结构化决策

管理活动的不同层次分别对应着不同类型的决策过程,它反映了人们对决策问题的认识程度。高层管理的责任范围很广,所处理的问题涉及很多不确定的因素,一般没有固定的套路可以遵循,即使有现成的求解模型(如市场统计模型、预测模型等)可以参照,但模型的数据大多是定性、主观的,而且数据间的关系难以确定和描述,这一类活动从决策理论角度称为非结构化的。非结构化决策过程复杂,其决策过程和决策方法没有固定的规律可以遵循,没有固定的决策规则和通用模型可依,决策者的主观行为(如学识、经验、直觉、判断力、洞察力、个人偏好和决策风格等)对各阶段的决策效果有相当影响,往往是决策者根据掌握的情况和数据临时做出决定。例如,决定在何处建立防空雷达阵地的决策就是这样的一个例子,这一过程包括许多因素,如战术因素、阵地土质、地形、路面承载能力、通信状况、伪装条件等。

与此相对的便是结构化的活动,它一般对应机构的业务操作层,即面临的是日常业务所处理的问题。这类问题相对比较简单、直接,其决策过程和决策方法有固定的规律可以遵循,能用明确的语言和模型加以描述,并可依据一定的通用模型和决策规则实现其决策过程的基本自动化。早期的多数信息系统,都能够求解这类问题,例如,应用解析方法、运筹学方法等求解资源优化问题。两种决策类型的比较如表 1-3 所示。

表 1-3 非结构化决策与结构化决策的比较

模型特征	非结构化决策	结构化决策
识别程度	问题不确定、参数难以量化	问题确定、参数易量化
复杂性	问题复杂、非重复性	问题较简单
模型描述	需开发专用模型或无法建立模型	通用数学模型、规范描述模型
信息来源	外部或内部综合信息	内部
决策方式	非自动化	自动化

应当指出,管理人员所面临的许多决策,既不是绝对的结构化决策,又不是完全的非结构化决策,而是介于二者之间的所谓"半结构化决策"。对于这类问题,有一些规律可循,但又不完全确定。随着人们对该问题认识的不断深化,非结构化问题可转化为半结构化问题,进而转化为结构化问题。

1.3 机构

1.3.1 机构的概念

在定义 1-3 中提到了机构的概念,很多信息系统的论述中采用的是"组织"这个词,在汉语中,"组织"既可以作为动词,也可以作为名词。为了与动词"organize"进行区分,本书统一将名词性的"组织"用"机构"进行描述。

那么,管理是机构的活动,机构也需要管理。"机构(组织)"究竟是指什么?机构的组成结构对管理有什么样的影响?

定义 1-5 机构是指人和其他各种资源为达到某些目标,按照一定原则组成起来的正式集合。

因此,机构应该是能综合发挥人力、物力、财力等各种资源效用的载体。机构必须具备 3 个基本要素:目标、功能和组成部门。营利性机构(如企业、公司等)的首要目标就是通过增加收入和降低成本以使利润最大化,非营利性机构(如社会团体、高等院校等)的首要目标就是提供相应的社会服务等。机构要达到某个目标,就要求有一定的职能或功能,它是指完成某项工作的能力,而这种能力是靠一定的组成部门来实现的,组成部门的集合就是机构的组织结构,单元功能和单位机构之间不一定表现为一一对应的关系。

以表 1-4 所示某军事高等院校为例,其核心目标就是完成高素质新型军事人才培养和国防科技的自主创新,为了实现这个目标,需要支持教育训练、科学研究、行政管理等功能,这些功能又必须依托教学管理部门、科研管理部门、后勤保障部门、政治部门、图书馆、研究生院、各学院等组成部门来实现。

表 1-4 机构的基本要素

机 构	军事高等院校
目标	高素质新型人才培养、国防科技的自主创新
功能	教育训练、科学研究、行政管理
组成部门	教学管理部门、科研管理部门、后勤保障部门、政治部门、图书馆、研究生院、各学院等

1.3.2 机构的组成结构

根据机构的目标和管理方法,可以采用多种组成结构。机构的组成结构是指机构的子单元及其与整体的联系方式。组成结构对如何看待信息系统及使用何种系统都有影响,这也是有些信息系统在技术上是成功的,但在机构运行后却失败的重要原因之一。任何机构的建立都涉及 3 个相互联系的基本问题:管理层次的划分、管理部门的划分、职权关系。日常生活中人们所看到的多种多样的组成结构形式,从根本上说都是这 3 个基本问题受机构外部环境的多变影响而整合的结果。

定义 1-6 管理层次简单说就是指管理机构划分的等级数量,管理层次取决于机构结构层次的设置。

定义 1-7 管理幅度是指一名上级管理人员直接管理下级人数的数量,管理幅度取决于机构结构层次的配置。

管理层次和幅度的示意如图 1-6 所示。管理者的能力是有限的,当下属人数太多时,划分层次就成为必然,不同的管理层次标志着不同的职责和权限。在现代的组成结构中,它犹如一个正三角形,从上而下,权责递减,人数递增;且其趋势是层次逐步减少,但层次间的相互依赖性增强,即这种层次还具有网络结构性,除纵向的层次关系外,还依赖横向的水平关系。美国管理学家戴维斯认为,在体力劳动领域,中、高级管理者应该管理3~8名下属,基层或下级管理者可直接管理30名下属。从实践看来,管理幅度的弹性很大,因为影响管理幅度的因素很多,如管理者及被管理人员的素质、管理手段的先进性程度、机构沟通渠道等。

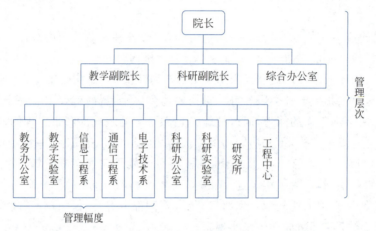

图 1-6 层次型组成结构

机构的组成结构对管理有决定性影响,尽管组织的结构有多种可能性,但常见的组织结构有下列几种。

1. 层次型组成结构

层次型组成结构是一种比较典型的传统式组成结构,以大学的学院为例,如图 1-6 所示,通常是按机构的功能来划分主要部门,如教学、科研、行政等,是一种主要部门向分管领导和机构领导报告的组织结构。现代组成结构的层次发展趋势是具有更少的管理层,它是一种赋予低层业务人员具有进行决策和解决问题的权力,而不需要等待中层管理者批准的组成结构,也就是扁平结构的组织方式。这种方式的结果是更快捷地行动及快速解决问题,从而降低整个机构成本,提高工作效率和服务质量。

2. 矩阵式组成结构

矩阵式组成结构在传统的层次性组成结构基础上,再增加一种横向的任务(或为某种产品或某种服务等)管理系统,即一维是"指挥-职能"的领导关系(行政关系),另一维是"任务-目标"的领导关系(工作关系),如图 1-7 所示。例如,2015 年中国人民解放军的国防和军队改革,打破以往的总部体制、大军区体制和大陆军体制,构建"军委管总、战区主战、军种主建"的领导指挥体制,这就是一种典型的矩阵式组成结构,建立起了"军委—战区—部队"的作战指挥体系和"军委—军种—部队"的领导管理体系。这种组成结构的主要优点是在保持传统式结构整体性的基础上突出了机构的重要"生产线"。但矩阵式组成结构对管理提出了更高的要求,需要更好地协调好部队的管理和训练任务和演习演训任务。如果在企业中实行矩阵式管理,行政主管可能安排技术人员出差进行售前技术支持,而项目主管需要技术人员加班研发产品,当这种冲突出现时,一般以临时成立的项目式组成结构来解决。这是一种以主要产品或服务为中心的组成结构,在机构内成立许多临时项目小组,项目期间项目组成员、任务等资源均由项目主管统一安排、调配,项目一经完成,项目组成员就解散或重新组成新的小组来完成其他项目。

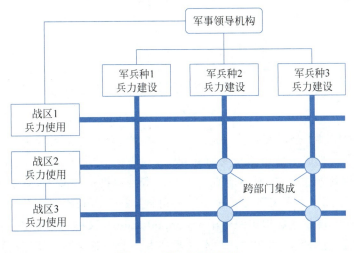

图 1-7 矩阵式组成结构

3. 事业部制组成结构

这种结构由美国通用汽车公司总裁斯隆于 1924 年提出,是一种高度集权下的分权管理体制,可以概括为"大权独揽,小权分散""集中管理,分散经营"的形式。各事业部必须服从总部的统一领导,一方面事业部有些事务还是由全公司统管,另一方面事业部又有为全公司服务或管理的义务。采用这种形式必须满足 3 个条件:事业部必须是分权化单位,具有独立经营的自主权;事业部必须是利益责任单位,具有利益生产、利益核算和利益责任 3 种职能;事业部必须是产品或市场责任单位,有自己的产品和独立的市场。事业部制组织结构的主要特点:提高了组织的灵活性和适应性,有利于组织对环境变化迅速做出反应;决策层摆脱了具体的日常事务,有利于集中精力进行战略决策和长远规划;有利于发展专业化,提高管理效率。这种形式的组成结构如图 1-8 所示。

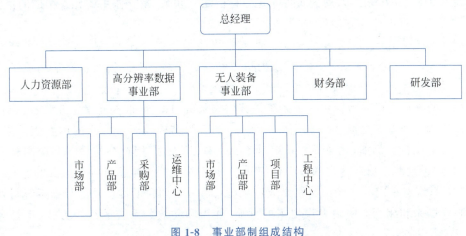

图 1-8 事业部制组成结构

4. 多头制组成结构

以上组成结构，对机构的顶层来说均是一个"单头"的组织，而多头制组成结构是指一个机构会被多个实体所控制和领导，如图 1-9 所示。

图 1-9 多头制组成结构

图 1-9 中的控股子公司实际上只是一个利润中心，公司总部对控股子公司的主要目标就是投资获利。控股子公司本身又有董事会，其一切活动均由自己决定，公司总部只是通过董事会对其施加影响，而不能直接干预。本公司投资的多少，对子公司的影响力也就不同，所以下属子公司又可分为全资子公司、控股子公司、参股子公司等。多头制组成结构的进一步发展就是虚拟组织(virtual organization)，又称动态联盟。虚拟组织是当代市场竞争、信息技术发展的产物。动态联盟是由多个企业为某个特定的任务组成的临时性的组织，当任务完成时，动态联盟自动解散，但仍保持相互沟通，以便再次联盟。盟主通常为掌握整个组织的关键资源(如市场和技术等)的企业。虚拟组织的目标是使盟主和其合作伙伴实现"双赢"。

1.4 系统

1.4.1 系统的组成与概念

系统的概念经常出现在日常生活中，如自然界的生物系统，农业的灌溉系统，人体的消化系统、呼吸系统、神经系统，计算机的操作系统、数据库管理系统，人类社会的行政系统、教育系统，等等。不同的人在不同的场合往往给"系统"赋予不同的含义。长期以来，系统概念的定义和特征的描述没有统一规范的定义。本书采用下述描述性定义：

定义 1-8 系统是一系列为实现一定目标而相互联系、相互作用的元素构成的集合。

这个定义可以从 3 方面理解。

(1) 系统是由若干元素组成的。这些元素可能是一些个体、元件、零件，也可能本身就是一个系统(称为子系统)。例如，发射机、接收机、天线、信号处理机、终端组成了雷达系统。而雷达系统又是预警机系统的一个子系统。

(2) 系统有一定的结构。一个系统是其构成元素的集合，这些元素相互联系、相互作用。系统内部各要素之间相对稳定的关联方式、组织结构及时空关系的内在表现形式，就是系统的结构。例如，北斗导航系统由各种卫星、地面站、用户终端设备和应用软件组成，但是如果这些组成部分之间没有任何联系，是不可能提供定位和导航服务的。

(3) 系统有一定的功能。特别是人造系统总有一定的目的性。功能是指系统与外部环境相互联系和相互作用中表现出来的性质、能力和功效。系统的组织方式，正是为了适应这种功能和目的要求。雷达系统的功能就是用电磁波的方式发现目标并测定它们的空间位置，从而不仅成为军事上必不可少的电子装备，而且广泛应用于气象预报、资源探测、环境监测等社会经济发展领域和天体研究、大气物理、电离层结构研究等科学研究领域。信息系统的功能是进行信息收集、传递、存储、加工、维护和使用，辅助决策，帮助机构实现目标。

系统的各种定义基本上都包含了这3个基本要素，其概念模型如图1-10所示。系统具有输入、处理机制、输出和反馈机制，如装备维修系统。显然这个系统的有形"输入"是一台出现故障的装备、器材和各种零件，时间、精力、技能和知识也是系统需要的输入。通过时间和精力来操作和运行系统，知识被用来确定装备维修操作的各个步骤及各个步骤之间的先后顺序，技能是指成功地操作故障检查、部件保养和零件更换的能力。"处理机制"包括操作员首先选择需要的维修选项并告诉维修员，如更换轴承、链条润滑和更新机油等，然后进行维修服务。系统"输出"是一台运行良好的装备。系统有一个"反馈"机制，它对系统目标的实现非常重要，是指将系统的（部分）输出经过一定的加工处理后返回给输入端，以进一步控制与调节系统的运行，如装备运行情况的判断。也可以将"反馈"功能看作系统"处理"的一部分。表1-5列出了几种不同类型系统的元素及反馈机制。

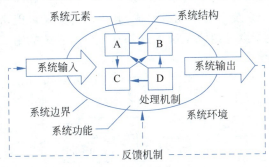

图1-10　系统的概念模型

表1-5　系统的元素及反馈机制

系　　统	元　　素			反馈机制
	输　　入	处　理　机　制	输　　出	
装备制造	结构、部件、人员、供给	焊接、油漆、组装	装备产品	高质量装备
高等院校	学生、教师、管理人员、实验室、教室	教学、科研、服务	合格的学生	获取知识、锻炼能力、塑造品质
医疗机构	医生、病人、护士、设备	诊断、手术、治疗	医疗服务	恢复健康

1.4.2　系统的特征

通过对系统特征的认识可以进一步加深对系统这一概念的理解。系统具有如下主要特征。

1. 整体性

整体性是系统最重要的特征，也是系统论的基本原理之一。所谓系统的整体性，是指一个系统由两个或两个以上既相互区别又相互联系的元素有机组合而成。"相互区别"是指每个元素都具有独特的性质和功能。系统的各个组成部分虽然在功能上相对独立，但它们之间又是相互联系的。所谓"相互联系"，是指这些元素为了一个共同的目标而相互关联、相互作用、相互制约。例如，企业中的计划部门、生产部门、销售部门和仓储部门等，它们之间就存在着多种相互依赖和相互制约的关系：计划部门要根据销售部门提供的市场需求情况和生产部门提供的生产能力制定生产计划，生产部门按照生产计划安排生产，销售部门根据生产状况和库存情况制定产品的销售计划和进行销售，仓储部门则及时将原材料和成品的库存情况反馈给生产和销售等部门等。"有机结合"是指"整体大于部分之和"，即由若干元素组成的表现出的整体性质和功能绝不是各个元素的性质和功能的简单相加，只有按照一定的结构有机地加以组织，"部分"才能在"整体"中体现出它的价值和意义。例如，计算机系统与组成它的软件元素及各个硬件元素（如显示器、键盘、CPU等），通过数据管理、计算处理、结果显示等体现出整体性。

2. 层次性

层次性是系统的一种基本特征，也是系统论的一个基本原理。系统的层次性是指，由于组成系统的诸多元素的不同，使系统的组成结构在地位和作用、结构和功能上表现出的等级秩序性。一个系统由若干元素组成，其中的元素又可能由低一层的元素组成，如此反复，最底层的元素则是组成系统的最基本单位。系统的组成层次呈树形结构，以防空导弹系统为例，如图1-11所示。

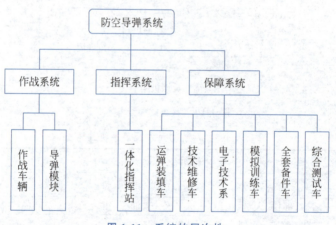

图1-11 系统的层次性

系统层次性的区分是相对的，系统的整体性也是在一定层次中形成一定结构基础上的整体性，系统的功能则是指系统与外部环境（它的上层系统）相互联系和相互作用的秩序和能力，它相对于上层的系统而言，逐层地具体化。系统的层次性有助于对复杂系统的认识，这种方法引导人们自觉、主动地控制讨论问题的层次和范围，即在某一阶段或某个具体时刻，从所处环境入手，集中力量了解认识当前层次，这一层次的问题弄清楚之后，再根据需要深入到下一层次的细节中去。认识一个系统层次性的过程就是系统分解的过程，即将一个功能和结构复杂的系统按一定的原则分解成若干复杂程度较小的子系统,层次的宽度和深度取决于系统的规模和复杂性。

3. 目的性

系统的目的性是系统发展变化时表现出来的特点。系统在与环境的相互作用中,在一定的范围内,其发展变化表现出坚持趋向某种预先确定的状态。一个系统的状态不仅可以用其现实状态来表示,还可以用发展终态来表示,或用现实状态与发展终态之间的差距来表示。"目的"本来限于表达与人的意志活动相关联的范畴,系统科学的兴起赋予目的性以全新的科学解释。按照控制论的观点,目的性行为即是受到反馈控制的行为,系统的目的可以通过系统的活动来实现。因此"目的"简单说来就是预先确定的目标,它引导着系统的行为。这也是系统工程的一种指导思想:要解决的问题需要有一个明确的目标,然后才能找出最优的解决方案并加以实施、监控和修正以达到这一最终目标。

4. 稳定性

任何一个系统均有产生、生长、消亡的过程,它是一个有生命的有机整体,必须将其置身于具体的环境之中,即系统是开放的而不是自组织的、封闭的,它从环境中取得物质、能量、信息等资源,再把经过加工处理后的资源送入环境,影响并改造环境。当然这种环境必须是与系统相关的。这就是说,系统目标的实现不仅取决于系统的内部结构的安排和活动功能,还要受到系统环境的约束。"适者生存",不能适应系统环境变化的系统是没有生命力的。稳定性也可以说是系统的环境适应性,是指通过在一定范围内的自我调节在保持原有有序状态的基础上对外部关系上的表现。显然这种表现不是静止的,而是开放的、动态的;不是绝对的,而是相对的。这就是说,稳定是发展中的稳定,稳定是发展的基础,发展是稳定的前提,任何系统都必须遵循这样的规律。系统的稳定性也说明了系统与系统环境之间的关系,系统通过系统边界与系统环境进行界限,系统环境对系统的约束表现为"输入",系统对系统环境的作用则表现为"输出"。

1.4.3 系统的类型

系统可以根据不同的特点来分类。

按照系统复杂程度可以划分为简单系统和复杂系统。简单系统内组成部分较少,元素之间的相互关系或相互作用简单直接,而复杂系统内由许多高度相关的相互关联的元素组成。例如,一个计算阶乘的程序,其中计算阶乘的输出、处理算法和输出都比较简单,程序模块也很单一,因此是一个简单系统。而一个机器人系统考虑了机械控制、人工智能、计算机视觉等多种技术,显然是一个复杂系统。

按照系统是否随时间变化,可以划分为动态系统和静态系统。随时间变化快的系统是动态系统,随时间变化相对稳定的系统是静态系统。例如,作战指挥控制系统需要随着时间的推移,实时动态更新战场环境、情报分析和作战态势等信息,随时做出动态的决策,是典型的动态系统。而图书馆信息系统,除了图书借阅和归还状态有所变化外,大部分信息都不会发生频繁变化,属于静态系统。

按照系统开放性可以划分为开放系统和封闭系统。这里的开放性是相对于系统环境而言的,需要与其环境相互作用的属于开放系统,与环境无相互作用(注意,除自组织系统外,绝对封闭的系统是不存在的)属于封闭系统。在手机操作系统中,安卓系统完全开源,任何软件开发商或者个人都能开发安卓的软件,属于开放式系统;而苹果公司的iOS则闭源,硬件的接口都自成体系,而且应用软件需要经过严格的审核才能在系统中下载、安装和使用,属于封闭系统。

按照系统抽象程度可以划分物理系统和概念系统。物理系统是完全确定的、已存在的实在系统,由具有实体的完全确定的物质组成。概念系统由抽象的不可触摸的概念、原理、原则、方法、制度、过程、步骤等元素组成。例如,一台汽车的发动机系统就是物理系统;而病毒防控系统,由许多规章制度、防控措施和行政手段等组成,就属于一种抽象的概念系统。

本章思维导图

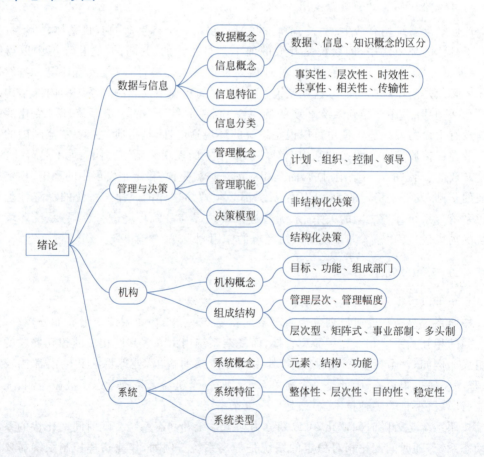

习题 1

1. 数据的两个基本含义是什么?
2. "12.88""歼20翼展为12.88米""歼20空中飞行能力很强""歼20作战半径超过美军的F35",这几项关于我国隐身战斗机歼20的描述中,哪项更符合信息定义?

3. 比较数据、信息、知识之间的关系。有价值的信息有何特征？

4. 2022年，北京冬奥会现场并未开放，但是大家每天都可以通过电视、网络和报纸收看到冬奥会盛况，这体现了信息的什么特征？

5. 管理有哪些要素？以现实生活中的信息系统为例，说明其中的管理要素是什么？

6. 管理有哪些基本职能？

7. 管理的"效率"与"有效性"有何区别？举例说明与管理有关的效率和有效性的实例。

8. 西蒙决策模型分为哪几个阶段？

9. 说明结构化决策与非结构化决策的区别，并举例分析。

10. 机构包含哪些要素？以现实生活中的机构为例，说明其中的要素。

11. 简述管理层次和管理幅度的关系。

12. 分析矩阵式组成结构的优缺点，试举例说明生活中还有哪些活动是采用矩阵式组成结构进行管理的。

13. 系统的三要素是什么？简单描述系统的特征。

14. 地理空间情报系统需要随时更新战场态势、双方人员和目标情况，教务管理信息系统定期更新课程、学生和教师信息，这两种系统哪种属于动态系统、哪种属于静态系统？

15. 结合身边的信息系统，如12306火车票购票系统、教务管理信息系统、电子购物系统等说明系统的元素、结构和功能。

第 2 章
认识信息系统

各种信息系统软件,在宏观方面可以为国家安全、地球环境、气候变迁、应急救援等提供服务,在微观方面可以为社会大众带来方便的"电子购物""智能交通""移动金融"等日常服务。信息系统已经在悄悄改变着人们的生活方式,不仅如此,信息系统在各领域的作用日益显著。而信息系统日益庞大,使得开发方法、技术和工具日益复杂,因此,从事信息系统设计、实施、管理、维护的高级专门人才需求日益旺盛。

2.1 信息系统概念

在金融领域,20世纪50年代美国旧金山美洲银行首次安装IBM702计算机系统,用于完成记账和编制报表,但是很多金融业务仍需要人们在柜台办理,而今天,人们通过手机银行、移动证券、支付宝、微信等软件可以减少很多烦琐的手续。在物流领域,以前主要靠邮政系统实现,周期长,可靠性低,而在信息系统的支撑下,方便快捷的快递让人们足不出户就可以享受电子购物、外卖等。在交通领域,以前的交通控制主要靠红绿灯、交通警察指挥实现,而现在的导航系统可以让用户轻松获取拥堵信息,选择最高效的通行方式。在军事领域,以前需要侦察兵冒着生命危险探听情报,武器系统的射击也常常因为缺乏准确的信息而无法发挥效能,而现在多种预警、侦察、监视系统,可以让指挥人员多方位地研判战场态势,实现精准的决策。

就如同农业时代的斧头、锄头等铁器,工业时代的枪炮等火器一样,在信息时代,信息成为重要的资源和武器。在军事上,信息优势可以转变为决策优势,进而形成行动优势,战争形态和制胜机理也因此发生了颠覆性变化。所以,理解信息系统分析、设计、建设与管理的概念、原理、技术与方法,掌握信息系统开发方法、步骤、构建和应用模式,在信息时代是必要的科学基础。

在给出信息系统定义之前,以地理信息系统为例,如图2-1所示,看看信息系统包含什么内容和环节。首先,通过人工测绘、遥感卫星、无人测绘车和互联网开放数据等手段获取地理空间数据,再通过网络将数据传输到服务器,使用空间数据库或者分布式文件系统将地理空间数据存储、组织和管理起来,才能够更高效地使用,地理空间数据经过处理后,可以应用到空间分析、路径规划、态势展现和信息检索等多个领域。因此,尽管对信息系统的定义不同领域有不同的理解,但是通过地理信息系统的描述,不难看出信息系统的核心概念。

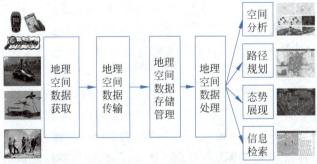

图 2-1 地理信息系统及其应用

定义 2-1 信息系统是由人、硬件、软件和数据资源组成的系统,目的是及时、正确地收集、传输、存储、处理和输出信息,实现机构中各项活动的管理、调节和控制。

当然,也可以用其他的理解方法来看待组成信息系统的若干相互作用的不同类型的元素,多种理解方法对信息系统的建设者会有不同的帮助。例如,从相互作用的各种事物的角度,一个信息系统包括软件、硬件设备、输入、输出、数据、业务处理过程和人,如图 2-2 所示,从这个角度可以看出,人是任何信息系统中不可或缺的重要组成元素,系统中有许多工作还必须由人工完成,这就是说,信息系统是一个人机交互系统。

图 2-2 信息系统及其组成元素

信息系统是现代企业的一种解决方案。任何类型的机构均可以(需要)通过信息系统来增强其竞争力。信息系统能够处理的问题很多。但是与一般的实用软件不同,信息系统往往与具体的机构紧密联系,其中存在一种集成的、面向机构具体需求独立定制的做法,难以通用。对机构具体问题的准确分析,对信息系统的优化设计十分重要。

2.2 系统分析员

2.2.1 系统分析员求解问题的一般思路

如果把信息系统看成现代机构所面临的问题的解决方案,那么一名系统分析员就是求解这个问题的人员。以抗美援朝决策为例,当时的决策背景是经济上,中华人民共和国刚成立,百废待兴;人力方面,解放战争刚结束,部队需要休整;面临的风险是一旦失败,国家可能回到解放前状态;在军事技术上,制海制空全无优势;从作战的部署保障来看,朝鲜天寒地冻,补给线长;但是从国家利益上来看,将对中国从此走向独立自主的道路具有重要意义。因此,对于这个问题的解决方案就是坚定地进行抗美援朝作战,并且取得了很好的效果。

对于信息系统的建设来讲,在利用信息技术解决机构的问题之前,同样要考虑类似的问题。即进行系统分析,分析经济和人力上的准备情况,存在什么风险?可以使用什么技术支持?部署和维护怎么实现等?最终实现的系统可用性怎么样?

业务人员一般能够定义要解决的业务问题,而信息和计算机专家的优势是采用信息技术对这些问题进行解决。但要确保解决方案就是问题的正确求解,就迫切需要既懂业务,又懂得信息技术能力的人员来设计切实可行、成本可控的解决方案,这就是系统分析员产生的由来。第一批系统分析员是工业革命的产物,是工厂的工程师,主要是设计高效的生产系统。随着信息技术的发展,如何设计高效的信息系统为生产和服务而服务,信息系统分析员应运而生。如果没有系统分析员作为桥梁,信息系统的需求往往得不到很好的实现。

系统分析员求解问题的一般思路如图 2-3 所示。

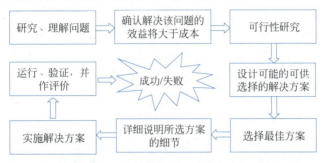

图 2-3　系统分析员求解问题的一般思路

首先必须全面地理解问题,即进行系统分析,必须了解针对这个问题可能存在或发生的每个事件,什么业务流程支持事件的完成,什么数据需要存储、使用、产生,解决这个问题时要影响哪些其他系统。

然后,分析员要使机构的管理部门或相关主管部门确信解决这个问题所带来的效益超过所花费的成本。有时解决这个问题需要冒一定的风险,那么是否值得去尝试呢?或者采取什么措施去降低或避免风险?如果解决这个问题是切实可行的,那么系统分析员应该设计出一套或几套可能的解决方案,其中的每套方案均需全面考虑以下几点,包括该方案能解决什么问题?各组成元素及它们如何构成?组成元素创建的责任人是谁?等等。

接着,系统分析员需要与组织的中高层管理人员、业务骨干、信息技术人员以及来自其他部门的相关人员共同评审决定哪套解决方案最好,即该方案的实施与组织的战略规划相一致,能满足其基本目标,并在经济、技术、进度计划和社会可行性上相比较而言均是最优和可行的。

一旦确定了某解决方案,系统分析员就要准备该方案的细节,这里的细节即系统设计说明书,它是主要描述作为解决方案一部分的信息系统将如何工作的蓝图,包括系统架构、数据库、网络、用户界面、操作步骤和业务处理模块等的设计。系统设计说明书一经完成,就可以着手实际的系统构建了。

构建、安装和转换一个信息系统需要花费大量的资源,必须给出一个详尽的实施计划,包括系统实施的顺序、开发人员任务的分工、代码调试、测试以及用户文档的建立、培训等。

可以看出,系统分析和系统设计是信息系统开发的关键步骤,如果说系统分析是理解和详细说明信息系统应该做什么的话,它面向的是现实世界的问题域,那么系统设计是说明信息系统在物理上应该如何实施,它面向的是信息世界的求解域。对系统分析员来说,系统分析与设计不仅是关于系统开发,而且是关于如何利用信息技术解决机构的事务处理及管理方面的问题的。毫无疑问,他们必须具有信息技术方面的开发专长,但绝不是一般意义上的程序设计人员,他们也必须对组织的问题有必要的好奇心,去探索事件是怎样做的并决定如何把事件做得更好。

2.2.2 系统分析员所需的知识和技能

从事系统分析与设计工作的人员称为系统分析员,从不同的角度还可以有许多其他的称呼,如项目经理、系统设计师、系统架构师、首席信息官、系统顾问等,有时也以独立承包人的角色为软件开发公司、咨询公司服务。一名称职的系统分析员需要多种专业知识和技能。

1. 技术方面的知识和技能

系统分析员所应了解和掌握的技术包括 3 方面的内容:基础信息技术、开发工具和开发技术。就前两者而言,尽管一名分析员并没有直接编写代码的责任,也没有哪个人能成为所有各类技术的专家,但了解和熟悉各种不同的技术仍然十分重要,事实上一名系统分析员往往首先必须是一名程序员,但两者并非互为充要条件。分析员应知道这些基础技术及开发工具的作用,它们是如何工作的,又是如何发展演变的。基础信息技术包括计算机及其工作原理、与计算机相关的外围设备、通信及网络技术、数据库与数据库管理系统、程序设计语言、操作系统及其实用程序等。开发工具大多数是通过软件产品的形式体现的,包括软件包、软件的集成开发环境、计算机辅助软件工程(Computer Aided Software Engineering,CASE)工具,其他自动工具如代码生成器、项目管理工具、文档支持工具等。

开发技术本质上是一种指南或一种策略,它是系统分析员完成系统开发过程中的所有活动的根本保证,对系统分析员来说,这是信息系统开发至关重要的必备技术,包括如何计划和管理一个系统开发项目(项目计划技术)、如何进行系统分析(系统分析技术)、如何进行系统设计(系统设计技术)、如何进行系统实施与测试(系统构造技术)、如何确保一个新的信息系统正常高效运转(系统支持技术)。

2. 业务知识和管理技能

对一名系统分析员不可缺少的也是很重要的知识和技能一般还包括用于熟悉和了解与信息系统相关的机构方面的内容,这里的"相关"是指要开发的信息系统所涉及的单位或部门,因为所要解决的事务处理或业务管理等方面的问题毕竟是与一个(类)机构相关的问题。例如,组成结构的形式,管理模式、业务工作类型、业务本身及其流程、业务之间的关系甚至机构文化等。总之,一名分析员了解一个机构怎样运作的信息越多,利用信息系统所解决的问题也就越有成效。信息技术出身的系统分析员在这方面的知识和技术相对缺乏,需要一个"再学习"的过程;从另一个角度,尽管从事管理工作的管理者无须亲自建立一个信息系统,但同样需要增加一些技术方面的知识和技能以使其工作更有成效,两者之间的关系是相辅相成的。

3. 人际关系与协调技能

因为系统分析员经常在开发小组与其他成员一起工作,也需与机构的相关人员进行广泛交流和沟通,并设法理解他们对要解决问题的看法,影响和激发他人与之合作,所以需要熟悉并掌握与他人的沟通技能,进而去影响这个机构。例如,他人是怎样思考的,他人是怎样对变化产生反应的,他人是怎样交流的,不同工作层次的人是怎样工作的。

4. 诚信与道德

人们经常会低估信息系统领域中的一个职业要求,就是诚信与道德的重要性。系统分析员在识别系统需求时会涉及一个组织的许多不同部门的所有信息,这些信息有些可能是非公开的,特别是涉及个人时,如工资、健康、工作表现等信息,系统分析员必须诚实地保守这些秘密;有些可能是机构需保密的信息,包括有关战略计划或策略、特定的产品、财务,甚至是政府、军事、安全措施等方面的绝密信息,这同样要求系统分析员需具有高度的道德标准。任何不正当的行为,都会毁掉一名系统分析员的前程。

总之,不断更新知识、提高技能对从事信息系统开发的每个人都很重要,否则将会被快速更新的信息时代淘汰。

2.3 系统开发生命周期

2.3.1 系统开发生命周期概念

信息系统开发是一个复杂的系统工程,涉及很多因素,使得人们难以从某一个侧面去完整认识信息系统开发工作。以我国的载人航天系统为例,需要考虑的因素有:方案的研究和选择;详尽而明确的研制规划;总体性能指标的控制;解决系统内部接口问题;系统分析与管理的新方法等。其中仅方案的选择就需要考虑采用宇宙飞船、不带主动力的小型航天飞机、带主动力的航天飞机、两级火箭飞机和空天飞机等多种可行方案。

信息系统开发是为了生产解决具体问题的工具系统,而不是科学研究或实验。因此,按照工业社会的发展经验,可以将之看作一个工程。对于一个工程来说,必然涉及其过程性,生命周期的概念来源于系统工程方法。20世纪60年代末,随着软件规模越来越大,传统的软件研制方法的可靠性越来越低,出现了"软件危机"。因此,提出了结构化程序设计或软件工程的概念,把软件研制纳入了工程轨道。系统工程方法就是研制人员首先进行逻辑构思,通常画出设计草图,然后建立模型,绘出设计蓝图,最后完成工程的物理概念。这种方法开始于整体任务的逻辑分析,并按一定的顺序和步骤逐步细化,最后进行物理实现。这就是系统开发生命周期(System Development Life Cycle,SDLC)的由来,从接受任务到完成任务的整个过程就是系统开发的生命周期。在信息系统领域,SDLC定义如下。

定义2-2 系统开发生命周期涵盖信息系统从提出需求、形成概念开始,经过项目计划、分析、设计、实施、使用维护,直到淘汰或被新信息系统取代的全过程。

系统开发生命周期是一种用于规划、执行、控制信息系统开发的项目组织和管理方法,是工程学原理在信息系统开发中的具体应用。生命周期的概念对控制信息系统的规划、分析、设计与实现都是十分重要的。信息系统生命周期的各个阶段将一个复杂的开发系统的工作分解为多个较小的、可以管理的步骤,为系统开发提供了有效的组织管理与控制的方法。

任何信息系统的开发通常都要求有 3 组重要的活动:分析、设计和实施。在信息系统领域,每一组活动就是一个阶段,因此,一个开发项目有分析阶段、设计阶段和实施阶段。图 2-4 说明了信息系统开发的各个阶段,其中还增加了两个阶段:规划阶段,它一般由项目的计划与组织项目启动等活动组成,这个阶段对整个项目的完成是非常重要的;运行维护阶段,由在信息系统有价值的使用期限内维护和增强该系统能力的所有活动组成,从开发角度看,它不是项目的一部分,却是一个信息系统整个生命周期中的组成部分,事实上,它包含比所有其他阶段的时间总和还要长的时段,所需的花费也最多。

图 2-4　SDLC 各个阶段

这些活动和任务体现的是 SDLC 的过程性,阶段的划分是最基本的,但也不是一成不变的。为适应不同类型信息系统的开发,有不少变化形式,形成了具体实用的各种信息系统开发方法。所有的开发方法都支持 SDLC 的过程性,只不过其活动安排,所用的模型、技术、工具不同而已。

2.3.2　系统开发的过程性

为了解信息系统的开发,首先必须确定 SDLC 的每个阶段的主要目标和主要活动。这也是对信息系统开发过程的最初步的认识。

1. 规划阶段

规划阶段是 SDLC 的最初阶段,其目标是确定项目要解决的问题,说明系统建设的可行性,制定进度计划、资源分配计划、预算。这个阶段重点解决"能不能做"的问题,一般由下列活动构成:

- 定义问题;
- 确定项目的可行性;
- 制定项目的进度计划表;
- 项目成员和资源的安排;
- 项目启动。

这个阶段的成果是提交《可行性分析报告》。

2. 分析阶段

分析阶段的目标是了解并理解信息系统的需求以及定义需求,即构造新系统的逻辑

模型,解决"做什么"的问题。该阶段由下列活动构成:
- 需求信息的获取;
- 需求定义;
- 确定系统需求的优先级;
- 制定并评估可供选择的解决方案;
- 阶段工作的复查与评审。

在系统分析阶段可以使用多种分析模型,这个阶段的成果是提交《系统需求分析说明》,需要用户和系统建设人员共同参与,而且这个阶段的成果是系统最后验收的依据。

3. 设计阶段

设计阶段的目标是从实现角度设计系统的解决方案,即构造新系统的物理模型,解决"怎么做"的问题。该阶段由下列活动构成:
- 设计基础设施(包括体系结构、网络、计算平台等);
- 设计应用程序;
- 设计界面;
- 设计、集成数据库;
- 设计系统控制机制;
- 设计系统组成模块。

这个阶段的提交的成果有《系统概要设计说明》《系统详细设计说明》,根据系统的规模不同,也可以合并设计文档。

4. 实施阶段

实施阶段的目标是根据系统设计阶段的成果,构造一个可工作的信息系统,解决"具体做"的问题,该阶段由下列活动构成:
- 软件模块的编码与调试;
- 验证与测试;
- 数据转换与安装;
- 文档与培训。

这个阶段的主要成果是工作系统、《测试报告》和相关的培训资料。

5. 运行维护阶段

运行维护阶段的目标是保证系统的长期有效运行,确保系统"能做好"。这一阶段的活动分为两类:
- 提供对终端用户的支持;
- 维护和升级计算机系统。

2.3.3 系统开发的方法学

为完成系统开发生命周期中的每一步,必须有一些指导方法做支持,这些方法包括具体的模型、工具和技术,它们的集合构成了系统开发方法学。系统开发方法学就是一组模型(思路、规范、过程)、技术和工具的集成,能够为信息系统的建设过程提供一整套提高效率的途径和措施。其中,技术用来为 SDLC 中活动和任务中模型的创建提供指导,技术的实现必须借助于相关的工具,工具也可以辅助生成模型,展示各阶段活动的工作成果。三者的关系和实例如图 2-5 所示。

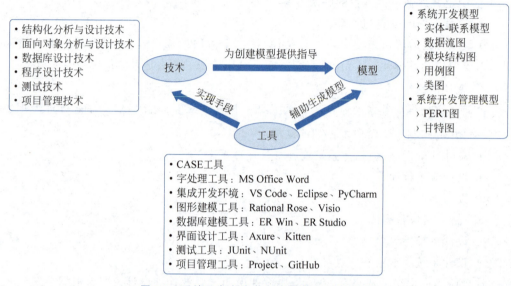

图 2-5　系统开发方法学中的模型、技术和工具

在信息系统的开发中,模型是系统开发方法学的重要组成部分。所谓模型,就是对现实世界某些重要方面的表示,模型的本质就是抽象,每种模型强调一种不同类型的信息。一些模型是重要细节的图表表示,一些模型则是抽象的数学符号。例如在制造飞机的设计中,工程师会使用大量不同类型的模型,用三维方式展示其全面形状,用特定的绘图符号表示机翼的横断面,用数学符号表示一些飞行特性等。尽管信息系统并不像飞机那样具有"真实可感"性,但模型在信息系统开发过程中同样不可缺少。在系统开发过程中,模型的内容及其构造依赖于所使用的具体的开发方法。

系统开发中的工具是用来辅助生成系统开发过程中所需模型或其他的组成成分,它一般通过软件的形式来支持。例如用于创建图表的简单绘图工具,用于生成、编辑、调试代码并提供上下文相关帮助的集成开发环境。对系统开发人员来说,当今使用最广泛的工具是 CASE 工具,它能够帮助系统分析员生成重要的系统模型,并能自动检查模型的完整性和其他模型的兼容一致性,还可以根据模型生成源代码。

系统开发中使用的技术是一组方法,这组方法用来帮助开发人员完成系统开发活动或任务。系统分析员通过相关技术为创建模型提供逐步指导,或者为从用户处获取信息提供更一般性的建议。

2.3.4 SDLC 的演变

1. 瀑布模型

20 世纪 70 年代末到 80 年代,系统分析员就开始将一个项目划分成若干阶段来进行,而这一思路正好和软件工程中的"瀑布"模型相吻合。"瀑布"是一种形象的比喻性说法,其基本思想是生命周期中的每个阶段都是按顺序完成的,一旦一个阶段的工作完成了就不能再返回,如图 2-6 中的实线表示部分,当一个阶段任务完成后,即转向下一个阶段的工作,后继阶段工作的开始是在前一个阶段工作成果的基础上进行的。在"瀑布"模型中,阶段越多,严格的限制也就越多。这种非常严格的 SDLC 方法需要对项目进行仔细的计划和控制并有明确的步骤,在每一步所做的决定都是确定的,在任何时候都能精确地定义做什么以及需要多长时间才能完成。SDLC 经常称为"瀑布"模型,但基于它的不同开发方法(如结构化方法、原型法等)对阶段数目、阶段活动的划分不同,且在不同的阶段使用了不同的名称,从这个角度,这些方法也可以说是 SDLC 的演变。

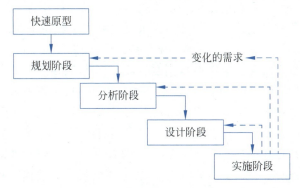

图 2-6 瀑布模型及其改进

瀑布模型的优点是系统分析结果相对静态时,设计和实施阶段能够较精确地完成信息系统;缺点是系统设计和实施过程中,对需求变化响应迟钝。针对这个缺点,快速原型模型是对瀑布模型的改进,如图 2-6 中的虚线部分所示。快速原型模型增加了一个开发代价不高的原型阶段,根据需求变化的情况,可以返回 SDLC 的任何一个阶段对原型进行修改,改变了瀑布模型必须按照顺序进行的要求。

2. 增量/迭代模型

增量/迭代模型的思想是先开发出一个初始的实现,给用户使用并听取用户的使用意见和建议,通过对多个版本的不断修改直到产生一个功能充分的系统。每个系统版本都将在前一版本的基础上进行增强,而前一版本基本是稳定的版本。描述、开发和有效性验证等活动不是分离的而是交织在一起,同时让这些活动之间都能得到快速的反馈信息传递。

开发又可以分为增量模式和迭代模式,区别如图 2-7 所示。增量模式的每个阶段都完成一个高质量的发布版本,后一阶段不对前一阶段的内容进行任何修改,只在前一阶段的基础上增加新的业务功能实现,称为增量,直至最后一个阶段,形成最终的软件产品。迭代模式第一个阶段就覆盖了项目整体范围,以后每个阶段都是在前一阶段的基础上改进、完善,没有业务范围的扩展。迭代模式每一次都是在原有的基础上进行改进和完善。

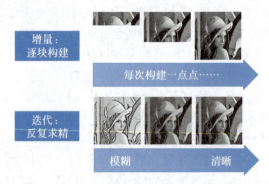

图 2-7　增量/迭代模型示意

在增量/迭代模型中,系统的每个增量或版本包括用户需要的一部分功能。通常,系统的早期增量包括最重要或最紧急的功能需求。这就意味着在早期开发阶段,用户可以相对早地评估系统,看它是否满足需要。若不满足需要,就只需要改变当前的增量即可,又或许有新的功能被发现并为下个增量做准备,因此可以大幅度地减少成本。

增量/迭代模型相比于瀑布模型,降低了适应用户需求变更的成本。重新分析和修改文档的工作量较之瀑布模型要少很多。用户随时可以评价软件的现实版本,这比让用户从软件设计文档中判断工程进度要好很多,使得软件交付和部署的风险更加可控。从管理的角度看,增量/迭代模型存在的问题是管理者需要通过经常性的可交付文档来把握进度,若系统开发速度太快,则要产生反映系统每个版本的文档就很烦琐。新的增量如果涉及系统结构的修改,那么维护成本仍然很高。

3. 螺旋模型

1988 年,巴利·玻姆(Barry Boehm)提出了软件系统开发的"螺旋"模型,它将瀑布模型和快速原型模型结合起来,"螺旋"模型的基本思想也是基于迭代。基于"螺旋"模型的方法是 SDLC 的另一种演变。迭代假设 SDLC 一个周期不能得到用户满意的系统,开发过程各阶段的活动需经过不断的迭代与修正,每次的迭代都向最终的目标更进了一步。螺旋模型的主要特点是在每个开发阶段前引入风险分析,它把软件项目分解成一个个小项目。每个小项目都标识一个或多个主要风险,直到所有的主要风险因素都被确定。

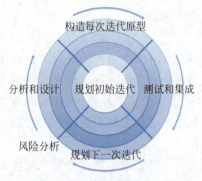

图 2-8　螺旋模型示意

如图 2-8 所示,一开始的工作规模很小,易于管理且风险也不大,此后项目开始不断扩张,就像滚雪球一样,越做越大,不但能取得很好的实际效果,而且系统开发的风险也大大降低,但是系统开发的过程不易于管理,因为这种思想使得各阶段之间的界限变得模糊,系统的开发过程有许多不确定性和二义性。按照这种观点,在开始设计工作之前要完成所有的分析工作是不现实的,在不知道如何或能否实现(尤其是一些新技术的应用)之前要完成所有的设计工作同样也是非常困难的。因此,可以先分析部分需求,并完成一些设计工作,然后再做一些实现工作,此后如此的迭代过程继续进行。显然这里的迭代次数取决于项目的复杂度及规模的大小。

螺旋模型强调风险分析,使得开发人员和用户对每个演化层出现的风险有所了解,继而做出应有的反应,因此特别适用于庞大、复杂并具有高风险的系统。对于这些系统,风险是软件开发不可忽视且潜在的不利因素,它可能在不同程度上损害软件开发过程,影响软件产品的质量。减少软件风险的目标是在造成危害之前,及时对风险进行识别及分析,决定采取何种对策,进而消除或减少风险的损害。

2.4 信息系统体系结构

信息系统体系结构是信息系统各要素按照确定关系构成的系统框架。信息系统的复杂性决定了信息系统体系结构也具有多重性和多面性,从不同的角度信息系统会表现出不同的结构特征。信息系统体系结构建立在组织架构基础上,并在信息系统体系结构中充分反映组织架构。信息系统体系结构从总体上表现出一定的结构模式和风格,称为信息系统的体系架构模式。一般来说,信息系统的总体结构由信息源、信息处理器、信息用户和信息管理者组成,如图 2-9 所示。信息源是信息的产生地。信息处理器负责信息的传输、加工、存储。信息用户是系统的用户。信息管理者负责系统设计、实现、运行和维护。

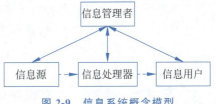

图 2-9　信息系统概念模型

信息系统概念结构是从抽象的概念层次表示的信息系统的宏观结构,是对信息系统外在作用特征的宏观描述。信息系统概念结构呈现为管理维度、职能维度和功能维度的三维宏观逻辑结构,如图 2-10 所示。

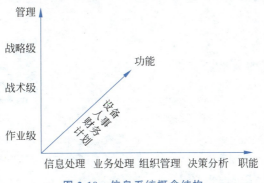

图 2-10　信息系统概念结构

相对于机构的管理分为作业级、战术级和战略级3个层次,从管理维度看信息系统也具有与之对应的3个层次。作业级属于具体的业务管理,一般包括日常办公事务处理、生产控制、辅助设计、生产过程管理和质量检测等;战术级处在中间层,包括生产经营计划、中短期销售市场预测、综合财务管理及分析、近期企业人才需求等;战略级属于高层宏观决策层,包括企业战略规划、决策支持、中长期宏观预测、中长期产品市场预测、高层职能管理支持等。职能维度表示信息系统提供的各种服务功能。不同的信息系统具有不同的职能,概括地说,信息系统应该具有信息处理、业务处理、组织管理和辅助决策等职能。为了支撑机构的职能,需要信息系统提供具体的功能维度,如计划、财务、人事、设备管理等。

常见的信息系统体系结构模式有集中模式、文件服务器模式、客户端/服务器模式、浏览器/服务器模式等。

(1)集中模式。集中模式是指由一台中心机和多台客户终端构成系统的基础设施架构,信息系统的所有资源都被集中放置在中心机中,用户通过本地或远程终端访问系统。终端仅承担着信息的输入/输出作用,没有任何加工处理能力,所有加工处理工作都由中心机承担。集中模式是20世纪70年代到80年代中期信息系统普遍采用的结构模式,当时主要的计算机系统大多是大中型机。所有程序和数据都被放置在中心机中,用户通过终端来使用系统,集中模式如图2-11所示。

集中模式的问题主要有:信息系统的结构模式与信息和处理的分布方式不一致;主机成为系统的瓶颈,这是因为一方面主机的运行负担太重,另一方面,一旦主机出现故障整个系统就会瘫痪。

(2)文件服务器模式。文件服务器模式是由工作站通过网络与文件服务器相连接所形成的一种信息系统体系结构模式。在这种模式下,文件服务器以文件的方式对各工作站上要共享的数据进行统一管理。所有的应用处理和数据处理都发生在工作站一端,文件服务器仅负责对文件实施统一管理,从文件服务器共享磁盘上查找各工作站需要的文件,并通过网络把查找到的文件发送给各工作站。整个信息处理和计算任务都在工作站上完成,最后,工作站把处理完的结果再以文件的形式回送给文件服务器。文件服务器模式如图2-12所示。

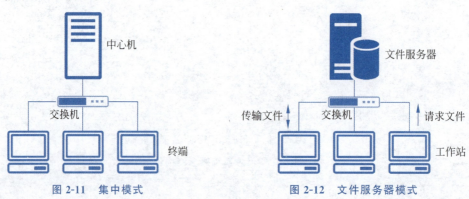

图2-11 集中模式　　　　　　　图2-12 文件服务器模式

文件服务器模式利用计算机和网络技术来进行分布处理,在集中模式的基础上前进了一步。但是,文件服务器模式仍存在一些问题:工作站无法利用文件服务器或其他工作站来协助自己完成相应的计算任务,不能均衡计算能力;各个工作站均要存取文件服务器上的文件数据,当工作站数目增加时,文件服务器成为整个系统的瓶颈;所有数据均要以文件形式从文件服务器发送到工作站上,网络传输代价较高;以文件为单位进行数据管理,完整性和安全性不能得到保证。

(3)客户端/服务器(Client/Server,C/S)模式。客户端和服务器描述从逻辑上是相互独立、协同计算的两个逻辑实体。客户端作为计算的请求实体,以消息的形式把计算请求发送给服务器。服务器作为计算的处理实体,接收到客户端发送来的计算请求之后,对计算进行处理,并把最后处理的结果以消息的方式返回给客户端。一般在客户端/服务器模式中,客户端和服务器由不同的物理机承担,并且可能是一个服务器多个客户端,或者是多服务器多客户端结构。C/S模式是一种典型的信息系统体系结构模式,描述了信息系统的不同逻辑体或不同节点在系统中承担不同的职能、相互之间的处理和联系方式。客户端/服务器模式的结构如图2-13所示。

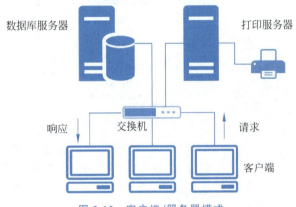

图2-13　客户端/服务器模式

客户端/服务器模式的优点是可以对系统的功能进行合理有效的分配,能够通过网络环境完成数据资源的共享,适合信息系统的一般应用,并且系统的开发费用较低、开发周期短。但同时客户端/服务器模式应用也存在一些限制:难以适应较大规模网络,客户端数量增加时,服务器性能急剧下降;系统修改和升级必须同时对客户端和服务器两端的应用程序进行维护。

为了降低客户端/服务器模式中服务器的压力,可以在客户端和服务器两层模式之间增加一个应用服务器的中间层,把包括消息管理、事务管理、安全管理、存储管理以及各种访问服务在内的应用逻辑交给应用服务器,这种模式也称为应用服务器模式,克服了客户端/服务器模式的弊端,使系统的体系结构与处理逻辑相对应,提高了系统的伸缩性和灵活性。

(4)浏览器/服务器(Browser/Server,B/S)模式。为了适应互联网的应用需要,将信息系统应用于互联网环境,出现了浏览器/服务器模式的新型体系结构模式。B/S模式是一种典型的三层结构模式，分为表示层、功能层和数据服务层。

表示层是安装了网络浏览器的客户端，仅承担网页信息的浏览功能，以 HTML 的超文本格式实现信息的浏览和输入，没有任何业务处理能力。功能层由 Web 服务器承担业务处理逻辑和页面的存储管理功能。Web 服务器接收从客户端浏览器来的任务请求，并根据任务请求类型执行相应的事务处理程序。如果是数据请求，则根据数据请求条件，与数据库服务器连接，向数据库服务器提出数据处理请求，并且把数据处理结果提交回 Web 服务器，再由 Web 服务器将结果翻译成 HTML 和相应的脚本语言，把结果传送回提出请求的浏览器。数据服务层由数据库服务器或应用服务器承担数据处理逻辑，其任务是接收 Web 服务器对数据库服务器提出的数据操作请求，由数据库服务器完成数据的查询、修改、统计、更新等工作，并把对数据的处理结果提交给 Web 服务器。浏览器/服务器模式的结构如图 2-14 所示。

图 2-14　浏览器/服务器模式

与 C/S 模式相比，B/S 模式具有维护和升级方式简单、分布性强、对客户机配置要求不高、业务扩展简单方便等优点。但是，C/S 模式一般面向相对固定的用户群，程序更加注重流程，它可以对权限进行多层次校验，提供了更安全的存取模式，对信息安全的控制能力很强，一般高度机密的信息系统采用 C/S 模式更合适。

2.5　典型信息系统

2.5.1　事务处理系统

从 20 世纪 50 年代开始，计算机已用于一般的企业中，主要是通过对许多日常的、劳动密集型的企业系统实现自动化来降低成本，这些早期的计算机系统后来称为事务处理系统（Transaction Processing System，TPS），也是最常见的一种信息系统。事务就是一个机构中日常发生的基本业务活动。例如，银行信息系统中的存款、取款、转账等业务，图书馆信息系统中的借书、还书等业务，教务信息系统中的选课、登记成绩等业务。事务处理就是面向这些日常的、重复的、普通的业务，对之进行记录、更新、分类、汇总等，从而不断产生新的信息。事务处理有几个显著特点。

(1) 事务处理流程有规律、稳定。
(2) 业务量大。

(3) 事务数据的完整性、准确性、及时性要求高。

事务处理可以是手工的,也可以是自动化的,事务处理是现代企业信息化首先要进行的业务之一,将以事务处理为主的信息系统称为事务处理系统。

事务处理的基本活动如图 2-15 所示。以超市的 POS(Point Of Sale)系统为例,客户购买完商品后,收银员通过 POS 机终端扫描,收集了商品数据,POS 事务处理系统完成数据的验证和操作,并存储到数据库中,如果商品无法正确扫描,可以通过人工方式修改,并重新收集数据。最后,事务处理系统生成销售小票和发票等文档,后台也可以生成销售情况汇总的报表。

图 2-15 事务处理的基本活动

事务的处理方法一般分为以下 3 种。

(1) 批处理(batch processing),批处理就是将一段时间内的一批事务进行一次性的集中处理。这段时间的长短需根据用户的实际需要而定,例如,信用卡的月度账单,移动通信的话费账单等的生成。批处理系统的重要特征是在事务的发生和更新记录的最终事务处理之间有延迟。

(2) 联机事务处理(OnLine Transaction Processing,OLTP),也称为实时处理,这是随着计算机软硬件技术的发展和应用的需求变化而产生的方式。这种方式对每个事务及时进行处理,而不累积成批,因此 OLTP 的数据在任何时刻都能反映当前状况,如航空订票系统、股票交易系统等。

(3) 延迟联机事务处理,这是介于批处理和联机事务处理之间的一种方式。这种方法使事务在发生时就送入系统,但并不立刻处理,事务的一部分联网在线实时处理,而另一部分延迟、离线完成。例如,物流配送系统中的订单在线实时生成,但是快递员配送需要集中某个区域的订单一起配送。

事务处理系统的主要目标如下。

(1) 处理由事务产生的以及与事务相关的数据。

(2) 确保数据的准确性、完整性。

(3) 提高事务处理劳动生产率。

(4) 改善产品和服务。

(5) 建立与维持客户忠诚度。

这些目标的相对重要程度取决于机构自身的特征和目标,达到以上目标的事务处理系统有助于降低成本,提高生产率、质量、客户满意度,更有效率和有效地实现组织目标。

2.5.2 管理信息系统

随着事务处理系统应用规模的扩大,人们逐步认识到在事务处理系统的设备、计算机程序的开发、专业化人员等方面的投入是非常值得的。因为它不仅能加快和提供事务处理活动的速度和精度、降低人工成本等,而且这些系统存储的数据还能帮助管理人员在其各自领域做出更好的决策,像早期的会计和财务事务处理系统就有很好的表现。满足这些管理人员和决策者的需求也成为开发信息系统的重要因素,管理信息系统(Management Information System,MIS)就是在这样的背景之下提出的。

1. 管理信息系统的概念

管理信息系统最早是 20 世纪 60 年代末由瓦尔特·肯尼万(Walter Kennevan)率先提出的,他认为管理信息系统是以书面或口头的形式,在合适的时间向经理、职员以及外界人员提供过去的、现在的、预测未来的有关企业内部及其环境的信息,以帮助他们进行决策。这个定义显然没有涉及计算机等信息技术,是一种人工系统,只是从管理的角度提出的信息系统,强调了 MIS 向管理者提供信息,支持有效的管理决策和每日事务的反馈。

1985 年美国明尼苏达大学卡尔森管理学院教授高登·戴维斯给出了采用现代信息技术的"MIS"定义。管理信息系统是一个计算机软件和硬件、手工作业、分析、计划、控制和决策模型以及数据库的用户等元素的有组织的集合——机器系统,它能提供信息,支持企业或组织的运行、管理和决策功能。简单地说就是 MIS 除提供企业所需要的事务处理外,还提供信息支持管理方面的问题和决策。这个定义表明了现代管理信息系统依然离不开人的因素,还需要人的手工作业,通过人与机器的交互、协调,使信息系统在操作层、管理层和决策层提供相应支持。

1984 年,《中国企业管理百科全书》中给出了 MIS 的定义,"管理信息系统是一个由人、计算机等组成的能进行管理信息的收集、传递、存储、加工、维护和使用的系统。它能实测企业的各种运行情况,利用过去的数据预测未来,从全局出发辅助企业进行决策,利用信息控制企业的行为,帮助企业实现其规划目标。"从我国给出的 MIS 定义可以看出,计算机只是实现管理信息系统功能和目标的一种工具。

纽约大学教授劳顿(Laudon)在其所著的《管理信息系统》(第 15 版)中指出,"信息系统技术上可以定义为支持机构中决策和控制而进行信息收集、处理、存储和分配的相互关联部件的一个集合。"从前面的介绍,可以看出信息系统是一个内涵很小、外延很宽的概念,因此一个管理信息系统肯定就是一个信息系统,或者说 MIS 是多种类型信息系统中的一种。从劳顿对 MIS 的描述可以看出,信息系统就是管理信息系统,国内外的一些相关著作中也都存在着这个趋势,用信息系统一词来代替管理信息系统,也就是说,随着信息技术的日益发展,原先的管理信息系统广义上不局限于企业,也不局限于管理,而是应用范围更广,更偏向于信息技术,更强调了系统的集成。

所以,信息系统和管理信息系统这两者在某种意义上可以看作同义词,现在还有许多人将信息系统依然称为管理信息系统。

综上所述,管理信息系统的主要目标是帮助管理者了解日常的业务,以便进行既有效又高效的控制、组织、计划,最后达到组织的目标。MIS 能根据事务处理系统提供的数据和信息为管理人员生成各种管理报告和报表,以辅助他们进行决策,支持组织的增值过程。总的来说"管理信息系统是用来为管理人员和决策者提供日常信息的人员、过程、数据库和设备的有组织的集合"。现代管理信息系统更加强调信息技术这一成分的作用。

相对于管理学门类中的其他学科来说,管理信息系统是一门刚刚兴起不久的学科,所以有关它的理论基础、概念、方法等尚不完善和明确统一,到目前为止,从国内外许多学者对它给出的定义来看,人们对管理信息系统的认识和理解还在逐步加深,随着社会的进步、经济的发展、信息技术的演变特别是因特网的出现,有关MIS的定义还将会不断发展和完善。

2. 管理信息系统的功能

管理信息系统向管理者提供信息及反馈,使他们能够深入洞察机构的日常运转状况,使管理者能将现有结果与预定目标作比较,确定问题所在,寻求改善的途径和机会,及时做出高质量决策,实现组织目标。MIS的功能可概括为"提供信息,辅助决策",这里的决策大多数虽说是管理者个人素质下的个人行为,即制定决策方案的依然是人,而不是机器,他们只是参考和利用了所提供的信息而已。但管理信息系统又是如何去产生正确的信息的呢?这里将从系统、信息用户(或业务)这两个角度分别对MIS功能做进一步阐述。

MIS是一种系统,从系统的角度,MIS包括数据和信息的输入、处理和输出等功能,如图2-16所示。其中,预测功能是指运用应用数学的方法,根据过去的、现在的数据预测未来的情况。例如,轨迹预测是根据行人、飞机或船舶的历史轨迹、行为模式和实时位置等,提前预测未来的运动趋势,从而监测和预判交通状况,在智能交通系统、数字战场、辅助驾驶系统中都有很高的应用价值。

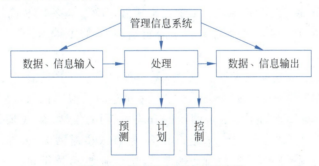

图2-16 管理信息系统主要功能

计划功能是指根据提供的约束条件,为不同的管理层及职能部门提供及安排相应的计划报告。例如,人事管理信息系统的第一功能就是确定所需的人员和人力,该系统的总体目标就是在需要时将正确数量、正确类型的员工安置到正确的工作岗位。假设部队需要修建一个防御工事,可以通过预测程序和项目管理软件包来生成在整个项目期间需要什么兵种和何时需要这些士兵的人力资源需求和进度报表。

控制功能是指根据各职能部门提供的数据,对计划执行的情况进行监测、检查和对比,以纠正、调整计划的合理执行。例如,装备制造过程的关键就是库存控制,像零库存、材料需求计划及制造资源规划中的一部分等都是库存控制的有效方法。

需要指出的是,并不是所有 MIS 都是相同的,有些 MIS 仅具备这些功能的一部分,或者具有一些上述没有提及的功能。

一个机构的管理任务结构除横向划分为不同的职能部门外,还可将其纵向划分为战略、战术和作业 3 个层次。不同职能部门需要不同信息为决策提供支持,但有时它们也有些相同的或综合的信息需求。因而,不同层次调用一系列特定的功能子系统实现其工作,在完成某一功能时各个层次的 MIS 通过数据共享和交换相互关联。从信息用户角度来看,MIS 应该支持整个机构在不同层次上的各种功能,构成一个有机整体。

2.5.3 决策支持系统

到 20 世纪 80 年代,技术进步使得信息系统比早期的系统成本更低但功能更强,各层次的人员都开始使用个人计算机完成各种工作,他们并不仅仅依靠信息系统来提供全部所需信息,在此期间,人们开始认识到计算机系统还能支持其他的决策活动,当问题很复杂且制定最佳决策所需的信息难以获得和利用时,通常使用决策支持系统。

决策支持系统(Decision Support System,DSS)是指用于支持专门问题决策的人力、过程、软件、数据库和设备等的一个有组织的集合。从理论上讲,DSS 可以支持和辅助各种问题的决策过程,帮助不同层次的管理者,决策的范围比较广泛,从高度结构化问题的决策,到半结构化、非结构化问题的决策。但 DSS 的范围已超出了传统管理信息系统的范围,后者仅针对结构化问题而生成各种报告,DSS 能对传统 MIS 不支持的复杂问题提供立即支持和帮助,这些复杂的问题大多是特别的、不是很直观的,即:半结构化问题或非结构化问题,这种类型的问题有时会比结构化问题对机构的决策有影响。决策支持系统的关键在于决策的有效性,如果说 MIS"将事情做正确",那么 DSS 则帮助管理人员"做正确的事情",它侧重于高级管理层,提供了获得高利润、降低成本、生产更好的产品和提供更好服务的可能性。

决策支持系统主要包括模型库、方法库、数据库以及对话管理器,如图 2-17 所示。模型库是支持决策的问题模型(问题模型是对实际问题的近似或抽象)、解决方案模型、预案模型等;方法库是现有的用于求解问题的方法、规则的集合;数据库包含辅助决策的事实和信息集合;对话管理器是一个用户界面,管理人机对话的,人即决策者或系统用户。决策支持的过程是决策者通过对话管理器,与系统交互,提供问题的描述;系统根据

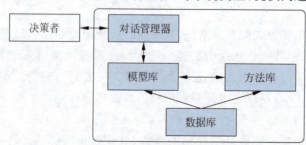

图 2-17 决策支持系统的主要元素

模型库,组织生成适合的问题模型;根据问题模型,或是从解决方案模型或预案模型为用户提供解决方案,或是根据方法库生成解决方案。模型和解决方案的生成都依赖于事实和信息数据库的支持。DSS是支持管理人员做决策,而不是代替其做决策,一方面决策过程中的人机对话需管理人员的自身判断,另一方面表现在对决策结果的取舍。

以导航系统为例,模型库是路网模型,方法库是各种路径规划算法,数据库则是由兴趣点和道路网络组成,用户提交出发点和目的点后,系统将规划出多条路径,由用户自行决策选择最短的路径、最快的路径还是最经济的路径出行。

除了事务处理系统、管理信息系统、决策支持系统外,基于人工智能(Artificial Intelligence, AI)领域知识的系统,由于大数据和计算技术的强力支持,目前也是信息系统的发展热点,专家系统(Expert System, ES)就是其中的一种。专家系统的特有价值是它们可以让组织获取和利用专家和专门人员的智慧,使得它像某个特定领域的人类专家一样行动、具有人类智能的特征。专家系统是由许多集成的、相互联系的部件组成,如图2-18所示。其中包括:存储了系统所用的所有相关的大量的事实、规则、关系等的知识库,专家系统因此有时也称为智能决策支持系统;能从知识库中搜索信息及关系并提供答案、预测和建议的推理引擎;可以让用户或决策者理解专家系统是如何得出某个结论的解释工具;以及为获取及存储知识库中所有元素而提供的有效方法的知识获取工具。专家系统的这些组成部分必须协同工作才能为决策制定者提供专家经验和导向。知识工程师通过提取知识工作者和专家的专业知识,形成规则,构建知识库。用户通过用户界面向专家系统提出问题,获得结果解答。

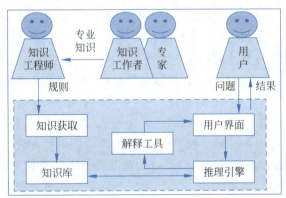

图2-18 专家系统的组成

专家系统最早的成功应用就是在医学领域。MYCIN是美国斯坦福大学于1978年研制的用于细菌感染患者诊断和治疗的专家系统,用LISP语言编写。MYCIN知识库有二百多条规则,可识别51种病菌,正确处理23种抗生素,示例如图2-19所示。MYCIN对于专家系统的发展有着重要的影响,被人们视为专家系统的设计规范,现在的专家系统大多是参考MYCIN而设计研发的基于规则的专家系统。MYCIN系统的临床咨询过程模拟人类的诊疗过程。以患者的病史、症状和化验结果等为原始数据,运用医疗专家的知识进行向推理,找出导致感染的细菌。若是多种细菌,则给出每种细菌的可能性,最后给出针对这些可能的细菌的药方。MYCIN 系统巨大的影响力在于其知识表达和推理方案所体现出的强大功能。但是，随着 MYCIN 的发展，也出现了难以克服的困难，即必须从行业专家工作领域中抽取出所需的知识，并转化为规则库，这就形成了知识获取的瓶颈。后来随着新技术的出现，人们把更多的注意力放在了自学习能力更强的神经网络、深度学习等方向。

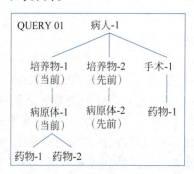

图 2-19 MYCIN 专家系统的规则和推理过程

事务处理系统为管理信息系统、决策支持系统和专家系统等提供所需数据，从事务处理上升到信息管理、决策支持，可以看出例行处理减少，决策支持增加，输入输出减少；处理和分析的综合性和复杂性增加。

2.5.4 办公自动化系统

办公自动化（Office Automation，OA）是 20 世纪 70 年代在办公过程中出现的一种带有综合性和方向性的新趋势。由于办公自动化应用领域十分广泛，并且所依赖的理论和技术相当复杂，因此，至今并未形成一致的定义。可以把办公自动化理解为：办公自动化是指利用计算机、通信网络及电子机械设备等可能的现代技术和设备，辅助办公过程、革新办公模式，以求得充分利用信息资源、提高办公质量和效率的办公综合变革过程。

办公自动化历经了单项办公事务处理、综合办公信息管理和辅助办公决策 3 个发展阶段。在办公自动化应用和发展过程中，人们开发和应用的是办公信息系统。办公信息系统（Office Information System，OIS）是由人和办公技术环境构成的一体化信息系统，它能够和谐高效地处理办公业务，提供办公事务所需要的信息服务和辅助决策。办公信息系统也被通俗地称为 OA 系统。

OA 系统的主要技术包括如下。

(1) 信息门户。信息门户提供了个性化的信息集成平台和可扩展的框架，能够根据需要进行全方位的信息资源整合，使应用系统、数据内容、人员和业务流程实现互动。在办公自动化系统中，门户网站和门户系统是两种常见的表现形式，例如，根据企业需求建立的企业门户系统，运用不同技术建立的基于门户技术的电子办公系统，以及根据不同需要建立的门户网站等。

(2) 信息交换、公文传输、传输加密。信息资源的共享是办公自动化系统的一个重要内容。为提高办公自动化效率，需要建设统一、安全、高效的信息资源共享交换平台。信息交换平台由集中部署的数据交换服务器及各种数据接口适配器构成,提供一整套规范、高效、安全的数据交换机制,解决数据采集、更新、汇总、分发、一致性等数据交换问题,解决按序查询、公共数据存取控制等问题。

(3) 业务协同机制。数字化、网络化、信息化是办公自动化发展的潮流,而多维度、多领域的"协同办公"是办公自动化发展的新方向。简单来说,协同工作就是由多人互相配合完成同一工作目标。照此理解,办公自动化中各业务信息的交流、组合以及信息共享等方式都可看作协同办公。

(4) 工作流。工作流(workflow)技术的概念形成于生产组织和办公自动化领域,是计算机应用领域的一个新的研究热点。国际工作流管理联盟(Workflow Management Coalition,WfMC)对工作流的定义是:一类能够完全或者部分自动执行的经营过程,根据一系列过程规则、文档、信息或任务能够在不同的执行者之间传递、执行。工作流实施的3个基本步骤分别是映射、建模和管理。在办公自动化系统中,工作流技术的实施主要是通过工作流管理系统来实现的。工作流管理系统是一个软件系统,它通过计算机技术的支持完成工作流的定义和管理,并按照在计算机中预先定义好的工作流逻辑推进工作流实例的执行,工作流管理系统将现实世界中的业务流程转化成某种计算机化的形式表示,并在此形式表示的驱动下完成工作流的执行和管理。

OA系统的主要特点如下。

(1) 处理各项事务自动化。在企业及单位的办公管理中,都会涉及各项烦琐的行政事务,办公自动化的应用,能够及时了解行政事务与人事关系,确保事务处理更加准确,提高事务处理效率。

(2) 处理文件自动化。在传统的办公管理中,每份文件都必须要进行严密的分析、解读,以纸质的形式不断进行修改,这不仅降低了工作效率,也使员工的工作量增多,同时很容易出现修改失误或文件信息丢失的问题,致使文件中的信息存在漏洞。而办公自动化系统能够实现自动化地管理各类文件。利用计算机网络技术对文件进行分类和统一地传输,在保留好原文件的前提下,提出一些可行性建议。同时企业必须要对办公自动化系统进行严格的管理,并要求工作者通过身份验证才能登录系统,并查看所需要的文件资料,有效地保证了企业内部文件的严密性。

(3) 实现自动化决策。在企业管理中,正确的决策是确保办公管理的基础,使用办公自动化系统能够自动对文件进行核对,如人事关系、财务账目等。而办公自动化可以对涉及决策的相关资料进行科学分析,这样能够有效地提高决策的科学性与数据的精准度。

2.5.5 指挥信息系统

指挥信息系统是基于电子信息技术,着眼于作战信息的实时获取、传输、处理和应用,用于保障各级指挥机构对所属部队和武器实施科学高效指挥控制的一类军事信息系统,是国防威慑力量的重要组成部分,是现代作战指挥与控制的必备手段。

指挥信息系统的功能主要是为指挥员提供保障,在其指挥控制的各个业务阶段提供必要的环境支撑和决策支持。如图 2-20 所示,OODA(Observe,Orient,Decide,Act)理论即观察、评估、决策和行动,是一种典型的指挥控制过程,广泛应用于军事和商业领域。

图 2-20　典型的指挥控制过程

指挥信息系统的发展历程,大体上经历了初始创建、全面发展、更新改造、趋于成熟 4 个阶段。第一阶段是 1950—1970 年,以美军的"赛奇"(SAGE)为代表,其特点是采用层次化结构,功能相对单一,部分实现了情报处理的半自动化。第二阶段是 1971—1990 年,美俄等西方国家的军事指挥信息系统发展较快,各军、兵种都建立了各自的指挥信息系统,在一定程度上实现了情报处理的自动化和指挥控制的智能化,但是系统之间的接口不同,信息交互较少,通常用"烟囱"式系统来形容这个阶段。第三阶段是 1991—2010 年,开始构建跨军兵种建立的层次化联网系统,具备一定的联合作战能力,以各主战武器平台为中心。第四阶段是 2011 年以后,增强了系统的抗毁、抗扰、再生能力,提高了系统的实战能力,增强了系统的互联互通互操作能力,即通过加强系统的立体配置和信息互联网络,提高了系统的整体作战指挥效能。

现代化的指挥信息系统作为信息化战场的核心,也称为 C4ISR(Computer,Command,Control,Communication,Intelligence,Surveillance,Reconnaissance)系统。

(1) 计算机系统相当于"大脑",构成指挥信息系统的技术基础,是各种设备的核心。要求容量大、功能多、速度快,并形成计算机网络。

(2) 指挥系统相当于"神经中枢",综合运用现代科学和军事理论,实现作战信息收集、传递、处理的自动化和决策方法的科学化,以保障对部队的高效指挥,其技术设备主要有处理平台、通信设备、辅助指挥的软件等。

(3) 控制系统相当于"手脚",负责收集与显示情报,发出命令,主要包括提供作战指挥用的控制设备、通信器材及其他附属设备等。

(4) 通信系统相当于"神经脉络",包括通信信道、网络和终端设备,实现迅速、准确、安全和不间断地传输声音、图像、文字等信息的功能。

(5) 情报、监视、侦察系统相当于"耳目",包括情报搜集、处理、传递和显示。主要设备有光学、电子、红外侦察器材、侦察飞机、侦察卫星以及雷达等。监视与侦察系统的作用是全面了解战区的地理环境、地形特点、气象情况,实时掌握敌友兵力部署及武器装备配置及其动向。

指挥信息系统的特点如下。

(1) 分布性。系统中各要素按一定的规则和方式分散配置,协调运行。

(2) 实时性。系统持续的信息获取、快捷的信息传输、较小的处理延迟、迅速的决策行动,是战场制胜的关键,这些都体现出系统的实时性特点。

(3) 对抗性。作战指挥控制的各个环节都存在对抗,因此指挥信息系统是战争中对方攻击和己方保护的首选目标。

(4) 协同性。系统充分利用信息技术的连通性,通过互联、互通和互操作,实现信息的快速流动、交换和共享,使系统各部分系统运行,最终达成各作战要素的高效协同。

(5) 整体性。指挥信息系统包含国家级、战区级、战役级、战术级等多个层次,涵盖指挥控制、情报侦察、预警探测、通信导航、信息对抗、综合保障等多个功能,以及联合作战和诸兵种系统,因此需要强调整体规划,成体系建设,将各部分综合集成为一个有机整体,在集成创新和综合运用的基础上,达到系统整体效能最优。

随着网络和计算技术的高速发展,与物联网、云计算、大数据、人工智能、无人装备等技术的军事应用进一步结合,加速生成有人无人混合作战体系,是指挥信息系统发展的新趋势。

本章思维导图

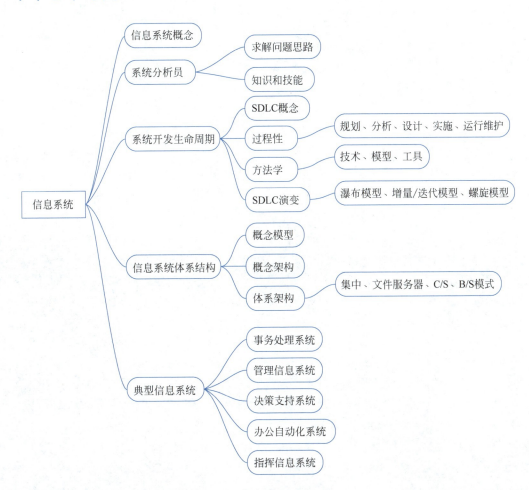

习题 2

1. 什么是信息系统？
2. 系统开发生命周期（SDLC）是一种用于规划、执行、控制信息系统开发的项目组织和管理方法，一共分为哪几个阶段？
3. SDLC 开发增量和迭代模型的区别是什么？
4. 系统分析员应具备的知识和技能有哪些？
5. 系统开发方法学包括哪 3 个要素？
6. 与 C/S 模式相比，B/S 模式具有哪些优点？
7. 事务处理系统的典型特点是什么？
8. 决策支持系统主要包括哪几个部分？试举例说明现实生活中的决策支持系统的组成。

第3章 信息系统技术基础

信息系统的技术基础是指支持信息系统构建和运行的设备和技术,主要包括覆盖信息系统中信息处理生命周期所需的信息输入、输出、存储、处理和传输等各种软硬件设备,以及支撑信息系统构建的开发方法。

3.1 计算机系统

计算机系统可划分为硬件和软件两部分。硬件由主机(中央处理器、高速缓冲存储器、主存储器)和外设(输入设备、输出设备、辅助存储器、网络设备、声卡、显卡等)等物理实体构成。软件是一系列按照特定顺序组织的数据和指令,并控制硬件完成指定的功能。计算机软件可以进一步分为系统软件和应用软件,系统软件是指支持应用软件的运行,为用户开发应用软件提供平台支撑的软件,而应用软件是指计算机用户利用计算机的软、硬件资源为某一专门的应用目的而开发的软件。典型的计算机系统组成如图 3-1 所示。

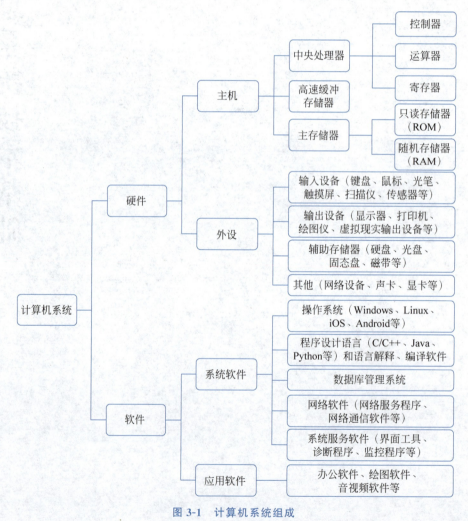

图 3-1 计算机系统组成

3.1.1 计算机硬件

计算机系统中的各硬件主要功能如下。

1. 中央处理器

中央处理器(Central Processing Unit,CPU)作为计算机系统的运算和控制核心,是信息处理、程序运行的最终执行单元。CPU由运算器和控制器两个主要部分组成。运算器是计算机的运算单元。主要用于完成算术运算和逻辑运算。运算器内部结构还可细分为算术逻辑单元、累加器、状态寄存器和通用寄存器。算术逻辑单元主要用于完成算术、逻辑操作;累加器用于暂存操作数或运算结果;状态寄存器用于存放运算中产生的状态信息;通用寄存器用于暂存操作数与数据地址。算术逻辑单元、累加器及通用寄存器的位数决定了CPU的字长,即计算机中作为一个整体被传送和运算的二进制位数。因此,如果一台计算机以32位为一个整体进行传送与运算,则称为32位机。控制器是计算机的神经中枢,它按照主频的节拍发出各种控制信息,以指挥整个计算机工作。

CPU的运算速度是决定计算机系统性能的重要指标。由于微电子技术的飞速发展,芯片性能的日益提高,目前CPU已经能够集成在单片集成电路上形成微处理器芯片。Intel公司的x86系列处理器占据了笔记本/台式机/服务器的市场,1978年,Intel推出16位处理器8086,后续不断加入新特性,2023年发布了13代酷睿系列处理器,采用的是7nm制程工艺。x86是复杂指令集计算机(Complex Instruction Set Computer,CISC),具有许多不同格式的指令,然而,操作系统一般只会用到小部分。与之对比,精简指令集计算机(Reduced Instruction Set Computer,RISC)采用"很少"的指令,同时每个指令的模式也"很少",代表性的架构有ARM(Advanced RISC Machines)、RISC-V等。AMD是Intel的主要竞争对手,2022年AMD推出的Zen 4架构采用了5nm制程工艺。我国的CPU近几年发展非常迅速,主要产品有中国科学院计算所研发的龙芯系列,采用的是MIPS架构(Microprocessor without Interlocked Piped Stages architecture),属于RISC的处理器架构。最新款龙芯3A4000/3B4000 4核处理器采用28nm制程工艺,主频为1.8~2.0GHz。华为公司研发的海思处理器采用ARM架构,最新款为麒麟990 5G版,采用7nm制程工艺,集成了5G基带。国防科技大学研发的飞腾系列,架构从SPARC转向ARM,最新款FT-2000/4 4核处理器,采用16nm制程工艺,主频3.0GHz,功耗仅10W。

2. 存储器

存储器通常分为主存储器和辅助存储器两类,主存储器又称为内存储器,简称内存或主存,是在计算机运行过程中用来存储数据和程序指令的。辅助存储器又称为外部存储器,简称外存或辅存,用于数据和程序的持久化存储。

内存包括只读存储器(ROM)和随机存储器(RAM)。只读存储器是指只能从中读出信息,不能写入信息的存储器。常用它存放计算机的启动程序、自检程序及磁盘引导程序等。随机存储器是指可以在任意时刻,从存储器的任意单元读出信息,或将信息写入任意存储单元,而读写信息所需时间与存储单元的位置无关的存储器。常用它存放计算机运行过程中所需的程序和数据。当运行结束,程序和数据将保存在辅助存储器内。断电后机器内内存中的信息自动消失。内存的最小数据存储单元是字节(byte),每个字节可以存储一个数值、字符或符号,内存的容量是决定计算机处理速度和处理能力的重要指标,早期的微机通常有 640KB 内存,现在的主流的微机内存容量已超过 16GB。

在计算机运行过程中,可以将内存中的数据分批写入外存存储,也可以将外存中的程序和数据分批读入内存进行操作和处理。外存的特点是容量很大,价格较低,但由于外存需要通过机械部件的运动在大容量的存储设备上存取数据,所以相对于内存中的电子运动而言存取速度要慢得多。外存的主要类型有磁带、磁盘、光存储器、固态硬盘等。其中,磁带主要用于备份和归档。磁盘具备容量大、价格低等优点,是存储数据和程序最可靠、最经济和最快捷的外存设备之一,目前主流的磁盘容量可达 2TB。光存储器又分为只读的光盘和可擦除光盘,普通光盘的存储容量约为 650MB,DVD 盘片单面可达 GB 级,而蓝光 DVD 容量可达 25GB。固态硬盘是随着 Flash 存储器技术的发展,产生的一种新型的存储介质,具有速度快、体积小、重量轻等特点。

为提高存储器的性能,通常把各种不同存储容量、存取速度和价格的存储器按层次结构组成多层存储器,并通过管理软件和辅助硬件有机组合成统一的整体,使所存放的程序和数据按层次分布在各存储器中。一般采用多级层次结构来构成存储系统,由寄存器、高速缓冲存储器 Cache、内存和外存组成。图 3-2 中自上向下容量逐渐增大,速度逐级降低,成本逐级减少。

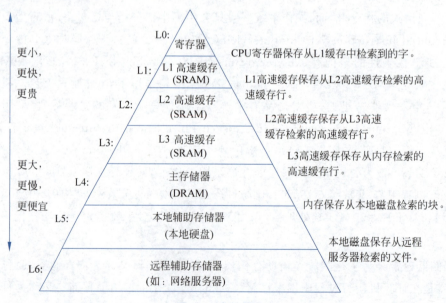

图 3-2 存储器层次

整个结构可看成主存-辅存和 Cache-主存两个层次。在辅助硬件和计算机操作系统的管理下,可把主存-辅存作为一个存储整体,形成的可寻址存储空间比主存储器空间大得多。由于辅存容量大,价格低,使得存储系统的整体平均价格降低。Cache-主存层次可以缩小主存和 CPU 之间的速度差距，从整体上提高存储器系统的存取速度。一个较大的存储系统由各种不同类型的存储设备构成，形成具有多级层次结构的存储系统。该系统既有与 CPU 相近的速度，又有极大的容量，而价格又是较低的。可见，采用多级层次结构的存储器系统可有效地解决存储器的速度、容量和价格之间的矛盾。

3．输入输出设备

人与计算机之间以及计算机各个部件之间进行通信都必须使用输入输出系统。

输入设备主要有键盘、鼠标、输入笔或光笔、触摸屏、图文扫描仪、条码阅读器、数码相机、手写输入设备、语音输入设备，以及声、光、电、磁等传感器。输入技术包括传感器技术、人机交互技术等。

输出设备主要有显示器(CRT、LCD、等离子体)、投影仪、打印机、绘图仪、声音输出设备、存储介质等。输出技术包括显示器件技术、信息可视化技术等。

3.1.2 计算机软件

软件主要分为系统软件和应用软件两种类型。

1．系统软件

系统软件执行计算机的所有用户都会用到的基本任务，这些任务与硬件有关。使用现代计算机就不可能不使用它的系统软件，系统软件通常由硬件生产商(供应商)或由专门生产软件的公司提供(软件供应商)。系统软件有 3 种基本类型：操作系统、实用程序和语言处理器。

操作系统是计算机硬件和用户的接口。目前主流操作系统主要有 Windows、UNIX 和 Linux 操作系统。操作系统可以实现以下基本功能。

- 任务调度。操作系统能确定任务执行的顺序。同时使用字处理软件和电子表格软件时，操作系统能确切地跟踪哪一个程序正在使用处理器，哪一部分外存中数据正在被使用，计算机屏幕上需要显示什么信息等。
- 管理硬件和软件资源。操作系统执行程序时，把用户的应用程序装入内存，使不同的硬件按应用程序说明执行相应的操作。
- 维护系统安全性。操作系统要求用户输入密码进行身份认证，判断用户是否有权访问系统。这种安全性能够确保任何用户都无法越过密码检查而访问外存或其他资源。
- 多用户资源共享。大型计算机和联网的微型机允许一个以上的用户同时访问计算机资源，这个特征称为并发性(concurrency)。并发性使得多个用户虽然不是同时刻访问资源，但操作系统在每个用户小的子任务之间迅速切换，使得每个用户感觉计算机资源在唯一地为他服务。操作系统能同时处理多个用户的应用程序并做出调度，这个特征称为多任务(multitasking)。
- 处理中断。中断技术是指操作系统暂时把一个程序的执行挂起，转而执行另一个程序。当程序请求输入、输出时，或者程序超出了设置的时间限制时，就会发生中断。

实用程序是计算机里的例行程序。用户可以通过它完成基本的计算机数据处理操作，这些操作不是针对特殊用户的特殊需求的。用户可以使用实用程序进行复制文件、删除文件、整理文件内容、合并两个或多个文件等文件管理操作。还有一些实用程序允许计算机操作管理员恢复丢失或损坏的文件、监视系统性能，甚至是控制用户和计算机之间的数据流动。在计算机发展的早期，这些实用程序不是标准的。计算机程序员需要自己编写程序代码来复制文件，或完成其他功能。随着计算机生产商之间竞争的日益激烈，操作系统中许多实用程序开始标准化。

第一台计算机问世的时候，还没有出现面向程序员的程序设计语言。程序员需要将0、1组成的指令和数据序列装入计算机内存以控制计算机的运行，这是很低效的，尤其是当执行的许多任务中都有一些相似的工作(如查找数据记录和把数据装入内存等)时。为了提高效率，人们规定一套新的指令，称为高级语言，其中每一条指令完成一项操作，这种操作相对于软件总的功能而言是简单而基本的，而相对于CPU的操作而言又是复杂的。用这种高级程序语言来编写程序(称为源程序)就像用预制板代替砖块来造房子，效率要高得多。但CPU并不能直接执行这些新的指令，需要编写一个软件，专门用来将源程序中的每条指令翻译成一系列CPU能接受的基本指令(也称机器语言)，使源程序转化成能在计算机上运行的程序。完成这种翻译的软件就是语言处理器。语言处理器提供了一种更为友好地编写计算机程序的方式。C、C++、Java和Python都是常用的高级程序语言。

2. 应用软件

应用软件是直接面向最终用户的具体软件。应用软件以操作系统为基础，用程序设计语言编写，或用数据库管理系统构造，用于满足用户的各种具体要求。应用软件主要可分为通用应用软件和专用应用软件两大类。

通用应用软件是指某些通用信息处理功能的商品化软件。它的特点是具有通用性，因此可以为许多有类似应用需求的用户所使用。它所提供的功能往往可以由用户通过选择、设置和调配来满足特定需求。比较典型的有文字处理软件、表格处理软件、数值统计分析软件、财务核算软件、人事档案管理软件等。通用应用软件一般由计算机软件开发商开发和发售，用户购买该类软件后，要经过一定的配置过程才能满足用户的特定需求。某些大型和复杂的通用软件的配置、安装和调试工作也由专业技术人员来完成。而大多数通用应用软件，尤其是微型计算机的应用软件，其安装和调配往往较简单，最终用户只要按照软件说明书或经过简单培训就能独立进行。

专用应用软件也称为用户定制软件。在许多场合下，用户对数据处理的功能需求有很大的差异，当通用软件不能满足要求时，就需要由专业人士采取单独开发的方法，为用户开发具有特定功能的专用软件。

3.1.3 计算机系统类型

计算机系统的分类方式很多，按大小可以划分为微型机、工作站、小型机、大型机；按用途可以划分为科学计算系统、事务处理系统、实时控制系统等；按数据类型可以划分为定点机、浮点机、向量机、堆栈机等；按处理机个数和种类划分为单处理机、并行处理机、多处理机、分布处理机、阵列处理机、超标量处理机、超流水线处理机、SMP（对称多处理机）、MPP（大规模并行处理机）、集群（Cluster）系统等；Flynn 提出的按指令流、数据流及其多倍性可以划分为 SISD（在一个时钟周期内，CPU 仅执行一条指令、处理一个数据流，如串行单处理机）、SIMD（在所有 CPU 上执行相同的指令，但在不同的数据流上运行，如阵列处理机）、MISD（多个指令部件对同一数据的各个处理阶段进行操作，这种机器很少见）、MIMD（多个独立或相对独立的处理机分别执行各自的程序、作业或进程，如多处理机）。

信息系统中常用的计算机系统主要有以下几种类型。

1. 微型机

微型机自 20 世纪 80 年代以后性能价格比飞速提高，这主要得益于其中的核心部件即微处理器、内存芯片以及硬盘等的进步。现在一台微型机的性能已超过了 20 世纪 60 年代大型机的水平。随着硬件性能的提高，大量微型机上可以使用的应用软件也迅速发展。而这种趋势促进了利用微型机和局域网作为信息系统硬件平台的解决方案的普及。与大型机相比，用微型机构成的信息系统投资低、收效快、使用方便。同时，由于微型机操作系统的发展，图形化用户界面使得微型机的操作更加简单方便。从系统的管理和维护方便性等方面，微型机也比大型机要容易。由于这些优点，以微型机为中心的信息系统结构逐渐取代了大型机的主导地位。

2. 工作站型计算机

工作站（workstation）型计算机是面向专业人员的一种高性能计算机，是一种高端的通用微型机。它提供比微型机更强大的性能，尤其是在图形处理、任务并行等方面的能力。工作站型计算机通常配有高分辨率的大屏、多屏显示器及容量很大的内存和外存，并且具有高性能的图形、图像处理功能。另外，连接到服务器的终端机也可称为工作站。由于工作站性能和图形处理功能强，可以快速画出极其复杂的图形，所以对一些需要高性能快速进行图形渲染功能的应用比较适合。以擅长图形处理的 SGI 工作站为例，其内部有专用于图形处理的大规模集成电路，同时配有图形设计专用软件。用户使用它们可以快速、方便地进行作图、色彩处理、光线处理以及各种明暗、纹理、过滤处理等。工作站型计算机适合应用在需要高速计算机和高速图形显示的应用领域，如科学和工程计算、软件开发、计算机辅助分析、计算机辅助制造、工程设计和应用、图形和图像处理、过程控制和信息管理等。同时可以用于智能应用的研究开发，可以高效地运行人工智能算法进行模型（深度学习模型）的学习和训练。

3. 小型机

一般小型机上的操作系统多为专用系统，比较具有代表性的小型机有 HP 公司的小型机和 DEC 公司的 VAX 小型机。小型机常采用多 CPU 结构，具有较大容量的内存和多台大容量硬盘，数据处理功能较强，可供数百个用户连接使用。小型机还可以同时连接局域网，或同时连接数十条通信线路。小型机的用途主要是作为联机事务处理系统的服务器,或作为有较大数据流量的局域网服务器。在这类系统中,企业中的数据资源集中存放在小型机服务器上,由各个工作站共享。小型机的实时处理性能比较好,对网络用户的要求能迅速做出响应,对多台工作站的要求能及时处理,因此这种方案适用于大流量的数据处理。

4. 大型机

大型机具有很强的数据传输和信息处理能力,可供数百至数千个终端同时工作。大型机可作为中央计算机对机构的大量数据进行集中快速的处理。在这类机器上,更广泛使用的数据库是关系数据库。大型计算机可以作为联机计算机,也可以作为进行批处理的计算机。在大型商场、证券公司、银行、航空公司等机构的订票处理系统中,一般都需要采用大型机进行后台服务处理。2023 年,为面对未来人工智能、安全性、混合云和开源等工作负载,满足企业发展需求,IBM 正式公布了 z16 大型机。IBM z16 采用了 IBM Telum 双处理器芯片,有 16 个 CPU 内核,运行频率为 5.2 GHz,包括 40TB 的独立内存冗余阵列,并专为人工智能应用程序进行了优化。

计算机系统的选择是建设信息系统时的一个关键问题。目前,在信息系统建设中计算机设备仍是投资最大的一项。计算机的价格、配置、功能、外观等有许多不同,这直接关系到连接的网络、配置的操作系统以及开发的应用软件等,而且计算机设备一旦购入,就要在一个较长的时期中一直被使用。因此,在计算机选型时,应当在基本原则的指导下,与专家或咨询公司进行深入讨论,以制定出合理的计算机选型方案。

在计算机选型时,应掌握的一些基本原则如下。

(1) 根据摩尔定律(Intel 公司创始人 Gordon Moore 从统计数据中发现,计算机的性能价格比每过 18 个月就翻一番),一个企业应该根据自己机构的需要和预算,选择具有较高性价比的计算机。一般微型机使用期限为 5 年,如果是过时的旧型号,则生命周期更短。而最先进的计算机价格往往过高,所以对于性能不必要求太超前。一方面,可根据需要加以扩充;另一方面,计算机发展速度很快,再先进的计算机使用周期也很短。但也不宜选择明显落后的计算机,因为落后的计算机很难找到合适的配件支持和技术服务。

(2) 现在购买计算机一般应与网络设备联系起来一同考虑,而网络设备和企业的组织结构、工作流程、环境等因素紧密相连,必须统一起来考虑。例如,考虑能否与当前的计算机网络互联、能否与行业计算机网络相联。

(3) 充分考虑计算机的效益,即是否能够满足企业的需求。根据计算机用于何处、进行何种业务来考虑。如在办公室中使用的计算机主要业务是文字处理,就不需要太高档,也无需多媒体功能。应从业务需要出发考虑性能最适合的计算机系统。

常用的选型方法是:通过征集计算机方案来选择。首先选择一些计算机厂商或系统集成商,要求他们根据本机构的情况提出系统方案,然后从经济上、技术上对方案进行综合评价,选出少数方案,最后细节经过技术谈判决定。对于数量多、金额大的方案,应通过招标选择。

3.2 计算机网络

3.2.1 计算机网络发展阶段

计算机网络就是利用通信设备和线路将地理位置不同的、功能独立的多个计算机系统互连起来,以功能完善的网络软件(即网络通信协议、信息交换方式、网络操作系统等)实现网络中资源共享和信息传递的系统。

到目前为止,计算机网络的发展经历了 4 个阶段。

第一个阶段(20 世纪 60 年代)。计算机网络是以单个计算机为中心的远程联机系统,也称为面向终端的计算机网络。20 世纪 60 年代初期美国航空公司的 Sabre 订票系统就是典型代表。在这种系统中,主机既要进行数据处理,又要承担终端间的通信,随着终端的增加,主机的运行效率下降,为此,在主机前增设一个前端处理机负责通信工作。另外,如果每个终端都利用专线与主机连接,那么不但线路的利用率低,而且费用高,为此,在终端比较集中的地方,增设一些终端控制器,以减少通信费用,可以使用比较便宜的小型计算机或微机作为前端处理机和终端控制器。

第二个阶段(20 世纪 60 年代至 70 年代)。计算机网络由多个主计算机通过通信线路互连起来,为用户提供服务,这样多个主计算机互联的网络即是目前所称的计算机网络。20 世纪 60 年代后期美国国防部开发的 ARPA 网就是典型代表。这种网络中多个主机之间是通过接口报文处理机(Interface Message Processor,IMP)和通信线路一起完成通信任务的。IMP 和它们之间互联的通信线路一起构成了通信子网(communication subnet)。通过通信子网互联的主机负责运行用户的应用程序,向网络用户提供可供共享的软件和硬件资源,它们组成了资源子网(resource subnet)。ARPA 网就是一种两级子网的结构。

第三个阶段(20 世纪 80 年代)。该阶段是现代计算机网络互连阶段,特征是网络体系结构的形成和网络协议的标准化。在计算机通信系统的基础之上,重视网络体系结构和协议标准化的研究,建立全网统一的通信规则,用通信协议软件来实现网络内部及网络与网络之间的通信,通过网络操作系统,对网络资源进行管理,极大地简化了用户的使用,使计算机网络对用户提供透明服务。1984 年,国际标准化组织(International Organization for Standardization,ISO)颁布了一套开放系统互连的参考模型(Open System Interconnection,OSI),成为了新一代网络体系结构的基础。TCP/IP 协议就是支持 OSI 模型实现的网络协议栈。

第四个阶段(20 世纪 90 年代以来)是互联网络与高速网络阶段。这个阶段的计算机网络技术进入新的发展阶段,其特点是互联、高速和智能化。发展了以 Internet 为代表的互联网,1993 年美国政府公布了"国家信息基础设施"行动计划,即采用数字化大容量光纤通信网络的信息高速公路计划,对政府机构、企业、大学、科研机构和家庭的计算机进行联网。美国政府在 1997 年开始研究发展更加快速可靠的下一代互联网(Next Generation Internet)。可以说,网络互联和高速计算机网络正成为最新一代计算机网络的发展方向。随着网络规模的增大与网络服务功能的增多,各国正在开展智能网络(Intelligent Network,IN)的研究,以提高通信网络开发业务的能力,并更加合理地进行网络各种业务的管理,真正以分布和开放的形式向用户提供服务。在这个阶段,以我国华为公司为代表的移动网络 5G 技术逐步进入国际领先,全球著名权威咨询公司 GlobalData 发布的 2022 年《5G 移动核心网竞争力报告》显示,华为的 5G 核心网解决方案和成熟的商用案例排名全球第一,且领先优势扩大。

3.2.2 计算机网络系统组成

计算机网络系统由以下基本元素组成,如图 3-3 所示。

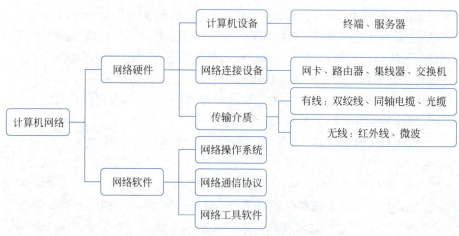

图 3-3 计算机网络系统组成

(1) 计算机设备。主要包括终端和服务器等。网络系统中往往包含多种类型的终端。一种是哑终端,它们的处理能力和存储容量有限,依赖服务器进行信息的存储和处理,哑终端通常只为用户提供键盘和显示器。另一种是智能终端,不但有键盘和显示器,而且自身有存储和处理数据的能力。微机就是网络系统中常用的一种智能终端。另外,其他一些类型的输入输出设备都可能成为网络系统中的终端,如电话、打印机等办公设备。网络中的服务器可以是微机、小型机或主机。服务器为网络中的其他用户提供各种服务,如应用程序的处理、打印服务、访问数据库管理系统等。有时一台服务器提供各种服务,在大型网络中,多台服务器往往各自提供不同的服务,如打印服务器、电子邮件服务器、传真服务器、数据库服务器、应用程序服务器等。

(2) 网络连接设备。将多个终端接入网络系统或服务器的连接设备。如网卡、路由器、集线器、交换机等,这些设备的作用如图 3-4 所示。网卡可以将两台主机直接连接,例如,小张和小王可以通过网卡连接并进行协同工作。但是如果小李的主机也要加入网络,网卡就满足不了需求了,这时就需要具有多个网口的集线器将不同主机的网线集结起来,实现最初级的网络互通。然而集线器在网络传播信息的方式是广播式的,也就是小张向小李发送的信息,小李和小王都会收到。因此,需要用交换机来根据网口地址传送信息。最后,当其他房间也需要连接到这个工作网络,就需要路由器来实现按照相同的协议来寻址,这样,即使是不同操作系统的主机也可使实现互联了。

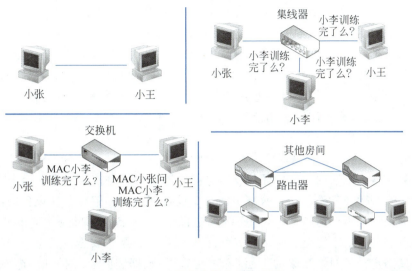

图 3-4 网络连接设备示意图

(3) 传输介质。用于网络中数据或声音发射以及接收的各设备之间连接的材料,实现数据传输功能。通常介质有多种类型,每种都有自己的特性。

双绞线通常由两对或多对铜质双绞线组成,绞合的电线彼此间是绝缘的,双绞线的带宽约为 4000Hz,是理想的传输声音的媒介,主要是用来传送模拟信号的。其主要优点是价格便宜、安装方便,但双绞线不支持高速传输。

同轴电缆比双绞线贵,但比光纤便宜,能够快速传送数据,所传输的信号比双绞线清晰,但是由于比较重,难以在多个建筑物间拉线,不支持模拟信号传输。一般用于局域网内部计算机的连接,如在一个办公室、一层楼、一个建筑物及校园内部。

光缆以调制的光脉冲形式传送数字数据信号。光缆上没有电信号,因此这种传送数据的方式比较安全。由于信号纯净,衰减小,所以光缆是实现高速、大容量数据传输的好方法。光缆传输不受电信号的干扰,而且传输速率可以达到 100Mbps,理论上速率可以达到 1Gbps。光缆制造和安装复杂,成本高,目前主要用来作为网络的主干网。

无线网络指不需要铺设连接线路的传输介质,常见的方式有微波传输、蜂窝传输和红外线传输等。微波是通过大气和空间传送的,虽然使用微波无须铺设电缆,但其所需要的传输设备十分昂贵。微波是直线传输,也就是说,发送器与接收器之间必须是直线,不能有障碍物。卫星通信就是一种典型的微波传输方式,卫星的优点是可在一个比较大的地理区域内接收和传播信息,受地球曲率、高山和其他一些障碍的影响较小。蜂窝传输是将一个区域划分成若干小区,采用无线电波进行信号的双向传播的通信方式。移动通信技术采用蜂窝传输方式,具有使用频段广、系统扩展方便、移动性强的优势,但因为蜂窝传输使用的是无线电波,可使用特殊的接收器来窃听蜂窝电话中的通话,所以安全性难以保障。红外线传输是借助光波通过空气发送信号,是短距离传输。红外线传输可用于连接各类小设备和计算机。例如,利用红外线传输将手提计算机的数据和信息传送给同一房间内的较大型计算机。某些特殊类型的电话也可使用红外线传输。

（4）网络操作系统。网络操作系统是网络上各计算机能方便而有效地共享网络资源，为网络用户提供所需的各种服务的软件和有关规程的集合。网络操作系统与通常的操作系统有所不同，它除了应具有通常操作系统应具有的处理器管理、存储器管理、设备管理和文件管理外，还应具备对网络的管理功能，能够提供高效、可靠的网络通信能力；提供多种网络服务功能，如远程作业录入并进行处理的服务功能、文件传输服务功能、电子邮件服务功能、远程打印服务功能等。通用操作系统如 Windows、UNIX、Linux 等都提供网络操作系统版本的支持。

（5）网络通信协议。网络通信协议是一种网络通用语言，为连接不同操作系统和不同硬件体系结构的互联网络提供通信支持。网络通信协议是控制网络中两个节点间信息传送的一套规则和程序。同一网络中的每个设备都应能够解释其他设备的协议。协议在网络通信中的主要功能有：识别网络系统中的每个设备、确保正确接收传送的信息、确定需要重新发送的不完全或错误的信息、保证系统中设备的安全以及有一定的恢复功能。OSI 模型定义了网络互联的 7 层框架（物理层、数据链路层、网络层、传输层、会话层、表示层和应用层），明确区分了服务、接口和协议三者的概念，各个层的作用如图 3-5 所示。由于 OSI 把服务层考虑得过于完备，因此通常 OSI 参考模型作为理论的模型。TCP/IP 模型由于有较少的层次，因而显得更简单，与 OSI 模型的对应关系如图 3-5 所示，并且作为从 Internet 上发展起来的协议，已经成了网络互联的实际上的标准。其他常用的网络协议包括 IBM 提出的系统网络体系结构（Systems Network Architecture，SNA）、常用于局域网的以太网以及 X.400、X.500 等。

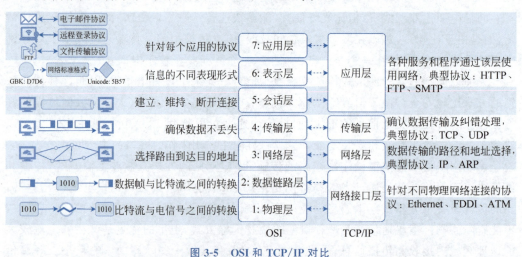

图 3-5　OSI 和 TCP/IP 对比

（6）网络工具软件。随着网络技术的发展，计算机网络工具软件在设计方面也在不断优化，网络工具软件主要包括应用级的提供网络服务功能的专用软件，大量地被应用到计算机系统中。在这个发展过程中，越来越多的网络建设者、设计者和使用者都需要工具软件辅助网络的管理和应用，尤其是对于企业、工程以及学校和银行这些领域。与此同时,计算机网络软件的安全问题在一定程度上也关系到国家信息安全的发展和稳定。为此,在当前的社会信息体系条件下,网络软件工具软件将有着不可忽视的重要作用,常用的工具软件有网络浏览、网络监控、网络传输、电子邮件、远程控制、即时通信、电子商务、网络安全等方面的应用软件。

3.2.3 计算机网络类型

可从不同的角度对计算机网络系统进行不同的分类。这里主要从网络拓扑结构角度、网络中节点之间的物理距离以及网络提供的通信和服务角度讨论网络的分类。

1. 按网络拓扑结构分类

1) 星状结构

这种结构的网络中多个节点以自己单独的链路(链路是指两个节点间的通信线路)与处理中心相连,任何两个节点间的通信都要通过中央节点来进行,如图 3-6(a)所示。一个节点在传送数据之前,首先向中央节点发出请求,要求与目标节点相连接,只有连接建立以后,该节点才能向目标节点发送数据。这种结构采用集中式访问的控制策略,所有通信均由中央节点控制,中央节点必须建立和维持许多条并行的数据通信线路。因此,中央节点的结构比较复杂,而每个节点的通信处理任务很轻。这种网络结构简单,便于管理,从终端到处理中心的时延小,但通信线路总长度长,因此花费在线路上的成本较高。中央节点的故障必然导致整个网络瘫痪。

2) 总线型结构

这种网络中单个通信线路连接多个设备,如图 3-6(b)所示。主通信线路可以是双绞线、同轴电缆或光缆。所有信号在整个网络中都是双向传播的,由于没有中心主机控制网络,所以系统中必须安装特定的软件以判断各个信号的接收节点。网络中一个节点的失败不会影响网络中其他的任何节点。但是,系统中的通信信道一次只能处理一个信号,这样当传输信息量很大时系统的性能将会下降,当两个计算机同时发送信息时,就会发生冲突,必须重新发送。

3) 环状结构

与总线型网络类似,这种网络没有起着中心控制作用的计算机,如图 3-6(c)所示,不会因为一个节点的故障而使整个网络停止运行。网络中的每台计算机都可直接与另一台计算机通信,各个计算机独立进行应用程序的运行。但是,在环状网络中,同轴电缆或光缆组成一个封闭的环,数据总是沿着环的一个方向进行传送。总线型和环状拓扑结构的网络是局域网中常用的结构,这两种网络中都是多个设备共享通信介质,比较节省通信线路,但是如果通道发生故障,所有设备都无法与系统中的服务器通信,另外,网络中的设备必须竞争网络介质和网络资源,如打印机、硬盘、调制解调器等。

4) 树状结构

树状结构是从总线型和星状结构演变来的,像一棵倒置的树。如图 3-6(d)所示,顶端的主集线器是树根,树根以下带分支,每个分支还可带子分支。节点按层次进行连接,信息交换主要在上、下层节点之间进行,相邻及同层节点之间一般不进行数据交换。树状拓扑结构虽有多个中心节点,但各个中心节点之间很少有信息流通。各个中心节点均能处理业务,但最上面的主节点有统管整个网络的能力。所谓统管,是指通过各级中心节点去分级管理,从这个意义上说,它是一个在分级管理基础上的集中式网络,适合进行各种管理工作。

5) 网状结构

网状结构是指网络中两个节点之间不止一条连接通路,如图 3-6(e)所示。这种结构的网络往往具有较高的可靠性,并且能够保证具有较快的响应速度。

6) 无线拓扑结构

通常使用无线网络时采用,如图 3-6(f)所示。初装费比采用其他结构高,但是对用户端,特别是需要经常移动的用户说,无线网络更加有效。

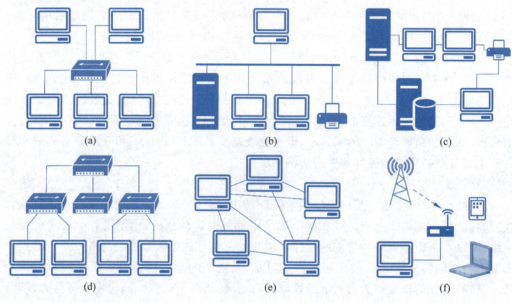

图 3-6 网络拓扑结构分类

网络拓扑结构的选择取决于可靠性、可扩充性及网络自身的特性等多种因素。总线型结构由于其价格、可靠性和可扩充性等性能比较好,因此得到较为广泛的应用。环状结构比其他网络结构具有更高的吞吐率,但可靠性较差,可以采用双环结构来解决这个问题。星状结构主要用于终端密集且网络管理集中于中央节点的场合,在这种结构中,中央节点的可靠性尤为重要。另外,可根据实际需要混合使用不同的拓扑结构。

2. 按节点间距离的网络分类

局域网(Local Area Network,LAN)又称局部网,是指在有限的地理范围内(如一个实验室、一幢大楼、一个单位)建立的计算机网络。局域网的覆盖范围一般不超过 10km。一般是私有的。这种网络的特点是:连接范围窄、用户数少、易于配置、连接速度快。目前,局域网中速度最快的是 10Gbps 以太网。IEEE 802 标准委员会定义了各种主要的 LAN 网络:以太网、令牌环、光纤分布式接口(FDDI)、异步传输模式(ATM)和无线局域网。

城域网(Metropolitan Area Network,MAN)是在一个城市范围内建立的计算机网络,它所覆盖的范围一般为10~100km。通常使用与局域网相似的技术,传输介质主要采用光纤,传输速率在100Mbps以上,既可能是私有的也可能是公用的。

广域网(Wide Area Network,WAN)又称为远程网,是一种跨越大地域的网络,它所覆盖的地理范围从几十到几千千米,可覆盖一个国家、地区,或跨越几个洲,形成国际性的远程网络。Internet国际互联网就地理范围和网络规模而言,是实现全球计算机互联互通的最大广域网。

3. 按网络提供的通信和服务分类

公用网:是多个不同企业与不同人群共同使用的网络。

专用网:为一个企业服务的网络。

增值网(Value-Added Network,VAN):是一种为企业提供增值服务的专用数据通信网络。它是由运营商提供的一种私有网络,用于在不同的地理位置间传输数据。VAN的主要功能包括数据加密、数据传输、数据管理等,为企业提供了高效、安全、可靠的数据通信服务。

虚拟专用网(Virtual Private Network,VPN):是一种基于公共网络的加密通信方式,通过在公共网络上建立加密通道,实现数据在不安全的公共网络上的安全传输。VPN的主要功能包括加密数据、隧道传输、身份认证等,为企业提供了安全、便捷、低成本的远程访问服务。

3.3 信息系统开发方法

信息系统的开发过程规模大、复杂性高,需耗费大量的人力、物力和财力等资源,因此选择一种合适的系统开发方法有着十分重要的意义。信息系统的开发方法有多种,每一种方法都有相应的模型、工具和技术,但每一种方法自身都有其特点和适用环境,没有任何一种方法或一种通用的方法适合所有的开发项目。目前常用的信息系统开发方法有结构化方法、面向对象方法、原型法、面向方面的方法和敏捷开发方法,它们构成了绝大多数开发方法的基础。当面对不同的问题时,可以有针对性地选用或参考借鉴相应的开发方法作为解决途径。

3.3.1 结构化方法

1. 产生背景

结构化,简单说就是"有组织、有规范、有规律的一种安排"。计算机科学中的结构化(structured)一词最早是作为一种程序设计技术而出现的,即结构化程序设计。结构化程序设计(structured programming)技术产生于20世纪60年代,其主要目的是提供一组约定的规则(rule)去提高程序的质量。因为一个质量好的程序不仅能在每次执行时产生正确的结果,而且应能让其他程序员方便地读懂它和修改它。在结构化程序设计技术产生之前,程序员更关心程序能否运行和结果是否正确,不关注所写的程序别人是否能看懂。

直到 20 世纪 60 年代末，由 Dijkstra 提出了结构化程序设计的理论，并由 Bohn 和 Jacopini 给出了证明。其基本思想是每一个程序都应按照一定的基本结构来组织，这些基本结构包括顺序结构、选择结构和循环结构，并且每一个程序都只能有一个入口和出口，如图 3-7 所示。结构化程序设计技术的这一简单的规程在很大程度上解决了程序可读性和可维护性差的问题，很快便成为一种事实上的工业标准，并被广大程序设计人员所接受。

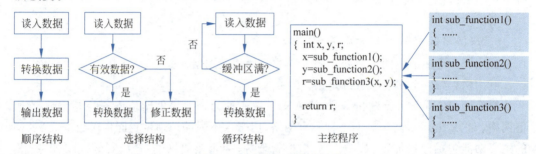

图 3-7　结构化程序基本结构

20 世纪 70 年代以来，随着计算机应用的发展，计算机程序所解决问题的复杂性越来越高，而结构化程序设计技术本身在解决大型复杂问题时，实际上采用的是一种自底向上（bottom up）的设计策略，即先设计好每一个具体的功能模块，然后再将这些设计好的程序模块组装成一个应用软件系统。显然这种解决问题的方法没有能够从全局的角度去考虑软件系统中各个功能模块之间的关系，缺乏系统总体结构的规划。所以说这样的软件系统在灵活性、可维护性、可靠性等方面都不理想。在此基础上，20 世纪 70 年代中期，Larry Constantine 在 *IBM System Journal* 上发表了奠基性的文章《结构化设计》，其中提出了结构化设计（structured design）的思想。结构化系统设计的目标是对一个表达清楚的问题，运用一组规范和准则指导系统开发人员首先从确定系统的总体结构着手，然后进行每一个功能模块的具体设计，选择和组织模块与模块接口，求得所述问题的最优解。这种先整体后局部、先设计后实现的策略是一种自顶向下（top down）的开发策略。

结构化设计的两个最基本的原则是高内聚（highly cohesive）、低耦合（loose coupled）。高内聚是指一个模块只完成一个明确的任务，这样不仅便于理解一个模块所实现的功能，而且一个模块本身的修改不会影响到其他模块的功能；低耦合则反映了模块间的相互依赖程度，即一个模块应尽可能地和其他模块保持相对独立，模块间的依赖性越小说明模块的独立性越强，这使得一个模块在设计和以后修改时无须涉及其他模块。工业社会最典型的高内聚、低耦合产品就是手机，手机将多种功能聚合在一起，是高内聚的；而手机的实现又是低耦合的，各种功能组件已经标准化，制造商可以从市场上选购成熟的组件进行集成。高内聚、低耦合是信息系统功能模块理想的实现效果。

结构化系统分析（structured analysis）技术的提出则是在 20 世纪 70 年代末期、80 年代早期，1975 年，Tom Demarco、Chris Gane、Edward Yourdon、Trish Sarson 等专家提出了结构化分析的方法，以求清楚阐述要解决的问题，建立系统用户需求模型，它保证了系统开发人员在设计系统总体结构和程序模块之前将系统的需求进一步明确化。系统设计的目标是建立在"一个表达清楚的问题"的基础上,因此结构化系统分析技术的关键便是如何以抽象的方式将求解的问题形式化地表示出来。从方法学的角度,根据方法和技术两者之间的关系不难看出,结构化方法是由结构化分析技术、结构化设计技术和结构化程序设计技术组成的。

结构化方法解决的问题和发展过程如图3-8所示。结构化程序通过3种基本结构解决程序可读性和可维护性差的问题,结构化设计方法解决模块间复杂的调用关系,从全局性角度来构建信息系统,结构化分析方法有助于更加清晰准确地表达信息系统需求。

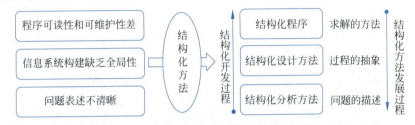

图 3-8　结构化方法解决的问题和发展过程

2. 结构化方法的特点

从开发方法学的观点看,结构化方法是用结构化分析技术、结构化设计技术以及结构化程序设计技术去开发一个信息系统的方法;从开发过程性的角度,结构化方法是分阶段实施,自顶向下、逐步求精的开发方法,是一种从具体(现实世界的物理系统)到抽象(用逻辑模型表示的系统需求)、再由抽象(由逻辑模型转换得到的物理模型)到具体(一个具体的信息系统)系统的(先整体后局部、由分析到综合)开发方法。使用结构化方法开发信息系统一般具有如下重要特征。

(1) 抽象性。抽象是一种略去与某一阶段目标无关的细节的手段,抽象的目的在于描述最本质的内容。在用结构化方法开发信息系统的过程中,从结构化系统分析,到结构化系统设计,再到结构化程序设计,这期间有多个抽象级,这些抽象级是在不同层次上对同一问题的不同的抽象表示。

(2) 面向过程。面向过程也可说成是过程驱动。在用结构化方法开发信息系统的过程中,始终从问题域中的业务功能(过程)这一角度考虑,而不是着重从信息(数据)的角度来考虑,数据只是作为过程的"属性",即完成处理过程所需要的数据、所产生的数据、所需存储的数据等。数据在结构化方法中相对于过程来说只是处于"从属"地位。

(3) 层次性、模块化、结构化。结构化方法体现了系统的思想,是一个"分而治之,由分而合"的过程。在求解问题的过程中,将复杂问题分解为一些较小的、比较容易理解的、相对独立的部分来求解,然后再将这些部分问题的解综合成复杂问题的解。功能的模块化、模块的层次化、程序的结构化实际上是分而治之、逐步求精思想的具体应用。

(4) 逻辑独立性。逻辑独立性是结构化方法的又一重要特征,逻辑设计(系统分析)和物理设计(系统设计)分开进行,有利于开发人员更准确地抽象出系统的本质特征和功能。

3. 结构化方法的适用性分析

结构化方法以 SDLC 为基础,按工程学的原理组织和管理信息系统的开发。各阶段基本上是一种线性的顺序关系,它强调在设计阶段之前完成需求的确定,在实施之前一定要完成设计。结构化方法有如下优点。

(1) 阶段的顺序性和阶段的依赖性。将系统开发过程分成若干阶段,每一阶段又分成若干个工作步骤,每一个阶段都有明确的目标和任务。上一阶段的工作成果是下一阶段的工作前提和依据,也就是说,后一阶段工作是在前一阶段工作内容的基础上进行的,后一阶段任务的完成又使前一阶段的成果在实现过程中更为具体。

(2) 推迟实现。对于有一定规模和复杂程度的软件,软件危机的启示是编码越早,完成的时间反而越长,甚至会导致不可挽回的损失。结构化方法的逻辑设计和物理设计分开进行的特征,在确保系统需求正确性、一致性的基础上,大大提高了系统的可靠性。

(3) 良好的文档支持。在系统开发过程中的每一阶段都必须建立相应的文档资料。文档是信息系统不可缺少的重要组成部分,不仅是一个阶段工作成果和结束的标志,也是各阶段之间、开发人员与用户之间的沟通桥梁,更是做好系统维护工作的保障手段。每个阶段对文档的复审就是对本阶段工作成果的评定,避免错误被带入下一阶段,错误被发现并纠正得越早,所造成的损失也就越少。

(4) 有较多成熟的方法和工具可以使用。结构化方法采用的模型和工具如图 3-9 所示。

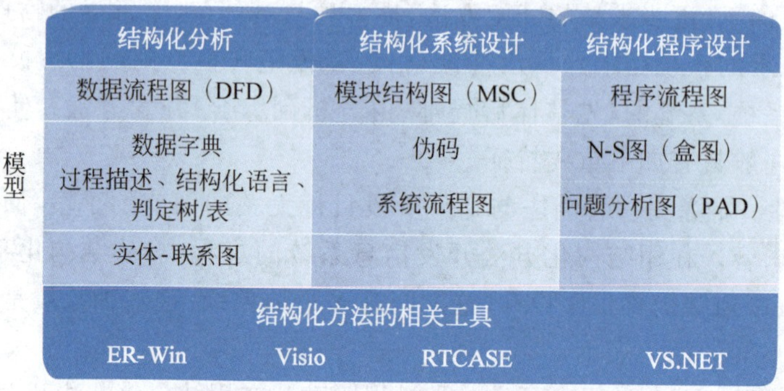

模型	结构化分析	结构化系统设计	结构化程序设计
	数据流程图(DFD)	模块结构图(MSC)	程序流程图
	数据字典 过程描述、结构化语言、 判定树/表	伪码	N-S图(盒图)
		系统流程图	问题分析图(PAD)
	实体-联系图		
结构化方法的相关工具			
	ER-Win　　Visio	RTCASE	VS.NET

图 3-9　结构化方法采用的模型和工具

结构化方法虽然有许多优点,但该方法有两点不足是公认的。

(1) 可变性差。一方面,因为该方法是一种预先定义需求的方法,也就是说,采用该方法的基本前提是必须能够在早期就冻结用户的需求,并且需求相对稳定。然而这种预先定义需求的策略,对那些随时间推移需求会调整变化或需求一时难以确定或项目参与者因种种原因而导致需求模糊、误解等情形来说,显然是不切实际的。按照这些预先指定的需求开发系统,当系统开发出来时,要么已过时而不符合当前的用户需要,要么系统存有隐患,需为此付出很高的修改代价,甚至根本不可能修改而造成负面影响。另一方面,结构化分析和结构化设计技术是围绕实现处理功能的"过程"来构造系统的,然而用户需求的变化大部分是针对功能的,因此这种变化对基于过程的设计来说是灾难性的,用这种技术设计出的系统在结构上会不够稳定。

（2）系统分析到系统设计的模型之间的转换不自然。结构化方法未能很好地解决系统分析与系统设计之间的衔接问题。结构化方法在这两个阶段中所用的概念、术语、模型结构等均有一定的差距和跨度，因而在阶段之间的过渡性上显得不够自然，不具有"同构性"。

由于结构化方法的这些问题，其他的信息系统开发方法便相继出现。

3.3.2 面向对象方法

1. 面向对象方法概述

面向对象（Object Oriented，OO）方法的出发点和基本原则是尽可能模拟人类习惯性的思维方式，使开发软件系统的方法和过程尽可能接近人类认识世界、解决问题的方法和过程，就是使描述问题的问题空间（或称为问题域）与实现求解问题的解空间（也称为求解域）在结构上尽可能一致。

"面向对象"是一种认识客观世界的观点，认为客观世界是由许多不同种类的对象构成的，每个对象有自己的内部状态和运动规律。不同对象之间相互联系、相互作用就构成了完整的客观世界。而信息系统是用计算机解决客观世界中的问题，从根本上来说，是借助某种程序设计语言的规则，对计算机中的实体施加某种处理，并用处理结果去映射。面向对象方法强调直接以问题域（现实世界）中的事物为中心来思考问题、认识问题，根据这些事物的本质特征，把它们抽象地表示为系统中的对象，作为系统的基本构成单位。

信息系统或软件系统中的数据及其处理是密切相关的，传统的开发方法人为地把数据和处理分离成两个独立的部分。与传统方法相反，面向对象方法把数据和处理过程相结合，把对象作为由数据及可以施加在这些数据上的操作所构成的统一体。面向对象方法中的对象与传统的数据有着本质的区别，它不是被动地等待外界对其施加操作；相反，它是操作处理的主体。只能通过发送消息（message）请求对象主动地执行某些操作，处理私有数据，而不能直接从外界对私有数据进行操作。

面向对象方法所提供的"对象"概念，是让软件开发人员自己定义或选取解空间对象，应该使得这些解空间对象与问题空间对象尽可能一致。软件系统可看作一系列离散的解空间对象的集合。这些解空间对象彼此通过发送消息而相互作用，从而得出问题的解。也就是说，面向对象方法不是把系统看作工作在数据集上的一系列过程或函数的集合，而是把系统看作既彼此独立又相互协作的一系列对象的集合，每个对象都有自己的数据、操作、功能和目的，系统是通过这些对象间的相互作用来完成任务的。

面向对象方法的核心理念是：客观世界是由各种对象构成的；信息系统中所有对象都划分为各种对象类；按照子类-父类关系，将若干对象类组成具有层次结构的系统；对象间通过消息进行相互联系和交互。例如，用户到ATM机取钱，采用面向对象方法可以描述为如图3-10所示的过程。

图 3-10　面向对象方法描述示例

2．面向对象的基本概念

在应用领域中有意义的、与所有解决的问题有关系的任何事物都可以作为对象,它既可以是具体的物理实体的抽象,也可以是人为的概念,或者是任何有边界和意义的东西。

定义 3-1　对象是由描述该对象属性的数据以及可以对这些数据施加的所有操作封装在一起构成的统一体。

对象由属性和方法组成。

定义 3-2　属性反映事物的信息特征,如特点、值、状态等。

定义 3-3　方法用来改变属性状态的各种操作。

例如,"人"是一个对象,属性有姓名、性别、出生日期、出生地等,方法有行走、乘车、用餐、就寝等。"卫星"也可以是一个对象,属性有轨道参数、型号、载荷类型等,方法有开机、关机、测摆、变轨等。

定义 3-4　消息是对象之间建立的一种通信机制,它统一了数据流和控制流。

对象之间的联系主要是通过消息来实现的,消息传递的方式是通过消息模式和方法所定义的操作来实现。当一个消息发送给某个对象时,包含要求接收对象去执行某些活动的信息。接收到消息的对象经过解释,然后予以响应。传递消息的对象称为发送者,接收消息的对象称为接收者。发送者不需要知道接收者如何对请求予以响应。接收者响应消息的过程是先选择符合消息要求的操作,然后执行该操作,最后将控制权返回调用者。

通常一个消息由 3 部分组成:接收消息的对象;消息标识符(即消息名);零个或多个变元。访问一个方法的过程称为向这个对象发送一个消息。

例如,MyCircle.Show(Green),其中,MyCircle 是接收消息的对象的名字,Show 是消息名,Green 是消息的变元。

定义 3-5　对象类是具有相同数据结构和相同方法的一组相似对象的抽象,简称类,表示某些对象在属性和操作方面的共同特征。

定义 3-6 类实例是指由某个特定的类所描述的一个具体的对象,类实例可简称为实例。

例如,"东风 湘 A F3207"是类"卡车"的实例;"风云一号"是类"气象卫星"的实例。

定义 3-7 继承是指能够直接获得已有的性质和特征,而不必重复定义它们。

在面向对象技术中,继承是子类自动地共享基类中定义的数据和方法的机制。继承使得相似对象可以共享程序代码和数据结构,提高开发效率,使程序结构清晰。

例如,卡车类就是继承汽车类的子类,除了具有汽车类的属性外,还具有卸货和载重量属性,如图 3-11 所示。

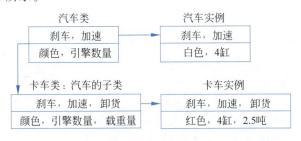

图 3-11 继承示例

定义 3-8 多态指在类层次结构中,不同层次上的类可以共享一个方法的名称,但可以按照各自的方式来实现这个方法。

多态使得一种操作可以被不同的对象/类以不同的方式执行。例如,多边形类中的"计算边数"操作,三角形和矩形都是调用 getSides()方法,但是三角形返回结果 3,矩形返回结果 4。

面向对象方法中重载的概念与多态不同,有两种类型的重载:函数重载是指在同一作用域内的若干参数特征不同的方法可以使用相同的函数名称;运算符重载是指同一运算符可以施加于不同类型的操作数上。当然,当参数特征不同或操作数的类型不同时,实现方法或运算符的语义是不同的。重载进一步提高了面向对象系统的灵活性和可读性。

3. 面向对象的技术要点

首先,面向对象方法的优势在于抽象能力。面向对象方法采用对象来表达一切事情,将其静态属性和动态行为抽象为数据结构以及在数据结构上所施加的一组操作,并把它们封装成一个统一体,使对象状态变成对象属性值的集合,对象行为变成改变对象状态的操作方法的集合。在对象抽象的基础上,面向对象方法进一步提出了对象类这一独特的概念,对象类实现了更高一级的抽象,它把具有相同或共性语义特性(即数据结构特性和操作特性及其有关约束特性)的一组对象组成为对象类,将数据结构上的抽象与功能上的抽象结合起来,并加以统一说明,实现了传统方法所不具备的更高级的抽象。正是由于对象这种广泛的、高度的抽象表达能力,使该方法具有很强的建模能力。

其次,面向对象的封装是保证软件部件具有优良的模块性的基础。所谓封装,是指所有软件部件的内部有明确的范围以及清楚的外部边界,且每个软件部件都具有友好的外部接口,用于说明各部件之间的相互作用和相互关系,同时应当完全保护软件的内部实现,使用户不必了解如何具体实现。这样,封装一方面有利于用户集中精力去考虑所开发的系统、各模块之间的关系等重大问题;另一方面也有利于编程人员对软件部件进行精心雕琢,确保模块质量的可靠性。

再次,面向对象技术提供几种不同层次的共享。数据结构和行为的继承允许在若干个相似子类间共享公共结构。面向对象技术不仅允许在某个具体应用范围内支持共享,在更通用的普遍化的设计中,它还提供了未来项目中可重用设计的可能,面向对象管理组织(OMG)已提供了这方面的标准和工具,诸如用抽象、封装和继承来建立可重用组件库。

最后,面向对象技术关注对象是什么,而不是如何使用对象的过程,也就是说,在面向对象的设计方法中,计算机的观点不是重要的,最重要的是现实世界的模型。在开发期间,一个对象的使用高度依赖于应用的细节和变化的频率,由于需求在变化,用一个对象提供的特征比它的使用方式更加稳定,建立在对象结构上的软件系统在长时间运作中也会更为稳定。传统的面向过程是基于控制的过程调用机制,系统按功能划分模块,功能的抽象即为过程,是一种将重点放在过程结构上的开发方法,当系统功能需求发生变化时将引起软件结构的整体修改。面向对象的系统是基于消息机制的对象间的相互作用,是一种将重点放在对象结构上的开发方法。

4. 面向对象方法的适用性分析

通过对面向对象技术要点的分析,可以看出,面向对象方法具有以下优点:

(1) 与人类思维方法一致。面向对象方法强有力的抽象机制,体现了从特殊到一般的归纳思维过程;通过建立类的层次结构而获得的继承特征,则体现了从一般到特殊的演绎思维过程。通过先设计出抽象类来构成系统框架,随着认识深入和具体化再逐步形成更具体的派生类。这样的开发过程符合人们认识客观世界解决复杂问题时逐步深化的渐进过程。

(2) 可重用性好。面向对象方法为软件重用提供了新的手段,基于类和对象的重用显得比传统方法更为容易。一方面,对象类本身就是一种比较理想的重用"部件";另一方面,继承机制使得父类的数据结构和程序代码可以被子类重用,或者派生新类。面向对象方法不同粒度的重用如图 3-12 所示。

图 3-12 面向对象方法不同粒度的重用

(3) 稳定性好。类的独立性强,修改一个类通常很少会涉及其他类。若仅修改一个类的内部实现部分而不改变该类的外部接口,则软件系统的其他部分完全不受影响。同时,继承机制使得系统扩展方便,只需从已有类派生出一些新类而无须修改系统的原有部分。再者,多态机制使得扩展软件功能时很容易重用原有代码。

(4) 可维护性好。面向对象的开发方法符合人们习惯的思维方式,软件系统更易于阅读和理解,这就使得在软件维护过程中易于测试和调试。

面向对象方法与结构化方法的对比如表 3-1 所示。

表 3-1 面向对象方法与结构化方法的对比

	结构化方法	面向对象方法
系统模型	过程、分析和设计分离	对象、分析即设计
系统实现	程序＝算法＋数据结构	对象＝算法＋数据结构 程序＝对象＋方法＋消息
设计思想	自顶向下、逐步求精	由小而大、自底向上
稳定	过程建模,不适应动态变化	对象建模,相对较为稳定
复用	代码级复用,复用支持差,缺乏机制和标准,分析和设计复用困难	继承、多态、重载等机制就是用于复用

3.3.3 原型法

1. 原型法产生的背景

导致信息系统开发过程缓慢的原因很多,影响大多数项目进度的因素主要包括需求的变动、返工以及开发工具的不足或不正确。

造成许多系统开发延期的原因之一是在开发过程中需求发生改变。需求的变动要求设计和构造工作也要进行相应的变化。从软件工程的角度来看,需求变动发生得越晚,实现需求变动所付出的代价就越大。以房屋装修为例,在正式施工前的房屋设计的改动(如修改水电管线走向、增加电源等),其代价就相当小,而在施工之后的改动,就需要重新绘制蓝图并修改物料清单和建设进度,甚至是返工。软件需求的变动会造成开发成本的增加,大致的估算方法如图 3-13 所示,如果项目规划阶段的改动需要成本 1 美元,那么系统分析阶段的改动需要成本为 10 美元,系统设计阶段的改动需要成本为 100 美元,详细设计阶段的改动需要成本为 1000 美元,系统实施期间的改动需要成本为 10 000 美元。

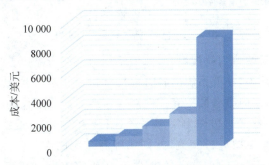

图 3-13 生命周期各个阶段的需求变动所需的代价

因此，一种新的信息系统开发思路是用较小代价构造一个工作演示模型，并与需求对照，及早发现所设计系统的缺陷和难点。

2. 原型法的思想

原型(prototype)是指用来模拟客体的原始模型，其结构、大小、功能等都与客体类似，而在信息系统开发中，则用"原型"来形象地表示一个系统的早期的可运行版本或模型。原型法从常规的程序设计方法和呆板的"瀑布"模型开发模式，发展到一种快速、灵活、交互式的软件开发方法学，这种方法通常能够证明所建立起来的应用系统是符合用户需要的。原型法利用交互、快速建立起来的原型取代了形式化的需求规格说明，用户通过在计算机上实际运行和试用原型系统而向开发人员提供真实、客观的反馈意见或建议。分析设计人员通过构建和运行原型，向用户展示系统的功能，并获取用户的反馈，从而快速实现对系统的修正。原型法是一种基于迭代(iterative)的开发模式，也是目前比较流行和实用的一种开发方法。常用的原型设计工具有 Axure RP、Mockplus、POP(Prototyping on Paper)、Proto.io 等。

原型化是构建一个可以模仿真实系统的部分或者全部功能的系统模型的过程。原型化是一个建立原型的过程，而原型则是该过程的结果。一个原型是一个自我独立的系统，其过程如图 3-14 所示。对原型化这一过程，一般包括两种主要途径：抛弃式原型和演化式原型。

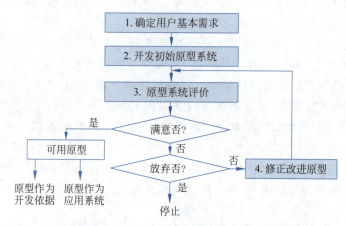

图 3-14　原型法的主要工作过程

抛弃式原型一旦目的达到就被抛弃，原型不作为最终产品。首先，快速构造，或引用一个初始原型给用户体验，并就系统的各方面展开讨论。然后，根据讨论结果，构造符合用户要求的系统，而原来的原型被抛弃。抛弃式原型的实质是作为用户与开发人员之间进行通信的媒介，并不打算把它作为实际系统运行。目的是对最终系统进行研究，使用户和开发人员借助这个原型进行交流，共同明确新系统的需求。使用这种方法，原型开发过程可以作为传统 SDLC 的需求定义阶段，用于确定需求。其特点是需要利用软件工具和开发环境，开发费用低、速度快。

演化式原型系统的形成和发展是逐步完成的，每次迭代都要对系统重新进行规格说明、设计、实现和评价。首先也是快速构造一个功能较简单的初始原型给用户体验,并就系统的各方面展开讨论。然后,逐步完善各项功能,最终形成完整系统。由于用户的要求及系统的功能可能随时都在发生变化,所以可以先构造系统,出现问题随时修改。系统开始可以完成一项或几项任务,随着用户的使用,进一步对系统进行修改。系统功能的修改在演化式原型中十分频繁。其特点是最终系统能很好满足用户需求,但必须加强管理和控制,围绕系统的初始需求进行。

3. 原型法适用性分析

原型化方法主要有如下优点。

(1) 便于需求定义。有了原型的概念,用户在系统开发过程中起主导作用,陈述需求时更加直观、简单和具体,对一些动态需求或不易于用简单的语言文字、图表规范来辨认和描述的需求更为明显。

(2) 系统可靠性好。因为原型法让用户自始至终有机会参与整个开发过程,用户、开发人员以及原型系统之间可直接交互,所以需求确定、有效性好、可操作性强。

(3) 系统开发效率高、风险小、费用低。原型法运用了"迭代模型"的原型技术以及其他大量的辅助技术和工具,不仅使系统分析、设计和实施的时间大为缩短,还减少了开发人员对用户需求的误解,从而降低了系统的开发风险,减少了开发费用,提高了劳动生产率。

但原型法也有其不足的地方。首先表现为系统分析和设计的深度不够,系统是在逐步补充和细化中完善的,缺乏整体性,从而易导致系统的局部性能优而整体性能差,以及不易于扩充和维护;其次系统开发过程不易于管理:原型法 SDLC 的阶段性不够明显,系统的开发进程不如结构化方法那样易于组织、管理和控制,而且缺乏相应的文档资料;再者原型法要求训练有素的、有经验的开发人员参加且必须有一些自动化的高效辅助工具和开发环境作支持。

因此,原型法适用的场景包括:一部分需求不能单独确定;一些系统功能的技术可行性不可知或不确定;开发工具有足够能力去构造一个功能完备的原型系统;不适用的场景包括:没有交互性的信息系统(如资源动态监控的程序);功能内部复杂(如利用复杂算法规划多模式最优路径);有严格的性能要求和安全需要(如每小时处理上万个信息检索的程序)。

3.3.4 面向方面的方法

面向方面的(Aspect Oriented Programming,AOP)方法是面向对象方法的补充和完善。面向对象方法引入封装、继承、多态等概念来建立一种对象层次结构,用于模拟公共行为的一个集合。不过面向对象方面允许开发者定义纵向的关系,但并不适合定义横向的关系。如图 3-15 所示,在应用系统中的日志记录、权限验证、事务控制等功能,有可能横向地散布在所有对象层次中,而又与对应的对象的核心功能并无关系,这种散布在各处的无关的代码称为横切(cross cutting),在面向对象设计中,它导致了大量代码的重复,而不利于各个模块的重用。

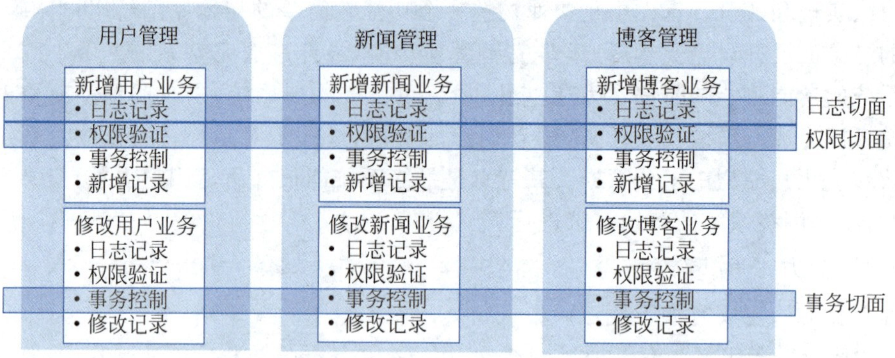

信息系统分析与设计

图 3-15 应用系统中的横切面

AOP 方法则利用"横切",剖解开封装的对象内部,并将那些影响了多个类的公共行为封装到一个可重用模块,并将其命名为"方面"。方面就是指将那些与业务无关,却为业务模块所共同调用的逻辑或责任封装起来,便于减少系统的重复代码,降低模块之间的耦合度,并有利于未来的可操作性和可维护性。

AOP 把软件系统分为两个部分:核心关注点和横切关注点。业务处理的主要流程是核心关注点,如图 3-15 中的用户管理、新闻管理、博客管理等,与之关系不大的部分是横切关注点。横切关注点的一个特点是:它们经常发生在核心关注点的多处,而各处基本相似,比如权限验证、日志记录、事务控制。

AOP 的核心内容是分离关注点,是思考和构建软件系统的重要方法。在 AOP 中将关注点划分为各自独立的关注点,要求程序中的每方面(类、方法、过程等)只为实现一个目的,进而降低修改和复用方面的成本,甚至不用思考关注点之间的相互影响。当用关注点来表示一个需求或者一组需求的时候,可以很容易地在组件中跟踪需求。如果需求发生改变,那么研发人员可以快速定位到需要修改的代码,并且不需要考虑方面之间的相互影响,从而快速实现需求改变。AOP 的开发过程如图 3-16 所示。

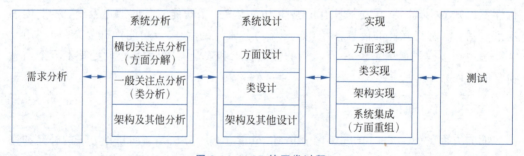

图 3-16 AOP 的开发过程

3.3.5 敏捷开发方法

1. 敏捷开发方法概述

敏捷开发方法是以用户的需求进化为核心,采用迭代、循序渐进的方法进行软件开发。在敏捷开发中,软件项目在构建初期被切分成多个子项目,各个子项目的成果都经过测试,具备可视、可集成和可运行使用的特征。换言之,就是把一个大项目分为多个相互联系,但可独立运行的小项目,并分别完成,在此过程中软件一直处于可使用状态。

敏捷开发采用的是迭代式开发,迭代是指把一个复杂且开发周期很长的开发任务分解为很多小周期可完成的任务,这样的一个周期就是一次迭代的过程;同时每一次迭代都可以生产或开发出一个可以交付的软件产品。与传统方法按照 SDLC 瀑布式推进和原型法少量迭代不同,敏捷开发方法的迭代会多次频繁进行,如图 3-17 所示。

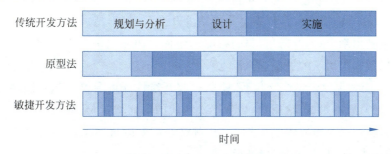

图 3-17 敏捷开发方法与其他开发方法的区别

在敏捷开发方法中,有的专注于管理工作流程,如 Scrum;有的专注于实践,如极限编程;有的则涵盖整个开发生命周期,如持续集成方法(Dev&Ops)。

2. Scrum

1995 年,美国的 Jeff Sutherlan 和 Ken Schwaber 提出了 Scrum 的概念,成为敏捷开发的一种典型实践,这种软件开发过程以英式橄榄球争球队形(Scrum)为名,因此可以想象,整个团队是高效而富有激情的。Scrum 开发特别强调沟通,要求团队所有人员都在一起工作,通过高效的沟通解决问题。敏捷开发的主要过程如图 3-18 所示。

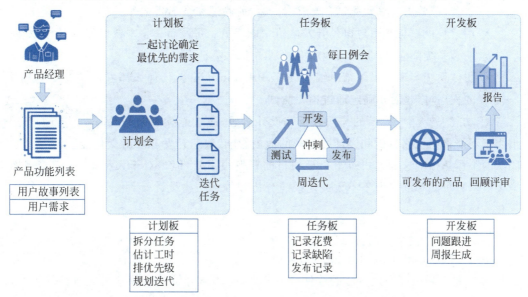

图 3-18 敏捷开发的主要过程

第一步：需求规划。确定完成产品需要做的事情。以用户故事描述的所有需求都到达产品经理(Product Owner,PO)这里，整理形成产品需求池，每次的迭代开发都是产品经理从产品需求池里挑出需要开发的部分需求。

第二步：每次迭代开发的需求集合。决定当前迭代(冲刺)需要解决的事情。团队一起开计划会，讨论确定最优先的需求及交付日期。

第三步：冲刺(sprint)。接下来利用2～4周的时间进行开发和测试，冲刺期间要开每日立会(scrum meeting)，每日立会是指站着开会，一般不超过15分钟，只描述状态和任务，不讨论技术细节，这样既可以保持高效，也使得团队中每个人都应该了解其他人在做的事情，以及当前团队的进展和风险。

第四步：交付评审。最终交付后，团队一起开迭代评审会议和迭代回顾会议。得到软件的一个增量版本，发布给用户，展现本次迭代的功能增量，全体成员一起回顾此次迭代做得好的地方，以及需要改进的地方，并对这些需要改进的点提出改进措施。然后在此基础上进一步计划增量的新功能和改进。

3. 极限编程

极限编程(eXtreme Programming,XP)由 Kent Beck 在1996年提出。XP 是一个轻量级的、灵巧的、近螺旋式的开发方法，它将复杂的开发过程分解为一个个相对比较简单的小周期。通过积极的交流、反馈以及其他一系列的方法，开发人员和客户可以了解开发进度、变化、待解决的问题和潜在的困难等，并根据实际情况及时地调整开发过程。

极限编程的主要思想有以下几点。

- 连续自动测试。包括开始写程序之前先写单元测试；做任何的代码修改、复核、整合，都要运行单元测试；集成测试、负荷测试和系统测试等。
- 用户积极参与。用户也是开发队伍中的一员。每发布一个系统(经过一个开发周期)，系统都应可用，并实现所有计划需求。
- 团体系统实现。采用结对编程(Pair Programming)，任何人可以修改其他人写的程序，修改后要确定通过单元测试。

XP方法裁剪了"臃肿"的长期分析和设计阶段，通过连续测试和及时系统修正来抵消由于不严格的快速分析和设计所带来的消极影响，快速开发和及时交付能够激发开发团队的工作热情。这种方式对于小型项目的开发很高效，但是对于大型项目，随着规模增大效率有可能降低。由于不太关注系统分析和体系结构设计，因此 XP 开发的系统在优化方面较弱。

4. 持续集成方法

持续集成(Continuous Integration,CI)是一组信息系统开发过程、方法和系统的总称。CI 也是一种敏捷开发方法的软件开发实践，指团队开发成员经常集成他们的工作，通常每个成员每天至少集成一次，这意味着每天可能会发生多次集成。每次集成都通过自动化的构建(包括编译、发布、自动化测试)来验证，从而尽快地发现集成错误。

CI 包括 3 个核心概念：持续集成、持续交付（Continuous Delivery）和持续部署（Continuous Deployment）。

持续集成强调开发人员提交了新代码之后，立刻进行构建和（单元）测试。根据测试结果，来确定新代码和原有代码能正确地集成在一起。持续交付在持续集成的基础上，将集成后的代码部署到更贴近真实的运行环境（类生产环境）中。比如，完成单元测试后，可以把代码部署到连接数据库的环境中进行更多的测试。如果代码没有问题，则可以继续手动部署到生产环境中。持续部署是持续交付的下一步，指代码在任何时刻都是可部署的，最后将部署到生产环境的过程自动化。

持续集成需要用到很多软件工具的支持，比如 CI 引擎 Jenkins、静态代码分析工具 Sonarqube、单元测试工具 Junit、软件镜像构建工具 Docker、项目进度和任务管理工具 JIRA、软件版本管理工具 GitHub 等。因此，CI 方法对项目开发和管理人员工具使用要求较高。

CI 主要过程如图 3-19 所示。

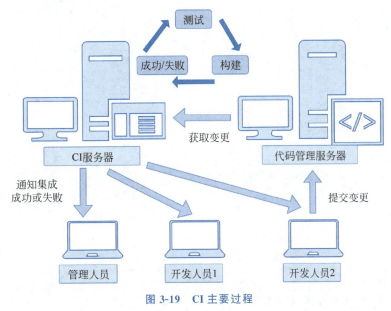

图 3-19　CI 主要过程

5. 敏捷开发方法的适用性分析

由于敏捷开发所具有的迭代式过程、增量交付、及时反馈、持续集成、自我管理等特点，一般适合的场景包括：开发小组人数少于 10 人；开发人员非常熟练，具备建模、工具使用、测试、交流和系统实现的广泛能力；所开发系统是相对独立的系统、新系统或者是与现有系统之间接口很少的系统。

敏捷开发不适用于大量开发人员参与的大型系统开发，或者是对旧系统进行改造的项目，而且旧系统并非当前团队所开发。

本章思维导图

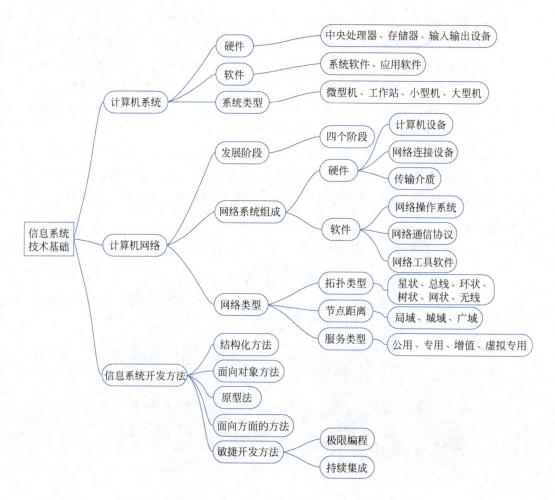

习题 3

1. 按照计算机系统规模的大小，一般分为哪几种类型？
2. 说明为何要采用多级层次结构来构成存储系统？
3. 计算机网络发展经过了哪几个阶段？
4. 信息通信部门进行信息化升级，需要将原来独立的房间通过网络连接起来，需要采购的网络设备是什么？结合实际应用场景说明最好采用什么样的网络拓扑结构？
5. 结合 OSI 模型和 TCP/IP 模型，简述数据是如何在网络中转换为信号传输的。TCP/IP 是通过哪些协议来实现这个过程的？
6. 信息系统有哪些开发方法？简单描述每种方法的适用场景。
7. "结构化设计就是结构化程序设计的简称"，这种说法对吗？为什么？
8. 原型化方法是在什么情况下产生的？为什么这种方法会成为一种实用的系统开

发方法？

9. 面向对象方法有什么优势？

10. 与同学探讨一个最近由于开发缓慢而被迫放弃的项目。这个项目采用了什么样的开发方法？一个不同的开发方法可以使开发进程加快吗？

11. 收集一些在网络上或者校园里招聘信息工程专业毕业生的公司的信息，总结一下目前公司用来开发系统的有关开发方法的资料，招聘广告中是否涉及对 SDLC 的描述？提到了哪些 CASE 工具？

12. 简述极限编程的主要思想。

第4章 数据库技术基础

信息系统进行信息管理的核心和基础就是后台的数据库技术支撑，数据库促进了计算机应用向各行各业的渗透。数据库建设规模、信息量大小和使用频度已成为衡量一个国家信息化程度的重要标志，数据库是企业、百姓生活中不可缺少的部分，也是微软、IBM以及互联网公司等信息技术领域公司的重要产品线。数据库也是计算机科学和信息通信科学的核心内容，IEEE/ACM联合制定的计算机类课程规划CS 2013提出了18个知识领域，IT 2017提出了13个技术能力，其中"数据库"是信息技术公司最需要的技能之一，"信息管理"的核心就是数据库系统。

在军事应用方面，在1991年海湾战争"爱国者"导弹拦截"飞毛腿"导弹的战例中，"爱国者"导弹系统信息获取和传递能力强，是因为美军拥有强大的军用数据库作支撑，能够在较短的时间内获取对手导弹发射与运行的数据参数，进而得到了拦截的数据和方案。2003年伊拉克战争，美英联军早在2000年就从太空、空中、地面和海上对伊拉克的地理、军事等信息进行了全方位的侦察、监视，建立了伊拉克全境三维地形数据库，为随后的作战行动奠定了基础。因而，数据库是军事信息资源的依托和支点，能极大地增强军队战斗力，支撑在未来战场占据信息制胜高地。在现代化战争中，指挥信息系统是信息化战场的核心，以计算机系统为大脑，指挥系统为神经中枢，通过情报、监视与侦察系统作为眼睛和耳朵收集与处理各种信息，再通过通信系统作为神经脉络，为各级指挥员提供情报，并利用各种控制系统作为手或者脚完成作战任务。在整个过程中，实现信息的存储、组织与管理的记忆中枢，就是数据库。

4.1 数据库系统概念

数据库技术涉及存储管理、查询处理和事务处理等多方面，是随着应用需求的不断变化而发展起来的。以下以通讯录为例，先从一个简单的数据管理问题开始，看看数据库中的概念是如何为了解决应用中的数据管理问题而提出的。

4.1.1 从简单的通讯录数据管理问题开始

通讯录是日常生活中最常用的数据库应用，实现的功能包括：记录联系人姓名；记录联系人的电话、地址、电子邮件等联系方式；增加新的联系人及其联系方式；修改联系人的联系方式；删除联系人及其联系方式。

在没有计算机的年代，解决这个问题主要通过空白笔记本和笔的方式，这种方式的优点是简单、廉价、携带方便。但是从管理角度来看存在很多问题，首先是查询和更新不方便，往往需要遍历笔记本来找到所需要的联系人信息。其次是如果记录联系人信息时没有留够空白，那么扩展信息也很不方便，比如要增加微信号码。另外，记录联系人信息时不能保证数据的完整性和一致性，比如邮政编码的位数没有检查，联系人变更联系方式可能会出现多次不一致的记录等。最后，笔记本的容量有限，一般没有备份，丢失后无法找回。

如果使用带有标签页的活页本，可以解决部分问题，比如可以按照姓名编目录索引方便检索，也能够进行插入、删除以及更新。但是笔记本方式的其他缺点仍然存在，而且除了建立编目的姓名外,还是难以按电话号码等其他方式查询。

有了计算机后,就可以用文本编辑器软件来管理通讯录了。这种方式格式自由,容量大,容易复制,可以通过文件方式共享,可以用按字符串进行任意方式的搜索,更新也方便很多,甚至有的编辑软件还可以提供功能强大的可编程的工具(如 Word、Vim、Emacs 等)。那么文本编辑器就是最理想的通讯录数据管理软件吗?以下分析下文本编辑器方式的问题,以及数据库技术应对的方法和相关的概念。

问题1:当文件变得很大时。

这时搜索会开始变慢和不准确。比如,搜索名字包含"建国"的结果可能包含"建国大道"的地址,不是用户真正想要的结果。数据库的解决方法是将数据结构化成属性(attribute)提高匹配的准确性,在需要经常搜索的属性上增加索引(index)提高查找的效率。最直观的索引类似于字典的目录,目录可以按照汉字笔画或拼音排序,通过页码定位到汉字,而且目录一般放在字典最前面,比字典全部内容要少很多,所以通过目录检索汉字比遍历字典效率要高很多。索引也包含类似的 3 个要素:按照某个规则对数据进行排序,建立目录到数据的映射,并将目录实体化。

如图 4-1 所示,在 FIFA 足球游戏中,为了组建一支合适的球队,需要对球员的速度、射门、传球、盘带、防守和身体等能力抽象成结构化的属性,然后就可以很方便地从球员数据库中检索到所需要的球员来组成球队。

姓名	国籍	速度	射门	传球	盘带	防守	身体
C罗	葡萄牙	90	92	84	88	31	79

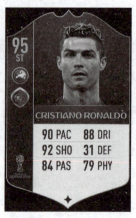

图 4-1　结构化属性示例

问题2:姓名与地址需要绑定吗?

当通讯录中的某个地址的名称发生变化后,应该更新住在该地址的全部联系人信息。使用文本编辑器替换过程中,就需要一一找出所有该地址的联系人信息,然后逐一进行修改和替换,因此很有可能由于操作的失误或软件的错误,漏掉一部分人。

这时需要将联系人和地址解绑,可以考虑使用两个文件来管理联系人及其地址信息,一个记录联系人的个人信息,另一个记录地址信息,但是需要建立起联系人和地址的关联才能保证地址更新后,关联的联系人都能够对应到新的地址。此外,还要能够描述两个记录之间拥有、出租、管理、访问等关系,以及说明一个人可以有多少住址。

在数据库中通过实体(entity)、联系(relationships)与基数(cardinality)等概念来解决上述问题。如图 4-2 所示,假设人和住房是两个实体,因为一个住房可以住一个家庭的多个人,一家人和住房是多对一的联系;一个小区的保安负责多个住房的安全,因此保安和住房是一对多的联系;一栋大楼可以有多个建筑工人施工,而一个建筑工人可以参加多个大楼的建设,这样,建筑工人和住房是多对多的联系;而住房拥有者的不动产权证书和住房是一对一的联系。

图 4-2 实体之间的联系示例

问题 3:更灵活的查询和分析。

很多时候对于通讯录的查询需求不仅局限于根据姓名找联系方式,或者根据联系方式找姓名,还可能会有更复杂的查询请求,比如,想知道哪些朋友住在德雅路,列出住在东风路所有姓张的联系人等。

这就需要提供一种表达分析和查询的语言,并且正确和高效地实现分析和查询。在数据库中引入了结构化查询语言(Structured Query Language,SQL)来规范地表示查询,并且提供了查询处理引擎来实现查询的处理和优化。

问题 4:对相关数据的限制。

在通讯录中如果把联系人和地址分开保存,那么当用户删除掉某个地址,意味着所有与该地址关联的联系人都会丢失地址信息。另外,如果新增加的联系人姓名有相同的,那么必须要求加上不同的联系地址才能进行区分。

为了避免这些情况的出现,数据库中建立了完整性约束机制,可以拒绝插入一个无地址联系人信息,拒绝删除一个与姓名关联了的地址。

问题 5:基于 All 或 None 的多记录更新。

假设有这样一种场景,通讯录中需要批量增加一些联系人的信息,但是操作过程中,计算机发生故障,将会导致很多信息丢失。尤其是如果这种情况发生在银行信息系统中,从一个银行账户向另一个账户转账时出现故障,那么银行或者客户都有资金损失的风险。因此,在更新时,应该保证要么全部更新涉及的操作都同时完成(All),要么全部都不能完成(None),数据库中的数据应该处于始终一致的状态。

在数据库中,这就是事务(transactions)的概念,基于 All 或 None 的多记录更新就是事务的原子性(atomicity),事务的其他特点还包括一致性(consistency)、隔离性

(isolation)、持久性(durability)。

问题6：有多台计算机访问数据。

如果需要共享通讯录，则可能在多台计算机上复制数据，而不同的计算机可能有各自的数据更新，这就产生了多个版本的问题。另外，用文本编辑器打开的通讯录文件，没有办法让两个用户同时进行读写操作。

面向多用户的使用场景，数据库一方面引入并发控制(concurrency control)的机制，通过对多个用户操作的合理调度，实现安全高效的共享访问；另一方面，引入分布式数据库的概念，采用数据划分、数据复制等策略，让地理上分布的用户能够方便快捷地访问数据。

问题7：对不同用户提供不同的数据。

通讯录中的数据具有个人隐私性，用户希望家人只能在通讯录中看到同一家庭成员的地址，而其他人则不允许查询。有时候也希望设置一个"窗口"，能够查询既是朋友又是同事的联系人，但是不允许更新。

数据库可以设置灵活的视图(view)满足上述不同用户的查询需求，同时提供了对不同数据对象授权的机制，让不同用户按照权限拥有对数据对象查询或更新的能力。

问题8：希望编写程序来存取数据。

对计算机操作不熟练的用户，通常都希望编写有友好界面的程序来搜索、显示、更新数据项，这样就不用掌握数据结构来访问数据。如图4-3所示，左图是航班订票数据存储的结构，右图是航班订票软件的界面，显然用户在软件上进行操作更为方便。

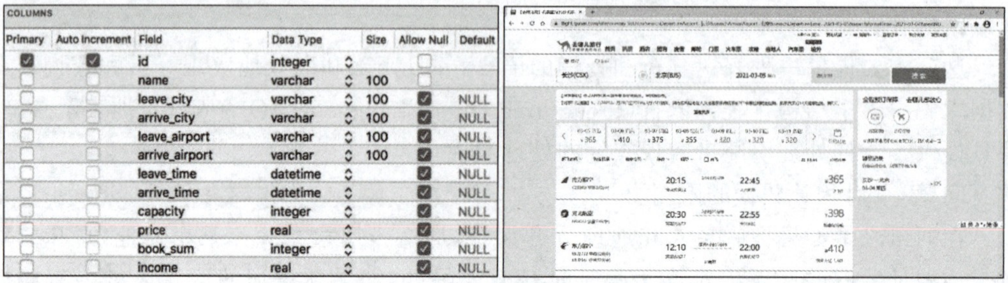

图 4-3 通过程序访问数据示例

因此数据库需要采用数据结构来定义相应的数据类型，同时提供面向应用程序开发的访问函数库来读取、检索、更新数据。开发人员和用户所看到的数据库就形成了不同的数据库模式(Database Scheme)，这些函数库就是数据库的应用程序接口(Application Programming Interface)。

4.1.2 数据库系统相关概念

各种各样的数据在这个信息时代中无处不在，学生入学要填写姓名、年龄、身高等个人信息，设备管理涉及型号规格、零部件组成、性能参数等数据，在军事上描述战场环境，需要地理、气象、水文、电磁等各种数据。大量的数据汇集到一起，就需要一个有效的管理手段。这样，就形成了数据库的概念。从字面上理解，数据库(database)就是存储数据

的仓库,其定义如下:

定义 4-1　数据库是指长期存储在计算机内、有组织的、按一定格式管理的大量共享数据集合。

这个定义说明了数据库的几个基本特征。

(1) 数据库是结构化的。结构化是数据库系统管理的基础,不同的数据库系统,数据结构是不同的,但同一系统的结构是固定的,如关系型系统的基本结构是二维表。

(2) 数据库是有组织的。数据库用整体的观点,从系统的全部应用出发,来组织系统的全部数据,因此数据的组织是面向系统的,这样,可大大降低数据的冗余度,节省存储空间,减少数据输入与维护的工作量,保证数据的一致性。

(3) 数据库的共享性高。由于整个数据是结构化的,而且数据的组织是面向系统的全体用户、全部应用的,因此可以最大限度地满足多个用户、多种应用对数据共享的要求。

(4) 数据库能够保证数据的安全性和完整性。数据的安全性是指保证数据库中数据的安全,防止对数据的不合法使用,完整性包括数据的正确性、有效性和相容性。因此,数据库能够实现数据的持久化存储。

将数据组织和管理起来后,接下来是对数据进行使用。以部队体能考核为例,将各单位考核数据记录完毕后,经常需要查询参测人数有多少?各单位仰卧起坐平均水平是多少?这时,就需要有一个能帮助用户查询、管理这些数据的工具。这个工具就是数据库管理系统,简称 DBMS(DataBase Management System)。

定义 4-2　数据库管理系统是位于用户与操作系统之间的一层数据管理软件。它能帮助用户科学地组织和存储数据,高效地获取和维护数据,以及提供一个可以方便、高效地存取数据库信息的环境。

有了这样一个功能强大的软件,就能够充分发挥数据库的作用。DBMS 的主要功能包括:

首先是数据定义功能,它能够定义数据库中的数据对象,通过提供一种数据定义语言(Data Definition Language,DDL),作为人机沟通的桥梁,使得数据库能理解用户的创建的需求。比如,可以给体能测试数据取个表名"体能测试表",给这些数据定义"姓名""年龄""性别""仰卧起坐""3000 米""引体向上"等属性,以及限定仰卧起坐的取值必须大于 0,且为整数的约束等,如图 4-4 所示。

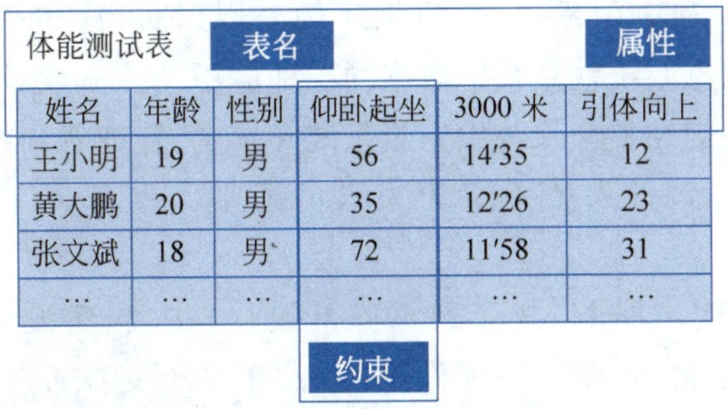

体能测试表 (表名)						属性
姓名	年龄	性别	仰卧起坐	3000 米	引体向上
王小明	19	男	56	14′35	12
黄大鹏	20	男	35	12′26	23
张文斌	18	男	72	11′58	31
…	…	…	…(约束)	…	…

图 4-4　DBMS 的数据定义功能示例

数据定义功能为我们定义好数据的容器,接下来就需要实现数据的操纵功能了。DBMS 能够实现对数据库查询、插入、删除和修改等基本操作,当然也是通过数据操纵语言(Data Manipulation Language,DML)来表达用户的操作意图。比如,查询"仰卧起坐次数最多的是谁?",插入一条新的体能考核数据,删除一条数据,修改某条记录的引体向上数据等。

有了数据定义和数据操纵功能,用户就可以在计算机中建立起具体的数据库。但是,DBMS 的功能远不止于此,它还能通过数据控制语言(Data Control Language,DCL)实现数据的安全性和完整性,保障多用户对数据并发的使用。比如,行政部门和人事部门按照权限可以访问不同的数据。在插入一条新的数据时,不允许 3000 米考核的结果为空值。行政部门和人事部门查询或修改考核数据时,互相不会干扰等。

最后是数据库提供应用服务时,还需要具备数据装载、转换、转储、介质故障恢复和性能监视等维护功能。这些强大的功能把对用户来说抽象的数据库概念和抽象的逻辑数据处理转换成为了计算机中具体的数据管理功能。

数据库管理系统让我们能很方便地操作和管理数据库,但是要真正发挥数据库的作用,还需要更多的元素。这些元素共同作用组成数据库系统(DataBase System,DBS)。

定义 4-3 数据库系统是指在计算机系统中引入数据库后的系统构成,在不引起混淆的情况下常常把数据库系统简称为数据库。

从系统的角度来看,数据库系统的构成通常包括硬件、数据库、软件和用户。

以消防指挥信息系统为例,作为与生命财产安全息息相关的关键信息系统,需要数据库实现消防力量数据的管理,这样系统的接警员能够迅速调度消防车辆和装备;需要对火警信息数据及时跟踪,确保每一个报警都得到妥善处理;需要实现地图数据的管理和查询,以便消防员能及时赶到火灾地点等。这个系统 24 小时不间断运行,是典型的数据库系统,和大多数数据库系统一样,需要进行系统软硬件的建设,集中相关技术人员的共同努力。

典型的数据库系统组成如图 4-5 所示。首先,要存储这么多的信息和数据,需要计算机、大容量存储设备和服务器等硬件设备,它们是数据库系统运行的物质基础和载体。其次,是运行在硬件上的数据库,它们是有组织的数据的集合,是一个抽象的概念。现实中需要通过数据库管理系统 DBMS 软件来创建和管理。除了数据库管理系统软件外,还包括一系列操作系统(如,Windows 或 Linux)、开发工具和应用软件。它们共同组成了数据库系统的运行环境和应用系统,是数据库的表现形式,这些软件赋予数据库系统强大的应用能力。指挥信息系统就是基于数据的一种应用系统。最后,人员在数据库系统中也发挥重要的作用。他们在整个系统中充当系统开发者、管理者和使用者的角色。一般包括系统分析人员、数据库设计人员、应用开发人员、数据库管理员(DataBase Administrator,DBA)和用户等不同层次。

以上列举的 4 个部分共同构成了数据库从设计、实现、建设、运行到使用的各个环节。数据库存储在硬件上,软件基于硬件运行,操作系统支撑数据库管理软件和其他软件,数据库管理员通过 DBMS 管理数据库,应用程序员通过开发工具实现数据库应用系

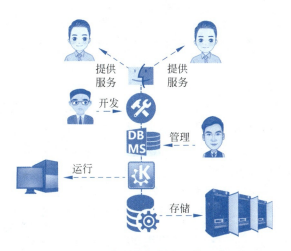

图 4-5 典型的数据库系统组成

统,用户则使用应用系统提供的各种服务。

4.1.3 数据管理技术的发展

管理是指导工作、组织资源以实现机构目标的过程。数据管理是指对数据进行分类、组织、编码、存储、检索和维护,是信息系统中数据处理的核心问题。应用需求的推动、计算机硬件的发展、计算模式的变化等是数据管理技术的发展动力。20 世纪 60 年代,计算机应用由科学计算、自动控制领域逐步扩展到企事业及行政部门的管理领域,数据处理成为计算机的一个主要应用领域。在数据处理中,通常计算比较简单,但处理的数据量很大,因此,数据处理的核心是数据收集和数据管理。随着专用存储设备的产生,用于数据资源管理的数据库技术作为计算机软件的一个重要分支得到迅速发展。数据管理技术的发展历经 3 个阶段:人工管理阶段、文件管理阶段和数据库管理阶段。

1. 人工管理阶段

1940—1950 年,在数据处理的初期,计算机主要用于科学计算,这一时期没有统一的软件管理数据,也没有高效的存储设备和操作系统管理之下的文件系统,程序员直接将数据放在程序中进行管理(数据作为程序的一部分)。

这一阶段的特点是数据保存在处理程序中或随程序进行人机交互的输入,数据处理后将结果输出。数据和程序相互依赖,即每个应用程序要包括被处理数据的存储结构、存取方法、输入输出方式等;数据结构的变化及数据的修改等都将导致整个程序的修改。此外,在这一阶段只有程序文件的概念,数据的组织方式由程序自行设计和安排。数据由人工管理时,最大的问题是编程效率低,程序依赖数据,不灵活,容易出错。

2. 文件管理阶段

1950—1960 年,这个时期计算机开始应用于数据管理,出现了磁带、磁鼓等存储设备。1951 年,第一台商用计算机 Univac 使用磁带替代打孔纸作为数据存储设备;1956 年,IBM 在 305 RAMAC 模型机器首次引入硬盘。计算机也具备了操作系统来管理存储设备上的文件,对于文件的存取方法也独立出来,程序和数据不需要像人工管理阶段那样处于紧耦合状态。大多数企业可以把需要管理的数据存放在永久性的系统文件中,同时为了能够操作这些文件中的数据,系统中还有针对这些文件编写的应用程序。

在这一阶段,企业往往对应用系统开发及数据管理缺乏统一的总体规划,通常是企业中的各个部门根据自己对信息和数据管理的需要,开发出各自的应用程序,建立各自的数据文件,如图4-6(a)所示。这些应用程序和数据文件相互独立,而且每个应用程序的运行需要相应数据文件的支持。虽然文件记录内部可以设计数据结构,但是文件之间缺乏整体结构,导致数据逻辑结构的改变必须修改应用程序。随着时间的推移,文件和应用程序变得越来越多,文件系统越发复杂。总之,文件系统下的数据管理,存在很多问题,如数据的冗余、程序与数据的相互依赖、缺乏灵活性、安全性等。

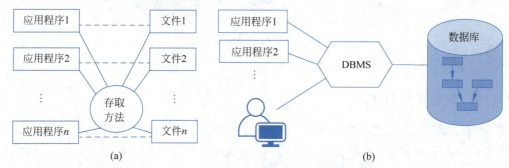

图 4-6 文件管理和数据库管理的对比

3. 数据库管理阶段

1961年,GE公司开发了首个数据库管理系统IDS,数据管理也进入了数据库时代。数据库技术可以解决传统文件管理环境中存在的很多问题。数据库是逻辑相关的记录和文件的集合,将所有数据收集并组织到一个数据库内,通过对数据的集中管理和最小化数据冗余,可以有效地服务于多个应用程序。在数据库数据管理中,数据不再仅仅是服务于某个应用程序或用户,而成为一个机构甚至机构之间的共享资源,由数据库管理系统统一管理,实现了数据与程序的真正独立,并且最大限度地降低了数据冗余,充分做到了数据为多个用户共享,提高了数据的一致性,并且允许多个用户同时访问某一数据,也就是实现数据的并发使用,对数据的安全保密和完整性也有了保证措施。图4-6(b)显示了数据库环境下的数据管理方式,即一个数据库可以服务于多个应用程序。与传统的文件环境下的数据管理相比,数据库环境下的数据管理具有几方面的优点。

(1) 数据共享。整个机构的数据都可由需要数据的用户访问。对管理人员来说,可方便地从企业的各个位置访问并进行全局信息的分析。

(2) 减少数据冗余。数据库系统将数据文件之间的重复降低到最低程度。机构中的所有数据可利用DBMS定义、组织并存放在一个地方,可更有效地利用系统的存储空间。

(3) 提高了数据的一致性。由于减少了冗余,数据的不一致性也大大降低。在传统方法中,一个文件中某数据项变化后,其他包含该数据项的所有文件很难同时做出相应的改变,而在数据库中,通过完整性约束,可确保包含相同数据项的内容同步更新,因此,不会出现一致性问题。

（4）数据与应用程序之间的独立性。数据库系统将数据的描述和数据的应用相分离，避免了由于数据定义的改变而必须修改与此数据有关的所有应用程序，因而可以大大降低程序维护的开销。同时，由于相应文件结构的改变而修改应用程序的情况也大大减少。有些数据库用于存储数据的方法并不依赖所使用的存储介质，因此在购买新的磁盘驱动后，不必重新组织数据，也能够访问应用程序。

4.2 关系模型

4.2.1 数据模型

数据模型(Data Model)是对现实世界数据特征的抽象、对现实世界的模拟。由于计算机不可能直接处理现实世界中的具体事务，所以人们必须事先把具体事务转换成计算机能够处理的数据。也就是首先要数据化，把现实世界中具体的人、物、活动、概念用数据模型这个工具来抽象、表示和处理。因此好的数据模型应满足3方面要求：模拟现实世界，容易被人理解，便于计算机实现。

数据模型需要描述数据、数据关系、数据语义和数据约束。例如，导航应用中的地图就是对传统纸质地图建立的计算机中的数据模型。其中的数据是点、线、面，用来表示现实世界中的兴趣点、道路和河流、湖泊和绿地等。数据关系是这些要素之间的拓扑关系、方向关系、距离关系等。数据语义是点，在不同的比例尺下表示城市或学校，不同样式的点可表示餐馆或者酒店等。数据约束指学校不能建在河流中，铁路不能穿越军事管理区域等。

数据模型的抽象要经历从现实世界到人为理解、再从人为理解到计算机实现的过程。因此，根据抽象阶段的不同目的，数据模型可分为概念模型、逻辑模型、物理模型3个层次。

（1）概念模型：用于信息世界的建模，它是现实世界到信息世界的第一层抽象，它是数据库设计的有力工具，也是数据库开发人员与用户之间进行交流的语言。因此概念模型既要有较强的表达能力，又要简单、清晰、易于理解。从现实世界到概念模型的转换是由数据库设计人员完成的。

（2）逻辑模型：是用户眼中看到的数据范围，它是能用某种语言描述，计算机系统能够理解，被数据库管理系统支持的数据视图。从概念模型到逻辑模型的转换可以由数据库设计人员完成，也可用数据库设计工具协助设计人员完成。

（3）物理模型：是对数据最底层的抽象，它描述数据在系统内部的表示方式和存取方法，磁盘或磁带上的存储方式和存取方法是面向计算机系统的。物理模型的具体实现一般是由数据库管理系统完成的。数据库设计人员应了解和选择物理模型，一般用户则不必考虑物理级的细节。

举例来说，如果需要这样一个装置，具有前进、转向、停止、倒行等多种运动模式，这种描述就是概念模型。工程师根据概念模型，画出链条带动轮子前进、把手控制方向、制动装置摩擦轮子停止、用脚撑地倒退等设计图，就构成了一个逻辑模型。当然也可以画出发动机提供前进动力、方向盘控制转向、制动系统刹车、变速箱倒挡实现倒退等设计图。所以，这个装置对应实现的物理模型是自行车和汽车。

4.2.2 典型的数据模型

1. 层次模型

层次模型(Hierarchical Model)是一种树结构，它有且仅有一个根节点，向上不与任何节点联系。除了根节点外，其他节点向下可以与若干节点联系，但向上只与唯一的一个节点联系。例如，图4-7所示就是一个以学校信息管理系统为例的层次模型。

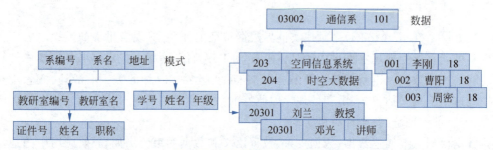

图4-7 层次模型及数据示例

现实世界中许多实体之间的联系本来就呈现出一种很自然的层次关系，如行政关系、家族关系等。用层次模型对具有一对多的层次联系的部门进行描述非常自然、直观，且容易理解。适合查询具有层次关系的数据，如查询空间信息系统教研室全部的教师信息，这是层次数据库的突出优点。但是现实世界中很多联系是非层次性的，如教师与学生之间的授课联系就不适合用层次模型表示，查询效率也不高。

2. 网状模型

网状模型(Network Model)与层次数据模型的主要区别在于：在层次模型中，从子节点到父节点的联系是唯一的，而在网状模型中，从子节点到父节点的联系不是唯一的。网状模型取消了层次模型不能表示非树状结构的限制，两个或两个以上的节点都可以有多个双亲节点，将有向树变成了有向图。网状模型是一种网络结构，数据间紧密相连，呈现出一种网络状的关系形式。

以学生选课为例，通常一个学生可以选修若干门课程，某一课程可以被多个学生选修，因此，学生与课程之间是多对多的联系。层次模型无法表达这种联系。网状模型通过引入一个学生选课的连接记录来表示，它由3个数据项组成，即学号、课程号、成绩，表示某个学生选修某一门课程及其成绩，如图4-8所示。

网状模型能够更为直接地描述现实客观世界，可表示实体间的多种复杂联系。但是结构比较复杂，数据之间的彼此关联比较大，数据的插入、删除牵动的相关数据太多，不利于数据库的维护和重建。另外，对于学生选课查询，虽然查询某个学生选修的全部课程或某个课程的选修人数很方便，但要统计平均成绩超过80分的课程，就可能需要在网络上多次查询，效率较低。

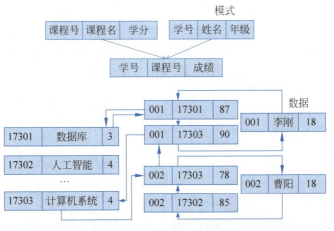

图 4-8 网状模型及数据示例

3. 关系模型

关系模型(Relation Model)及其理论由 E. F. Codd 于 1970 年提出,是从表(Table)及其处理方式中抽象出来,并引入了集合论和逻辑学等数学概念,是大多数商业数据库系统使用的数据模型。而标准的数据库语言 SQL 就是建立在关系模型基础之上的,数据库领域的众多理论也都是建立在关系模型基础之上的。

采用关系模型作为逻辑组织的数据库称为关系数据库。根据全球知名的数据库流行度排行榜网站 DB-Engines 2023 年 4 月的排名情况来看,前 10 名中有 7 个都属于关系数据库,如图 4-9 所示。

图 4-9 全球数据库流行度排名

关系模型用"表"的方式来表示数据和数据间的联系,数据结构可以看成是一张规范化的二维表,每个表有多个列,每列都有一个唯一的列名,如表4-1所示。关系模型虽然简单,但能够表达丰富的语义,可描述现实世界的各实体以及实体之间的联系。

表 4-1 关系模型及其数据示例

学 号	姓 名	年 龄	性 别	专 业	年 级
2003004	王小明	19	女	电子工程	2020
2003006	黄大鹏	20	男	信息工程	2020
2003008	张文斌	18	男	通信工程	2020
...	...	...	...	...	...

4. 对象关系模型

在关系模型提出后,程序设计领域出现了面向对象的概念,对象是客观世界实体的抽象描述,由信息(数据)和对数据的操作组合而成,以这种方式描述现实世界更为直接,因而在此基础上形成了面向对象的数据模型,但是面向对象的模型目前在商业上还不成熟,性能还不够高,进入实用阶段的系统较少。

对象关系模型是关系数据库技术与面向对象程序设计方法相结合的产物。它保持了关系数据系统的非过程化数据存取方式和数据独立性,继承了关系数据库系统的已有技术,在支持原有关系数据库管理方式的同时,又支持面向对象模型的概念。

对象关系数据库一般具有如下特征。

- 扩展数据类型。例如,可以定义数组、向量、矩阵、集合等数据类型以及这些数据类型上的操作。
- 支持复杂对象。即由多种基本数据类型或用户自定义的数据类型构成的对象。
- 支持继承的概念。提供通用的规则系统,大大增强了对象-关系数据库的功能,使之具有主动数据库和知识库的特性。
- 对象关系型中的可扩展数据类型为空间数据的定义和操作提供了重要的技术支撑。通过它们可以实现空间对象及其操作的封装,使得用户对空间数据的描述和操作的理解更加自然、更加容易。

由于对象关系模型既保持了关系模型的高效性,又能够结合面向对象方法表达应用需求的优势,因此很多数据库在关系模型的基础上扩展为对象关系模型,如图4-9中的Oracle、PostgreSQL均采用了对象关系模型实现数据库管理系统,也称为对象关系数据库。

在应用开发中,对象关系模型可以使用对象关系映射(Object Relational Mapping,ORM)框架来解决对象和关系数据库之间的数据交互问题,如表4-2所示。在进行面向对象编程时,数据很多时候都存储在对象中,具体来说,是存储在对象的各个属性(也称成员变量)中。例如,Student类,它的Sno、Sname、Sage等属性都可以用来记录学生信息。当需要把对象中的数据存储到数据库时,只要提前配置好对象和数据库之间的映射关系,ORM就可以自动完成数据库的存取访问。常用的Java ORM框架有Hibernate和Mybatis,常用的Python ORM实现有SQLAlchemy框架、Peewee框架、Django框架的ORM模块等。

表 4-2　对象关系映射

关 系 模 型	对 象 模 型
数据库类/对象表(table)	类(class)
表中的记录(record,也称为行)	对象(object)
表中的字段(field,也称为列)	对象中的属性(attribute)

5. 实体联系模型

以上模型更多地用于数据库中的逻辑模型,而实体联系(Entity Relationship,ER)模型是关系数据库中最常用的概念模型建模方法,由美籍华裔科学家陈品山(P. S. Chen)于 1976 年提出。该模型直接从现实世界中抽象出实体、实体属性和实体间联系,然后用实体联系图(ER 图)表示数据模型,是描述概念世界、建立概念模型的实用工具。ER 图如图 4-10 所示。

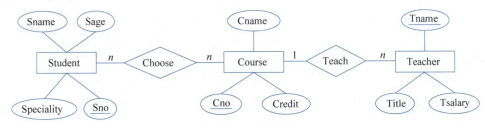

图 4-10　ER 图示例

系统分析员通常就是用实体、联系和属性这 3 个概念来理解现实问题的,因此,ER 模型比较接近人类的习惯思维方式。而且,ER 模型使用简单的图形符号表达系统分析员对问题域的理解,即使是不熟悉计算机技术的用户也能理解它,因此 ER 模型可以作为用户与分析员之间有效的交流工具。另外,有很多软件工具如 ERWin、ERStudio 等都支持将 ER 图自动转换为数据库的关系模型,使得 ER 模型被广泛地用在信息系统的数据库设计阶段。

6. 半结构化数据模型

上述的大部分数据模型都具有很强的结构化特征,比如,层次模型适合用树来表示,网状模型适合用图来表示,关系模型适合用表来表示。但是在互联网应用中,有很多图片、声音、视频等无法用结构化特征表示的数据,它们被称为非结构化数据。这类信息通常以二进制的方式进行存储,分析其内容来建立特征的索引。

还有一种类型的数据介于这二者之间,它可以用结构化的方式描述,但是不同对象的结构可能变化很大。比如,学生的简历信息,有的学生的简历很简单,只包括教育情况;有的学生的简历很复杂,包括竞赛情况、专业技能、运动特长、艺术特长、社会活动等。如果对每个学生都保留最完整的简历信息将浪费存储空间,但又不可能设计太多的表来存放不同类型的简历。

可扩展的标记语言(eXtensible Markup Language,XML)就是一种解决这个问题的半结构化数据模型,这种方法通过定义新标签、嵌套标签等形式,实现了数据结构自描述性,解决了半结构化数据描述的复杂性和动态性需求。XML 已经成为交换数据的标准,现在有很多工具可以解析、处理和查询 XML 文档。另外,互联网上也常常使用 JSON(JavaScript Object Notation)作为一种轻量级的数据交换格式,如图 4-11 所示。

```xml
<?xml version="1.0" encoding="UTF-8"?>
<students>
    <class a_name = "1801">
        <student>
            <name>张山</name>
            <age>20</age>
            <sex>男</sex>
        </student>
    </class>
    <class a_name = "1802">
        <student>
            <name>刘依</name>
            <age>18</age>
            <sex>女</sex>
        </student>
        <student>
            <name>刘浩</name>
            <age>20</age>
            <sex>男</sex>
        </student>
    </class>
</students>
```

XML

```json
[
  {
    "@name": "1801",
    "student": {
      "name": "张山",
      "age": "20",
      "sex": "男"
    }
  },
  {
    "@name": "1802",
    "student": [
      {
        "name": "刘依",
        "age": "18",
        "sex": "女"
      },
      {
        "name": "刘浩",
        "age": "20",
        "sex": "男"
      }
    ]
  }
]
```

JSON

图 4-11 XML 和 JSON 文档示例

4.2.3 关系及其特性

以表 4-1 为例,可以看出,关系外观上看起来是一张表,那么这个表的“结构”就是关系模型的第一个要素;这个表应该能够进行查询和更新,比如,查找王小明的年龄,修改黄大鹏的专业等,那么这些“操作”就是关系模型的第二个要素;另外,在表中所有学生的学号要求都是 7 位字符,性别只能是男和女,这种“约束”就是关系模型的第三个要素。

在描述一份学生简历时,可以使用大段文字。但是从一群学生中挑选合适的学生干部,就难以量化比较了,需要通过表格,将这些简历结构化出来再进行比较。如果不对表格进行严格的定义,就无法在统一尺度上比较。

首先定义表格中的“列”的取值范围。

定义 4-4 域(Domain)是一组具有相同的数据类型的值的集合。

如,整数的集合、字符串的集合、全体学生的集合、由 8 位数字组成的数字串的集合、{“男”,“女”}等。

定义 4-5 基数(Cardinality)是指域集合中元素的个数。

再定义“行”和所有可能的行组合成的“笛卡儿积”。

定义 4-6 笛卡儿积(Cartesian Product)。给定一组域 $D_1, D_2, \cdots, D_n$,它们的笛卡儿积为集合:$D_1 \times D_2 \times \cdots \times D_n = \{(d_1, d_2, \cdots, d_n) \mid d_i \in D_i, i=1,2,\cdots,n\}$。笛卡儿积的每个元素$(d_1, d_2, \cdots, d_n)$称作一个 n 元组(Tuple)。

定义 4-7 分量(Component)是指笛卡儿积元素$(d_1, d_2, \cdots, d_n)$中的每一个值 d_i。

若 $D_i(i=1,2,\cdots,n)$为有限集,其基数为 $m_i(i=1,2,\cdots,n)$,则 $D_1 \times D_2 \times \cdots \times D_n$ 的基数 M 为:$m_1 \times m_2 \times \cdots \times m_n$。

例 4-1 给定 3 个域：

D_1 = Teacher = {张清玫,刘逸}

D_2 = Major = {计算机专业,信息专业}

D_3 = Student = {李勇,刘晨}

则 D_1、D_2、D_3 的笛卡儿积为

$D_1 \times D_2 \times D_3 = $
{
  (张清玫,计算机专业,李勇),(张清玫,计算机专业,刘晨),
  (张清玫,信息专业,李勇),(张清玫,信息专业,刘晨),
  (刘逸,计算机专业,李勇),(刘逸,计算机专业,刘晨),
  (刘逸,信息专业,李勇),(刘逸,信息专业,刘晨)
}

上例中基数：$m_1=2, m_2=2, m_3=2$，则：$D_1 \times D_2 \times D_3$ 共有 $2 \times 2 \times 2 = 8$ 个元组。

这样，笛卡儿积可表示为一个二维表，表中的每行对应一个元组，每列对应一个域。如表 4-3 所示，在这个表中，有很多不满足现实需求的元组，比如某个教师同时属于两个专业。因此，笛卡儿积中具有某些意义的那些元组才被称作一个关系。

表 4-3 笛卡儿积对应的表

Teacher	Major	Student
张清玫	计算机专业	李勇
张清玫	计算机专业	刘晨
张清玫	信息专业	李勇
张清玫	信息专业	刘晨
刘逸	计算机专业	李勇
刘逸	计算机专业	刘晨
刘逸	信息专业	李勇
刘逸	信息专业	刘晨

定义 4-8 关系是指一组域 $D_1, D_2, \cdots, D_n$ 的笛卡儿积的子集，表示为：$R(D_1, D_2, \cdots, D_n)$，其中，R 是关系名，n 是关系的目或度(Degree)。

笛卡儿积不满足交换律，即：$(d_1, d_2, \cdots, d_n) \neq (d_2, d_1, \cdots, d_n)$。

但关系满足交换律，即：$(d_1, \cdots, d_i, d_j, \cdots, d_n) = (d_1, \cdots, d_j, d_i, \cdots, d_n)$ $1 \leq i, j \leq n$。所以，关系的列需要附加一个属性名以取消元组分量的有序性。

定义 4-9 属性。来自不同集合的元素共同组成了关系，那么这些集合就是关系的属性。

假设一个教师只能在一个专业教学，可以给多名学生授课，一个学生只能录取到一个专业，则增加一些学生后，例 4-1 中的关系可包含的元组如表 4-4 所示。

表 4-4 关系可包含的元组

Teacher	Major	Student
张清玫	计算机专业	李勇
张清玫	计算机专业	刘晨
刘逸	信息专业	王海

定义了属性 $A_1,A_2,\cdots,A_n$ 和域 $D_1,D_2,\cdots,D_n$ 后,关系可用 $R(A_1:D_1,A_2:D_2,\cdots,A_n:D_n)$ 表示。可简记为 $R(A_1,A_2,\cdots,A_n)$,称为关系模式。在同一关系模式下,可有很多的关系。关系模式是关系的结构,关系是关系模式某一时刻的数据。关系模式是稳定的,而关系可能动态变化。用 $r(R)$ 表示基于关系模式 R 的关系 r。例如,在学生关系模式下,可以有计算机学院的学生关系或者电子科学学院的学生关系。

"关系""元组"是数学名词,数据库实现中,关系的实例用"表"来表示,关系中元素 t 是一个元组,表示表中的一"行"记录。

关系具有如下性质。

(1) 不允许存在重复元组。这是关系的集合特性所要求的。

(2) 关系的列是同质的。每一列中的分量是同一类型的数据,来自同一个域。但是,不同的列可出自同一个域。假设有一个全体人员的集合 Person={张清玫,刘逸,李勇,刘晨,王海},那么属性 Teacher 或者 Student 都可以从这个域取值。

(3) 关系是无序的。表现为元组无序,即元组之间不存在先后顺序,元组在表中的物理位置是随机的,但这并不排除数据库管理系统可以按用户的指令对元组进行各种排序。属性无序,即整个表格中,各属性间不存在固定的前后顺序。元组无序与属性无序两个特征意味着用户可以对表格进行任意插入或删除,只要输入正确的数据,就不必考虑其物理位置的插入或删除。

(4) 每个元组的各属性值是原子的,即二维表格的所有行与列的格子中间都是单一数值,不允许存放两个或更多的数值。

4.3 关系代数

4.3.1 关系代数概述

关系定义了关系模型的数据结构,关系的操作是引入关系代数的概念来定义的。因为关系本质上是集合,所以关系代数就是在集合上定义的操作方式,即操作的对象和结果都是集合。关系代数是一种抽象的查询语言,是学习数据库语言 SQL 的基础。关系代数可以写成对应的 SQL 语言,由 DBMS 进行解释后,转换成 DBMS 中的基本查询处理算法,查询执行引擎再按照算法步骤进行查询,返回结果。这个过程如图 4-12 所示。

关系代数包括输入关系(一个或多个)、输出关系(一个新的关系)和关系运算符三大要素。关系代数用到的运算符包括 4 类:集合运算符、关系运算符、比较运算符和逻辑运算符,如表 4-5 所示。

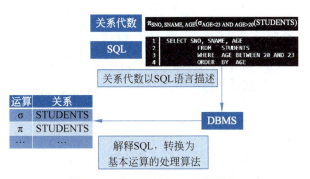

图 4-12 关系代数与 SQL 的关系

表 4-5 关系代数运算符

运算符	含义	运算符	含义
集合运算符	∪ 并 − 差 ∩ 交 × 笛卡儿积	比较运算符	> 大于 ≥ 大于或等于 < 小于 ≤ 小于或等于 = 等于 <> 不等于
关系运算符	ρ 更名 σ 选择 Π 投影 ⋈ 连接 ÷ 除	逻辑运算符	¬ 非 ∧ 与 ∨ 或

其中,集合运算符将关系视为元组集合,其运算就是对关系的行进行传统的集合操作;关系运算符不仅涉及行而且涉及列;比较运算符和逻辑运算符则是用来辅助专门的关系运算符进行操作的。

4.3.2 集合运算

1. 并

定义 4-10 并(Union)运算。由出现在关系 R 中,或者出现在 S 中的元组构成,运算符用"∪"表示。

$R \cup S = \{t | t \in R \text{ or } t \in S\}$,其中 t 是元组。

并运算将两个关系的元组合并成一个关系,在合并时去掉重复的元组。并运算满足交换律,$R \cup S$ 与 $S \cup R$ 运算的结果是同一个关系。并运算示例如图 4-13 所示。

参与并运算的关系要满足一定的条件,称为并相容性。

定义 4-11 并相容性是指参与运算的两个关系及其相关属性之间有一定的对应性、可比性或意义关联性。关系 R 与关系 S 存在相容性,当且仅当:R 和 S 的属性数目必须相同;并且对于任意 i,R 的第 i 个属性的域必须和 S 的第 i 个属性的域相同。

假设有关系:$R(A_1, A_2, \cdots, A_n)$,$S(B_1, B_2, \cdots, B_m)$,R 和 S 满足并相容性,则 $n =$

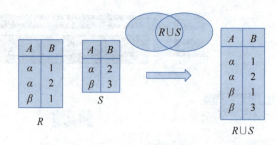

图 4-13 并运算示例

m 并且 $\text{Domain}(A_i)=\text{Domain}(B_i)$。

2. 差

定义 4-12 差(Difference)运算。关系 R 与关系 S 的差运算结果也是一个关系,它由出现在关系 R 中但不出现在关系 S 中的元组构成,运算符用"$-$"表示。

$R-S=\{t\mid t\in R \text{ and } t\notin S\}$,其中 t 是元组,关系 R 和关系 S 是并相容的。要注意,差运算是不满足交换律的,即:$R-S\neq S-R$。差运算示例如图 4-14 所示。

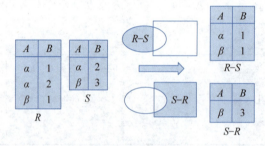

图 4-14 差运算示例

3. 交

定义 4-13 交(Intersection)运算。由既属于 R 又属于 S 的元组组成,运算符用"$\cap$"表示。

$R\cap S=\{t\mid t\in R \text{ and } t\in S\}$,其中 t 是元组,关系 R 和关系 S 是并相容的。交运算可以用差运算表示,$R\cap S=R-(R-S)=S-(S-R)$。交运算如图 4-15 所示。

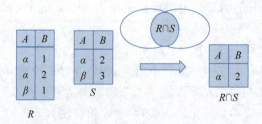

图 4-15 交运算示例

4. 笛卡儿积

定义 4-14 笛卡儿积由关系 R 与关系 S 的元组所有可能的拼接构成,运算符用"$\times$"

表示。

$R\times S=\{tq \mid t\in R \text{ and } q\in S\}$，其中 t、q 是元组。前提是假设 R 和 S 的属性是不相交的，如果有相交的属性，必须通过更名(renaming)使其不相交。

笛卡儿积运算如图4-16所示。其中，关系 R 的元组数目是2，度数是2；关系 S 的元组数目是4，度数是3，则 $R\times S$ 的元组数目是 R 和 S 元组数目的积8，度数是 R 和 S 度数的和5。

R

A	B
α	1
β	2

S

C	D	E
α	10	a
β	10	a
β	20	b
γ	10	b

⇒

R×S

A	B	C	D	E
α	1	α	10	a
α	1	β	10	a
α	1	β	20	b
α	1	γ	10	b
β	2	α	10	a
β	2	β	10	a
β	2	β	20	b
β	2	γ	10	b

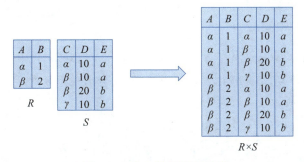

图 4-16 笛卡儿积运算示例

4.3.3 关系运算

1. 更名

定义 4-15 更名(Rename)运算指给关系或表达式重新命名，运算符用“ρ”表示。

$\rho_X(E)$，表示将表达式 E 更名为 X。$\rho_{X(A_1,A_2,\cdots,A_n)}(E)$，表示关系 E 更名为 X，其中的 n 个属性依次更名为 $A_1,A_2,\cdots,A_n$，如图4-17所示。

R

A	B
α	1
β	2

$\rho_{S(C,D)}(R)$ ⇒

S

C	D
α	1
β	2

图 4-17 更名运算示例

2. 选择

定义 4-16 选择(Select)运算指给定一个关系 R 和一个选择的条件(con)，选择运算从关系 R 中选择出满足给定条件 con 的元组，运算符用“σ”表示。

$$\sigma_{\text{con}}(R)=\{t \mid t\in R \text{ and } \text{con}(t)==1\}$$

设 $R(A_1,A_2,\cdots,A_n)$，t 是 R 的元组，则 $t[A_i]$ 表示 t 的分量，con 由逻辑运算符连接比较表达式组成，逻辑运算符 ∧、∨、¬ 对应为 and、or、not。比较表达式为：$X\ \theta\ Y$，其中 X、Y 是 t 的分量、常量或简单函数，θ 是比较运算符，$\theta\in\{>,\geqslant,<,\leqslant,=,<>\}$。选择运算是对关系进行“行”的筛选，示例如图4-18所示。

3. 投影

定义 4-17 投影(Project)运算指从关系 R 中选出若干列构成新的关系，运算符用“Π”表示。

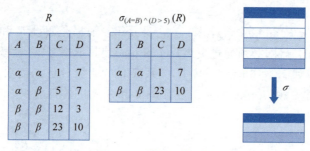

图 4-18 选择运算示例

$\Pi_{A_1,A_2,\cdots,A_n}(R) = \{<t[A_1],t[A_2],\cdots,t[A_n]>|t\in R\}$。因为关系是一个集合，原来的关系元组不重复，但是选出若干列后，可能就会出现重复的元组，需要删除重复的行。示例如图 4-19 所示。

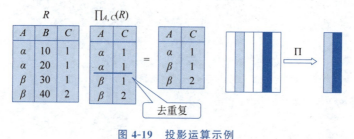

图 4-19 投影运算示例

4. 自然连接

投影与选择操作只是对单个关系（表）进行操作，而实际应用中的查询往往涉及多个表，这就需要引入在多个关系上进行的连接操作。

定义 4-18 自然连接（Natural Join）。由关系 R 和关系 S 的笛卡儿积中选取相同属性组上值相等的元组所构成。运算符用"⋈"表示。

假设 $R \cap S = \{A_1, A_2, \cdots, A_n\}$，$R \bowtie S = \Pi_{R \cup S}(\sigma_{R.A_1=S.A_1 \land R.A_2=S.A_2 \land \cdots \land R.A_n=S.A_n}(R \times S))$，如果 $R \cap S = \phi$，则 $R \bowtie S = R \times S$。注意：要在结果中去掉重复的属性列（因结果中 $R.A_i$ 始终等于 $S.A_i$ 所以只保留一列即可）。示例如图 4-20 所示。

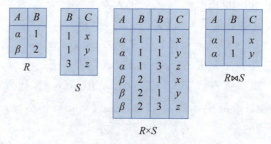

图 4-20 自然连接运算示例

5. θ 连接

θ 连接（θ-Join）是自然连接的扩展。

定义 4-19 θ 连接是指从两个关系的笛卡儿积中选取属性间满足一定条件的元组，运算符用"$\bowtie_\theta$"表示。

$R \bowtie_\theta S = \sigma_\theta(R \times S)$，是将一个选择运算和一个笛卡儿乘积运算合并为单独的一个运算。示例如图 4-21 所示。

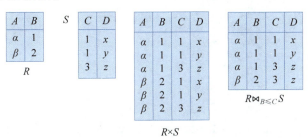

图 4-21 θ 连接运算示例

θ 连接中运算符为"="时，θ 连接就成为等值连接。即：结果关系是由关系 R 和关系 S 的笛卡儿积中选取 R 中属性 A 与 S 中属性 B 上值相等的元组构成。

$$R \bowtie_{A=B} S = \sigma_{t[A]=q[B]}(R \times S)。$$

笛卡儿积结果的元组组合数目非常庞大，因此采用 θ 连接/等值连接运算可大幅度降低中间结果的保存量，提高速度。

6. 除

除（Division）运算的前提假设：$R(A_1, A_2, \cdots, A_n)$ 为 n 度关系，$S(B_1, B_2, \cdots, B_m)$ 为 m 度关系，当且仅当：$\{B_1, B_2, \cdots, B_m\} \subset \{A_1, A_2, \cdots, A_n\}$，即 $m<n$ 时，如 R 与 S 可以进行除运算。

定义 4-20 除运算。除运算符用"÷"表示，关系运算的结果仍然是关系，因此定义关系 R 和关系 S 的除运算 $R \div S$ 分为两部分。

第一部分定义 $R \div S$ 结果的属性应有哪些？

设属性集 $\{C_1, C_2, \cdots, C_k\} = \{A_1, A_2, \cdots, A_n\} - \{B_1, B_2, \cdots, B_m\}$，则有 $k = n - m$，则 $R \div S$ 结果关系是 k 度关系，由属性 $\{C_1, C_2, \cdots, C_k\}$ 构成。

第二部分定义 $R \div S$ 结果的元组应有哪些？

设 $R \div S$ 为元组 $<c_1, c_2, \cdots, c_k>$ 的集合，元组 $<c_1, c_2, \cdots, c_k>$ 满足：

与 S 中每一个元组 $<b_1, b_2, \cdots, b_m>$ 组合形成的一个新元组都是 R 中的某一个元组 $<a_1, a_2, \cdots, a_n>$。

因此，$R \div S = \{t \mid t \in \Pi_{R-S}(R) \text{ and } \forall u \in S (tu \in R)\}$。

除运算的步骤可以按照图 4-22 理解，首先计算关系 R 在 $R-S$ 属性集上的投影，然后与关系 S 进行笛卡儿积，这样就得到了 R 去掉 S 的属性后，与 S 所有可能的组合。接下来再用这个结果与 R 做差运算，就得到了不满足除运算第二部分定义的元组，并在 $R-S$ 上投影。最后，用 R 在 $R-S$ 上的投影结果去掉这部分不满足条件的元组，就得到了最终结果。在实际的数据库执行中会进行很多优化处理。

R			S	$\prod_{R-S}(R)$		$\prod_{R-S}(R)\times S$			$\prod_{R-S}(R)\times S-R$			$\prod_{R-S}(\prod_{R-S}(R)\times S-R)$		$\prod_{R-S}(R)-\prod_{R-S}(\prod_{R-S}(R)\times S-R)$	
A	B	C	C	A	B	A	B	C	A	B	C	A	B	A	B
a	b	c	c	a	b	a	b	c	a	b	f	a	b	a	e
d	b	c	f	d	b	a	b	f	a	b	g	d	b		
a	e	c	g	a	e	a	b	g	a	b	h			$R\div S$	
a	e	f	h			a	b	h	d	b	c				
d	b	f				d	b	c	d	b	f				
a	e	g				d	b	f	d	b	g				
a	e	h				d	b	g	d	b	h				
a	b	l				d	b	h	a	e	c				
						a	e	c	a	e	f				
						a	e	f	a	e	g				
						a	e	g							
						a	e	h							

图 4-22 除运算步骤示例

除运算的实际应用如图 4-23 所示。假设要在课程表和学生选课表中,查询选修了全部课程的学生的学号,就可以使用 $\prod_{Sno,Cno}(SC) \div \prod_{Cno}(Course)$。

Course:课程表

Cno	Cname	Chours	Credit	Tno
3004	数据库	48	3	001
3006	计算机系统	48	3	002
3008	数据结构	40	2.5	003

$\prod_{Sno, Cno}(SC) \div \prod_{Cno}(Course)$

Sno
201803001

SC:学生选课表

Cno	Sno	Score
3004	201803001	89
3006	201803001	92
3008	201803001	85
3004	201803002	87
3006	201803002	89
3004	201804001	80
3006	201804001	79
3004	201803009	85

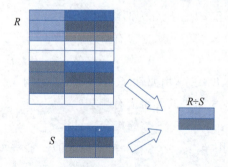

图 4-23 除运算应用示例

除运算相当于对关系同时进行行和列的筛选,经常用于查询"关系 R 中全部满足 S……的条件的元组"这一类的问题。

4.3.4 综合运用

通过除运算的步骤分析可以看出,复杂查询问题的求解往往需要综合运用关系代数的各种运算。

首先判断检索是否涉及多个表,如不涉及,则可直接采用并、差、交、选择与投影。如涉及多个表,则检查能否使用自然连接,自然连接不仅可以对两个表操作,还可以将多个表连接起来。如不满足自然连接条件,看能否使用等值或 θ 连接,最后才考虑使用运算复杂度高的笛卡儿积。连接完后,可以继续使用选择、投影等运算。以图 4-23 为例,进行以下查询。

例 4-2 查询学习课程号为 3004 的学生学号和成绩,需要同时用到投影和选择。

$$\Pi_{\text{Sno,Score}}(\sigma_{\text{Cno}='3004'}\text{SC})$$

例 4-3 查询"201803001"号同学选修的课程名和授课教师编号。

这个查询可以使用自然连接和笛卡儿积两种方式实现,主要的区别在于选择条件的设置。

自然连接:$\Pi_{\text{Cname,Tno}}(\sigma_{\text{Sno}='201803001'}(\text{SC} \bowtie \text{C}))$

笛卡儿积:$\Pi_{\text{Cname,Tno}}(\sigma_{\text{Sno}='201803001' \text{and C.Cno}=\text{SC.Cno}}(\text{SC} \times \text{S}))$

4.4 SQL 语言

4.4.1 SQL 语言概述

SQL 的全称是结构化查询语言,1974 年由 Boyce 和 Chamber 提出,最早由 IBM 公司的 San Jose 研究室为其关系数据库管理系统 System R 实现。1979 年,Oracle 公司首先提供商用的 SQL,IBM 公司在 DB2 数据库系统中也实现了 SQL。1986 年,美国国家标准局(American National Standard Institute,ANSI)采用 SQL 作为关系数据库管理系统的标准语言,后被国际标准化组织(International Standardization Organization,ISO)采纳为国际标准。1989 年,ANSI 又推出了 SQL 89 版本。1992 年,SQL 又增加了一些新的特性,如:新数据类型、更丰富的数据操作、更强的完整性支持等。1999 年进一步推出了 SQL 99,也称为 SQL3,增加了面向对象的特征支持,支持抽象数据类型,支持行对象和列对象等,可以规范化定义递归、触发等复杂操作。目前最新的稳定版是 SQL 2016。

SQL 之所以能为用户和业界所接受,并成为国际标准,是因为它是一个综合的、功能极强同时又简洁易学的语言。其主要特点如下。

(1) 综合统一。SQL 集数据定义语言 DDL、数据操纵语言 DML、数据控制语言 DCL 的功能于一体,语言风格统一,可以独立完成数据库生命周期中的全部活动,包括:定义关系模式、插入数据、建立数据库,对数据库中的数据进行查询和更新,数据库重构和维护,数据库安全性、完整性控制等一系列操作要求。

(2) 非过程化。用 SQL 进行数据操作,非关系数据模型的数据操纵语言"面向过程",必须指定存取路径,说明"怎么做"。而 SQL 只要指出"做什么",因此无须了解存取路径。存取路径的选择以及 SQL 的操作过程由系统自动完成,从而大大减轻了用户负担,提高了数据独立性。

(3) 面向集合的操作方式。SQL 采用集合操作方式,不仅操作对象、查找结果可以是元组的集合,而且一次插入、删除、更新操作的对象也可以是元组的集合。

(4) 以同一种语法结构提供多种使用方式。作为独立的语言,它能够独立地用于联机交互的使用方式,用户可以在终端键盘上直接键入 SQL 命令对数据库进行操作;作为嵌入式语言,SQL 语句能够嵌入到高级语言(如 C++、Java)程序中,供程序员使用。而在两种不同的使用方式下,其语法结构基本一致。

(5) 语言简洁,易学易用。SQL 功能极强,但由于设计巧妙,语法十分简单,接近英语的自然语言表达方式,易学易用。

SQL 中的数据类型和高级语言数据类型总体一致,但也有部分差异。商用 DBMS 实现的数据类型也都存在差异,SQL 主要数据类型如表 4-6 所示。

表 4-6　SQL 主要的数据类型

数 据 类 型	含　　义
CHAR(n)	长度为 n 的定长字符串
VARCHAR(n)	最大长度为 n 的变长字符串
INT	长整数(也可以写作 INTEGER)
SMALLINT	短整数
NUMERIC(p,d)	定点数,由 p 位数字组成,小数后面有 d 位数字
REAL	取决于机器精度的浮点数
Double	取决于机器精度的双精度浮点数
FLOAT(n)	浮点数,精度至少为 n 位数字
DATE	日期,包含年、月、日,格式为 YYYY-MM-DD
TIME	时间,包含一日的时、分、秒,格式为 HH:MM:SS

4.4.2　使用 SQL 建立数据库

在使用 SQL 建立数据库之前,先给出学校信息系统的示例数据库 School,包含以下关系模式:

学生:包括学号 Sno、姓名 Sname、性别 Ssex、年龄 Sage、所属系 Dno、班级 Sclass 等属性;

院系:包含系别 Dno、系名 Dname、系主任 Dean 等属性;

课程:包含课号 Cno、课名 Cname、教师编号 Tno、学时 Chours、学分 Credit 等属性;

教师:包含教师编号 Tno、教师名 Tname、所属院系 Dno、工资 Salary 等属性;

选课:包含学号 Sno、课号 Cno、成绩 Score 等属性。示例数据如图 4-24 所示。

对应的关系模式表述如下:

Student(Sno char(8),Sname char(10),Ssex char(2),Sage integer,Dno char(2),

Sno	Sname	Ssex	Sage	Dno	Sclass
201803001	王小明	女	19	01	2018
201803002	黄大鹏	男	20	02	2017
201804001	张文斌	男	18	03	2018
...	...	...	...	...	...

Dno	Dname	Dean
01	电子工程	付云
02	信息工程	赵涛
03	通信工程	张勇
...	...	...

Sno	Cno	Score
201803001	001	89
201803001	002	92
201803001	003	85
201803002	001	87
201803002	002	89
201804001	001	80
201804001	002	79
201803009	001	85

Cno	Cname	Chours	Credit	Tno
001	数据库	48	3.0	001
002	C语言	48	3.0	002
003	数据结构	40	2.5	003

Tno	Tname	Dno	Salary
001	王明	01	6018.0
002	周鹏	02	7050.0
003	刘斌	03	8090.0
004	唐文龙	01	6920.0

图 4-24 School 数据库示例数据

Sclass char(6));
  Course(Cno char(3),Cname char(12),Chours integer,Credit float(1),Tno char(3));
  Dept(Dno char(2),Dname char(10),Dean char(10));
  Course(Cno char(3),Cname char(12),Chours integer,Credit float(1),Tno char(3));
  Teacher(Tno char(3),Tname char(10),Dno char(2),Salary float(2));
  SC(Sno char(8),Cno char(3),Score float(1))。

使用 SQL 创建数据库主要完成两个任务：定义数据库和表（使用 DDL），然后向表中追加元组（使用 DML）。

在 SQL 中数据库可以看作一个集中存放若干表的大型文件，创建数据库的简单语法形式为：

```
Create Database 数据库名;
```

例 4-4 创建学校信息系统数据库 School。

```
Create Database SCT;
```

定义好数据库，就可以创建表了。创建表的简单语法形式为：

```
Create Table 表名( 列名 数据类型 [列级完整性约束条件]
              [, 列名 数据类型 [列级完整性约束条件], …]
              [, 表级完整性约束条件]);
```

其中，表名表示所要定义的基本表的名字，列名是组成该表的各个属性（列），列级完整性约束条件涉及相应属性列的完整性约束条件，表级完整性约束条件涉及一个或多个属性列的完整性约束条件，数据类型则参考 SQL 标准中的定义。常用的完整性约束有主码约束：PRIMARY KEY，表示可以唯一确定元组的属性集，主码只能有一组且不能为 NULL；唯一性约束：UNIQUE，唯一性约束可以有多组，且可以有空的元组；非空值约束：NOT NULL；以及参照完整性约束等。另外，与其他的编程语言类似，SQL 中用"//"表示注释单行，"/*"和"*/"表示注释多行。

例 4-5 定义学生表。

```
Create Table Student(Sno char(8) not null , Sname char(10), Ssex char(2), Sage integer, Dno char(2), Sclass char(6));
```

关系模型里域的概念在 SQL 中是通过数据类型来实现的,定义表的属性时,需要指明其数据类型及长度。而选用了哪种数据类型,就基本确定了取值范围和能够做哪些运算。

如果应用需求发生变化,则需要修改表的定义。修改表的简单语法形式为:

```
Alter Table 表名
[Add {列名 数据类型,…}] 增加新列
[Drop {完整性约束名}] 删除完整性约束
[Modify {列名 数据类型,…}] 修改列定义
```

例 4-6 在学生表 Student(Sno,Sname,Ssex,Sage,Dno,Sclass)基础上增加两列:Saddr、PID。

```
Alter Table Student Add Saddr char(40), PID char(18);
```

例 4-7 将上例表中 Sname 列的数据类型增加两个字符。

```
Alter Table Student Modify Sname char(10);
```

例 4-8 删除学生姓名必须取唯一值的约束。

```
Alter Table Student Drop Unique(Sname);
```

删除基本表的基本语法为:

```
Drop Table 表名;
```

例 4-9 删除学生表 Student。

```
Drop Table Student;
```

删除数据库的基本语法为:

```
Drop Database 数据库名;
```

例 4-10 删除 School 数据库。

```
Drop Database School;
```

数据库和表的定义相当于为数据创建好了容器,真正发挥数据库的作用需要插入数据并进行管理,这是通过 DML 语言来实现的。先从简单的模式开始,包括向表中追加新的元组,修改表中某些元组中的某些属性的值,删除表中的某些元组,以及对表中的数据

进行各种条件的检索。

插入数据的简单语法形式为：

```
Insert Into 表名 (列名 [, 列名 ] … ]
        Values (值 [, 值], …);
```

Values 后面值的排列，必须与 Into 子句后面的列名排列一致。若表名后的所有列名省略，则 Values 后的值的排列，必须与该表存储中的列名排列一致。

例 4-11 插入一名新的学生数据，姓名：王五，学号：201804003，所在系：01，班级：2018，性别：男，年龄：19。

```
Insert Into Student(Sname, Sno, Dno, Sclass, Ssex, Sage)
        Values('王五', '201804003', '01','2018', '男', 19);
```

表中插入数据后，就可以进行查询了，SQL 提供了结构形式一致但功能多样化的检索语句 Select，简单语法形式为：

```
Select 列名 [[, 列名] … ]
From 表名
[ Where 检索条件 ];
```

含义是从给出的表中，查询出满足检索条件的元组，并按给定的列名及顺序进行投影显示。对应的关系代数运算为 $\Pi_{列名,\cdots,列名}(\sigma_{检索条件}(表名))$。Select、From、Where 等称为子句，在此基础上会增加许多构成要素，也会增加许多新的子句，满足不同的需求。检索条件与选择运算 $\sigma_{con}(R)$ 的条件 con 书写一样，只是逻辑运算符用 and、or、not 来表示，要注意理解自然语言检索条件，然后正确使用运算符的优先次序及括弧。

例 4-12 检索学生表中所有年龄小于或等于 19 岁的学生的年龄及姓名。

```
Select Sage, Sname                //列可以重排顺序
From Student
Where Sage < = 19;
```

经过投影运算后，结果集中可能会出现重复元组，如果要求在检索结果中无重复元组，使用 DISTINCT 关键词说明：

例 4-13 在选课表中，检索成绩大于 80 分的所有学号。

```
Select DISTINCT Sno From SC Where Score > 80;
```

DBMS 可以对检索结果进行排序，按升序或降序排列。Select 语句中结果排序是通过增加 Order By 子句实现的：

```
Order By 列名 [ Asc | Desc ]
```

含义为按指定列名进行排序，若后跟 Asc 或省略则为升序；若后跟 Desc 则为降序。

例 4-14 按成绩由高到低显示 002 号课成绩大于 80 分的同学学号。

```
Select Sno From SC Where Cno = '002' and Score > 80 Order By Score DESC;
```

对于想检索姓张的学生(张某某)这类查询问题,可以通过在检索条件中引入运算符 Like 来表示,含有 like 运算符的表达式:

```
列名 [ Not ] Like '字符串'
```

含义是找出匹配给定字符串的字符串。给定字符串中可以使用％、_ 等匹配符,匹配规则是"％"匹配零个或多个字符;"_"匹配任意单个字符;"\"作为转义字符,将％、_ 等特殊字符作为普通字符看待,比如需要匹配字符％,就用"\％"。

例 4-15 检索所有姓张的学生学号及姓名。

```
Select Sno, Sname From Student Where Sname Like '张％';
```

实际应用中的查询往往涉及多个表的数据,多表查询同样使用 Select 语句实现,多表联合查询是通过连接运算,再结合选择和投影运算实现。Select 多表联合查询的简单语法形式为:

```
Select 列名 [[, 列名] … ]
From 表名 1, 表名 2, …
[ Where 检索条件 ];
```

含义相当于 $\Pi_{列名,…,列名}(\sigma_{检索条件}(表名1 \times 表名2 \times \cdots))$,检索条件中要包含连接条件,通过不同的连接条件可以实现等值连接及各种 θ 连接。

例 4-16 按 001 号课成绩由高到低显示所有学生姓名(两表连接)。

```
Select Sname From Student, SC
Where Student.Sno = SC.Sno and SC.Cno = '001'
Order By Score DESC;
```

连接运算涉及重名的问题,如两个表中的属性重名,连接的两个表重名(同表的连接)等,需要使用别名以便区分。使用别名也可以使 SQL 语句变得更为简洁。

Select 中采用别名的方式为:

```
Select 列名 As 列别名 [ [, 列名 As 列别名] … ]
From 表名 1 As 表别名 1, 表名 2 As 表别名 2, …
Where 检索条件;
```

上述定义中的 As 可以省略,当定义了别名后,在检索条件中可以使用别名来限定属性。

例 4-17 求既学过 001 号课又学过 002 号课的所有学生的学号。

```
Select S1.Sno From SC S1, SC S2
Where S1.Sno = S2.Sno and S1.Cno = '001' and S2.Cno = '002';
```

注意,该查询不能写成:

```
Select Sno From SC Where Cno = '001' and Cno = '002';
```

对数据的更新除了前面所述的 Insert 语句插入单行记录外,还包括使用 Insert 新增一批元组到数据库表中,使用 Update 对某些元组中的某些属性值进行重新设定,使用 Delete 删除某些元组。这些说明 DML 既能操作单一记录,也能批量更新记录集合。对于批量操作来说需要借助子查询。即:将 Select 语句与 DML 结合。

批数据新增命令形式:插入子查询结果中的若干条元组。待插入的元组由子查询给出。

```
Insert Into 表名 [(列名[,列名]…)]
        子查询;
```

例 4-18 新建立一个表 Student_ming(Sno,Sname),将检索到的名字包含"明"字的同学新增到该表中。

```
Insert Into St (Sno, Sname)
        Select Sno, Sname From Student Where Sname like '%明';
```

删除满足指定条件的元组使用 Delete 命令,简单语法形式为:

```
Delete From 表名 [ Where 条件表达式];
```

如果 Where 条件省略,则删除所有的元组。

例 4-19 删除 98030101 号同学所选的所有课程。

```
Delete From SC Where Sno = '98030101';
```

Update 命令用指定要求的值,修改指定表中满足指定条件的元组的指定列的值,简单语法形式为:

```
Update 表名
Set 列名 = 表达式│(子查询) [ , 列名 = 表达式│(子查询) ] … ]
[ Where 条件表达式];
```

如果 Where 条件省略,则更新所有的元组。

例 4-20 将所有 02 系的教师工资上调 5%。

```
Update Teacher Set Salary = Salary * 1.05 Where Dno = '02';
```

4.4.3　SQL 高级查询

1. 子查询

在数据更新操作中,可以使用子查询进行批量操作,一个 Select-From-Where 语句称为一个查询块,将一个查询块嵌套在另一个查询块的 From 子句、Where 子句等的条件中的查询称为子查询,也称为嵌套查询。

主要有 3 种类型的子查询。

1)(Not)In 子查询

其基本语法为:

```
表达式 [Not] In (子查询)
```

在上述语法中,表达式的最简单形式就是列名或常数。语义是判断某一表达式的值是否在子查询的结果中。

例 4-21 查询与"刘晨"在同一个系学习的学生。

```
Select Sno, Sname, Sdept
From Student
Where Sdept In
       (Select Sdept From Student Where Sname = '刘晨');
```

若子查询结果只有一个值,则可以用=代替 In。

2)SOME/ALL 子查询

其谓词语义为:将表达式的值与子查询的结果进行比较。

$F <comp> SOME\ r \Leftrightarrow \exists t \in r(F <comp> t)$

$F <comp> ALL\ r \Leftrightarrow \forall t \in r(F <comp> t)$

<comp>可以是表 4-5 中的比较运算符,计算语义如图 4-25 所示。

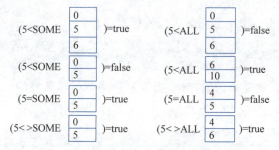

图 4-25 SOME/ALL 子查询语义计算示例

例 4-22 找出 001 号课成绩最高的所有学生的学号。

```
Select Sno From SC
Where Cno = '001' and
      Score >= all (Select Score From SC Where Cno = '001');
```

3)(Not)Exists 子查询

其基本语法为:

```
[Not] Exists(子查询)
```

语义为:检查子查询结果中有无元组存在。

例 4-23 检索没有选修 001 号课程的学生姓名。

```
Select Sname From Student Where
    Not Exists                                  //不满足
    (Select * From SC Where
        Sno = Student.Sno And Cno = '001');     //选修了001号课程的同学
```

2. 聚集查询

在 Select-From-Where 语句中,Select 子句后面可以是列名,也可以是一些计算表达式或聚集函数,表明在投影的同时直接进行一些运算。简单语法形式为:

```
Select 列名 | expr | agfunc(列名) [[, 列名 | expr | agfunc(列名) ] … ]
From 表名 1 [, 表名 2 … ]
[ Where 检索条件 ];
```

其中,expr 可以是常量、列名、或由常量、列名、特殊函数及算术运算符构成的算术运算式。agfunc( )是一些聚集函数。如:

```
Count([Distinct | ALL ] { * | <列名>})       //计数
Sum([Distinct | ALL ] <列名>)                //求和
Avg([Distinct | ALL ] <列名>)                //计算平均值
Max([Distinct | ALL ] <列名>)                //求最大值
Min([Distinct | ALL ] <列名>)                //求最小值
```

注意,若表中有 NULL 参与聚集运算,则除 count(*)之外其他聚集函数都忽略 NULL 值所在的元组。

例 4-24 求数据库课程的平均成绩。

```
Select AVG(Score) From Course C, SC
Where C.Cname = '数据库' and C.Cno = SC.Cno;
```

3. 分组查询

如果要将每门课的平均成绩都计算出来,就需要用到分组查询了。分组查询将元组按照某一条件分类,具有相同值的元组划到一个组或一个集合中,并处理多个组或集合的聚集运算。简单语法形式为:

```
Select 列名 | expr | agfunc(列名) [[, 列名 | expr | agfunc(列名) ] … ]
From 表名 1 [, 表名 2 … ]
[ Where 检索条件 ]
[ Group by 分组条件 [Having 分组过滤条件]];
```

分组条件可以是列名 1,列名 2,…,注意,聚集函数不允许用于 Where 子句,Where 子句对每一元组进行条件过滤,而不是对集合进行条件过滤。要使用 Having 子句对集合(即分组)进行条件过滤,即满足条件的集合/分组留下,不满足条件的集合/分组剔除。

例 4-25 求平均成绩超过 80 分的所有同学。

```
Select Sno, AVG(Score) From SC Group by Sno Having AVG(Score) > 80;
```

如果写成：

```
Select Sno, AVG(Score) From SC Where Score > 80 Group by Sno;
```

这样查询的结果是只计算了 80 分以上课程的平均成绩，不符合查询语义的要求。Where 子句与 Having 子句表达条件的区别如图 4-26 所示。

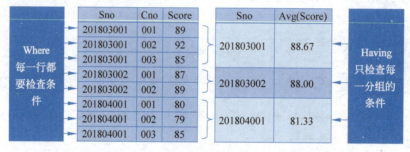

图 4-26 Where 和 Having 子句检查条件的区别

4. 集合查询

关系代数中的集合运算在 SQL 中的简单语法形式为：

```
子查询 { Union [ALL] | Intersect [ALL] | Except [ALL] 子查询 }
```

例 4-26 也可以使用集合运算来实现。

```
Select Sno From SC Where Cno = '002' Intersect
Select Sno From SC Where Cno = '003';
```

4.4.4 完整性约束

如 DBMS 不能自动防止不恰当的数据库操作，如输入错误、误操作、程序错误等，则需要应用程序员和用户在进行数据库操作时处处加以小心，每写一条 SQL 语句都要考虑是否符合语义完整性，这种工作负担是非常沉重的，因此应尽可能多地让 DBMS 来承担这种工作。

完整性是指 DBMS 应保证的数据库的一种特性——在任何情况下的正确性、有效性和一致性，如：学生的年龄必须是整数，取值范围为 14～29；学生的性别只能是男或女等。这些约束的依据是能否真实地反映现实世界（有效性），目的是防止不符合规范的数据进入数据库，防止偶然性因素对数据库的破坏，确保经过授权的操作能保持数据库的一致性。

完整性约束机制就像现实生活中的"消防措施"，DBMS 定义一些完整性约束规则，就是温感、烟感等火灾预警传感器，用来时刻检查不恰当的数据操作；完整性控制程序相当于消防指挥车，用来对违反约束的操作进行处理；支持约束规则查询的处理程序就是各种消防联动力量，使得整个机制能够高效运行。

完整性约束机制包含 3 个层面。

（1）完整性约束条件定义机制。完整性约束条件是关系数据模型的组成部分，用来约束数据库中数据的语义，DBMS 应提供定义数据库完整性约束条件的机制。

（2）完整性检查方法。检查用户发出的操作请求是否违背了完整性约束条件。

（3）违约处理。如果发现用户的操作请求使数据违背了完整性约束条件，则采取一定的动作来保证数据的完整性。

完整性约束定义的对象如图 4-27 所示。对象的状态可以分为静态和动态两种：静态是指数据库在任一时候均应满足的约束，如：Sage>0；动态是指数据库从一状态变为另一状态时应满足的约束，如：调整工资时只能增加不能减少。

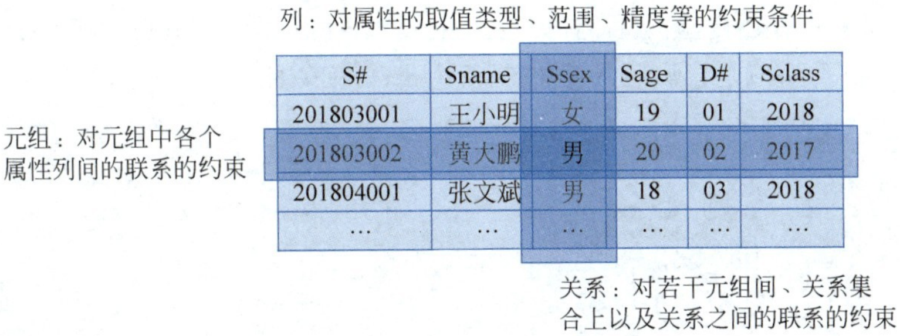

S#	Sname	Ssex	Sage	D#	Sclass
201803001	王小明	女	19	01	2018
201803002	黄大鹏	男	20	02	2017
201804001	张文斌	男	18	03	2018
…	…	…	…	…	…

图 4-27　完整性约束定义的对象

主要的完整性约束有以下 3 类。

1. 实体完整性约束

主要是指主码约束。当用户程序对主码列进行更新操作时，系统自动进行完整性检查。违约操作包括使主属性值为空值的操作，使主码值在表中不唯一的操作。违约处理是系统拒绝此操作，从而保证了实体完整性。

2. 参照完整性约束

参照完整性约束用来确保出现在一个关系中给定属性集的值，同时也出现在另一个关系的特定属性集中。参照完整性将两个表中相应的元组联系起来，对被参照表和参照表进行增、删、改操作有可能破坏参照完整性。例如，选课表 SC 中的课程编号 Cno 的值，必须出现在课程表 Coures 中的 Cno 中。参照完整性约束使用 Foreign Key 来定义。

```
Create Table SC
    ( Sno CHAR(9) NOT NULL,
     Cno CHAR(4) NOT NULL,
     Grade SMALLINT,
     Primary Key (Sno, Cno),
     Foreign Key (Sno) References Student(Sno),
     Foreign Key (Cno) References Course(Cno));
```

这时，违反参照完整性约束的情况有：在 SC 表增加或修改一个元组，其 Sno 属性值在 Student 表的 Sno 属性值中不存在。从 Student 表中删除或修改一个元组，造成对于 SC 表中某些元组的 Sno 属性值，在 Student 表中找不到该值对应的元组。参照完整性约束的违约处理如表 4-7 所示。

表 4-7 参照完整性约束的违约处理

被参照表（如 Student）	参照表（如 SC）	违 约 处 理
可能破坏参照完整性	插入元组	拒绝
可能破坏参照完整性	修改外码值	拒绝
删除元组	可能破坏参照完整性	拒绝/级联删除/设置为空值
修改主码值	可能破坏参照完整性	拒绝/级联修改/设置为空值

3. 用户定义的完整性

用户定义的完整性就是针对某一具体应用的数据必须满足的语义要求，由 DBMS 在创建表时定义，而不必由应用程序实现。主要有列值非空（NOT NULL）、列值唯一（UNIQUE）、检查列值是否满足一个布尔表达式（CHECK）等。例如，

```
CREATE TABLE Student
    ( Sno CHAR(9),
    Sname CHAR(8) UNIQUE,                           //列值唯一
    Ssex CHAR(2) NOT NULL,                          //列值非空
    Sage SMALLINT,
    Sdept CHAR(20),
    PRIMARY KEY (Sno),
    CHECK (Ssex = '女' OR Sname NOT LIKE 'Ms.%') );  //定义了元组属性值间的约束条件
```

如果还需要更灵活的完整性约束机制，则可以采用触发器的方式来实现。触发器可以当规定的事件（如：插入/修改/删除）发生，并满足一定的条件时，执行相应的动作，从而实现复杂的约束。

4.5 数据库技术发展趋势

4.5.1 NoSQL 数据库

关系数据库系统如 Oracle、SQL Server 等适合用于结构化数据的管理需求，然而随着互联网应用的发展，出现了更多的半结构化和非结构化数据。而且，互联网应用对数据库提出了高并发、高可用、高可扩展性等特性要求，这就要求关系数据库在事务处理中不必严格遵循 ACID（原子性、一致性、隔离性、持久性）原则。因此，随着互联网业务快速增长，丰富的业务场景和数据规模的爆炸增长，催生了 NoSQL 领域的蓬勃发展。

NoSQL 数据库是相对 SQL 数据库的说法，原来指"NOT SQL"，现在更多地代表"Not Only SQL"的含义，即非关系数据库。NoSQL 就是为了解决互联网应用中大规模数据并发与多类型数据管理等问题而提出来的。与严格的 ACID 相比，NoSQL 遵循的是 BASE 原则，表示基本可用（Basically Available），指允许分布式系统中某些部分出现故障时，系统的其余部分依然可用，因而不会像 ACID 那样，在系统出现故障时，进行强

制拒绝,而是允许用户继续部分访问。软状态(Soft State)是指数据库的状态可以有一段时间不同步,具有一定的滞后性。最终一致性(Eventual Consistency)允许数据处理过程的暂时不一致,但是最终处理结果将是一致的。典型 NoSQL 数据库系统如表 4-8 所示。

表 4-8 典型 NoSQL 数据库

分 类	举 例	典型应用场景	数据模型	优 点	缺 点
键值对	Tokyo Cabinet/Tyrant Berkeley DB Memcached Redis	内容缓存,处理大量数据的高并发访问	Key-Value(键值对),通常用 hash 函数映射实现	查找速度快	数据无结构化,通常只被当作字符串或者二进制数据
列存储数据库	Cassandra HBase Riak	分布式文件系统,大规模数据分析	以列簇存储,将同一列数据存在一起	查找速度快,可扩展性强	功能相对局限
文档型数据库	CouchDB MongoDB	Web 应用	Key-Value(键值对),Value 为结构化数据	数据结构要求不严格,表结构可变	查询性能不高,而且缺乏统一的查询语法
图数据库	Neo4J InfoGrid Infinite Graph	社交网络、推荐系统、知识图谱等	图结构	可利用图结构相关算法	有时需要遍历图计算

NoSQL 数据库的基本理念是以放松事务机制和强一致性机制的约束,来获取更好的分布式部署能力和横向扩展能力,采用新的数据模型,使其在不同的应用场景下,对特定业务数据具有更强的处理性能。但是 NoSQL 数据库没有统一的查询语言,不能提供功能强大的 SQL 查询来支持应用开发,此外,在很多场合下,仍然需要利用 ACID 特性使系统在中断的情况下也能够保证在线事务的准确执行。

为了结合 NoSQL 数据库的海量存储管理能力以及关系数据库的 ACID 特性和 SQL 查询能力,NewSQL 数据库概念被提出。相较于传统关系数据库和 NoSQL,它既能够使用 SQL 语句来查询数据,同时具备分布式、高容错的集群架构。虽然 NewSQL 系统的内部结构变化很大,但是共同的特点是都支持关系数据模型,都使用 SQL 作为其主要的接口,满足分布式数据库特点。典型的 NewSQL 数据库有 Google Spanner、VoltDB、TokuDB、MemSQL、ScaleBase、dbShards 等。

4.5.2 机器学习与数据库的结合

在互联网和大数据时代下,面对不断膨胀的数据信息、复杂多样的应用场景、异构的硬件架构和参差不齐的用户使用水平,传统数据库技术很难适应这些新的场景和变化。首先是数据库系统需要处理的数据量不断增加,工作负载也面临着快速而多变的特性,对数据库系统提出了更高的要求。一方面,数据量持续增大,期望数据库系统具有更快的处理速度;另一方面,查询负载的快速变化及其多样性要求数据库系统能够动态调整系统参数以达到最佳运行时状态。传统的数据库系统优化技术和依靠数据库管理员对系统进行静态参数配置的方式,已不能适应新应用场景下对系统性能的优化要求。

由于数据获取手段的丰富、新算法不断出现和计算能力的提升,人工智能(Artificial Intelligence,AI)技术得到了蓬勃发展。在人工智能的推动下,机器学习技术因其较强的学习能力,逐渐在数据库领域展现出了潜力和应用前景,将机器学习与数据库系统有机结合来改进系统性能正成为研究热点。

机器学习与数据库的结合一般包含两方面。一方面是机器学习框架和平台与数据库的深度融合。使用数据库技术来优化 AI 模型(DB4AI),即扩展 SQL 的算子支持人工智能算子,实现库内的训练和推理。在许多实际应用中,人工智能很难部署,因为它需要开发人员编写复杂的代码和训练复杂的模型。而数据库技术可以降低使用人工智能模型的复杂性,加速人工智能算法,并在数据库内提供人工智能能力。例如,数据库技术可用于提高数据质量(例如,数据发现、数据清洗、数据标记和数据沿袭等)、自动选择适当的模型、推荐模型参数和加速模型推理。另一方面是使用机器学习技术优化数据库性能以及自动化运维。通过人工智能技术使数据库更加智能化(AI4DB),即通过数据库内置人工智能算法提升数据库的智能优化和智能运维。例如,传统的数据库优化技术(例如,代价估算、连接顺序选择、参数调节、索引和视图推荐等)主要基于经验方法和规范,需要数据库管理员人工参与来调整和维护数据库。因此,现有的经验技术无法满足大规模数据库实例、各种应用程序和多样化用户的高性能需求。基于机器学习的技术可以缓解这个问题。例如,深度学习可以提高代价估计的质量,强化学习可以用于优化连接顺序选择,深度强化学习可以用于调整数据库参数配置。具体应用如表 4-9 所示。

表 4-9 机器学习与数据库的结合

AI4DB		DB4AI	
数据库配置	参数调节	数据治理	数据发现
	索引推荐		数据清洗
	视图推荐		数据标记
	SQL 重写		数据沿袭
数据库优化	基数估计	模型训练	特征选择
	代价估计		模型选择
	连接顺序选择		模型管理
	端到端优化		硬件加速
数据库设计	索引学习	模型推理	算子支持
	数据结构学习		算子选择
	事务管理		执行加速
数据库监测	健康监测	数据库安全	敏感数据发现
	活动监测		访问控制
	性能预测		SQL 注入检测

总之,以机器学习方法为代表的人工智能的崛起深刻改变了各个行业对数据管理的需求。因此,需要从人工智能需求的角度重新思考和定义数据库管理系统,在数据模型、数据操作模型和执行优化引擎等层面全面推动数据管理的理论和实践创新。

4.5.3 面向新型硬件架构的数据库

随着存储器、处理器和网络技术取得显著进展,诸如非易失存储器(Non-Volatile Memory,NVM)、高性能处理器和硬件加速器,以及支持远程直接数据存取(Remote Direct Memory Access,RDMA)的高性能网络等新硬件技术,正在极大地改变数据库管理系统依赖的底层环境,给数据管理与分析技术的发展带来了新的机遇与挑战。

如图 4-28 所示,在存储层面,按字节存取的非易失存储器的出现,使内存和外存之间的界限变得模糊,对数据管理分析系统的存储层次结构、持久化机制和索引设计产生了深刻影响;在计算层面,众核高性能处理器和各类硬件加速器,例如,图形处理器(Graphics Processing Unit,GPU)、现场可编程逻辑门阵列(Field Programmable Gate Array,FPGA)、AI 芯片等已被广泛用于加速处理数据,数据库的查询处理和优化技术必须充分考虑底层的处理器架构以使计算性能最大化;在传输层面,支持 RDMA 的高性能网络极大地改善了服务器间跨节点的数据访问性能,突破了分布式系统固有的网络瓶颈,能够有效提升数据库系统中分布式事务的处理效率。

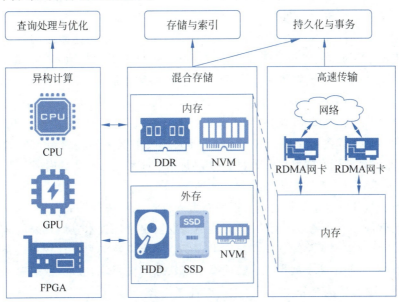

图 4-28 面向新型硬件架构的数据管理

在存储层面,磁盘作为一种大容量、低成本的外部存储器,是传统数据库管理系统(例如,Oracle、MySQL、PostgreSQL 等)使用的主要存储介质。磁盘的基本特点是通过磁头按块寻址,输入/输出(I/O)极为耗时,是数据库查询执行性能面临的主要瓶颈。这使传统数据库中的数据结构和算法主要面向块设计,在执行查询时也以减少 I/O 消耗的时间为优化目标。随着闪存技术的快速发展,基于闪存的固态硬盘(Solid State Disk,SSD)被广泛应用于各种数据库管理系统,作为底层的持久化存储介质,也出现了专门针对固态硬盘特性设计与优化的数据库索引。也有数据库管理系统直接将内存作为主要的数据存储介质(例如,TimesTen、VoltDB 等),这时存取优化从内存-磁盘转向 Cache-内存,但内存仍然存在断电易失性的问题。NVM 等新型存储介质的出现给数据库管理系统的发展带来了新的机遇与挑战。NVM 的特点包括高存储密度、低随机访问延迟和细粒度字节寻址等,读写性能接近 DDR(双倍速率同步动态随机存储器),并同时具备磁盘的非易失性特性,可以在不改变数据库管理系统存储层次结构的情况下替换传统存储介质,也可以作为内存和磁盘之间的缓存层来丰富存储层次结构,但需要针对 NVM 的特点专门设计或优化索引。

在计算层面,虽然众核 CPU 架构下的数据处理能力得到了显著增强,然而 CPU 是为通用计算设计的,仍不能胜任某些高度计算密集型的任务。为此,在数据库管理与分析系统中引入专门的硬件加速器(例如,GPU、FPGA、AI 芯片等)成为新的研究趋势。针对专用硬件加速器与异构架构的研究也不断涌现,主要包括协处理器查询加速、存储层计算卸载、数据压缩加速、硬件间的工作负载迁移、硬件级并行性优化、硬件级查询算子等。数据管理与分析系统正在从单 CPU 架构逐步向异构、混合处理架构演变。

在传输层面,在基于以太网构建的分布式数据管理与分析系统中,对于分布式事务的处理和高可用性的支持涉及大量的网络数据传输,例如,需要通过网络维护数据在分布式环境中的多个副本,而有限的数据传输能力和 TCP/IP 栈的 CPU 开销严重影响了分布式数据处理的性能与系统的可扩展性,网络 I/O 成为系统性能面临的主要瓶颈之一。支持 RDMA 的高性能网络显著改善了网络传输延迟大与带宽不足问题,这得益于 RDMA 通过网络直接把数据传入计算机的存储区,将数据从一个系统快速移动到远程系统的内存中,由此消除了外部存储器复制和文本交换操作,因而能解放内存带宽和 CPU 周期,将它们用于改进应用系统性能。支持 RDMA 的高性能网络减少了 CPU 在内存和 I/O 设备间频繁进行数据交换的开销,能够极大地改善服务器间跨节点的数据访问性能,突破分布式系统固有的网络瓶颈。一些数据库管理系统已经在其内部引入了 RDMA 网络,用于加速分布式查询与事务处理。

随着数据量和计算量的快速增长以及新型硬件技术的快速发展,已经出现了传统的数据库系统软件不能完美适用的情况,而且不能发挥出硬件技术发展带来的全部性能优势。为此,传统的数据库系统软件需要做出改变以完成高速的数据计算和设备存储。总而言之,硬件技术的不断发展提升了数据库系统软件的性能,相应地,数据库系统软件必须不断更新、改变,才能充分发挥硬件的潜在性能优势。

4.5.4 云原生数据库

云计算架构对数据库发展起到了重要作用。为了实现高性能,传统数据库采用的都是计算和存储紧耦合架构,经历了单节点、共享存储、分布式存储等多种体系架构的发展,使得数据库可以通过纵向扩展、横向扩展来实现性能提升。然而云架构通过计算存储分离的方式,发挥云计算弹性伸缩的优势,实现独立的计算弹性伸缩和存储的自动扩缩容,从而提升数据库的性价比,如图 4-29 所示。可以看出,云原生数据库架构将在横向扩展和纵向扩展方面获得更好的性能。

云数据库可以分为数据库云服务(Database as a Service,DBaaS)和云原生数据库

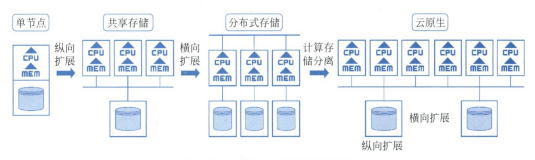

图 4-29 云原生数据库的体系架构

(cloud-native database)两类。数据库云服务主要是将传统数据库部署到云基础设施(虚拟机)上,实现轻松部署、开箱即用、自动运维(备份恢复、软件升级、扩容、高可用部署、安全管理等由云服务商提供)。其优势是数据库用户不用操心数据库的安装和维护,这些服务由云厂商提供。而云原生数据库则是为云架构而原生设计的数据库。云数据库相比于传统数据库主要有两方面的优势:一方面,用户能够根据自身应用需求弹性使用数据库服务,并按需付费;另一方面,数据库服务提供商能够利用资源虚拟化、多租户等技术节省成本。著名咨询公司高德纳(Gartner)在 2021 年年底的《数据库管理系统魔力象限》报告中预测,到 2022 年年底,全球云数据库带来的收入将占整个数据库市场的 50%,这意味着云数据库是未来数据库发展的重要方向。

云原生数据库可进一步分为云原生联机事务处理(On-Line Transaction Processing,OLTP)数据库和云原生联机分析处理(On-Line Analytical Processing,OLAP)数据库两大类。云原生 OLTP 数据库(如 Aurora、华为云 GaussDB、Socrates、阿里云 PolarDB、腾讯云 TDSQL-C 等)基于计算存储分离架构,利用计算节点的内存作为本地缓存,并采取日志即数据技术,旨在解决事务处理时的"写放大"(write amplification)问题。云原生 OLAP 数据库(如 Snowflake、Redshift、BigQuery、偶数科技 OushuDB 等)面向分析性负载采取计算存储的分离架构,以实现计算节点与存储节点的细粒度弹性伸缩。但由于计算层与存储层分离,中间的网络传输成为瓶颈,因此如何减少从存储层到计算层的数据传输量是云原生 OLAP 数据库要解决的一个重要问题。目前云原生数据库还存在众多具有挑战性的问题,如面向计算存储分离架构的多节点写技术、基于性价比感知的存储层算子下推技术、有状态的无服务器感知、云原生的混合事务和分析处理数据库等。

随着数字化技术不断发展,数据的价值正不断显现。围绕数据的生产、存储和消费构成的系列服务,将成为数字经济社会的核心价值链条,而其背后的支撑正是数据库。这也意味着,数据库将比以前发挥更大的作用。从传统关系数据库到云数据库再到云原生数据库,数据库不断变革。当企业业务从本地到上云再到原生发展时,云原生数据库也将成为云时代数据库的主角之一。作为支撑企业业务的关键信息技术基础设施,云原生数据库只有发挥出最大的价值,才能推动业务发展。而这需要不断创新,不仅需要先进的架构设计,而且要与其他前沿的软硬件产品和技术搭配,软硬协同,从而实现最佳效用。

本章思维导图

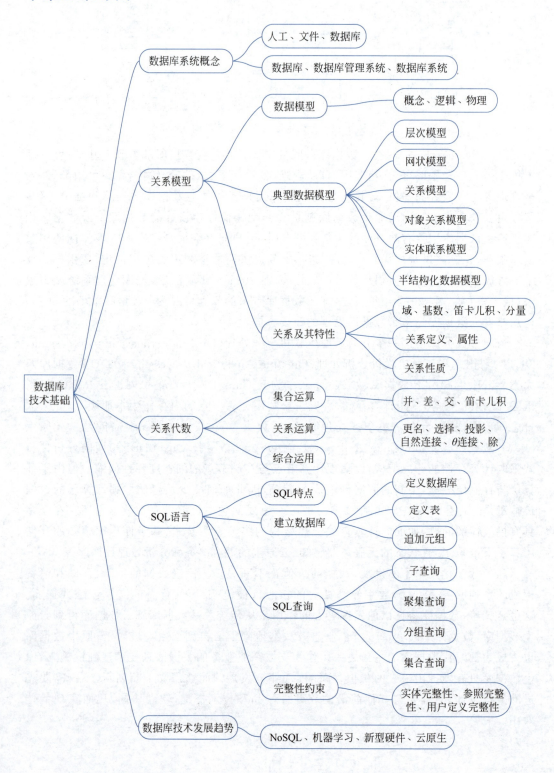

习题 4

1. 简单描述数据库系统的组成。
2. 文件系统和数据库管理系统相比,存在什么问题?
3. 简述关系数据模型的 3 个要素。
4. SQL 有什么特点?
5. 分析 SELECT 查询中的哪些子句是对应关系代数中的投影、选择和连接的?
6. 比较完整性约束中的主码约束(PRIMARY KEY)和唯一性约束(UNIQUE),至少说明它们的两个不同之处。
7. 假设 r 为包含 a 及其他属性的关系,查询 Q1 和 Q2 的结果有什么不同?为什么?

```
Q1: SELECT COUNT(a) FROM r;
Q2: SELECT COUNT(*) FROM r;
```

8. 等值连接与自然连接的主要区别有哪些?
9. 用 Where 子句和 Having 子句进行查询条件过滤的区别是什么?
10. 设有下列 3 个关系模式:

```
Student(Sno, Sname, Ssex, Sage, Sdept)
Course(Cno, Cname, Ccredit)
SC(Sno, Cno, Grade)
```

学生表 Student 由学号(Sno)、姓名(Sname)、性别(Ssex)、年龄(Sage)、学生所在系(Sdept)组成,其中 Sno 为主键(码)。

课程表 Course 由课程号(Cno)、课程名(Cname)、学分(Ccredit)组成,其中 Cno 为主键(码)。

选修表 SC 由学号(Sno)、课程号(Cno)、成绩(Grade)组成,其中(Sno,Cno)为主键(码)。

(1) 用关系代数查找既不是信息系(IS)也不是计算机系(CS)的学生姓名和年龄。
(2) 用关系代数查询选修了课程名为'database'的学生号和姓名。
(3) 用 SQL 查询既不是信息系(IS)也不是计算机系(CS)的学生姓名和年龄。
(4) 用 SQL 查询选修了课程的学生人数。
(5) 用 SQL 查询各课程号及课程名与相应的选课人数。
(6) 用 SQL 查询所有有成绩记录的学生学号、姓名、课程名及成绩,结果按学号的升序排列。

11. 给定表 Dept(dno,location)和表 Emp(name,dno),其中 Emp 由如下 SQL 语句创建。

```
CREATE TABLE Emp
(name char(15),
 dno int,
```

```
FOREIGN KEY dno REFERENCES Dept(dno)
ON DELETE SET NULL
ON UPDATE CASCADE);
```

假设两个表有如下记录：

Emp

name	dno
Tom	111
Mary	111
Jack	222
Henry	222

Dept

dno	location
111	Irvine
222	LA
333	SF

（1）说明执行如下查询后两个表中的记录：

```
DELETE * FROM Dept WHERE Dno = 111;
```

（2）执行完（1）中的查询后，继续执行如下查询后两个表中还有什么记录？

```
UPDATE Dept SET Dno = 444 WHERE Dno = 222;
```

12. DBMS 的完整性控制机制应具有哪些功能？并进行解释。

13. 人工智能（机器学习）与数据库的结合一般包含哪两方面？请简单说明。

14. 典型的 NoSQL 数据有哪几种？它们的数据模型各是什么？

15. 云原生数据库一般分为哪两类？主要的区别是什么？

第5章 系统规划

信息系统是一项耗资巨大、技术复杂、管理变革大、经历时间长的工程项目，信息系统建设本身也是复杂度高的社会技术系统工程，如果不经过很好的策划就直接进行开发，将会造成很大的浪费，甚至带来混乱。《礼记·中庸》提到："凡事预则立，不预则废。言前定，则不跲，事前定，则不困，行前定，则不疚，道前定，则不穷。"《论持久战》中也指出："'凡事预则立，不预则废'，没有事先的计划和准备，就不能获得战争的胜利。"因此，对于信息系统建设来说，提前做好规划对于最后的系统的成功，具有重要的指导意义。

5.1 信息系统规划概述

5.1.1 信息系统规划概念

信息系统规划的必要性体现在以下方面。

（1）信息系统建设是一个复杂的社会过程，涉及机构的目标、战略、资源、环境等多种复杂的因素。在信息系统建设之初，应该对这些因素进行全面、宏观的分析，根据机构发展的战略目标，制定出能够有效地为机构目标服务的信息系统规划。

（2）信息系统建设同时也是一个复杂的系统工程，涉及人员、技术、资金、设备、管理等要素，为了能够有效地开展建设工作，需要对信息系统建设做出总体规划，确定信息系统的目标、功能、结构以及实施计划等，使信息系统建设工作能够有条不紊地进行。

（3）信息系统建设一般是一个渐进的过程，大型信息系统一般都需要分步骤、分阶段建设。对于涉及因素多、时间跨度大的信息系统，必须在建设之前做出总体规划，否则信息系统建设工作将会陷入混乱状态。

规划是对复杂工程或重大活动做出的长期、宏观、全面的谋划。信息系统规划是对机构总的信息系统目标、战略、资源和开发工作的一种综合性计划，属于机构对信息系统最高层次管理的范畴，是一个机构的战略规划的重要组成部分。信息系统规划要解决的是面向长远的、未来的、全局性和关键性的问题，而不是要解决项目开发中的具体业务问题。

定义 5-1 信息系统规划是指通过对机构的现状、战略、面临的挑战和机遇、经营管理、资源、技术等因素的分析和预测，对机构信息系统未来做出的战略规划。

信息系统规划又称为信息系统的战略计划，是信息系统生命周期的第一阶段。

5.1.2 信息系统规划的作用和特点

信息系统规划应该能够回答在信息系统建设中的这些问题：如何保证信息系统与机构的总体战略上的一致？怎样为机构设计出一个信息系统总体结构（方式、规模、步骤），并在此基础上设置、开发应用系统？对相互竞争的应用子系统，应如何拟定优先开发计划和资源的分配计划？在规划中怎样选择并应用行之有效的设计方法论？

因此，制定信息系统规划的作用如下。

（1）确保信息系统正确的目标和任务，通过制定规划，找出存在的问题，更正确地识别出为了实现机构目标,信息系统所必须完成的任务。这是信息系统规划的出发点和落脚点,也能够降低系统建设的风险。

(2) 合理分配和利用信息资源(信息、信息技术和信息生产者),以节省信息系统的投资。

(3) 信息系统规划还可以作为一种标准,指导信息系统的开发,并作为对信息系统开发人员进行考核的依据。

信息系统规划过程本身是促使机构的高层管理人员对过去的工作进行回顾和对未来发展进行思考的过程,也是对信息系统所涉及知识的学习过程。例如,存在装备质量问题的某企业在战略规划中确定的战略是"为新装备建立全面质量管理控制",由此导出的信息系统的战略规划为"建立新装备的全面质量管理控制信息系统"。信息系统应用的失败,往往是由于只重视信息系统的开发,而忽视信息系统规划造成的。

信息系统规划阶段是信息系统概念形成的时期。信息系统规划具有以下特点。

(1) 信息系统规划是面向全局、面向长远的关键问题,具有较强的不确定性,结构化程度较低。

(2) 信息系统规划是高层次的系统分析,高层管理人员是工作的主体。

(3) 信息系统规划不宜过细。信息系统规划为整个信息系统确定发展战略、总体结构和资源计划,它不解决信息系统开发中的具体问题,它要给后续工作以指导,而不是代替后续工作。在信息系统规划阶段,系统结构着眼于子系统的划分,对数据的描述在于划分"数据类",进一步的划分是后续工作。

(4) 信息系统规划是企业规划的一部分,并随环境发展而变化。

最后,信息系统规划阶段是一个管理和决策过程,信息系统建设以信息技术为基础,要应用现代信息技术有效地支持管理和决策的总体方案,信息系统规划人员需要对信息技术的现状和发展有清楚的理解,掌握有效的规划方法。信息系统规划同时又是一个管理与技术相结合的过程,规划人员对管理和技术发展的远见卓识、开拓精神、务实态度是系统规划成功的关键。

5.1.3 信息系统规划的组织

信息系统规划的制定,决定着信息系统最终能否成功开发,因此,制定信息系统规划需要一个领导小组,并进行有关人员的培训,同时明确规划工作的进度。

(1) 规划领导小组。规划领导小组应由机构的主要决策者之一负责,这体现了领导对信息系统建设的重视。在用户方面,领导小组的其他成员应该是机构中各部门的主要负责人,他们的主要任务是协助系统分析人员完成有关业务的调研、分析工作及数据准备工作;在开发队伍方面,应有系统分析人员、系统设计人员。此外,可以聘请一些有关方面的专家加入规划领导小组,为信息系统规划提供建议、意见和咨询服务。在规划领导小组中之所以强调要由机构的决策人员和各部门主要负责人参与,一方面是为了保证信息系统规划的重要性和权威性,确保信息系统规划在工作中能够得到落实;另一方面是为了能够组织和协调机构内部对信息系统的不同要求,统一使用有限资源,保证各部门对信息系统开发工作的有效支持。规划领导小组在完成规划任务后,一般转换成为信息系统领导小组,领导和监督信息系统开发工作按照信息系统规划所确定的系统建设目标、工作任务、工作进度来进行。

(2) 人员培训。制定规划需要掌握一套科学的方法。为此,需要对机构的高层管理人员和规划领导小组的成员进行培训,使他们正确掌握制定信息系统战略规划的方法,学会识别和分析机构中的业务流程,保证信息系统规划的可靠性和可行性。人员培训也可使信息系统建设深入人心,是建立通过信息系统改进业务流程意识的必要环节。

(3) 规定进度。在明确和掌握制定信息系统规划的方法后,再进一步为规划工作的各个阶段提出一个大致的时间安排和对各种资源的需求,以便对规划过程进行严格管理,促进规划工作的具体落实,避免因进度拖延,给用户和开发单位带来不必要的损失。

信息系统规划包括两个层次的内容,即信息系统战略规划(Information System Strategic Planning,ISSP)和信息技术战略规划(Information Technology Strategic Planning,ITSP),如图 5-1 所示。ISSP 在充分、深入研究企业的发展远景、业务策略和管理的基础上,形成信息系统的远景、信息系统的组成架构、信息系统各部分的逻辑关系,以支撑企业的战略规划(Business Strategic Planning,BSP)目标的达成。ITSP 在承接信息系统战略之后,对信息系统各部分的支撑硬件、支撑软件、支撑技术等进行计划与安排。

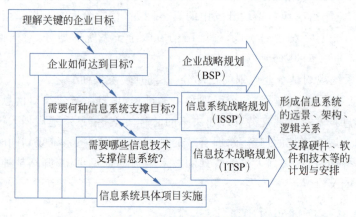

图 5-1 信息系统规划层次

5.1.4 信息系统规划的目标和任务

信息系统规划的目标是根据机构的目标与战略制定出信息系统的目标与发展战略,确定信息系统建设的长期发展方案,决定信息系统在整个生命周期内的发展方向、规模和发展进程。

根据这一目标,信息系统规划阶段的主要任务可总结如下。

(1) 制定信息系统的发展目标与战略。信息系统服务于企业管理,其发展战略必须与整个企业的战略目标协调一致。制定信息系统的发展战略,首先要调查分析企业的目标和发展战略,评价现行信息系统的功能、环境和应用状况,然后在此基础上确定信息系统的使命,制定信息系统的战略目标及相关政策。

(2) 制定机构业务流程规划，确定业务流程改革与创新方案。

(3) 制定信息系统总体结构规划，安排项目开发计划。在调查分析企业信息需求的基础上，提出信息系统的总体结构方案。根据发展战略和总体结构方案，确定系统和应用项目开发次序及时间安排。

(4) 制定项目实施方案和信息系统建设的资源分配计划。提出实现开发计划所需要的硬件、软件、技术人员、资金等计划，以及整个系统建设的概算。

(5) 进行可行性分析。

5.2 信息系统规划模型

5.2.1 诺兰模型

信息系统的建设，一般要经历从初级到成熟的成长过程。美国哈佛大学教授，管理信息系统专家诺兰(Nolan)通过对 200 多个公司、部门发展信息系统的实践和经验的总结，于 1973 年首次提出了信息系统发展的 4 阶段理论，称为诺兰阶段模型。诺兰认为，任何机构由人工信息系统向以计算机为基础的信息系统发展时，都存在着一条客观的发展道路和规律。数据处理的发展涉及技术的进步、应用的拓展、计划和控制策略的变化以及用户的状况 4 方面。1979 年，诺兰将计算机信息系统的发展道路划分为 6 个阶段：初始期、普及期、控制期、集成期、数据管理期和成熟期，如图 5-2 所示。强调任何机构在实现以计算机为基础的信息系统时都必须从一个阶段发展到下一个阶段，不能实现跳跃式发展。

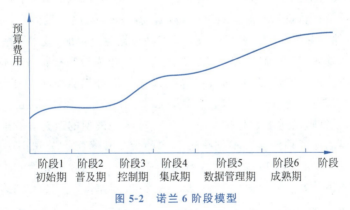

图 5-2 诺兰 6 阶段模型

诺兰模型体现了一种波浪式的发展历程，前 3 个阶段具有计算机数据处理时代的特征，后 3 个阶段则显示出信息技术时代的特点。

第一阶段是初始期，这个阶段从企业引进第一台计算机开始，一般都是先在财务、统计、物资等部门开始使用，随着企业对计算机应用认识的深入，人们体会到计算机应用的价值，开始学习、使用、维护计算机。

第二阶段是普及期，随着计算机在一些部门见到成效，从最初的一些应用部门向其他部门扩散，大量的人工数据处理转向计算机处理，人们对计算机的热情增加，需求增长。

第三阶段是控制期,由于人们对计算机信息处理需求的增长,造成财务支出大幅度上涨,要求企业加强组织协调,对整个企业的系统建设进行统筹规划,特别是利用数据库技术解决数据共享问题。这时,严格的控制阶段便代替了蔓延阶段。

第四阶段是集成期,即在经过第三阶段的全面分析后,引进数据库技术,在开发数据网络的条件下,数据处理系统又进入一个高速发展阶段,逐步改进原有系统,开发一个能为中、高层管理提供支持,为企业提供各种信息资源的管理系统。

第五阶段是数据管理期,即系统通过集成、综合之后才有可能进入有效的数据管理,实现数据共享,这时的数据已成为企业的重要资源。

第六阶段是成熟期,信息系统成熟表现在它与机构的目标一致,从机构的事务处理到高层的管理与决策都能支持,并能适应任何管理和技术的新变化。

诺兰模型提出时计算机网络才刚刚出现,更没有像现在这样大规模互联网应用信息系统。因此,与当前的情况不会完全相符,但是该模型所体现的基本思想现在仍然适用。诺兰模型是揭示信息系统成长过程的阶段模型,对于系统开发有一定的指导意义。诺兰阶段模型理论在信息系统建设中有两方面的重要启示:一是诊断信息系统当前所处的阶段,有利于选择信息系统开发的时机;二是对系统的规划做出安排,控制系统发展的方向,同时对于不同阶段的各个子系统制定不同的发展策略。

5.2.2 西诺特模型

1988年,西诺特(W. R. Synnott)参照"诺兰模型"提出了一个新的模型,这是一个过渡性的理论,主要考虑到了信息随时代变迁的变量。通过4个阶段的推移来描述计算机所处理的信息。从计算机处理原始数据的"数据"阶段开始,逐步过渡到用计算机加工数据,并将它们存储到数据库的"信息"阶段;接着经过诺兰所说的"技术性断点",到达把信息当作经营资源的"信息资源"阶段;最后到达将信息作为带来机构竞争优势的武器,即"信息武器"阶段。西诺特还提倡,随着计算机处理的信息机器作用的变化,作为信息资源管理者的高级信息主管或称为首席信息官(Chief Information Officer,CIO)的重要性应当受到重视。当前,发达国家都接受了西诺特对诺兰模型的改进,将信息资源管理作为企业的最重要的任务来落实。根据全球著名的信息技术咨询公司国际数据公司 IDC 2022年的调研显示,68%的IT高管认为有必要重新思考 CIO 的角色,即从技术领导者转变为战略业务领导者。同时 IDC 预测,2021—2026 年是属于 CIO 的 5 年。

5.2.3 三阶段模型

B. Bowman、G. B. Davis 等通过对信息系统规划实践的观察研究,以及对计划过程方法论的分析,提出了一个基本的、一般性的信息系统规划模型,阐明了信息系统战略规划的制定活动以及各活动的顺序与可选用的技术和方法。该模型将信息系统的总体规划分为3个阶段,也称为三阶段模型。

(1) 战略性的信息系统规划:在总的机构规划与信息系统规划之间建立关系。

(2) 机构的信息需求分析:识别出机构的广泛的信息需求。建立战略性的信息系统的总体结构,指导具体的应用系统开发规划。

(3) 资源分配:对信息系统开发资源进行管理。

信息系统规划的各个阶段划分,基本上都可以参考三阶段模型。

5.3 信息系统规划阶段

根据信息系统规划的目标和任务,信息系统规划对应也分为5个主要阶段:第一阶段为信息系统发展战略规划,第二阶段为业务流程规划,第三阶段为信息系统总体结构规划,第四阶段为项目实施与资源分配规划,第五阶段为可行性研究。

5.3.1 信息系统发展战略规划

战略问题是指关乎一个机构生存发展的全局性、关键性和长期性的问题。信息系统的发展战略规划就是针对上述这些问题提出来的,它通常包括主要发展目标、发展重点、实现目标的途径和措施等。必须与企业的战略规划协调一致,支持机构的管理决策与核心业务流程。信息系统的战略规划既可以看成是企业战略规划下的一个专门性规划,也可以看成是企业战略规划的一个重要组成分。当一个企业制定或调整企业战略规划与核心业务流程时,可以借助已有的信息系统提供支持,因为信息系统能提供各种必要的信息来支持企业战略规划制定和核心业务流程的改革与创新。因此,要强调信息系统战略规划与企业的战略规划之间的协调。也就是说,不论信息系统战略规划是作为企业战略规划的一部分,还是一个专门性的规划,它都应当与企业战略规划有机地配合。信息系统必须支持与促进机构的变革与发展。如何使一个机构中的信息系统发展战略与机构本身的发展战略保持一致,是信息系统战略规划工作的核心问题之一。

信息系统发展战略规划包括以下几方面的内容。

(1) 信息系统的总目标、发展战略与总体结构。信息系统战略规划应根据企业的战略目标和内外约束条件,确定信息系统的总目标和总体结构。信息系统的总目标规定信息系统的发展方向,发展战略提出衡量具体工作完成的标准,总体结构则提供系统开发的框架。

(2) 了解当前信息系统的状况。现有信息系统的状况,包括软件设备、硬件设备、人员、各项费用、开发项目的进展及应用系统的情况,是制定战略规划的基础之一,应充分了解和评价。

(3) 对相关信息技术发展的预测。信息系统战略规划必然受到信息技术发展的影响。因此,对规划中涉及的软、硬件技术及方法论的发展变化及其对信息系统的影响应做出预测。

(4) 近期发展的计划。战略计划涉及时间跨度较长,应对近期的发展做出具体的计划,它包括硬件设备的购置、项目开发、系统维护的时间安排以及人力、资金的需求计划等内容。

例如,地理空间情报部门需要建设高性能地理信息服务系统,提供高效的情报产品处理。该信息系统的总目标是为区域规划、国防战略决策提供支持,发展战略是能够及时、准确地提供地理空间情报,总体结构是采用高性能计算集群。而当前的地理空间情报处理主要采用的串行处理、集中存储等信息技术,处理性能不高,可扩展性不强。因此结合信息技术发展的趋势,需要应用分布式并行处理等计算模式,使用大规模存储集群设备等。近期发展的计划是先实现节点内小规模的并行处理,然后分步骤实现大规模跨节点的并行部署。

5.3.2 业务流程规划

定义 5-2 业务流程是指一个机构在完成其使命、实现其目标的过程中必需的、逻辑上相关的一组活动。

由于业务流程比机构内部的组成结构相对稳定,所以面向业务流程的信息系统在组织结构与管理体制变化时能够保持工作能力。然而,20 世纪 90 年代之后,业务流程才在管理改革与信息系统建设中受到特别关注。此前,人们更多关注的是企业管理的层次结构与职能结构。

在人工管理方式下,企业已形成了一个比较成型的企业流程和管理方法,业务流程多,信息传递慢,流程各个环节之间关系混乱,致使企业效率与效益低下。信息技术的应用有可能改变原有信息的采集、加工和使用方式,甚至使信息的质量、获取途径和传递手段等都发生根本性的变化。但是,面向客户的、合理、高效的业务流程体系是企业建设信息系统的基础,这好比翻译名著一样,译著的好坏首先决定于原著的质量。如图 5-3 所示,图书馆借书业务流程引入信息系统后,业务办理效率大幅提升,这与原来的借书业务流程清晰、明确有很大关系。在引入信息技术前,对业务流程进行合理的规划,是信息系统应用成功的关键。

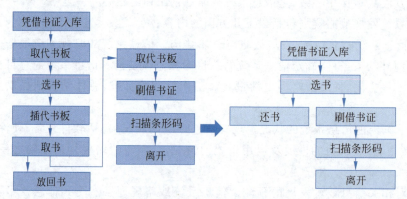

图 5-3 图书馆借书业务流程

因此,必须应用现代信息技术与管理方法,对业务流程进行改革与创新,企业才能在新的经济环境与市场形势下得以生存与发展。

1. 业务流程改进

20 世纪 80 年代以来,国际管理学术界和企业界兴起了管理改革的热潮。首先兴起的是业务流程改进(Business Process Improvement,BPI),寻求对企业的业务流程进行连续、渐进的改进。BPI 指对现有业务流程进行优化、改进或调整。采用的基本原则即

ECRS(Eliminate, Combine, Rearrange, Simplify)改进四原则,表示"取消"所有不必要的工作环节和内容,"合并"必要的工序,"重排"必需的工作程序,"简化"必需的工作环节。业务流程改进有6个问题,即分析每一环节的目的、人员、时间、地点、内容和方法,以达到对不恰当的环节进行改进的目的。BPI的过程相当于针对业务流程进行提问、获得解答和采取措施,如表5-1所示。

表5-1 BPI工作过程示意

问 题	结 论	措 施
目的:为什么有该工作、是否必要?为何?	说明为什么这样做	取消不必要的环节
内容:做什么?有必要吗?	确定工作内容	
时间:何时做?是否必须这时做?	指定工作时间	改进部分环节
地点:何处做?是否定在此地做?	指定工作岗位	
人员:由谁做?别人能否做得更好?	标明负责人	
方法:怎样做?有无更好的手段?	确定工作方法与程序	

2. 业务流程重组

1990年,美国MIT的哈默(Micheal Hammer)教授把"重组"(re-engineering)的思想引入管理领域,提出了业务流程重组(Business Process Re-engineering,BPR)的概念。哈默认为,BPR是指对企业的业务流程进行根本性的再思考和彻底的再设计,从而使企业的关键绩效指标,如成本、质量、服务、效率等获得巨大的提高。哈默主张"推倒重来",倡导"在一张白纸上重新开始"。BPR是一种管理思想,以业务流程为改造对象和中心、以客户需求和满意度为目标,对现有业务流程进行再思考和再设计,利用先进制造技术、信息技术以及现代化的管理手段,最大限度地实现技术上的功能集成和管理上的职能集成。

BPR在20世纪90年代成了西方管理界与企业界的热门话题,被认为是现代管理的一场革命。一些大企业,如福特汽车、通用汽车、IBM等从BPR获得了巨大成就,其中福特公司引入信息化技术后,大幅提高了工作效率,如图5-4所示。然而,据统计,BPR项目的失败率高达70%。这说明,实行BPI还是BPR,应视企业面临的问题和环境而定。

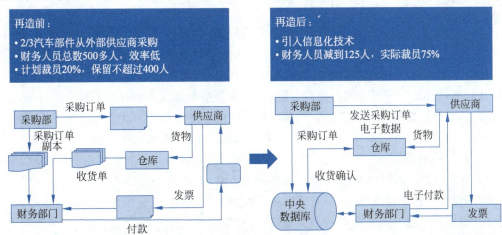

图5-4 福特公司BRP效果

5.3.3 信息系统总体结构规划

信息系统总体结构规划是信息系统规划的中心环节。信息系统总体结构规划是为了实现信息系统的目标和战略，通过对企业能力和发展的分析确定的信息系统的功能、信息系统的构成、信息资源结构和配置等内容。信息系统总体结构规划是在确定了信息目标和战略的基础上制定出来的，主要包括以下内容。

（1）信息需求分析。信息需求分析是这个环节的基础工作。机构的目标、战略、结构、制度、业务、技术、设备和人力资源等人流和物流都要通过信息流来体现和描述，信息是对机构运作和发展的反映。在信息系统总体结构规划中需要对机构的信息需求进行认真分析，这些信息将是信息系统加工处理的对象，并作为信息资源成为信息系统的主要要素。信息系统规划中需要确定信息系统所容纳的信息资源，以及信息资源的结构和布局。在信息系统开发中，信息资源的结构将是信息的采集和输入及设计数据库结构的主要依据。

（2）信息系统功能规划。信息系统向机构提供的所有服务均反映为信息系统所具有的功能，即：信息系统的功能是由信息系统建设目标和需求确定的。在信息系统构成和结构规划中，只需要确定信息系统的总体功能，比如资源计划、生产调度管理、财务管理等，功能的分解不宜太细，详细具体的功能分析需要到各信息系统项目开发的需求分析阶段再确定。

（3）信息系统构成规划。大型复杂的信息系统需要分解为多个相关的子系统，子系统又可以划分成若干更细的构成要素。在信息系统规划中，需要确定所建设的信息系统是由哪些子系统构成，各个子系统相互之间的关系如何，每个子系统的基本构成是什么。

（4）信息系统建设的技术路线。技术路线是信息系统建设的技术保障。技术路线需要考虑企业信息系统建设所涉及的计算机、网络、信息设备、软件、方法等方面的技术，以及各种技术在信息系统建设中的作用、来源和应用方式。

5.3.4 项目实施与资源分配规划

用于信息系统建设所需的各种资源总是有限的，另外，信息系统建设中各项目、各子系统在企业发展中的作用并不平衡，各部分具备的基础条件和成熟程度也不尽相同。因此，在信息系统规划中就需要根据项目的轻重缓急，安排开发次序，制定出项目实施计划，并对项目开发所需资源进行合理分配，使得信息系统建设能够有条不紊地进行。

（1）项目实施规划。信息系统规划需要把信息系统建设划分为若干个项目，根据各个项目在组织运作和发展中的作用，以及项目基础条件的成熟程度，安排开发的先后顺序。在确定一个项目开发的优先顺序时，主要从以下几方面考虑：该项目对机构改革与发展所起的作用；该项目对明显增加利润或节省费用、提高企业效益的作用；该项目对增加社会效益，比如提高管理水平、增强企业的知名度、改善企业形象的作用；与必须保证开发的重点项目有内在联系的相关项目，也需要安排实施。

项目实施规划包括信息系统项目实施计划、企业业务流程改革计划、技术和设备的引进和采购计划、人力资源需求计划、资金需求计划等。项目实施规划可以利用甘特图或网络图等工具来描述。

（2）资源分配方案。根据项目实施规划,把每一个项目所需要的资源进行合理有效的分配,使得有限的开发资源能够得到有效、合理的利用。项目开发所需要的资源包括计算机软/硬件、计算机网络、相关设备、人员、技术、资金、场地等。

（3）信息系统建设概算和成本/效益估算。在制定项目实施规划时需要对信息系统建设做出宏观估算。在估算中,除了给出总的资金需求之外,还应该分年度、分子系统、分项目列出估算细目。另外,还要对信息系统建设所能够获取的效益和成本进行概要估算,以分析信息系统建设的投入/产出比。

（4）风险评估。在制定项目实施规划时需要对信息系统建设所面临的重大风险做出概要分析和评估。主要应从机构发展所面临的挑战、技术风险、资金风险、管理风险等方面做出分析,还应该给出排除风险的措施,并对风险可能给信息系统建设带来的影响做出评估。

5.3.5 可行性研究

可行性研究是所有工程项目在开始阶段必须进行的一项工作。可行性研究是指在项目正式开发之前,先投入一定的精力,通过一套准则,从经济、技术、社会等方面对项目的必要性、可能性、合理性,以及项目所面临的重大风险进行分析和评价,得出项目是否可行的结论。可行性研究的结果无非3种情况：可行,按计划进行；基本可行,对项目要求或方案做必要修改；不可行,不立项或终止项目。

1. 经济可行性

经济可行性研究也叫投资/效益分析或成本效益分析,它是分析信息系统项目所需要的花费和项目开发成功之后所能带来的经济效益。通俗地讲,分析信息系统的经济可行性,就是分析该信息是否值得开发。显然,在可行性分析中,经济可行性是最重要的。企业所追求的目的就是效益和利润,如果收益小于支出,那么对于以盈利为目的的企业来说显然不可接受。

投资/效益分析需要确定出所要开发的信息系统的总成本和总收益。然后对总成本和总收益进行比较,当总收益大于总成本时,这个项目才值得开发。信息系统的总成本包括开发总费用和运行管理总费用,信息系统总效益包括直接经济效益和间接社会效益。

信息系统总成本包括信息系统开发成本和运行成本。信息系统开发成本是指从立项到投入运行所花费的所有费用,而运行成本则是指信息系统投入使用之后,系统运行、管理和维护所花费的费用。例如,新建一个图书馆,需要规划、设计和施工,还需要购买所有的建筑材料,假如整个图书馆的建设成本需要8000万元人民币。图书馆一旦建成投入使用,要保证日常运行,还需要管理、操作和维护费用,如水电费、管理费、维护费和人员费用等。每年图书馆的运行管理费用可能只占整个开发成本的很小一部分,但在图书馆的使用期内,累计的操作管理费不一定比建设费用少。

信息系统的效益包括直接经济效益和间接社会效益。直接经济效益是信息系统能够直接获取的,并且能够用资金度量的效益。比如降低的成本,提高的资金周转率,减少的人员成本,以及减少的消耗等都是信息系统的直接经济效益,它们可以用资金进行计算。间接社会效益是能够整体地提高企业信誉和形象,提高企业的管理水平,但不能简单地或无法用资金计算的那部分效益。间接社会效益常常需要系统分析员根据本企业的状况和不同企业之间的类比进行概括估计。

通过比较成本和效益,就可以决定将要立项的信息系统是不是值得开发。一般比较的结论有3个:效益大于成本,开发对企业有价值;成本大于效益,不值得开发;效益和成本基本持平。

在进行成本/效益分析时不要忽视信息系统给企业所带来的间接社会效益,对信息系统开发尤其要注意间接社会效益。简单地从经济角度看,有些信息系统可能投入大于直接效益,但是它对企业带来的间接效益很大,这类系统仍然要立项开发。

2. 技术可行性

技术可行性是分析在特定条件下,技术资源的可用性和这些技术资源用于解决信息系统问题的可能性和现实性。在进行技术可行性分析时,一定要注意下述几方面问题。

(1) 应该全面考虑信息系统开发过程所涉及的所有技术问题。信息系统开发过程涉及多方面的技术、开发方法、软/硬件平台、网络结构、系统布局和结构、输入/输出技术、系统相关技术等。应该全面和客观地分析信息系统开发所涉及的技术以及这些技术的成熟度和现实性。

(2) 尽可能采用成熟技术。成熟技术是被多人采用并被反复证明行之有效的技术,因此采用成熟技术一般具有较高的成功率。另外,成熟技术经过长时间、大范围的使用、补充和优化,其精细程度、优化程度、可操作性、经济性要比新技术好。鉴于以上原因,在开发信息系统过程中,在可以满足系统开发需要、能够适应系统发展、保证开发成本的条件下,应该尽量采用成熟技术。

(3) 慎重引入先进技术。在信息系统开发过程中,有时为了解决系统的一些特定问题,为了使所开发的信息系统具有更好的适应性,也需要采用某些先进或前沿技术。在选用先进技术时,需要全面分析所选技术的成熟程度。有许多报道的先进技术和科研成果实际上仍处在实验室阶段,其实用性和适应性问题并没有得到完全解决,也没有经过大量实践验证,在选择这种技术时必须慎重。

(4) 着眼于具体的开发环境和开发人员。许多技术总的来看可能是成熟和可行的,但是在你的开发队伍中如果没有人掌握这种技术,而且在项目组中又没有引进掌握这种技术的人员,那么这种技术对本系统的开发仍然是不可行的。例如,前端框架分布对象技术是分布式系统的一种通用技术,但是如果在你的开发队伍中没有人掌握这种技术,那么从技术可行性上看就是行不通的。

3. 社会可行性

社会可行性具有比较广泛的内容,它需要从政策、法律、道德、制度、管理、人员等社会因素论证信息系统开发的可能性和现实性。例如,对信息系统所服务的行业以及应用领域,国家和地方已经颁布的法律和行政法规是否与所开发的系统相抵触?企业的管理制度与信息系统开发是否存在矛盾的地方?人员的素质和人员的心理是否为信息系统开发和运行提供了准备?诸如此类问题都属于社会可行性需要研究的问题。

社会可行性还需要考虑操作可行性。操作可行性是指分析和测定给定信息系统在确定环境中能够有效地从事工作并被用户方便使用的程度和能力。操作可行性需要考虑以下方面:问题域的手工业务流程,新系统的流程,两种流程的相近程度和差距;系统业务的专业化程度;系统对用户的使用要求;系统界面的友好程度以及操作的方便程度;用户的实际能力等。

可行性研究完成之后要编写可行性研究报告。可行性研究报告一般包括信息系统概要介绍、可行性研究过程和可行性研究结论等内容。

5.4 常用的信息系统规划方法

信息系统规划方法经历了3个主要阶段,各个阶段所使用的方法也不一样。第一个阶段主要是以数据处理为核心、围绕职能部门需求的信息系统规划,主要的方法包括企业系统规划法、关键成功因素法等;第二个阶段主要是以企业内部管理信息系统为核心、围绕企业整体需求进行的信息系统规划,主要的方法包括战略数据规划法、战略栅格法等;第三个阶段是在综合考虑企业内外环境的情况下,以集成为核心、围绕企业战略需求进行的信息系统规划,主要的方法包括价值链分析法、战略一致性模型等。

5.4.1 企业系统规划

IBM公司20世纪70年代提出了企业系统规划(Business System Planning,BSP)法,用于内部系统开发。它主要基于用信息支持企业运行的思想,是一种自上而下识别系统目标、识别业务流程、识别数据,然后再自下而上设计系统,支持目标的信息系统规划方法。企业系统规划法的基本思想是:信息系统是为企业目标服务的,信息系统应该能够满足企业各个管理层次的信息要求,并向企业提供一致的信息。信息系统由多个互有联系又相对独立的子系统以集成的方式构成,并且应该具有相对稳定的系统结构。其基本过程如图5-5所示。

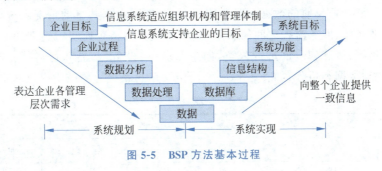

图 5-5 BSP 方法基本过程

采用BSP法制定规划是一项系统工程,其主要工作步骤如下。
(1)准备工作。成立规划领导小组,提出工作计划,召开动员会。

(2) 调研。为后续需要完成的任务内容进行必须的了解，可以通过多种方式进行，如访谈、问卷、现场观察记录、文献研究、实验等。

(3) 定义业务流程。这是 BSP 方法的核心。根据定义 5-2，识别业务流程（企业过程）的主要意义在于可以深刻了解企业如何完成其目标；可以作为信息识别和构成信息系统的基础；按照企业过程所创建的信息系统，在企业组成结构变化时可以不必改变，换句话说，就是信息系统相对独立于机构。

企业的活动一般均由 3 个要素组成：计划和控制、产品和服务、支持资源。计划和控制有关的业务流程一般分为战略规划和管理控制两大类。任何产品和服务的生命周期，都可以分为需求、获取、服务、退出 4 个阶段。支持资源包括支持业务流程的企业全部资源。

业务流程识别后，可以形成过程/机构矩阵，将业务处理与企业的组成结构对应起来，即每个部门或角色的职能，以及每个业务的责任人是谁，如表 5-2 所示。

表 5-2 过程/机构矩阵

机构	市场			销售			人员			财务		材料			...
	研究	预测	计划	地区管理	销售	订货服务	人员计划	培训	考勤	财务计划	成本计算	采购	库存控制	发运	
财务科	×		×		/		×		/	⌂	⌂	×		/	
技术科		/						/							
销售科	⌂	⌂	⌂	⌂	⌂	⌂			/				×		
规划科	×		×				⌂								
人事科				/	/		⌂	⌂	×						
...															

注：⌂ 表示主要负责；× 表示主要参加；/ 表示一般参加

(4) 业务流程重组。在业务流程识别的基础上，明确以下问题：哪些业务流程是正确的？哪些业务流程低效，需要在信息技术支持下优化？哪些业务流程无效，或不适合于计算机处理，应当在业务中予以取消。

(5) 定义数据类。数据类是指支持业务流程所必需的逻辑相关的数据。识别数据类的目的在于了解企业目前的数据状况和数据要求，查明数据共享的情况。这个阶段要建立数据与企业实体、业务流程之间的联系，其中企业实体指企业实施管理的对象，一般可按人、地点、物体、概念和事件进行分类，如企业员工、设备、产品和材料等。定义数据类通过建立功能/数据类矩阵，如表 5-3 所示，为定义信息系统总体结构提供基本依据。

表 5-3 功能/数据类矩阵

实体	类型			
	计划型	统计型	文档型	业务型
产品	生产计划 质量计划 新产品开发计划	产品质量汇总 产成品入库汇总	产品质量标准 成品质检报告	订货合同 提货单 产品检验单

续表

实体	类型			
	计划型	统计型	文档型	业务型
客户	市场计划 销售计划	销售合同汇总 营销历史数据	客户档案 客户订货数据	发运记录
设备	设备计划 维修计划	设备利用率	设备使用数据 设备维修数据	固定资产盈亏报表 设备购进记录
材料	原材料需求计划 原材料采购计划	材料月消耗表 库存材料汇总表	原材料质量日报 用料计算表	材料采购记录 入库出库单据
资金	财务计划	资产负债表 企业财务报表	会计报表 产成品价格表	应收应付业务 采购借款单
人员	工资计划 培训计划	劳动生产率 职工人数统计	职工档案	人事调动记录 劳动定额通知
其他	工作计划	工伤事故统计	企业规章制度	样品调拨单

（6）定义信息系统总体结构。实际上是划分子系统。BSP方法将过程和数据类两者作为定义企业信息系统总体结构的基础具体做法是利用过程/数据矩阵（也称U/C矩阵）来表达两者之间的关系。矩阵中的行表示数据类，列表示过程，并以字母U(Use)和C(Create)来表示过程对数据类的使用和产生，如表5-4所示。

表5-4 过程/数据矩阵

功能	客户	订货	产品	工艺流程	材料表	成本	零件规格	材料库存	成本库存	职工	销售区域	财务计划	计划	设备负荷	物资供应	任务单	列号X
经营计划	U					U							U	C			1
财务规划						U				U		C	C				2
资产规模												U					3
产品预测	C	U									U						4
产品设计开发	U		C	U	C		C							U			5
产品工艺			U	C		C	U										6

续表

功能	客户	订货	产品	工艺流程	材料表	成本	零件规格	材料库存	成本库存	职工	销售区域	财务计划	计划	设备负荷	物资供应	任务单	列号X
库存控制							C	C							U	U	7
调度			U	U				U						U		C	8
生产能力计划				U										C	U		9
材料需求			U		U			U							C		10
操作顺序				C										U	U	U	11
销售管理	C	U	U							U	U						12
市场分析	U	U	U								C						13
订货服务	U	C	U							U	U						14
发运		U	U							U	U						15
财务会计	U	U	U							U	U	U					16
成本会计		U	U			U						U					17
用人计划										C							18
业绩考评										U							19
行号X	1	2	3	4	5	6	7	8	9	10	11	12	13	14	15	16	

U/C 矩阵需要进行完备性和一致性校验,要求数据项必须有一个 C 和至少一个 U,功能必须有 U 或 C,同时数据项必须有且仅有一个 C,且 U/C 矩阵中不允许有空行和空列。

U/C 矩阵的求解过程是通过表上作业法来完成。将功能这一列按功能组排列,功能组是指同类型的功能,如经营计划、财务计划、资产计划等属计划类型,归入到"经营计划"功能组。每一功能组内按功能发生的先后次序排列。然后,调整表中的行变量或列变量,使得矩阵中的符号 C 最靠近对角线,如表 5-5 所示。

表 5-5 过程/数据矩阵调整

功能	计划	财务计划	产品	零件规格	材料表	材料库存	成品库存	任务单	设备负荷	物资供应	工艺流程	客户	销售区域	订货	成本	职工
经营计划	C	U													U	U
财务规划	U	C													U	U
资产规模		U														
产品预测			U										U	U		
产品设计开发	U		C	C	C								U			
产品工艺			U	U	U											
库存控制						C	C	U		U						
调度					U			U	C	U		U				
生产能力计划									C	U	U					
材料需求			U		U					C						
操作顺序								U	U	U	C					
销售管理			U	U			U					C	U	U		
市场分析			U	U								U	C	U		
订货服务				U			U					U	U	C		
发运			U	U												
财务会计	U	U	U				U					U		U		U
成本会计	U	U	U									U			C	
用人计划															C	
业绩考评																U

最后,在 U 和 C 最密集的地方,画出功能组对应的方框,并给框起一个名字,每个框就是一个子系统。框外的 U 说明了子系统之间的数据流向。这样划分出来的子系统如表 5-6 所示。

表 5-6 定义子系统

功能	计划	财务计划	产品	零件规格	材料表	材料库存	成品库存	任务单	设备负荷	物资供应	工艺流程	客户	销售区域	订货	成本	职工
经营计划	经营计划子系统													U	U	
财务规划															U	U
资产规模																
产品预测												U	U			
产品设计开发	U		产品工艺子系统									U				
产品工艺					U											
库存控制							生产制造计划子系统									
调度			U													
生产能力计划																
材料需求			U	U												
操作顺序																
销售管理	U	U					U					销售子系统				
市场分析	U	U														
订货服务		U					U									
发运																
财务会计	U	U	U				U					U		U	1	U
成本会计	U	U											U			
用人计划																2
业绩考评																

注：1 为财会子系统；2 为人力资源子系统。

（7）确定总体结构中的优先顺序。即明确总体结构中子系统开发的先后顺序和进度。

（8）完成 BSP 研究报告，提出建议书和开发计划。

5.4.2 关键成功因素

1970 年，哈佛大学教授 William Zani 在信息系统模型中使用了关键成功变量，这些变量是决定信息系统成败的因素。经过 10 年发展，MIT 教授 John Rockart 把关键成功因素(Critical Success Factors,CSF)确定为信息系统的战略规划方法。CSF 方法通过分析找出使得企业成功的关键因素，然后再围绕这些关键因素来确定系统的需求，并进行规划。

1. 关键成功因素的基本概念

关键成功因素是指在一个机构中的若干能够决定组织成功运作和发展的重要因素，这些因素决定着一个机构的兴衰和成败。在企业中找出关键成功因素，并对这些因素的现状和约束予以高度关注，通过重点解决这些因素中存在的问题，以提高企业的整体水平,保证信息系统成功建设。关键成功因素反映了抓主要矛盾的思想。

2. 关键成功因素的应用步骤

关键成功因素法的实施分为4个步骤。

- 了解企业目标。调查和了解机构的战略目标,确定信息系统的战略目标。
- 识别成功因素。找出决定和影响实现机构信息系统建设战略目标的成功因素。用"因素-结果"图(或鱼骨图)列出所有成功因素。例如图5-6,影响企业目标"提高产品竞争力"的因素有"降低成本""提高质量""市场服务"等,而"降低成本"又与"减少人员""减少工费""降低原材料价格"等因素有关。

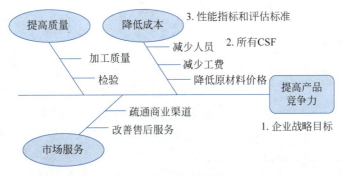

图5-6 "因素-结果"图

- 确定关键成功因素。对识别出来的关键成功因素进行评价,并根据企业或信息系统的现状及目标确定其关键成功因素。
- 明确各关键成功因素的性能指标和评估标准。

5.4.3 战略数据规划

企业要搞信息化,首要任务是在企业战略目标的指导下做好企业战略数据规划(Strategy Data Planning,SDP)。SDP是企业核心竞争力的重要构成因素,它具有非常明显的异质性和专有性。明确提出"战略数据规划"这一概念的是美国的James Martin教授,他认为,战略数据规划是通过一系列步骤来建造机构的总体数据模型。而总体数据模型是按实体集群划分的、针对管理目标的、由若干个主题数据库概念模型构成的统一体,在实施战略上既有集中式又有分布式,分期分批地进行企业数据库构造。战略数据规划的定义,战略数据规划的概念应当涵盖如下内容。

(1) 是一个实体集群。
(2) 是由主题数据库构成的概念模型。
(3) 是针对企业经营管理目标的。
(4) 应对数据的分布有所考虑。
(5) 应对实施的进度和步骤有所安排。

因此,战略数据规划是针对整个机构,而并不仅仅是针对机构中特定信息系统建设的。战略数据规划的工作过程主要包括3步。

(1) 进行业务分析,建立企业模型。由系统分析员向企业中各层管理人员、业务人员进行调查;在调查的基础上进行业务分析,分析企业的现行业务及逻辑关系;通过业务分析,建立起企业模型。

(2) 进行数据分析,建立主题数据库。主题数据库最主要的特征就是面向业务主题,而不是面向应用系统。因而数据独立于应用系统。

在具体操作上,又可分为信息过滤和主题库定义两个阶段。信息过滤对大量来自系统内外的各种信息进行过滤,识别出对系统有用的信息。主题库定义是在信息过滤识别后,从全局出发,根据管理需求将信息按照不同的主题进行"分类",然后定义每个主题数据库。

(3) 子系统划分。根据主题数据库和业务流程,来规划新系统。整个系统划分为若干子系统,子系统之间通过主题库实现信息的交换。

5.4.4 战略栅格

战略栅格(Strategic Grid,SG)是 McFarlan 等学者于 20 世纪 80 年代初提出的一种信息系统规划方法,该方法是一种了解企业中信息系统作用的诊断工具,它利用栅格表(如图 5-7 所示),依据现行的应用项目和预计将开发的应用项目的战略影响,确定出 4 种不同的信息系统战略规划条件,即工厂、战略、支持、转变。

图 5-7 战略栅格表

栅格表中的每一方格确定了企业中信息活动的位置,通过对当前应用项目和将开发应用项目可能产生的影响分析,可达到诊断当前状态和调整战略方向的作用。若分析结果处于"工厂"位置,则说明信息系统的应用对成功地执行那些严格规定和广泛接受的活动极为重要,但信息系统还不是战略的组成部分;若分析结果表明机构的信息系统处于"战略"位置,则说明信息系统的工作对组织当前的竞争策略和未来的战略方向是至关重要的;若分析结果处于"支持"位置,则说明信息系统的应用对组织的各项活动是一种辅助;若处于"转变"位置,则说明信息系统正在从辅助地位转向战略地位。

5.4.5 价值链分析

价值链分析(Value Chain Analysis,VCA)法是由美国哈佛商学院教授 Michael Porter 提出的,是一种寻求确定企业竞争优势的工具。即运用系统性方法来考察企业的各项活动和相互关系,从而找寻具有竞争优势的资源。

价值链的含义可以概括为:第一,企业各项活动之间都有密切联系,如原材料供应的计划性、及时性和协调性与企业的生产制造有密切的联系;第二,每项活动都能给企业带来有形或无形的价值,例如售后服务这项活动,如果企业密切注意顾客所需或做好售后服务,就可以提高企业的信誉,从而带来无形价值;第三,价值链不仅包括企业内部各链式活动,更重要的是,还包括企业外部活动,如与供应商之间的关系、与顾客之间的关系。

Porter 把企业内外价值增加的活动分为基本活动和支持性活动，基本活动涉及企业生产、销售、进料后勤、发货后勤、售后服务，支持性活动涉及人事、财务、计划、研究与开发、采购等，基本活动和支持性活动构成了企业的价值链。不同的企业参与的价值活动中，并不是每个环节都创造价值，实际上只有某些特定的价值活动才真正创造价值，这些真正创造价值的经营活动，就是价值链上的"战略环节"。企业要保持的竞争优势，实际上就是企业在价值链某些特定的战略环节上的优势。运用价值链的分析方法来确定核心竞争力，就是要求企业密切关注组织的资源状态，要求企业特别关注和培养在价值链的关键环节上获得重要的核心竞争力，以形成和巩固企业在行业内的竞争优势。企业的优势既可以来源于价值活动所涉及的市场范围的调整，也可来源于企业间协调或合用价值链所带来的最优化效益。

对于企业价值链进行分析的目的在于分析公司运行的哪个环节可以提高客户价值或降低生产成本。对于任意一个价值增加行为，关键问题如下。

(1) 是否可以在降低成本的同时维持价值（收入）不变。

(2) 是否可以在提高价值的同时保持成本不变。

(3) 是否可以降低工序投入的同时又保持成本收入不变。

更为重要的是，企业能否可以同时实现(1)、(2)、(3)条。

5.4.6 战略一致性模型

战略一致性模型(Strategic Alignment Model，SAM)由美国波士顿大学教授 Henderson 和 MIT 教授 Venkatraman 等提出。其核心观点是把信息技术战略和业务战略进行了匹配："业务范围/竞争能力/业务治理模式"，对应着"信息技术范围/竞争能力支持/信息技术治理模式"。企业信息化战略投入的价值难以体现的首要原因在于企业的运营战略与信息技术战略之间缺少策应关系。其次是企业缺少一个动态的操作流程来保证运营战略与信息技术战略之间持久的策应关系。SAM 提出的一套进行信息技术战略规划的思考架构，可帮助企业检查经营战略与信息架构之间的一致性。

SAM 的主要思想是企业的业务战略决定 ISSP，ISSP 决定 ITSP。信息系统规划，即企业要建设哪些系统或"软件模块"，是连接业务和技术最重要的环节，SAM 将企业应用系统分为 4 类。

- 战略性的：对支持未来业务战略起到关键作用的。
- 高潜力性的：为达成未来目标可能起潜在作用的。
- 关键运作性的：目前机构运行成功所依赖的系统。
- 支持性的：目前业务很有价值但非关键性的。

SAM 实现战略对应的过程有 4 个阶段。

(1) 评价当前信息技术与竞争战略之间的对应程度，即识别企业所处的内外环境，发现问题。

(2) 识别信息技术对企业战略的潜在影响，这个阶段需要选择理论模型进行判断，即根据相关理论寻求解决问题的途径和理论模型。例如，应用传统信息系统战略规划方法相关理论、模型。

（3）提出已实现对应的信息技术战略的替代途径，提出解决问题的方法途径，制定战略目标的实现方案。

（4）重新制定信息技术战略，根据所用理论模型对提出的方案进行定量测评，选择方案。

本章思维导图

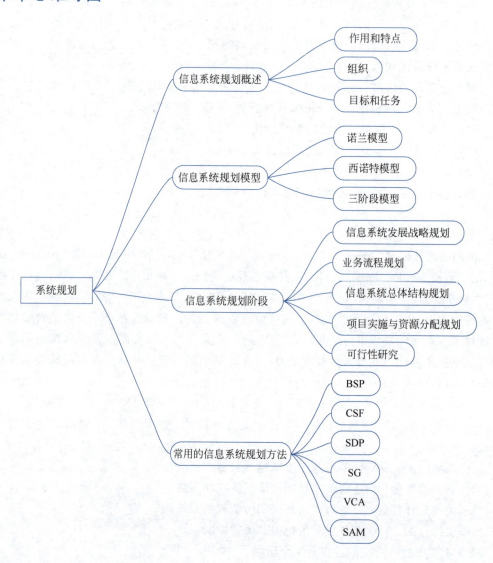

习题 5

1. 信息系统规划的主要任务是什么？
2. 诺兰模型将信息系统的建设划分为几个阶段？简述每个阶段的特点。

3. 可行性研究是什么？在信息系统规划阶段一般需要完成哪些可行性研究？
4. 什么是业务流程重组？如何识别业务流程？业务流程重组有哪些主要类型？
5. 系统规划阶段需给出可行性分析报告，请简要说明可行性分析报告应包含哪些内容。
6. 如何绘制和调整 U/C 矩阵？如何利用 U/C 矩阵划分出子系统？
7. 信息系统规划有哪些常用方法？简单描述每种方法的特点。
8. 简述信息系统规划的关键成功因素法概念。该方法分为哪几个步骤？

第6章 系统分析

系统分析是系统规划的下一个阶段,属于 SDLC 中早期的阶段,是信息系统开发过程中一个非常重要的环节,它主要是对用户需求进行深入的分析、理解和把握,从而确定系统的功能需求、性能要求、安全要求等。在系统分析中,需要采用一系列的分析方法和工具进行细致的分析和设计,以确保系统能够满足用户的需求和要求,并且能够实现高效的运行和管理。同时,在系统分析中,还需要注重沟通和协作,与用户和开发人员进行充分的交流和讨论,以便更好地理解用户的需求和开发人员的实际情况,从而达到最终的目标。最后,系统分析是使 SDLC 下一个阶段的系统设计合理、优化的重要步骤,系统分析的工作深入与否,直接影响到将来新系统的设计质量和经济指标。因此,系统分析是信息系统开发中不可或缺的一个重要环节,它对于系统的开发和实施具有重要的意义和作用。

6.1 系统分析概述

6.1.1 系统分析的概念

系统分析一词来源于美国的兰德公司。1948 年,美国道格拉斯飞机公司组织了各方面的科学家为美国空军研究"洲际战争",其目的是向空军提供有关技术和设施的建议,不久,就提出了一篇题为"实验性环球空间飞行器设计"的研究报告。由于这个工作影响较大,经过一段时间的发展与完善,就成立了一个独立的研究机构,即兰德公司,专门从事咨询活动。该公司以系统为中心,以系统结构、系统观点为主导,创立了一套解决问题的方法——系统分析法,即从系统的观点出发,对事物进行分析与综合,找出各种可行方案,以供决策者进行理想的选择。

系统分析阶段的基本任务是围绕新系统的既定目标,了解并获得其所有的业务功能及其要处理的信息,并对获取的信息进行检查、分析和结构化,以全面地、准确地、详细地定义新系统的需求,从而得到新系统的逻辑模型——明确系统需要做什么。系统分析阶段是 SDLC 最困难也是最关键的一个阶段,它决定了系统设计和实施解决方案的方向。

定义 6-1 系统分析是指对要构建的系统及其环境进行调查、分析、综合并找出各种可行方案的过程。

系统分析的依据是信息系统的目标,基础是对系统的问题与环境的调研结果,通过分析系统的结构、元素、输入及输出关系,建立达到系统目标的方案。其中核心的工作就是需求分析。

现代营销学奠基人西奥多·莱维特(Theodore Levitt)举过一个生动的例子:"客户不是要买电钻,而是要买墙上的那个洞。"这说明了准确用户需求获取的重要性。对于信息系统来说,客户要求不等于客户需求,因为客户的要求有时候是模糊的,客户说得并不清楚;有时候是零碎的,每次都不完整;有时候是不准确的,客户在该领域可能还不够专业;有时候经常变化,今天要求这个,明天要求那个;有时候太过具体,客户总是根据经验做出决定,但可能不是最优解。同时,客户需求不等于产品需求,因为作为一个可以稳定使用的系统,应该有功能、外观、性能需求,也有成本、期限需求;有重要的和不重要的需求;有紧急的和不紧急的需求。

因而，系统分析应该进行深入、全面、系统化的分析和研究，以了解系统的组成、结构、功能、性能、特点、问题和需求等方面的情况。

6.1.2 系统分析的必要性

（1）系统分析的目的是项目失败的主要原因。美国于1995年开始的一项调查的结果有力地证明了需求的重要性。在调查中，他们对全国范围内的8000个软件项目进行跟踪调查，结果表明，有1/3的项目没能完成，而在完成的2/3的项目中，又有1/2的项目没有成功实施。他们仔细分析失败的原因后发现，与需求过程相关的原因占45%，而其中缺乏最终用户的参与以及不完整的需求又是两大首要原因，各占13%（占总比为5.9%）和12%（占总比为5.4%），如图6-1所示。

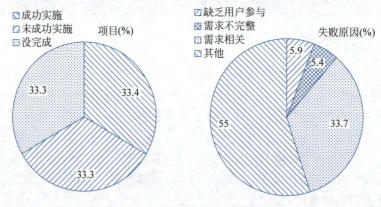

图6-1 软件项目失败的原因

（2）系统分析是修复软件错误的代价最小的阶段。在介绍信息系统开发方法时我们知道，需求变动发生得越晚，实现需求变动所花费的代价就越大。GTE、TRW和IBM这3家公司对修复软件错误在不同阶段的代价进行了研究，也得出类似的结论，即：系统分析是修复软件错误的代价最小的阶段。

（3）系统分析是软件错误的分布较为集中的阶段。美国软件工程专家Boehm从TRW公司所做的软件项目中得出结论：在所有被检测出来的错误中，54%是在编码和单元测试以后被发现的，而此类错误中，45%属于系统分析和设计阶段的错误，9%属于实际编码错误。

（4）系统分析不可回避，且易发错误。美国海军A-7E舰载攻击机是世界上最早装备计算机辅助导航和投弹的机型，美国海军研究实验室想通过该机软件的开发实际验证软件工程原理，实现降低软件成本的目标。根据统计，该项目系统分析阶段产生的错误分布如表6-1所示，可见由不准确需求导致的错误，占了将近一半的比例。

表6-1 系统分析阶段的软件错误分布示例

错误特点	比例
不准确需求	49%
疏忽	31%

续表

错误特点	比 例
描述不一致	13%
描述二义性	5%
需求放错位置	2%

实践证明,良好的系统分析对于降低整个系统的开发成本和保障项目成功至关重要。根据上述机构的统计,在软件开发项目的成功经验中,共同的一点是良好的系统分析,系统分析奠定了信息系统工程项目的基础。

6.1.3 系统分析的活动

一般说来,系统分析阶段需要完成5方面的活动,以解决信息系统开发中相应的问题,如图6-2所示。尽管不同的信息系统开发方法建议使用不同的技术来实现其中的一些活动,并且完成同一个活动需要创建不同类型的模型,但各种方法都在解决相似的关键问题。

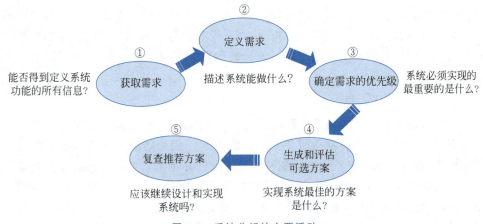

图6-2 系统分析的主要活动

1. 获取需求

获取需求也称为需求发现、信息获取。主要工作是了解现行的业务系统、待建设系统的范围、待建设系统的功能需求与技术需求、待建设系统的用户、待建设系统在建设和运行方面的约束。分析阶段包括收集大量信息。系统分析员不能轻视对系统用户所完成工作的学习,应真正成为系统将要支持的相关业务领域的专家。例如,若想实现一个订单登录系统,那么就必须先成为订单处理方式包括账务方面的内行;若想实现一个装备的指挥信息系统,那么就需要成为一名军事专家。只有这样,才能保证新系统正确地满足业务需求,才能将信息技术和业务处理过程相结合,从而发现目前业务流程的问题,以便在机构引入信息系统后,提高工作的效率和效益(而业务用户自身由于已经适应目前的工作方式和工作过程,很难去用一个新的并且起点较高的认识来改变工作的现状)。只有成为该业务领域的专家,才能运用相关的业务观点与用户进行交流,提出的建议才能为他们所接受和信赖。同时,系统分析员也需要收集相关的诸如与其他系统的接口、处理的性能约束等技术需求。

2. 定义需求

当获取所有的必要信息后,重要的是如何对这些信息进行正确的描述。系统需求包括功能需求(需要系统做什么)和技术需求(可理解为处理性能要求),定义系统需求不是把事实和数字简单地记录下来,而是为了更好地帮助记录和交流需要系统做什么而去创建许多不同类型的模型。

对系统分析员来说,建模过程是一个学习过程。随着模型的建立,系统分析员对系统的了解将越来越深入,这需要不断地与最终用户复查模型来验证每一个模型是否完整和正确。从时间经历角度来说,在复杂的系统需求或需求包括许多不确定性的情形下,这是一个磨炼意志力的过程。

创建的具体模型取决于系统分析所使用的技术。结构化分析技术使用的是数据流程图和实体联系图等,面向对象分析技术则使用类图、用例图、交互图和状态图等。一个需求模型即多种模型的集合,是一个逻辑模型。逻辑模型只详细表示了系统需要做什么,但并没有明确指出使用哪种具体技术来实现它。这样能确保系统分析员有足够的精力完成系统分析的任务。与逻辑模型相反,物理模型则是显示系统如何实现的模型。逻辑模型和物理模型之间的差异是理解系统分析阶段和设计阶段工作目标不同的一个关键概念。

3. 确定需求的优先级

一旦很好地理解了系统需求且完成了需求的详细模型,确定哪些功能需求和技术需求才是实现系统目标的关键就很重要了。系统需求一般会随着用户提出更多的建议而被不断扩张(称为需求扩张),用户增加一些想要的但并不是目标系统所必需的功能。考虑到信息系统开发项目资源的有限性,且需保持或证明其可行性,系统分析员和用户需要了解哪些功能是真正重要的、必需的,哪些功能是相对重要的但不是绝对必要的,哪些功能是希望有的,从而仔细明确地评估系统需求的优先级。

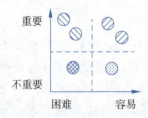

图 6-3 不同维度的优先级

可以将获取的需求划分到不同维度,按照需要的优先级对需求进行分类,如图 6-3 所示,重要的且容易实现的需求显然优先级要高于不重要的且实现困难的需求。要确保具有最高优先级的需求而非所有需求包括在最终系统中,以掌握系统开发的主动性。

东京理工大学教授狩野纪昭提出了对用户需求进行分类的 KANO 模型,将需求划分为基本需求、期望需求、兴奋需求、无差异需求、反向需求 5 类。以手机为例,通话功能就是基本需求,拍照功能属于期望需求,而美颜功能则是让用户兴奋的需求,无线充电对于很多用户来说是可有可无的无差异需求,各种广告弹窗则是让用户满意度下降的反向需求。

4. 生成和评估可选方案

针对确定的系统需求,一个系统的最终设计和实现有多种可能的解决方案。每一种方案都有相应的费用、效益以及其他需要仔细衡量和比较的方面,系统分析员需按照一定的标准评估这些可选方案,并从中选择最优的解决方案。如果说在系统规划阶段,系统分析员关心整个项目的可行性,那么在系统分析阶段,系统分析员则需要考虑每一种具体解决方案的可行性。从严格意义上来说,没有详细的需求分析是很难正确地评价具体实施方案的。解决方案的实施可能来自机构内部的开发人员,或者是利用专业开发公司、咨询公司,或者是直接采购的软件包等。方案的实施方式也是一个解决方案要考虑的方面。

5. 复查推荐方案

在分析阶段的上述活动完成后,项目管理人员必须推荐出一个解决方案。评价可选方案和复查推荐方案都属于项目管理方面的任务。

项目管理总是要求对项目的可行性不断地进行重新评估。有可能在项目中已经做了大量工作,但效益并不像最初设想的那么多,或费用要远大于最初的假设,或由于急剧变化的市场环境致使组织的目标和最初的设想发生了偏离,从而使得项目对机构变得不再重要。对于以上的任何一种原因,方案复查最好的建议也许就是取消项目。如果项目值得进行下去,那么可能需进一步修正完成项目的预算和进度表等。

6.2 获取系统需求

6.2.1 系统的需求分类

系统需求规定了新系统必须完成的功能。系统计划阶段的第一项活动是定义问题,确定系统的功能范畴和目标,在系统分析阶段,需求的获得和定义是对该问题的进一步细化,即将高层次的抽象描述分解为更详细的系统需求。一般而言,系统需求可分为系统功能需求、技术需求和其他需求。

功能需求是对系统所需支持的功能和处理过程的描述。比如,"实验室资源管理信息系统"应包括"资源分类、查询、统计、更新"等功能。功能需求一般是根据业务处理过程及其处理规则来描述的,这一过程将会花费大量的时间和精力,当然其中的内容有些是显式的、通用的并详细记录在文档中的,因此容易识别和描述。如"地理信息系统"中"空间缓冲区分析"功能要求"必须输入空间对象及缓冲区范围"。有些功能,特别是一些业务规则也许非常隐蔽、含混、没有明确的文档,则相对难以识别。这取决于业务用户是否能完整地叙述清楚,如"导航信息系统"中"路径规划"功能,用户可能要求给出最短路径,还要考虑到换乘时间、步行距离等因素,这些规则可能对系统的最终设计有着重要的影响。但不管怎样,关键是要发挥潜力,挖掘出可能会影响系统功能的所有可用的业务处理规则。

技术需求是对操作环境及操作性能指标的描述。比如"系统必须使用 B/S 计算模式且运行在 Linux 操作系统环境下""系统的屏幕响应时间必须在 0.5s 之内""在同样的响应时间内,系统的吞吐量必须支持 30 个终端"等。技术需求通常是以系统必须达到的具体目标来描述。

其他需求包括可靠性要求、安全保密要求、开发服务以及可用资源等方面的要求等。性能需求和其他需求一般使用美国得州理工大学教授 James Wetherbe 提出的 PIECES (Performance、Information、Economy、Control、Efficiency、Service)需求分析框架进行启发,如表 6-2 所示。

表 6-2 PIECES 需求分析框架

需 求 类 型	含 义
性能 (Performance)	改进性能的需要 • 吞吐量 • 响应时间
信息 (Information)	改进信息质量的需要 • 输入输出是什么、何时需要 • 存储什么格式的数据 • 信息的现势性要求如何 • 信息系统与外系统的接口类型与方式
经济 (Economy)	提升经济效益的需要 • 应该在什么方面降低成本,增加多少效益 • 预算范围是多少 • 对开发的时间表有什么要求
控制和安全 (Control and safety)	改进控制和安全性的需要 • 是否需要对信息系统进行存取控制和访问控制 • 保密性的要求 • 特殊数据处理要求(备份、脱机存储等)
效率 (Efficiency)	改进工作效率的需要 • 是否存在可消除的业务环节,是哪些 • 是否可降低用户使用系统资源时的浪费现象
服务 (Service)	改进服务质量的需要 • 支持的用户及其分布的方式 • 支持用户的类型有哪些 • 系统的培训设备、资料和方式有什么要求 • 系统可靠性/可用性是多少 • 系统以何种形式包装和发布 • 系统文档有哪些,具体要求是什么

功能需求、技术需求和其他需求是系统需求调查的主要几方面,共同承担一个系统需求的完整定义。功能需求一般在系统的分析模型中得到反映,技术需求和其他需求则通常记载在相关需求的叙述性描述中。

6.2.2 系统需求的信息来源

系统需求信息的主要来源是称为风险责任人的人员,所谓风险责任人,简单地说就是所有那些对新系统感兴趣的人。风险责任人包含3种类型。

- 用户/使用者，即使用该系统处理日常事务的人。
- 客户/委托人，即投资开发费用和最终拥有该系统的人。
- 技术人员，即确保该系统正常运行在机构的计算机环境下的人，通常是系统的最终维护人员。

系统需求调查的第一步也是很关键的一步就是要识别出系统的这些不同类型的风险责任人，然后在每一类型的责任人中确定出关键性的角色作为业务领域的骨干。过去一些系统的开发所引发的局限性问题，其中的一个重要原因就是仅盲目地考虑了部分范围内的责任人的需求，致使这些系统往往仅为这些人设计。

1. 用户类责任人

对用户类责任人的定义要从"矩阵式结构"角度进行考虑，既要能反映水平方向上各个业务职能部门之间的业务活动关联，又要能反映垂直方向上每个职能部门业务活动不同层次的要求。用户单位的组成结构图对用户类责任人的考虑会提供帮助。

在水平方向上，分析员必须在各业务部门中寻找信息流。例如，一个新的库存管理信息系统也许将要影响到采购、仓库、销售和生产等部门，销售部门可能提供一些信息来帮助你确定什么时候更新系统库存量，生产部门也许会需要库存系统的信息来帮助制定生产计划等。

在垂直方向上，需要一般人员、中层管理人员以及高层管理人员提供信息需求，他们对系统有不同层次上的信息需求。以下是垂直方向上各种用户的特征及其信息需求（当然这些相同的特征也适用于水平方向上的各个部门）。

（1）业务操作类用户。业务操作类用户即使用系统来具体承担机构内日常事务的业务工作人员。事务是机构内完成的一项工作，如"资源录入"。这些人员通常提供有关日常事务处理过程和系统应如何支持这些事务过程方面的信息。

（2）查询类用户。查询类用户即要求从系统中得到所需信息的人员。查询类用户很多情况下就是业务操作用户本人，也有可能是机构的客户。查询类用户通常提供关于哪些信息是每天、每周、每月或每年需要使用以及这些信息使用何种格式最便于浏览。

（3）管理类用户。管理类用户负责确保机构能高效地完成每天的日常事务。因此他们要求从系统中得到能反映工作效率和有效性方面的统计性的概要信息。这类用户通常能帮助系统分析员回答诸如系统要具备哪些类型的统计功能、系统要生成哪些类型的报表、系统要对哪些信息长期保存、系统必须支持多大的数据量、信息查询请求的次数及频率、系统是否有足够的控制措施来避免错误和人为破坏等问题。

（4）主管类用户。主管类用户即机构的高层管理人员，他们不仅对上述的所有信息感兴趣，更关心的是机构的战略问题以及如何利用这些信息进行决策。他们要求系统所提供的信息能帮助他们了解对所有资源利用的改进情况，甚至要求提供与其他系统的接口，以便于得到有关业务发展趋势和方向方面的战略性信息。

2. 客户类责任人

虽然说项目组必须满足用户类责任人的信息处理需求，但作为系统分析员有责任去考虑客户类责任人的意见,特别是当上述主管类用户就是客户类责任人时。另外,项目组必须在项目的整个开发过程中向客户提供项目进展的概要情况。因为客户是负责评审系统的开发工作和提供开发费用的。

3. 技术类责任人

技术类责任人和用户类责任人不同,他们不提供有关业务方面的需求,尽管不是真正的用户群,但有可能是现有系统和待建设系统的运行和维护人员,因此,有许多技术方面的需求源自他们。这类人员往往在程序设计语言、计算机平台及其他设备等方面为项目开发提供指导。对某些项目来说,项目队伍中始终包括一组技术类责任人。

6.2.3 获取系统需求的方法

系统开发中分析阶段的目标之一是获取并理解现行系统的所有业务功能,然后再定义新系统需求。那么对系统分析员来说,关键的问题是应该获得什么样的信息才有助于他们建立新系统的逻辑模型。在系统需求的调查过程中,以下是系统分析员需要掌握的4个要素。

(1) 机构的描述。了解建设和使用该系统的机构目标是什么?获得组成结构图,了解各个职能部门的目标、政策和规章制度等。

(2) 人员的描述。向用户了解"做什么事情?"了解系统所涉及人员的权利与决策职责、工作职责和信息需求。

(3) 业务的工作过程。向用户了解"怎样完成业务或需要哪些步骤?要完成该业务需要哪些数据?数据在系统中如何进行变换?信息处理工作围绕什么来做?由谁来做?利用什么设备以及在什么规则指导下进行?",了解工作进程与工作量、业务的性能指标。

(4) 工作环境的信息。了解工作区域的物理分布,如文档、报表、人员、处理等,了解具有哪些可用资源,包括每一个工作点所使用的物理设备。

在系统需求的调查过程中,应时刻考虑这几个要素,它将有助于系统分析员向用户提出一些有意义的和有用的问题。作为系统分析员,系统分析过程的重心应由面向"当前系统"逐步转向面向"新系统"。比如对情报分析人员来说,要判断一个目标的运动趋势,需要根据目标的历史轨迹来分析;而在新系统中,情报分析人员就无须考虑这个问题,因为这一过程可以让计算机自动完成。需求定义是针对"新系统"而言的。系统分析员的价值不仅仅是知道如何去建立一个具体的模型或如何用某一具体的语言去编程,更重要的是分析并解决业务领域方面的问题,甚至考虑到 BPR 是如何影响需求定义的。反过来,在提出问题和建立模型的同时,也将进一步加强对用户需求的理解,提升分析问题和解决问题的能力。系统需求的调查和分析是一件既费精力又耗时间的事情,作为系统分析员,保证需求有效性的同时还需考虑提高工作效率。需求有效性是指其正确性、全面性和综合性,高工作效率是指将占用用户的时间及其他资源降低到最低限度以保证项目按计划执行。

获取系统需求有多种方法，它们在实际使用中都已经被证明是有用的和有效的，只是哪一种方法在特定场合下更具效果而已。在大多数情况下，系统分析员将这些方法中的几种方法进行适当组合而后使用。

1. 会谈和讨论

和用户进行面对面的交流，是最为有效的理解业务功能和业务规则的方法，但同时也是最费时间和最耗资源的方法，因为在系统分析员真正理解业务处理过程需求并形成相应的需求模型之前，必须反复解决一系列要继续了解及讨论的问题。讨论问题的方式可以是单独会谈(按职能部门)或联合会谈(各类职能部门联合)。

在会谈准备阶段，第一步就是要确定会谈的目的。换句话说，就是通过这次会谈你想要获得哪些内容。第二步就是要确定会谈的对象，即包括哪些风险责任人。事实上，会谈对象和会谈目的这两者是交织在一起的，确立了目的也就确定了对象，或根据会谈对象确定会谈目标。会谈的参与者应包括项目组成员和用户成员，每次会谈最好有两名项目成员参与，这样可以相互照应、相互补充，确保会谈内容的准确性。用户成员及其数量需视会谈目的而定，重点是提高效率，确保准确获取所需内容。会谈之前至少要确定好会谈目的与会谈对象这两点内容，还可以包括第三步，即准备会谈问题。这些问题要求围绕目标并和目标相一致，可以是自由式的问题，如"日常如何完成这项功能？"，对这类问题应鼓励讨论，鼓励说明业务的详细过程和业务规则细节；也可以是封闭式的问题，如"每天处理多少张表格？"，这类问题用来获得具体的事实。第四步确定会谈时间、地点。时间要求对双方均合适，地点最好安静、少干扰。最后将会谈目的、议题、时间和地点通知会谈对象。这样能让参与者预先知道"会议"目的并做必要的内容准备，从而使会谈得以高效进行。在会谈过程中，系统分析员主要进行引导和提问，应注意倾听、避免评论。会谈总结阶段是每次会谈的重要组成部分。总结的第一条是消化理解并整理出会谈所获得的信息，系统分析员通过构造业务处理过程的模型来记录会谈的细节。在此基础上列出尚需进一步会谈的问题。

2. 查看文档资料

文档资料主要是指用户正在使用的各类报表、表格、过程手册、软件文档以及业务描述等。通过浏览这些资料，一般会给系统分析员带来如下方面的帮助。

- 能帮助初步了解和掌握业务功能、基本工作过程及其业务规则。
- 能帮助发现目前业务流程中存在的不一致或冗余问题。
- 收集这些资料的同时，可以简单地了解一张表格的使用、目的、内容及分发等。
- 能帮助形成与用户进行详细会谈时的具体问题，其实这些表格、报表等就可以充当进行会谈时的"实物助手"。

在这一过程中，需要注意各类报表、表格最好是填写过真实数据的复印件，并且所有资料最好是最新、最近的。

3. 参观/参加业务实践活动

在获取需求活动的早期，应计划一段时间来观察新系统将要支持的业务流程，通过它掌握用户如何实际使用系统以及用户到底需要哪些信息。该活动可以帮助得到如下方面的信息。

- 对工作环境布局、计算机设备的要求及其使用有一个综合而感性的认识。
- 理解实际操作业务流程的工作细节和处理规则。
- 发现现行过程和信息源瓶颈及困难之处。
- 通过像用户一样接受训练和做实际工作来发现学习新过程的困难之处以及系统易于使用的重要性。

4. 问卷调查

这是分析员收集信息的一种手段,当各种类型责任人数量较多尤其是他们的工作地理位置分布很广时更为方便实用。问卷中的问题一般分为封闭式和自由式两种类型。封闭式问题通常都只有一个简单而明确的答案,通过封闭式问题来收集最基本的信息,特别是"数量"方面的数据。自由式问题一般以问题讨论的形式出现,通过自由式问题来收集用户对"当前系统"各方面的意见和看法以及对"新系统"的建议。问卷设计和使用的原则包括简洁而且用户友好、用法说明清晰、所有问题按逻辑有序组织、用词简明且避免歧义、避免诱导式问题、自由式问题和封闭式问题结合、少提导致发散的问题、事先试用调查问卷。

5. 取样

在需求分析中,取样是指从大量数据中获取一部分样本,以代表整体数据的特征。取样的目的是更好地了解用户需求,从而设计出更符合用户需求的产品。通过取样,可以有效地节省时间和资源,因为无须对所有用户进行调查,只需对代表性样本进行调查即可。如果合理地设计取样方法,那么代表性样本可以反映整个用户群体的特征和趋势。以下是几种常见的取样方法。

- 收集实际文档的样例:通过收集用户已有的文档或数据,了解用户目前的业务流程和需求,从而确定产品的功能和特性。
- 对技术进行采样:通过对用户所使用的技术进行采样,了解用户的技术水平和需求,从而有针对性地设计产品的界面和交互方式。
- 获取系统化的样本:通过系统化的调查问卷或用户需求表,了解用户对产品的需求和期望,从而确定产品的功能和特性。
- 获取层次化的样本:通过分层抽样的方法,获取不同层次用户的样本,了解不同用户群体的需求和期望,从而设计出更符合用户需求的产品。
- 获取随机样本:通过随机抽样的方法,获取具有代表性的用户样本,从而尽可能地获得系统的全貌性表示。

在取样过程中,需要注意以下几点:样本的数量应该足够大,以确保样本的代表性和可靠性。样本的选择应该尽可能地随机和均匀,以避免样本偏差。样本的分析应该尽可能地全面和深入,以充分了解用户需求和期望。

6. 研究

需求分析中的研究可以通过以下几种方式实现。

- 期刊、杂志、书籍。这些是传统的研究方法,通过阅读学术期刊、专业杂志和书籍,可以获取大量的研究成果和理论知识。这些出版物通常由专业学者或研究人员撰写,内容经过严格的审核和评审,具有较高的可信度和权威性。
- 网站。在现代研究活动中,互联网成为了获取信息的重要渠道。通过搜索引擎或专业网站,可以获取大量的研究报告、数据、案例和论文等信息。需要注意的是,网上信息的可信度和准确性存在一定的风险,需要谨慎筛选和验证。
- 硬件和软件开发商。对于某些具体的信息系统,需要使用特定的硬件或软件工具进行数据采集、分析和处理。这时可以寻找相关开发商或供应商,获取相关的技术支持和产品信息。
- 提供信息服务的独立公司。一些专业的研究机构或公司,提供各种信息服务,包括市场调研、行业分析、企业数据等。这些服务可以为信息系统需求分析提供有价值的参考和支持。
- 新闻组。新闻组是一种在线社区,聚集了一些具有相同兴趣爱好或专业领域的人,可以通过发信、回信等方式进行讨论和交流。在某些领域,新闻组可以提供一些有用的信息和见解。
- 专业性会议、研讨班、讨论会。这些是面对面交流的研究方法,通常由相关领域的专家或学者组织,旨在分享研究成果、讨论新的研究方向和问题。参加这些活动可以获取最新的信息系统技术动态和理论进展,同时也可以与同行进行交流和合作。

6.3 结构化分析方法

6.3.1 结构化分析方法的思想

结构化系统分析是指用一组标准的准则和工具有组织、有计划、有规律地进行分析工作。它是一种利用系统工程的思想和有关结构的概念,自顶向下划分模块,逐步求精的分析方法。

例如某学院每年需要举办一次电子科技苑的活动,这个工作就可以分解为筹备、竞赛、讲座和闭幕式几个模块,其中每个模块又可以分解为具体的任务,如图6-4所示。通过这种方式,就可以分析清楚活动具体包括的任务,然后进行有效的安排和组织。

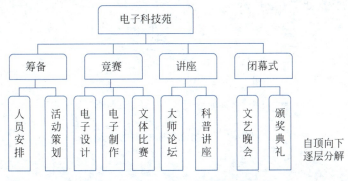

图 6-4　自顶向下逐层分解的问题分析

信息系统是由各种控制子系统及整个企业生产经营活动的各种职能子系统构成的一个复杂系统,而结构化系统分析的基本思想如下。

(1) 系统的观点。系统的观点即把研究的对象看作系统,并从总体出发。

(2) 分解的观点。"分解"和"抽象"是在结构化系统分析方法中解决复杂问题的两个基本手段。把整体分解成部分,把系统分解为子系统,逐层进行分析,然后分别解决,这就是"分解";抓住主要问题忽略次要问题,集中精力先解决主要问题,这就是"抽象"。"自顶向下"逐层分解是结构化系统分析方法按上述思想解决问题的一种策略。

(3) 具体化、详细化。具体化、详细化即对不可再分解的部分进行详细描述、设计、实现。在对系统进行了合理的逐层分解后,就可以分别理解系统的每一个细节部分,并对每个细节部分进行详细描述,给出表达,再将所有这些表达综合起来,就获得了整个系统的系统说明书。

按照结构化系统分析方法的基本思想,不论系统的复杂程度和规模有多大,分析工作都可以有计划、有步骤、有条不紊地进行,对于大的系统只需多分解几层,分析的复杂程度并不会随之增大。所以,结构化系统分析方法有效地控制了复杂性。

6.3.2 业务流程图

以功能为基点分析问题,系统将会相对于机构的变化而有一定的独立性,即可获得较强的生命力。所以在分析机构情况时应该刻画出其业务功能一览表。这样做可以对于各项交叉管理、交叉部分各层次的深度以及各种不合理的环节有一个总体的了解。这就是业务流程分析的目的。调查管理业务流程应顺着原系统信息流动的过程逐步进行,内容包括各环节的业务处理、信息来源、处理方法、计算方法、信息流去向、信息提供的时间和形态(报告、单据、屏幕显示等)。业务流程分析可以帮助了解业务的具体处理过程,发现和处理系统调查工作中的错误和疏漏,修改和删除原系统的不合理部分,在新系统的基础上优化业务处理过程。描述管理业务流程的图表工具主要有业务流程图(Transaction Flow Diagram,TFD),即用尽可能少的规定的符号及连线来表示某个具体业务处理过程。

虽然很多新的信息系统开发方法中已不再使用这种方法,采用数据流程图等方法替代,或采用面向对象方法中的活动图,但是由于简单、易懂、消除歧义等特点,仍有部分系统分析员在开发中应用这些工具。绘制业务流程图就是该方法分析业务流程的重要步骤,其主要构成要素如图 6-5 所示。

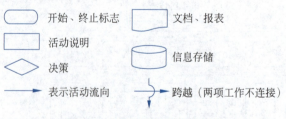

图 6-5 业务流程图的构成要素

以如图 5-4 所示的福特公司采购业务流程为例,绘制业务流程图如图 6-6 所示。

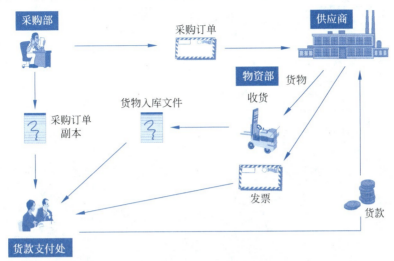

图 6-6 福特公司采购业务流程描述示意

基本步骤如下。

(1) 确定职能和工作任务。该业务流程主要的职能和工作任务是提交采购订单、收货和付款,供应商发货并寄送发票。

(2) 划定工作起点和终点。业务流程的起点是从提交采购订单开始,业务流程的终点是支付货款。

(3) 跟踪关键业务对象。在业务流程中始终需要关注的对象是采购订单、货物、发票。

(4) 确定岗位(机构部门)及其活动。在整个业务流程中,涉及的岗位包括采购部、货款支付处、物资部和供应商。采购部提交订单,货款支付处进行审核并支付货款,物资部负责收货、入库,供应商管理发货、收款、开具和寄送发票。

(5) 绘制流程图草案。流程图草案如图 6-6 所示。

(6) 流程图汇总分析及确定流程图。最后,对流程图汇总分析,形成确认版本。横向列出岗位(机构部门)并标记为 A、B、C、D 等,纵向按业务流程顺序标记为 1、2、3 等,并对流程节点进行描述,图中标记流程使用部门、流程编号、流程名称、流程页码、编制日期、编制人、签发人、签发日期及密级别等内容,如图 6-7 所示。

6.3.3 数据流程图

在信息系统开发中,结构化方法把完成业务的活动行为描述为由人或计算机执行的过程。数据流程图(Data Flow Diagram,DFD)被实践证明是一种非常普遍和有效的用于定义过程的图形化模型。所谓数据流程图,就是把系统中所有的业务处理活动都理解成"变换"过程,并对这个过程所需的数据来源、去向及其存储等进行综合描述的图形化模型。DFD 在一张图中显示了信息系统的输入、输出、处理过程和数据存储等主要需求,任何从事系统开发项目的人员通过 DFD 都能立刻明白系统的各个工作部分及其之间的关

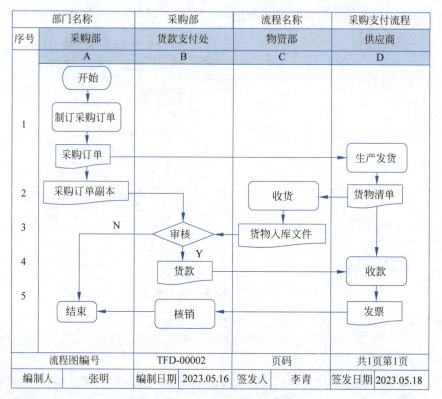

图 6-7 福特公司采购业务 TFD 示意

系,这也是 DFD 得以普遍使用的一个原因。DFD 的图形化特征,使得对管理人员、系统的终端用户及信息系统的其他工作人员,只需稍加培训即可读懂和理解。

1. DFD 中的符号及实例

DFD 中的符号及其含义描述如图 6-8(a)所示,这些符号的用法如图 6-8(b)所示。正方形表示外部实体,圆角矩形表示处理过程,带箭头的线段即数据流,三边矩形表示数据存储,每个数据存储用来存储一个数据实体的信息,它代表一个数据文件或数据库的一部分。

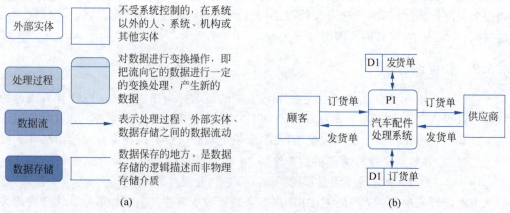

图 6-8 DFD 符号含义及示例

数据流是一组成分已知的信息包,信息包中可有一个/多个已知的信息,例如,在学生"选课请求"数据流中包含学号、课程编号和学期等信息。两个处理过程之间可以有若干数据流,同一数据流可以流向不同的处理过程。一般数据流应有良好的命名,但是流入/流出到数据存储的数据流可以不需要命名。

2. DFD 抽象层次

结构化方法的基本思想是"自顶向下,逐步求精","抽象"和"分解"是结构化方法解决复杂问题的两个基本手段,先将一个复杂系统理解成一个整体,然后按一定要求将它分解成 1、2、3 三个子系统,若 1、3 仍很复杂,则可继续将它们分解成 1.1、1.2、1.3、…和 3.1、3.2、3.3、…子系统。如此逐层分解直至子系统足够简单,能够被清楚理解和准确表示为止,如图 6-9 所示。有多种类型的数据流程图用于定义系统需求,图 6-8 的例子只是 DFD 的一部分,它描述了对应于一件事件的一个行为过程,还可以有其他类型的 DFD 用于定义更高层次(更概括的观点)或更低层次(更详细具体的观点)意义上的处理过程,这种在不同层次意义上定义系统需求不同类型的 DFD 称为 DFD 的抽象层次,这种抽象层次性也是 DFD 具有实用特性的又一原因。DFD 的抽象层次是结构化方法基本思想的具体体现,位于较高层次上的 DFD 可以分解成若干个相对独立的、层次较低的、详细的 DFD,详细的 DFD 又可以进一步分解成其他的图形模型从而形成更多的抽象层次。

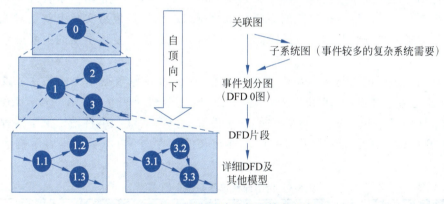

图 6-9 DFD 层次分解和抽象层次

在 DFD 层次分解过程中,首先要明确数据处理是数据流图的核心,每个处理都有数据输入和输出。然后,寻找特定的业务事件,包括特定时间、特定地点发生、能够描述、值得保存的事件。事件的类型可以是外部事件,通常由人触发,如:学生借书、教员打印成绩单。可以是时间事件,由时间自动触发,如:信用卡账单、每月话费通知。还可以是状态事件,随着事务状态变化触发,如:完成交易后写入数据库。最后,分析事件执行什么处理,需要什么数据或资源,执行后产生什么结果,从而识别出有意义的数据处理,形成信息系统需求。如果是不需要数据准备,不产生输出的事件,则可以丢弃。

3. 关联图(context diagram)

关联图是定义系统需求的最高抽象层次的 DFD,它把整个系统表示成一个过程,并把所有的外部实体和流入、流出系统的数据流在一张图中描述。数据存储不需包含在关联图中,因为数据存储本身一开始就被看作系统内部的一部分。图 6-10 是大学课程选修系统的关联图,教务处提供有关课程计划的信息,学生从供选修的课程中提出选课注册请求,教师获得班级列表,图中的数据流源于事件列表,它们是所有事件的触发和响应。

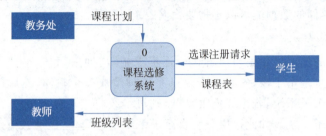

图 6-10 大学课程选修系统的关联图

关联图对表示系统的边界非常有用。在项目规划阶段,关联图被用作定义新系统范围的一个模型,在系统分析阶段,理解了什么是 DFD 后,关联图实际上就是最高抽象层的 DFD。关联图只能帮助理解系统范围的概貌,反映系统与系统环境的交互作用,但它并没有描述发生在系统内部的有关处理过程的任何细节。

4. 事件划分模型图

事件划分的系统模型也是一种定义系统需求的 DFD 模型,它是对系统或子系统中的每个事件只用一个过程来定义的系统需求模型。事件划分模型实际上就是对关联图中的过程的进一步分解,因此它可被标记为 0 图,其抽象层次要比上层的关联图包含更多的细节。

事件列表用于记录与每件事件相关的信息,该列表就像数据库中的关系二维表一样,行用于记录一件事件,列用于记录事件的详细信息属性。表 6-3 显示了大学课程选修系统的事件列表,描述了每个事件的触发、事件源、行为、响应和事件宿。大学课程选修系统的 DFD 0 图中就包含了根据上述事件定义的 3 个过程,每个过程表示响应一件事件。

表 6-3 大学课程选修系统中的事件

事件	触发	事件源	行为	响应	事件宿
安排课程	待安排的课程计划	教务处	选择时间、教师和教室		
选修课程	选课请求	学生	进行选课	课程表	学生
生成班级列表	选课截止时间		班级列表的生成	班级列表 教学计划	教师 教务处

对任何一件引起系统去执行某种操作的事件,系统是如何知道它的发生的呢?

定义 6-2 触发。告知系统一件事件已经发生的过程称为触发。

对外部事件而言,触发表示要求系统处理的数据已经到达,同时也就明确了事件源。所谓事件源,就是向系统提供输入有关数据的外部实体或参与者(人或计算机),比如,"教务处安排课程"事件,则待安排的课程可以作为系统的输入数据,事件源就是教务处。对时间事件而言,触发就是指某一预先指定的时间点已到,例如,系统可以根据已安排的课表,提前一天发送信息提醒任课教师。对时间事件没有事件源的要求。

当一件事件发生时系统该做什么呢?

定义 6-3 行为是指系统对一件事件的发生所产生的操作动作。比如,当学生完成了选课信息后,系统就执行动作"生成选课信息";当到了选课截止时间,系统就执行"生成班级列表"的行为。

系统的一个操作会导致什么结果呢?

定义 6-4 响应就是由系统的动作行为所产生的结果。

简单地说,响应就是系统的输出。一个活动有时可能会导致几种响应结果,有时产生一种响应结果,有时甚至没有响应结果。比如,对应于"生成班级列表"事件的"班级列表生成"行为,系统需要将班级列表信息发送给教师,会产生"班级列表"的响应,同时把汇总的班级列表的详细信息送给教务处,会产生"教学计划"的响应。又如,执行"进行选课"的行为,系统会产生"课程表"的响应。再如,对应"安排课程"事件的"选择时间、教室、教师"行为,信息被记录在数据库中,不需产生输出结果。

定义 6-5 事件宿是系统的响应结果的归宿,即送交系统输出结果的地方,它可以是外部实体或参与者。

比如,"课程表"的响应,其事件宿是"学生","班级列表"的响应,其事件宿是"教师"。

由此可见,事件列表中的事件、触发、事件源、行为、响应和事件宿为记录有关系统需求的关键信息提供了极其方便的手段,事件列表中记录的所有事件也为今后对它的跟踪使用提供了保证。

列表进行系统分解,可以查看事件列表中的所有事件信息,按其与外部实体、数据存储的交互的相似性及过程需求的相似性来定义组成子系统的事件组。在这种情况下,需要在子系统基础之上再获得事件划分模型图。

图 6-11 描述了大学课程选修系统的事件划分模型图,可以看出,DFD 实际上是以图形的方式将事件列表中描述的事件和实体集成在一起。当系统事件过多时,显然这样的图将会很臃肿庞大且难以阅读,一种自然的也是系统性的解决方法是将系统分解成若干子系统。

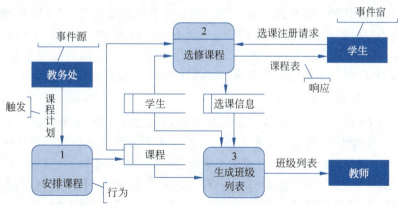

图 6-11 大学课程选修系统的事件划分模型图

5. DFD 片段

DFD 片段(fragment)的创建是基于事件列表中的一件事件,即一个 DFD 片段是仅用一个过程符号表示系统响应一件事件的 DFD。一个 DFD 片段显示了系统如何响应某事件的相对独立的模型,系统分析员在建立 DFD 片段模型时,通常一次创建一个,以确保注意力集中于系统的某一点。

图 6-12 是大学课程选修系统的 3 个 DFD 片段,每个 DFD 片段显示了通过过程、外部实体和内部数据存储之间的交互而对事件的整个响应过程,每个 DFD 片段仅需表示要响应相应事件的那些数据存储。

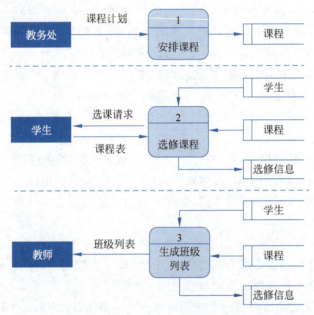

图 6-12 大学课程选修系统的 DFD 片段

这样 0 图可以自底向上地理解成是对系统或子系统中与事件相对应的彼此相对独立的所有 DFD 片段的一个综合,其抽象层次要比由所有 DFD 片段所组成的集合体高一层,最上层的是关联图。图 6-13 显示了一组相关的不同抽象类型的 DFD,体现了下层模型如何为其上层模型提供更多详细信息。0 图中每个过程对应 3 个独立的 DFD 片段,图 6-13 中只示意性地描述了其中的一个 DFD 片段,即 0 图中标识编号是 1 的"安排课程",位于该 DFD 片段下标记为 1 图的 DFD 是对过程 1"安排课程"的分解。

6. 构造 DFD 的原则

高质量的 DFD 不仅能正确地表示系统需求,而且应具有很好的可读性和高度的内部一致性。DFD 的正确性主要取决于系统分析员对各种风险责任人所描述内容的掌握和理解,而 DFD 的可读性和一致性则要求系统分析员在创建 DFD 的过程中适当运用和遵守一定的规则。因此,在构造 DFD 的过程中如果充分考虑了相关规则,那么所构造的 DFD 就会有一定的质量保证。

构造 DFD 的过程实际上就是不断"抽象"和"分解"的过程,将复杂的综合的信息处

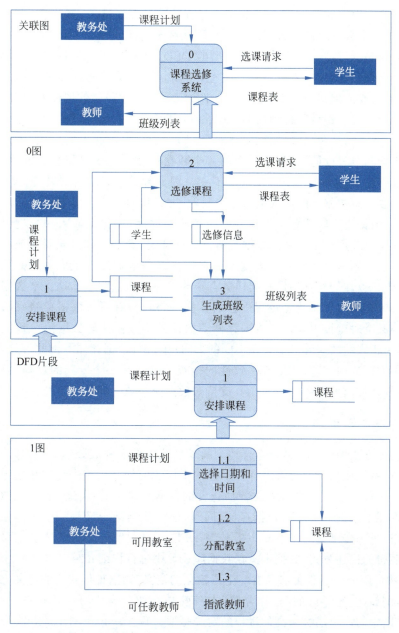

图 6-13 大学课程选修系统的 DFD 抽象层次示意图

理过程分解成若干个较小的且相对独立的子集,当然每个子集本身又具有一定数量的可理解性的信息以帮助人们理解和接受它。如果想要获得某个过程的更详细的信息,则转移到其下一个层次的 DFD;反之,如果想要了解某个 DFD 如何与其他 DFD 相关联,则转移至其上一个或更高层次上的 DFD。这种方式要求系统分析员在层次"分解"过程中,避免信息块数量过多则引起"信息超载"现象,这里的信息块是一个抽象的概念,可以指任何事物,包括名字、数字、表中的一段文字或一幅图的组成部分等。构造 DFD 的原则主要体现在两方面：单个 DFD 中所包含的过程的数目不宜过多；单个 DFD 中流入和流出一个过程、一个数据存储的数据流的数目不宜过多，一般以 5～9 个为宜。

  系统分析员在建立不同抽象层次类型的 DFD 时或在同一 DFD 中，有时会因疏忽、遗漏、差错等引起数据流的不一致性。首先，子图是对其父图的过程进一步分解细化的结果，因此流入或流出某个层次上 DFD（父图）中的一个过程的数据流所包含的内容，必须要和对这个过程分解后所得到的 DFD（子图）中流入或流出相应的所有过程的数据流内容的总和相一致，这种一致性称为"平衡"。同一个数据流在不同层次上的 DFD 可能会被赋予不同细节程度的内容，父图中的一个数据流在子图中可能会通过若干个更小、更细致的数据流来表示，但其内容总量不变。因此要确保不同层次数据流内容的"平衡"。其次，要注意数据流的流入端与流出端的一致性。根据定义，过程将输入数据转换为输出数据，数据流不能无意义地流经一个过程。因此，要保证流入一个过程的数据流必须完整地流出或用于生成新的数据流流出。同样，构造 DFD 时，还要保证从一个过程流出的数据流必须是已经流入的数据流或根据流入的数据流而生成的新的数据流。最后，对数据流一致性的检查的规则同样适合于数据存储，也就是说，从一个数据存储中读得的数据必须是在这之前就已经写进去的数据，同样，所有写入数据存储中的数据一定会在将来的某个时刻被用到。对数据存储一致性的检查要比对数据流一致性的检查复杂一些，因为相同的数据流可能会在不同的 DFD 中进行数据存储。由此可见，数据流一致性包括多方面的内容，对数据流一致性的检查不能说是一个复杂的过程，但确实是非常乏味的，好在目前大多数 CASE 工具支持对数据流一致性的自动检查。

6.3.4 处理逻辑描述

  在结构化方法中，一个 DFD 综合地刻画了系统内部 3 种成分——过程、数据流和数据存储，但这些组成成分尚有许多有待于进一步描述的细节。首先是详细地定义位于最底层的各个过程；其次，需根据数据流所包含的数据元素来定义数据流，根据数据存储所包含的数据元素来进一步定义数据存储，同时，还需适当地定义每一个数据元素。所有这些对 DFD 进一步细化的内容可以看作对 DFD 补充说明的文档。这里主要介绍各个过程处理逻辑的描述方式，数据定义在数据库设计中进行详细介绍。

  DFD 中的每一个过程都必须有一个形式化的定义，而这种形式化的定义方法可以有多种选择，例如，上述讨论的"过程分解"本身就是一种形式化的定义方法，在这种方法中，位于父图中的一个层次较高的过程的定义是通过位于一个子图中的若干个被分解后的层次较低的过程来完成的，相应地，这些较低层次上的过程可以进一步分解定义为层次更低的过程。如此下去，直至一个"临界点"状态。所谓"临界点"，就是对过程无须再由 DFD 定义的状态，也就是说，这时的 DFD 无须做进一步的分解，"临界点"的出现标志着一个过程已经简单到可以用另外一种方法来对其进行描述。常见的描述方法有结构化语言、决策表和判定树，在这些方法中，每个过程都被要求用一个逻辑算法的形式来描述，因此选择描述方法时要考虑到表达形式的紧凑性、可读性和无二义性。

1. 结构化语言

结构化语言是一种介于结构化程序设计语言和自然语言之间的用于描述过程的半形式化语言方法。通过运用类似结构化程序设计的语法规则,对过程进行描述,但不是一个计算机程序,只是一个逻辑模型,不能直接在计算机上运行。采用结构化语言描述阅卷过程示例如图 6-14 所示。

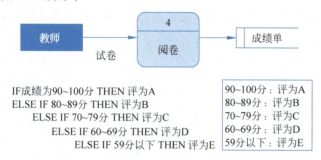

图 6-14　采用结构化语言描述阅卷过程示例

结构化语言适用于描述一个过程包含有一系列要求连续顺序处理的步骤且其业务处理的控制逻辑相对简单(比如一条简单的循环语句或分支语句)的情形。如果一个业务处理过程的控制逻辑相对复杂,即包含有多个决策条件以及对这些条件的大量组合应用,那么采用结构化语言表达就会冗长和难以读懂,并且容易出错。在这种情况下,采用决策表和判定树则显得相对简洁、直观。

2. 决策表

决策表是以表格形式描述包含有大量逻辑判断、逻辑组合应用的过程。决策表由 4 部分组成,如图 6-15 所示。构造决策表的一般步骤是:首先确定决策变量和它们的可能取值(或取值范围),这些逻辑变量或逻辑条件列在决策表的左上角,在这一步要注意的是,可能取值(或取值范围)数目越少的决策变量越要放在上面;然后,列出每个决策变量的所有可能的组合数,并把它们放在决策表的右上角;最后,对照左下角的决策目标(决策目标可能有多个),确定各种条件组合下所应采取的行动方案或计算公式,对无法用具体公式表示的行为,在相应的条件组合下画一个勾,并把它们列在决策表的右下角。

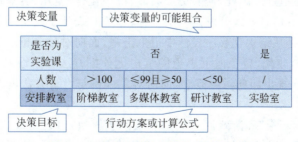

图 6-15　决策表描述分配教室过程示例

例如,分配教室时,需要根据选课学生的人数来进行决策。如果是实验课,则无论多少人,均安排在实验室。如果不是实验课,则根据人数的多少安排在阶梯教室、多媒体教室、研讨教室。

3. 判定树

判定树也叫决策树,是以树结构的形式描述包含有大量逻辑判断、逻辑组合应用的过程的一种图形模型。判定树的构造过程和决策表类似,只是用决策表中的行作为判定树中的列,判定树中使用带有标识的条件分支表示代替决策表中的条件分组表示,如图 6-16 所示。不难看出,对决策表和判定树而言,前者显得紧凑和严谨,后者则显得直观和易读。

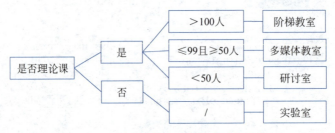

图 6-16　判定树描述分配教室过程示例

这 3 种工具的适用范围可概括比较如下。

判定树适用于有 10~15 种行动的一般复杂的决策。有时可将决策表转换成判定树,以便于用户检查。

决策表适合于多个条件的复杂组合。虽然决策表也适用于很多数目的行动或条件组合,但数目庞大时使用它不够方便。

如果一个判断包含了一般顺序执行的动作或循环执行的动作,则最好用结构化语言表达。

6.4　面向对象分析方法

6.4.1　面向对象分析的概念

信息系统开发中面临的主要问题是:需求经常变更、维护困难、用户和开发人员沟通困难、项目进度容易拖延。因此,需要更加灵活、模块化、可复用、容易理解和开发高效的信息系统开发方法。信息系统开发是一个过程,分析和设计是其中最重要的阶段。就如同结构化分析方法是从结构化程序设计中衍生出来,面向对象分析的思想从面向对象编程开始。20 世纪 60 年代,自顶向下思想的结构化分析方法重用性差,20 世纪 70 年代,SmallTalk 语言首次提出面向对象概念,面向对象分析与设计方法就开始逐步形成新的系统开发方法。

"乐高积木""七巧板"等游戏通过数量有限的小模块,可以组装成各种各样、千变万化的物体,体现了很好的重用性思想。为了解决重用性的问题,就要确定信息系统开发中的"积木块"是什么,设计和挑选"积木"的标准是什么。

面向对象分析(Object Oriented Analysis,OOA)就是利用面向对象方法进行需求分析。确定信息系统要描述的现实世界有哪些实体,具体包含确定描述问题域及系统责任所需的类及对象,定义这些类和对象的属性与方法。确定对象之间如何沟通,这需要描述对象或类之间的结构、静态联系和动态联系。确定对象如何处理消息,从而描述对象或类的数据和行为。这样就解决了"积木块"是什么、怎么拼装、如何运行的问题。

面向对象分析是对现实世界的问题进行分析和理解,然后映射到系统层面的一个过程。这个过程可以分为两个阶段。

(1) 需求分析阶段。对现实问题进行分析,确定用户需求。在此阶段通过建立用例模型,来描述对系统感兴趣的外部角色及其对系统的功能要求(用例)。

(2) 系统分析阶段。此阶段建立需求分析结果的主要概念(如抽象、类等)和机制,识别这些类以及它们相互间的关系,并用类图来描述。根据用例来创建分析模型。

在结构化分析方法中,把系统看成一系列过程的集合,过程与数据进行交互,过程接受输入,进行处理,然后输出。因此,主要以"过程"作为"积木块",而过程对数据的修改可能会引起其他过程对数据访问时产生混乱。在面向对象分析方法中,系统被看成是交互对象的集合,对象只与对象进行交互,交互方式是对象发送与响应消息,这样就可以将变化封装在对象内部。两种方式对比如图 6-17 所示。

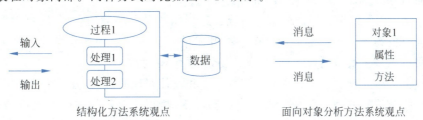

图 6-17 结构化方法和面向对象分析方法的系统观点

6.4.2　面向对象分析建模

通过对 SDLC 各个阶段的开发特点的分析,我们知道,编码并非系统开发中问题的主要来源,相比之下,需求和分析的问题更加普遍,而且它们的纠错代价也更加昂贵。因此,在解决问题之前必须首先理解所要解决的问题。为了更好地理解问题,可用面向对象方法进行系统分析。成功的关键同样是对问题域中问题的理解,面向对象方法最基本的原则是按照人们习惯的思维方式,用面向对象的观点建立和描述问题域的模型。

面向对象的方法从问题模型开始,然后就是识别对象、不断细化的过程。Boehm 早在 1988 年就提出了一个结合了宏观和微观视角的螺旋开发模型,宏观包括 3 个阶段:分析(发现和识别对象)、设计(发明和设计对象)、实施(创建和实现对象)。每个宏观阶段之间都包含一些微观迭代活动。采用面向对象方法开发系统的过程就是一次次反复迭代的过程,随着迭代的进行,系统的功能不断完善。因为对象的概念贯穿于整个开发过程,对象和对象之间的关系成为分析、设计和编码等各个阶段的共同表达媒介,这就使得该方法在分析、设计和编码等各个阶段之间的明显界限变得模糊起来,同时也确保了阶段之间的无缝性和相互衔接的自然性。20 世纪 80 年代末以来,随着面向对象技术的成熟,研究热点从编程语言逐渐转移到设计与分析上来,在 Boehm 螺旋开发模型思想的基础上,先后出现了几十种支持系统开发的面向对象方法,它们各有特色,也各有不足之处,而且所用符号、术语也不尽统一,但大多面向对象方法都支持3种基本的活动:识别对象和类,描述对象和类之间的关系,以及通过描述每个类的功能定义对象的行为。其中,G. Booch、P. Coad、E. Yourdon、J. Rumbaugh、I. Jacobson 等提出的方法在面向对象软件开发界得到了广泛的认可。

面向对象方法进行系统分析和系统设计的对象建模符号一般采用统一建模语言(Unified Model Language,UML)。UML 是由 3 位软件工程专家 Booch、Rumbaugh 和 Jacobson 继承了他们各自提出的 OO 分析和设计方法[分别是对象技术、对象建模技术(OMT)和面向对象的软件工程(OOSE)],并吸取了其他同类方法的优点,加以扩充改进之后而提出的,1995 年,UML 的最初版本在 OOPSLA 会议上发布,1997 年 1 月呈交给 OMG,并已成为 OO 建模中可广泛接受的标准。UML 是一种编制软件蓝图的标准化语言,它提供了一套描述软件系统模型的概念和图形表示法,开发人员可以使用 UML 对复杂的软件系统建立可视化的系统模型,编制说明和建立软件文档。

面向对象分析建模主要包括两部分。

(1) 建立用例模型。用例模型是系统既定功能及系统环境的模型,它可以作为客户和开发人员的约定。用例是贯彻整个系统开发的一条主线。用例模型即为需求分析的结果。用例模型主要包括业务用例、业务场景、系统用例等。

(2) 建立分析模型。分析模型是跨越需求和设计实现的桥梁,分析模型采用分析类,在系统架构和框架的约束下,来实现用例场景。分析模型是高层次的系统视图,首先是用于描述事物的静态结构,而不是描述动态行为的静态视图,包括分析类图、包图等,其中分析类图是整个分析模型的核心。其次是用于描述事物的动态行为的动态视图,动态视图不能单独存在,它必须特指一个静态视图或 UML 元素,说明在静态视图规定的事物结构下它们的动态行为。动态视图包括顺序图、协作图、状态图、活动图等。

6.4.3 系统行为建模:用例图和场景

用例(use case)图是外部用户所能观察到的系统功能的模型图。用例图的主要元素是用例和参与者,用来描述系统功能,并指出各个功能的操作者。用例图既描述了系统的动态行为,也体现了系统的功能结构。

定义 6-6 用例是指用户与计算机系统之间的一次典型的交互作用,它代表的是系统的一个完整的功能。

用例描述系统对事件做出响应时所采取的行动,系统通过执行用例的功能来为参与者产生有价值且可观察的结果值。在 UML 中把用例定义成系统执行的一系列动作,动作的结果能被外部参与者察觉到。用例描述的只是功能性需求,非功能性需求(实现语言、数据库处理方式等)往往采用附加补充文档的形式来描述。用例的命名一般用动宾结构或主谓结构,如"选修课程""用户登录"等。确定一个系统的用例是 OO 方法开发系统的第一步。

用例通常代表某些用户可见的功能,是对具体用户目标的完整描述。用例由参与者激活,并提供确切的值给参与者。

定义6-7 参与者(actor)是在系统之外,通过系统边界直接与系统进行有意义交互的任何事物,包括人、设备、与本系统交互的另一个软件系统等。

参与者表示用例的使用者在与用例进行交互时所扮演的角色,参与者总是在系统的边界之外。一个用例必须至少与一个参与者相连,即一个参与者可以执行多个用例,一个用例也可以被多个参与者使用。一个参与者可以担当多个不同的角色,例如一名教师,如果同时又是在职攻读博士研究生,那么他同时也就是一名学生,因此一个角色可以看作参与者的一个实例,以特定方式与系统进行交互。参与者实际上也是类,但并不是系统的一部分。先确定参与者对确定用例是非常有用的。面对一个大型、复杂的系统,要全部列出用例清单往往很困难,这时可以先列出参与者清单,再针对每个参与者列出其用例(即参与者期望的系统行为),这样做可以使问题变得容易很多。

参与者和用例之间称为系统边界,在UML中用矩形表示,所有的用例都应该放置在系统边界以内,参与者放置到系统边界以外。在确定了参与者和用例后,系统边界也随之确定,因此,系统边界的矩形一般省略。

在用例图中,一个用例用一个椭圆表示,参与者用人形符号表示,参与者与用例之间的线段表示参与者参与哪个用例,如图6-18所示,图中的虚线表示系统的边界。

图6-18 用例图示意

用例图提供了一个系统的概貌,包括系统的执行功能和系统的参与者,从这个意义上说,UML中的用例图和结构化方法中的关联图相似,即定义了系统的范围。但用例图中就单个用于支持系统功能的用例来说,更像是一个DFD片段。结构化建模和面向对象建模的一个主要差别在于系统边界的确定,在DFD开发中,外部实体总是信息源或信息宿,且不一定是一个与系统交互的实体,边界是在所有的过程均被细化后才确定。而在用例图中,参与者一定是与系统交互的角色而不管其是否是信息源或信息宿,即OO方法在分析早期就能体现定义系统边界的思维过程。另一个不同是用例图不显示数据流,流入和流出系统的信息要到其后续的对象交互建模中再进行标识。

用例之间的关系主要有泛化、包含和扩展。用例与参与者之间是关联关系。其中,关联关系在类图中进行描述。

1. 泛化关系

"继承"是OO程序设计语言中的关键机制,泛化关系可以理解为分析、设计阶段的"继承",它描述的也是一般与特殊的关系,表示子用例继承了父用例所有的功能和行为,子用例也可以增加自己特定的功能和行为,或者覆盖父用例中的功能和行为。泛化关系用三角箭头表示,用例和参与者的泛化关系如图6-19所示。

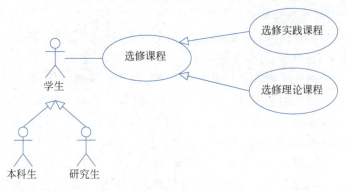

图 6-19 泛化关系示意图

在用例的泛化关系中,子用例是父用例的一种特殊形式,它继承了父用例的全部结构、行为、关系。需要说明的是,泛化是面向对象分析方法的一个主要特点。在后续介绍的类图中,类与类之间存在泛化关系,包、接口、构件等建模元素之间也存在泛化关系。

2. 包含关系

当能够从两个或两个以上的用例中提取公共行为时,应该使用包含(include)关系来表示它们。这个提取出来的公共用例称为抽象用例(包含用例),原始用例称为基本用例或基础用例。用标记"≪include≫"的虚线箭头表示包含关系的构造型,箭头指向抽象用例,表示基本用例依赖于抽象用例中的功能和行为,两个用例之间构成包含关系。如果需要重复处理两个或多个用例,那么使用包含关系可避免重复描述。在包含关系中,如果离开包含用例,那么基本用例本身的路径是不完整的。如图 6-20 所示,"查询课程"是包含用例,"按课程名称查询"和"按课程学期查询"是基本用例。

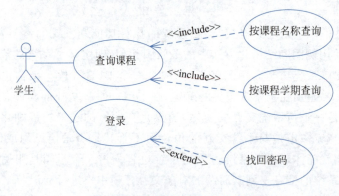

图 6-20 包含和扩展关系示意图

3. 扩展关系

向一个用例(基本用例)中加入一些新的动作后构成了另一个用例(扩展用例),这两个用例之间的关系就是扩展(extend)关系。相对泛化关系来说,基本用例必须声明若干"扩展点",而扩展用例只能在这些扩展点上增加新的行为和含义。因此,扩展关系可看作带有更多规则限制的泛化关系,箭头从扩展用例指向(依赖于)基本用例。在扩展关系中,基本用例和扩展用例自身的路径都是完整的。基本用例描述了一项基本需求,而扩展用例则描述了该基本需求的特殊情况,描述一般行为的变化。在图 6-20 中,"登录"是基本用例,"找回密码"是扩展用例。

泛化关系通常用来表示用例之间的继承关系,而包含关系通常用来表示用例之间的组合关系,其中一个用例可以包含多个子用例,这些子用例可以通过包含关系来组合成一个完整的用例。扩展关系则用于表示用例之间的可选关系,即当一个用例需要扩展另一个用例的功能时使用。

通过用例图,可以捕获用户需求、描述系统边界、指明系统外部行为、指导功能开发、开始系统建模、指导后续设计、设计测试用例和用户文档、估计项目大小和进度。但是用例图是一个静态的描述方式,用例图中的用例只表明参与者与系统的交互来完成业务活动,并不涉及行为的细节。因此用例图是一种高抽象层次的描述,没有将用例具体执行的方式和过程描述清楚。

一个用例可能包括完成这个用例的一系列步骤,这些步骤一般用事件流或动作流来叙述。对事件流这一动作序列的描述,系统分析员一开始可以用文字叙述的方式来完成,这种描述就是场景(scenario)。然后,随着对系统需求定义的进一步细化,用交互图的图形化方式来说明这些事件流。有时,一个用例仅用一个事件流序列来描述是不够的,比如"安排课程"用例除了正常地选择开课日期时间、授课教师和教室外,还要考虑如果输入格式有误或漏输入,系统应该给出错误信息并提示重新输入,如表 6-4 所示。这个用例实际上描述了一组序列,每个序列就是一个场景。这就是说,一个用例可能有多个具有不同动作序列的场景,但一个场景只能有一个唯一特定的事件流顺序。场景对于用例相当于实例对于对象类,即一个场景是一个用例的一个实例。从用例到场景含有扩展的因素,一个较复杂的系统可能会包含很多个表示行为的用例,而每个用例又有可能扩展成一个或多个场景。描述用例的一个事件流场景时,应该包括用例何时开始和结束、用例何时与参与者交互,什么对象被交互,以及该行为的基本流(也就是主事件流)和可选择流(也就是异常事件流)。

表 6-4 "安排课程"用例场景描述

用 例 名	教务处安排课程	
参与者	教务处(发起者)	
目的	安排课程	
触发	有待安排的课程计划	
优先级	主要的和基本的	
前置条件	需要课程计划、教师列表、教室列表	
主事件流	参与者的动作	系统响应
	(1) 按课程计划选择开课日期和时间	
	(2) 按教师列表来选择教师	
	(3) 按教室列表来分配教室	
		(4) 生成详细课表
可选择流	在上述动作(1)、(2)、(3)中,如果输入格式有误或漏输入,则给出错误信息提示重新输入	

在识别参与者、识别用例的基础上,进行关系的确定更为重要。在用例图中,关系可以分为参与者之间的关系、参与者与用例间的关系以及用例之间的关系。通常,对参与者之间的关系要表述时,多是继承关系。参与者与用例间的关系,是典型的交互关系。因此,按照以下步骤并明确用例间的泛化、包含、扩展关系,就可以完成用例图的绘制。

(1) 识别系统边界和参与者。
(2) 列出与参与者相关的事件。
(3) 从事件中识别出系统的功能性需求,即用例。
(4) 识别用例之间的关系。
(5) 画出用例图。
(6) 撰写必要的用例细节描述文档。一般包括目的、触发、优先级、前置条件(后置条件)、主事件流、可选择流等。

6.4.4 对象静态结构:类图和包图

UML 对象静态结构用于定义系统中重要对象的属性和操作以及这些对象之间的相互关系,主要包括类图、对象图、包(package)图、构件(component)图和部署(deployment)图。

1. 类图与对象图

一个类是应用领域或应用解决方案中概念的描述。类图是以类为中心来组织的,类图中的其他元素或属于某个类,或与类相关联。类图不仅定义系统中的类,还表示类与类之间的静态关系(关联、依赖、泛化等关系),也表示类的内部结构(类的属性和操作)。

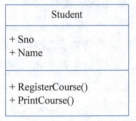

图 6-21 Student 类的表示

从理论上讲,一个类可以有无限多个属性,选取时应只考虑那些系统会用到的特征。如图 6-21 所示,在类图中,类用矩形框来表示,类名、属性和操作分别列在 3 个分格中,也可以根据描述需要简写为两个格或只用类名表示。如果一个类出现在多个图中,那么其属性和操作只在一种图中列出,在其他图中可省略。

类图是 OO 方法中分析其他图的基础。类图说明系统的组成部分是什么,其他图说明系统的组成部分干什么。类图技术是 OO 方法的核心技术,应用非常广泛,其中类、对象以及它们之间的关系是最基本的建模元素,类图在系统的整个生命期内都是有效的。注意,不要为每个事物都画一个模型,应把精力放在关键的领域。画类图的最为重要的步骤是确定类以及确定类与类之间的关系。

关联(association)关系用从源类到目标类之间的一条实线表示。若带箭头,则表示单向关联;若不带箭头,则表示双向关联,如图 6-22 所示。关联的两端与类之间的接口

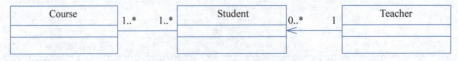

图 6-22 类之间的关联表示

表示该类在这个关联中的行为,称为角色。每个关联有两个角色,引出角色的类称作源,引入角色的类称作目标。若在关联上没有标出角色名,则隐含地用目标类的名称作为它的名称。例如,从 Teacher 到 Student 的角色没有标出名称,则角色就叫 Student。

在关联的两端均可标明重数(multiplicity)。重数用来表示参与此关系的对象的数量。表示方法如表 6-5 所示。例如在图 6-22 中,每一个教师可以指导零或一个学生的毕业设计,而一个学生可以选修一或多门课程,一门课程可以被一或多个学生选修。

表 6-5 重数表示方法

名 称	表 示 方 法	示 例
恰好一个	1	一个系有一个系主任
零个或更多	0…*	教师讲授零或多门课程
一个或更多	1…*	学生主修一个或多个学位
零或一个	0…1	教师指导零或一个毕业设计
指定范围	1…4	课程为 1~4 学分

聚合(aggregation)是一种特殊形式的关联,表示类之间整体与部分的关系,它用端点带有空心菱形的线段表示,空心菱形与聚合类相连接。组合(composition)是比聚合更强形式的关联,表示的也是类之间整体与部分的关系,但组合关系中的整体与部分具有同样的生存期,即:整体和部分共存亡。它用一个实心菱形附在组成端表示。

如图 6-23 所示,一个连队可以由多名士兵组成。但是,如果连队对象调整或改编了,则不一定意味着士兵这个对象也不存在了,可以将加入其他连队,这种情况适合用聚合关系来描述。歼击机由机翼、发动机等部件组成,若歼击机被击毁了,则表示这些部件都不存在了,这种情况就适合用组合关系来描述。

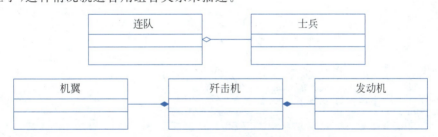

图 6-23 聚合与组合关系

依赖(dependency)表达的思想是:设有两个元素 X、Y,如果修改元素 X 的定义(语法或语义)引起对元素 Y 的定义的修改,则称元素 Y 依赖于元素 X。依赖只是单向的,被依赖的元素称为目标元素,依赖元素称为源元素,当目标元素改变时,源元素也要做相应的改变。UML 中很多关系都蕴含依赖,例如,关联、泛化、跟踪、调用等。依赖用一个从源元素指向目标元素的虚线箭头表示,可以用一个构造型的关键字来区分它的种类。在类的关系中导致依赖性的原因主要有:一个类向另一个类发送消息;一个类是另一个类的数据成员;一个类用另一个类作为它的某个操作的参数等。

依赖关系用虚线箭头表示,如图 6-24 所示,Schedule 类依赖于 Course 类,因为 Schedule 类中的 Add 操作和 Remove 操作都有类型为 Course 的参数。

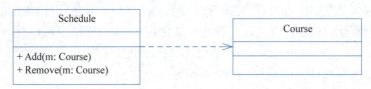

图 6-24 依赖关系

实现(realization)关系主要应用于接口与实现该接口的类之间,一个类可以实现多个接口,一个接口也可以被多个类实现。实现关系使用空心虚线三角箭头表示,如图 6-25 所示,Move 类可以实现为 Fly 类和 Run 类两种接口。

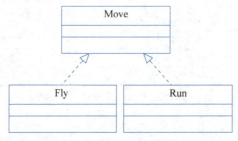

图 6-25 实现关系

对象图是在一个时间点上系统中各个对象的一个快照,主要用于表达数据结构的示例,以及了解系统在某个特定时刻的具体情况等。对象图可视为类图的实例,一般是在对类图定义的结构难以理解的时候才画对象图。图 6-26(a)是 Author-Book 的类图,图 6-26(b)是 Author-Book 的对象图。

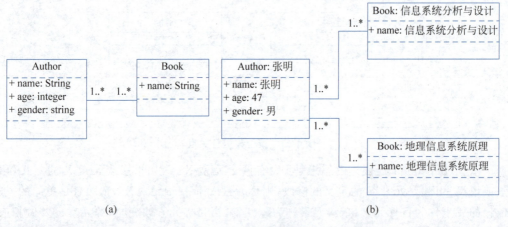

图 6-26 类图和对象图

2. 包图

在面向对象软件开发的视角中,类显然是构建整个系统的基本构造块。但是对于庞大的应用系统而言,其包含的类成百上千,再加上其间"阡陌交纵"的关联关系、多重性等,必然大大超出了人们可以处理的复杂度。因而 UML 引入了"包"这种分组机制,将相关的类集合成一个高内聚、低耦合的集合,用来描述大系统主要类之间的依赖。而且,除类外,任何其他模型元素也都可运用包的机制,如接口、构件、用例等。

包图是一种维护和描述系统总体结构模型的重要建模工具,通过对图中各个包以及包之间关系的描述,展现出系统模块间的依赖关系等。包图是保持系统架构简明清晰的工具,一个包可以包含其他的包。包图中各元语的定义、可视化图符、名称及其功能简述与类图中相同。包图显示类的包以及这些包之间的依赖关系,它们都是类图中的元素,因此包图是另一种类图,只是由于有包这一元素,所以称之为包图。在系统运行时并不存在包的实例,而类在运行时会有实例(即对象)存在。包可以既包含子包又包含类。

包图显示了包及其依赖,特别是当要了解大型系统主要成分之间的依赖关系时,包图极为有用。包用附有标签(左上角的小方框)的矩形表示,依赖关系用虚线箭头表示。当不需要显示包的内容时,将包的名字放入主方框内;否则将包的名字放入标签中,而将内容放入主方框内。如果两个包中的任意两个类之间存在依赖关系,则这两个包之间存在依赖关系。包的依赖关系是不传递的。电子购物系统的包图如图 6-27 所示。

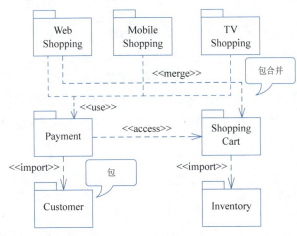

图 6-27 包图示例

3. 构件图

构件图用于静态建模,用于理解和分析信息系统各个部分之间的相互影响程度。在构件图中,将系统中可重用的模块封装为具有可代替性的物理单元,称为构件。构件作为系统中的一个物理实现单元,包括软件代码(源代码、二进制代码和可执行文件)或者相应的组成部分,例如,脚本或命令行文件等,还包括带有身份标识并有物理实体的文件,如运行时的对象、文档、数据库等。

构件用一个矩形框表示,如图 6-28 所示,左部一般带构件图标。定义良好的构件不直接依赖于其他构件,而依赖于构件所支持的接口。在这种情况下,系统中的一个构件可以被支持正确接口的其他构件替代。接口是被软件或硬件所支持的一个操作集。每个构件实现(支持)一些接口,并使用另一些接口,接口的表示法称为球形-托座图示法。构件实现的接口称为提供接口(球形),提供接口是给其他构件提供服务的;构件所需要使用的接口称为请求接口(托座形曲线),通过请求接口构件向其他构件请求服务。利用接口，可以避免在系统中各个构件之间直接发生依赖关系，有利于新构件的替换，保证了架构的灵活性。例如，只要接口不变，就可以将 Schedule 替换为其他构件。

图 6-28　构件图示例

4．部署图

部署图也称配置图、实施图，是用来显示系统中软件和硬件的物理架构。在部署图中，可以了解到软件和硬件组件之间的物理关系以及处理节点的分布情况。使用部署图可以显示运行时系统的结构，同时还传达构成应用程序的硬件和软件元素的配置和部署方式。

部署图由节点和关系两部分组成。有的部署图中也包含构件，但是构件必须在相对应的节点上，而不是孤立存在的。节点代表计算资源的类型，包括处理器、设备和操作系统，用立体的矩形框表示。节点可以嵌套节点。关系包括依赖和关联等。部署图采用描述符形式或者实例形式实现对软件系统在物理硬件上的分布进行建模，这对于软件安装工程师有重要的参考价值。图 6-29 给出了一个描述符形式的 Web 应用部署图。

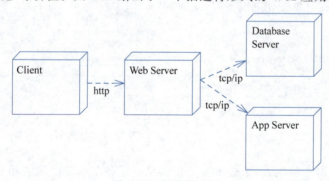

图 6-29　部署图示例

6.4.5　对象交互建模：顺序图和协作图

在 UML 中，使用交互（interaction）来对一个系统的动态方面建模，它通过描述所有共同完成某些动作的对象来静态地设置它的行为步骤。所谓交互，是这样一种行为，它由完成一定任务的一组对象之间交换的消息组成。交互涉及参与者和对象、消息、链、序列、创建和撤销等概念，一个交互也是由这些内容所组成的。

参与交互的对象既可以是具体的事物，也可以是一个原型化的事物。具体的事物来自于用例图，是参与者所扮演的一个角色。原型化的事物来自于类图，是用例中的内部对象，即类图中一个对象类的具体对象（也称为实例，instance），对于一个给定的抽象的对象类,可能会有无数个实例对象。当参与者和对象这两个概念的名字相同时很容易混淆,例如,有一个名叫客户的参与者,也有一个名叫客户的对象,前者扮演客户的角色,代表系统外部的、物理的人,而后者是"制品"(artifact),代表系统内部的虚拟的客户。

交互通过引入消息的动态序列作进一步的表示。消息就是传送信息的对象之间所进行的通信的详述、该信息带有对将要发生的行为的期望。消息所引起的动作是一个对业务行为的抽象而得到的可执行语句,一个动作将会引起对象的状态发生改变。

链(link)是对象之间的语义连接,是对象类关系的一个实例。每当一个类与另一个类之间有关联时,这两个类的实例之间就可能有链,每当两个对象之间有链存在时,一个对象就能向另一个对象发送消息,链指明了一个对象向另一个对象发送消息的路径。

当一个对象向另一个对象发送消息时,接收消息的对象可能会接下去发送消息给另一个对象,另一个对象又可能发送消息给下一个不同的对象,这些消息流就形成了一个序列。任何序列都有一个开始,只要任务不结束,消息序列就会继续。

多数情况下,参与交互的对象将在整个交互过程中存在,但是在某些交互的过程中对象可以被创建(由 create 消息来说明)和撤销(由 destroy 消息来说明)。链也一样,对象之间的关系可以建立和消失。

当对交互建模时,通常既要包括对象又要包括消息,交互图可用来可视化地表示交互中的对象和消息。所谓交互图,就是显示一个交互,由一组对象和它们之间的关系构成,其中包括在对象间传递的消息。交互图是一种侧重于系统动态性的视图,与用例图相比,就像人体的循环系统与人体结构的对比一样。交互图有两种具体的表示方法:顺序(sequence)图和协作(collaboration)图。顺序图是一种强调消息的时间顺序的交互图,在图形上,顺序图是一张表,其中显示的对象沿水平方向排列,而消息则沿垂直方向按时间顺序排序。协作图是一种强调发送和接收消息的对象之间的结构组织的交互图,在图形上协作图是顶点(参与交互的对象)和弧(对象间的链)的集合。顺序图和协作图都是交互图。在系统开发期间,可以使用这两种图或其中的一种。比如自顶向下方式倾向于先构造协作图以得到协作实现一个用例的所有对象的一个概貌;而自底向上方式则倾向于先构造顺序图,但这时往往不再会去构造其协作图。顺序图和协作图是同构的,这意味着它们之间可以相互转换而不丢失什么信息。

1. 顺序图

顺序图用来显示场景或用例的事件流中所发生的交互,它侧重于对消息时序的描述。在顺序图中有 4 个基本图形符号:参与者、对象、消息和生命线,如图 6-30 所示。

参与者参与某个用例中的某个场景。对象和对象类在图形上很易于区别,为了在对象类中标识特定的对象,只需在其名字上加一条下画线。图 6.30 中说明了命名一个对象的不同方法,一个对象可能是对象类中一个特定的标识,或者可能是泛指对象类中任意的一个对象,在交互图中显示的是对象而不是对象类。

对象的生命线(lifeline)是位于对象下面的一条垂直的虚线,表示一个对象在一段时间内存在,在交互图中出现的大多数对象存在于整个交互过程中,所以这些对象全部排列在图的顶部,并把发起交互的对象放在左边,较下级的对象放在右边,其生命线从图的

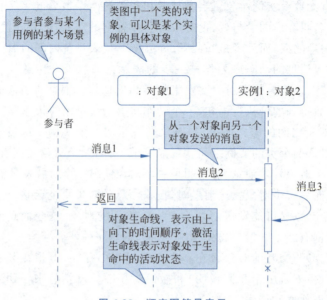

图 6-30　顺序图符号表示

顶部画到图的底部。但对象也可以在交互过程中创建,它们的生命线从接收到创建消息时开始,对象也可以在交互过程中撤销,它们的生命线在接收到撤销消息时结束,并以一个"X"标记生命的结束。例如,若在描述一个场景时有一个 Web 页面作为对象,那么这个 Web 页面只有当它在屏幕上时才作为一个对象存在,当浏览器窗口关闭或输入另一个 URL,则这个页面就不再处于活动状态即不再作为对象存在。与生命线相关的还有一种表示,这就是激活生命线(activation lifeline),它也称为控制焦点,用狭窄的矩形框表示,它表示一个对象执行一个动作所经历的时段,该动作可以是直接执行的动作也可以是通过下一级过程间接执行的动作,矩形的顶部表示动作的开始,底部表示动作的结束(可以用一个"返回消息"表示),即在这个狭窄的矩形区的描述期间,对象处于生命中的活动状态,否则处于闲置状态。

由于 OO 系统通过对象之间消息的传送来相互协作以完成工作,因此一个场景内由事件流定义的内部事件就变成了在对象和参与者或对象之间的消息。顺序图中的消息符号由两部分组成:消息被表示为一条有方向的线段、消息本身的内部由消息描述器描述。消息描述器的语法规则是:

[布尔条件]返回值 := 消息名(参数列表)

布尔条件用于确认该消息是否可以发送,如果判断的布尔条件为真值,则发送消息,否则不发送;若布尔条件缺省则默认为真值。消息名表示对象所请求动作的描述,接收消息的对象通过消息激活相应的方法并产生响应结果,消息名通常与所激活的方法的名称相同或具有相似的语法。参数列表是对消息更详细的描述,它作为所激活的方法的输入参数。返回值是对应于所请求动作的方法的响应,带有返回值的消息表示发送消息的对象在发送消息后等待响应。

图 6-31 为计算机中打印任务管理的顺序图示例,为了与协作图对比,消息上增加了

序号。设计顺序图时首先要识别出所有与场景有关的对象和参与者,仅使用在用例图中已标识过的参与者和在类图中标识过的对象类的对象,否则为保持一致性需修改相应的用例图和类图。其次,基于事件流,识别出每个需要在场景中发生的消息以及所发送、接收消息的对象,在识别接收消息的对象时,关键的一点是要记住对象的行为只针对它自身,即对象只能对自己做操作。例如,加入队列时,只有队列对象可以完成这件事件,打印服务和其他对象都不能够做到,因此需要有加入队列的消息。在识别发送消息的对象时,如果类图中的两个对象类之间有一对多的关联关系,那么通常基数是 1 的这一端的对象会创建并发送消息给基数是 N 的这一端的对象,如打印服务可能维护多个队列。再次,有关消息发送有无条件的限制以及消息的响应虽然最终要求做出描述,但在开发初期,应将精力集中在得到用于支持事件流的消息上,消息的细节可逐步完成。最后,按发生时间的先后正确地对这些消息排序,并把它们附在相关的参与者或对象的生命线上。

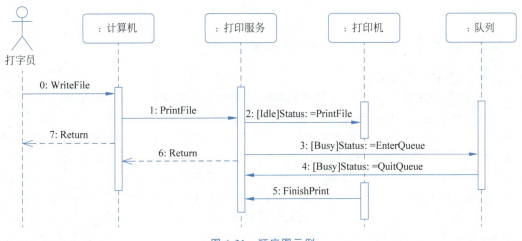

图 6-31　顺序图示例

2. 协作图

协作图用来快速浏览相互协作以支持一个特定场景的所有对象,顺序图侧重体现交互的时间顺序,协作图侧重于参加交互的对象之间关系的描述。协作图中的参与者、对象使用了顺序图中的图形符号,由于没有生命线表示场景中消息的时间性,所以用顺序号来表示每一个消息发生的先后次序,其消息描述器的语法格式是:

［布尔条件］顺序号 ：返回值 ：= 消息名(参数列表)

顺序号和返回值之间用冒号隔开。在对象之间或参与者和对象之间的链用一条实线线段表示消息符号中添加了表示序列概念的顺序号,没有生命线符号但使用了表示链的符号,计算机打印任务管理的协作图如图 6-32 所示。

由于顺序图和协作图都可描述对象间的交互关系,所以一般可以选择其中一种表示即可。如果需要强调消息的时序,则选用顺序图;如果需要强调交互对象的关系,则选用协作图。

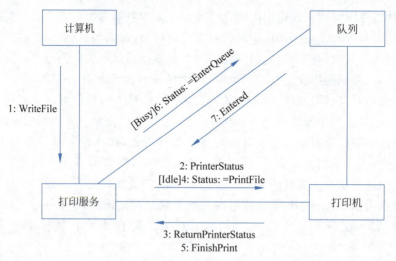

图 6-32 协作图示例

6.4.6 对象行为建模：状态图和活动图

1. 状态图

交互图（顺序图和协作图）以消息机制描述单个用例中多个对象的行为，而状态图适合于描述每个对象的内部逻辑，即描述一个对象跨多个用例的行为。状态图是用来描述单个对象生命周期的，状态图的基础是状态和事件之间的关系，状态是对象生命周期中某个特定阶段的一种条件或状况，通常需要持续一段时间，事件是触发状态转换的必备因素。一个对象在系统内以某种方式开始存在，处于某种状态，并且在某个事件的强制下，会从一个状态转换到另一个状态。所有对象都具有状态，状态是对象执行了一系列活动的结果，当某个事件发生后，对象的状态将发生变化。状态图描述一个特定对象的所有可能的状态以及引起状态转换（状态变化）的事件，一个状态图包括一系列状态、事件以及状态之间的转移。

在状态图中定义的状态可能有初态（初始状态）、终态（最终状态）、中间状态和复合状态。初态描述对象生命周期的开始阶段，用一个黑色实心圆表示。终态描述对象生命周期的终止阶段，用一个带圆形外框的黑色实心圆表示。在一张状态图中只能有一个初态，而终态则可以有 0 或多个，有时为了表述清楚，在不产生混淆概念的情况下，可以省去初态和终态。除了初态和终态外，状态用圆角的矩形表示。转换（transition）是两个状态之间的一种关系，表示在发生某个特定事件或满足某个特定的条件时处于第一个状态中的对象将执行一定的动作，并进入第二个状态。当对象发生这样的转变时，转换被称作激活了，在转换激活之前，称对象处于源状态，激活后，就称对象处于目标状态。例如，当 request（带有参数 floor、direction）这样的事件发生时，电梯可能会从"在大堂"状态转换到"上升"状态。转换用一个带箭头的实线段表示，还可以给转换添加标注，通过标注来描述引起状态转移的事件、条件和要执行的动作，标注的格式为：

事件名（参数列表）[条件]/动作

其中，事件名就是触发这个转换并引起对象离开源状态的事件的名称。为了使转换激活,触发事件要首先发生。条件是一个布尔表达式,当事件触发器被触发时对这个布尔表达式进行评估,若为真值则激活该转换;若为假值则该转换不激活或激活一个其他的转换(如果有的话),如果没有其他的转换被此事件所触发,则该事件丢失。动作是引起状态改变或值的返回的一个可执行的原子计算过程,该过程用动作表达式描述,动作可以直接作用于对象,也可间接作用于对该对象可见的其他对象,动作是原子的,这意味着它不能被事件中断,并因此一直执行到完成,相对于状态来说,动作的持续时间很短暂。参数列表中的参数可能是转换动作自身或目标状态中的动作所需要的。图 6-33 是一个状态图示例,描述了电梯控制器对象在上升、下降、等待楼层号和归航(在规定时间内没有请求,回到底层)用例中的行为。

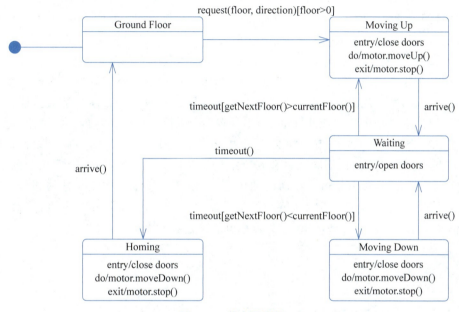

图 6-33 状态图示例

状态图中具有许多可以帮助用来描述复杂行为模型的高级特征,这些特征可减少使用状态和转换的数量。这些高级特征包括进入/退出动作、内部转换、活动、子状态等,它们通常作为一个状态的组成部分,在图形上,它们被放在表示状态的圆角矩阵内的状态名称的下面。进入/退出动作是指,当不管什么转换进入一个状态时,都要执行同一个动作;同样地,当不管什么转换离开一个状态时,也都会去执行同一个动作,分别用 entry/exit 表示。内部转换就是对象处于一个状态而不离开该状态的一种转换。当对象处于一个状态时,它一般是空闲的,在等待一个事件的发生;它也可能在做着某些活动,并一直继续到被一个事件所中断,用 do 转换来描述执行了进入动作后在一个状态内部所做的工作。子状态是嵌套在一个状态中的状态,没有子状态的状态称为简单状态,一个含有子状态(嵌套状态)的状态称为组合状态,一个子状态仍然可以是组合状态。例如,电梯转换到"上升"状态时,进入动作是"关门",退出动作是"停机",活动是"上升"。

通常,状态图是对类图的补充。实际使用时,并不需要为每个类都画状态图,仅需要为那些有多个状态,且其行为在不同状态有所不同的类画状态图。大多数面向商业的应用中需要状态图。

2. 活动图

活动图是 UML 用于对系统的动态行为建模的另一种常用工具,它描述活动的顺序,展现从一个活动到另一个活动的控制流。活动图本质上是一个流程图,称为"OO 流程图",与流程图表示法的主要区别是,活动图支持并行行为。活动图可以用于需求获取、分析和设计的工作流中,最常用于把用例建模为一系列的动作,从而细化用例。

活动图的实例如图 6-34 和图 6-35 所示。活动图适合描述系统中多个对象跨多个用例的活动顺序。活动用一个圆角矩形表示,并标上活动名,一项活动指的是一系列动作。初始点描述活动图的开始状态,用一个黑色的圆标识。终止点描述活动图的终止状态,用一个带圆圈的黑色圆表示。分叉(fork)有一个入流和几个并发的出流,并发动作同步执行,执行的顺序无关紧要,用一个粗实线段表示同步条开始。汇合(join)指明分叉产生的并行活动必须同步完成,才能进行后续活动,即仅当其所有的入流均已到达,才能处理出流,用一个粗实线段表示同步结束条。分支(decision)用一个带有单个入流和多个出流的菱形表示,每一出流有一监护(置于两个方括号之间的一个布尔表达式),监护间必须互斥,以只取一个出流。合并(merge)用具有多个入流和单个出流的菱形表示,标志由分支引发的条件行为的结束。如果需要描述动作是由谁完成的,则可以采取划分(partition)的方式,从而将不同对象和其所执行的动作分成一组,在一个区域中画出,区域之间用线段分隔,称为泳道。在活动图中,每个泳道通过垂直实线与他的邻居泳道相分离。泳道的上方是名称,不同泳道中的活动既可以顺序进行,也可以并发进行。虽然每个活动状态都指派了一条泳道,但是转移可能跨越数条泳道。

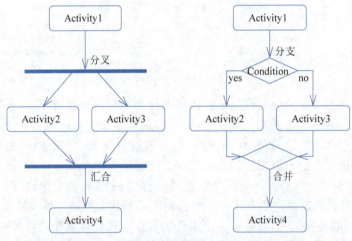

图 6-34 活动图实例

活动图是描述系统在执行某一用例时的具体步骤的,它主要表现的是系统的动作,描述的是整个系统的事情。

与状态图的主要区别在于:活动图的主要目的是描述动作及对象的改变结果,而状态图则是以状态的概念描述对象、子系统、系统在生命周期中的各种行为。活动图中的状态转换不需要任何触发事件。活动图中的动作可以放在泳道中，而状态图则不可以。图 6-35 是一个用户登录的普通活动图示例。

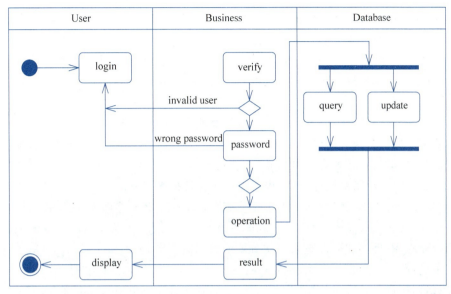

图 6-35　活动图实例

本章思维导图

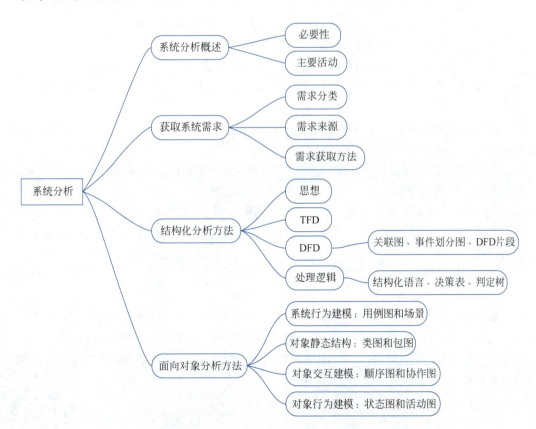

习题 6

1. 简述系统分析的必要性。
2. 系统分析的主要活动包括哪 5 方面？
3. 以你参加的项目为例，简述采用了哪些需求分析方法来获取系统的需求？
4. 简述结构化分析方法和面向分析方法的主要区别。
5. 绘制业务流程图的基本步骤有哪些？
6. 某仓库管理系统按以下步骤进行信息处理，请画出数据流程图。

(1) 保管员根据当日的出库单和入库单通过出库处理和入库处理分别将数据输入到"出库流水账"和"入库流水账"，并修改"库存台账"。

(2) 根据库存台账由统计、打印程序输出库存日报表。

(3) 需要查询时，可利用查询程序在输入查询条件后，到库存台账去查找，显示查询结果。

7. 根据以下需求描述，设计出该信息系统的事件列表，并设计出该系统的关联图和事件划分模型图(即对关联图进行一次分解的数据流程图)。

某采购部门业务过程需求描述：采购员收到"采购单"后，先查阅"订货清单"，若该项采购已订货，则向供货单位发"催货单"，否则填写"订货单"，并发给供货单位。

验收员收到"到货通知"后，立即进行验收，若验收不合格，则进行退货处理，并向供货单位发"退货单"；验收合格后，填写"入库单"，将货物送仓库。

经理进行订货统计查询，输入统计时间段，可得到该时间段内的"订货统计报表"。

8. 根据以下需求描述，设计出该信息系统关于订货处理的决策表。

某采购部门订货过程决策流程：

如果库存量小于 1000，则启动订货处理，最少订货 700 件。

如果近 5 天销售量大于等于 1000，供方折扣大于(含)20%，则订货 2000 件，如折扣小于 20%，订货 1000 件。

如果近 3 天销售量大于等于 1000，供方折扣大于(含)20%，则订货 3000 件，如折扣小于 20%，订货 1500 件。

9. 在柜员机系统验证用户信息的过程中，涉及用户、读卡器、屏幕、账户实体对象等，其中账户实体对象保存了卡号、密码、存款余额等数据。具体业务过程如下：用户插入卡，读卡器读卡并发消息给屏幕，屏幕显示密码输入界面，用户输入密码，屏幕获取密码后发消息给账户实体对象，账户实体对象验证卡号和密码，并将结果反馈给屏幕，屏幕显示验证成功与否信息。

(1) 请画出用例图。

(2) 请画出顺序图。

10. 在"教研室图书资料信息管理系统"中，"图书资料对象"是核心管理对象。"图书资料对象"所经历的用例包括"新资料登记""资料借阅""资料归还""资料信息维护""资料报废"等。请参考该用例，设计"图书资料对象"的状态，并设计状态之间的转换，绘制该对象的状态图。

第 7 章 系统设计

在系统分析之后,就是系统设计阶段。系统设计将以系统分析所得到的逻辑模型为基础,面向系统如何构建,设计系统解决方案。也就是说,将面向系统做什么的"问题空间"向面向系统如何做的"求解空间"进行映射,从而得到新系统的物理模型。

在这个阶段将根据新系统逻辑模型中提出的各项功能要求,结合实际条件,科学、合理地提出新系统的实施方案,解决"系统怎样做"的问题;同时为下一步系统实施的人员以及各项工作提供完整清楚的设计文档。

7.1 系统设计概述

系统分析面向用户及用户需求等问题域,无须考虑具体的实现细节。系统设计则是在系统分析的基础上,面向信息系统及其实施,系统设计作为 SDLC 的一个工作阶段,从实现的角度对系统的所有组成成分进行描述、组织和构造,将系统分析模型转换成一个具体的计算机解决方案的物理模型。

系统设计就像建造一座房子需要一套蓝图一样,在施工队开始施工去建造一座房子之前,必须先为其勾画出相应的设计蓝图,这个蓝图既包括对该房子的不同的组成成分及其结构的描述,也包括对该房子的房间、墙壁、窗户、楼层、布线、管道等各个具体部件的细节描述。系统开发从工程角度与建造一座房子的过程一样,系统设计就是为新系统的实施组织与构造实施蓝图,设计和明确系统解决方案的各个组成部分。

在具体讨论如何进行系统设计之前,首先要了解进行系统设计的先决条件是什么,也就是系统设计中用什么作为其输入?系统设计主要应该包括哪些内容?完成系统设计的活动之后又应该达到什么目标,也就是系统设计的最终文档是什么?

7.1.1 系统设计原则

为了保证系统设计的质量,在系统设计时要遵循以下原则。

(1) 系统性原则。信息系统是一个有机整体。因此,要从整个系统的角度进行考虑,系统中的信息代码要统一,设计规范要统一、标准,对系统的数据采集要做到完全一致、全局共享,使一次输入得到多次利用,系统功能应尽量完整。

(2) 灵活性原则。信息系统的管理是需要修改和维护的。因此系统设计人员要有一定的预见性,要从通用的角度考虑系统设计,系统应具有较好的开放性和结构可变性,采用模块化结构,提高各模块的独立性,尽可能减少模块间的耦合,使各子系统间的数据依赖减至最低限度。

(3) 可靠性原则。可靠性是指系统抵御外界干扰的能力及受外界干扰时的恢复能力。一个成功的管理信息系统必须具有较高的可靠性,如安全保密性、检错及纠错能力、抗病毒能力、系统恢复能力等。

(4) 经济性原则。经济性指在满足系统需求的前提下,尽可能减小系统的开销。一方面,在硬件投资上不能盲目追求技术上的先进,而应以满足应用需要为前提;另一方面,系统设计中应尽量避免不必要的复杂化,各模块应尽量简洁,以便缩短处理流程,减少处理费用。

(5) 管理可接受的原则。一个系统能否发挥作用和具有较强的生命力,在很大程度上取决于管理上是否可以接受。因此,在系统设计时,要考虑到用户的业务类型、用户的基础管理工作、用户的人员素质、人机界面的友好程度、掌握系统操作的难易程度等诸多因素的影响,设计出用户可接受的系统。

7.1.2　系统设计的目标

系统设计的目标是在保证实现逻辑模型功能的基础上,尽可能提高目标系统的性能,将分析阶段所获得的系统逻辑模型,转换成一个具体的计算机实现方案的物理模型,包括计算机物理系统配置方案报告和一份系统设计说明书。系统设计的目标是评价和衡量系统设计方案优劣的基本标准,也是选择系统设计方案的主要依据。评价与衡量系统设计目标实现程度的主要指标有以下几方面。

1. 系统的可靠性

系统的可靠性是对系统的基本要求。对系统的外界干扰来自很多方面,大致可分为对硬件的干扰、对软件的干扰以及对数据的干扰。这些干扰可能是无意的操作错误或恶意的侵入与删改,也可能是外界不可控因素造成的。提高系统的可靠性可以从系统的硬件、软件和运行环境及运行规程等多方面综合考虑。要选用可靠性较高的设备,在软件中设置各种检验及保证措施,以防止误操作和非法使用,要设置各种安全保证措施,要有明确的规章制度及运行规程。

下面介绍几种常用的系统可靠性度量指标。

定义 7-1　平均故障间隔时间(Mean Time Between Failure,MTBF)是指系统前后两次发生故障的平均时间,反映了系统安全运行的时间。

定义 7-2　平均维护时间(Mean Time To Repair,MTTR)是指发生故障后平均每次修复所用的时间,反映了系统可维护性的好坏。

定义 7-3　系统可靠性=MTBF/(MTBF+MTTR)。

2. 系统的可变更性

系统的可变更性指系统的可维护性或可修改性。系统投入运行以后,由于系统的环境和条件会不断变化,系统在设计上的缺陷和功能上的不完善,以及在使用过程中出现的硬件、软件故障等都会影响系统的正常运行。因此,系统就要不断修改和完善。可变更性强的系统便于维护、便于扩充完善。软件设计水平是影响系统可变更性的主要因素。结构化模块设计、提高数据存储结构规范化程度、系统功能设计的前瞻性等都是提高系统可变更性的重要措施。

通常可以将系统的可变更性分为以下 4 类。

- 可扩展性。系统扩展新的模块时,对其他模块的影响程度。
- 可维护性。系统修改旧的模块时,对其他模块的影响程度。
- 结构重组。重新组织系统模块结构和关系的难易程度。
- 可移植性。在不同的硬件平台、网络、编程语言、数据库、操作系统之间移植的难易程度。

3. 系统的效率

系统的效率可以通过系统对处理的响应时间或单位时间内处理的业务量来衡量。系统的效率主要与硬件平台的选择、系统软件的性能、参数的设置情况、应用软件结构设计的合理性及中间文件调用的次数和数量等因素有关。

常用的系统效率度量指标如下。

QPS(Queries Per Second)——每秒处理的查询请求数。
TPS(Transactions Per Second)——每秒处理的事务数。
并发数——同一时刻处理的请求数/事务数。
响应时间——系统对请求做出响应的时间。

4. 系统的通用性

系统的通用性是指同一软件系统在不同使用单位的可应用程度。提高软件系统的通用性,可以扩大它的应用范围,降低研发成本,减少系统扩充时的工作量和费用,增强系统的生命力。这一指标对于商品化软件尤为重要。为了提高系统的通用性,要进行充分的系统分析,使业务处理过程规范化、标准化、完善化。

5. 系统的工作质量

系统的工作质量是指系统处理数据的准确性、输出各种信息的易懂性和系统操作的方便性等。系统的工作质量和系统的硬件设备及软件质量有直接关系。系统设计阶段的各项工作几乎都与系统的工作质量有关,直接影响系统的使用效果。因此,在系统设计时既要考虑到实现系统功能的要求,又要考虑到使用者的要求和反应。

7.1.3 系统设计阶段的主要活动

在系统分析阶段,建立了面向需求的各种模型和文档,通过建模来表示问题域中的现实世界,并理解其业务过程以及业务过程所使用的信息。建模的过程同时也是一个分析的过程,把一个综合的、复杂的业务需求分解成若干个较小的、易于理解的组成元素。通过建立需求模型对问题域中的业务知识进行合理的组织和结构化,并编制成文档。结构化分析方法的主要模型包括事件列表、业务流程图、数据流程图等,面向对象分析方法同样也建立了事件列表模型,同时还开发了类图、交互图和状态图等模型。无论是哪一种开发方法,在系统分析阶段所形成的相应的一系列模型和文档都是系统设计阶段工作的必备基础,可看作开展系统设计活动的"输入",如图7-1所示。

系统设计的目标是描述、组织和构造作为系统最终解决方案的各个组成部分,系统设计的过程本质上也是一个建模的过程。相对来说,系统设计是一种更偏向于技术性的工作,因此要求有更多的系统分析员和其他技术人员参与,而用户人员则无须过多涉及。对信息系统这样的复杂系统,要进行设计首先需要把整个系统分成几个主要的部分,图7-2描述了这些不同的组成部分是如何协调在一起工作的,各个部分只有有机地协调在一起才能体现出整个系统的能力,这就要求在完成相应的设计活动的同时,还需要考虑这些设计部件之间的相互集成性。

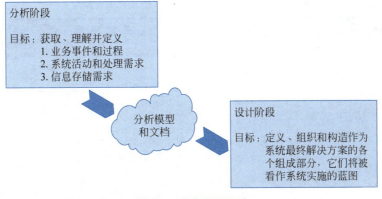

图 7-1　从分析到设计

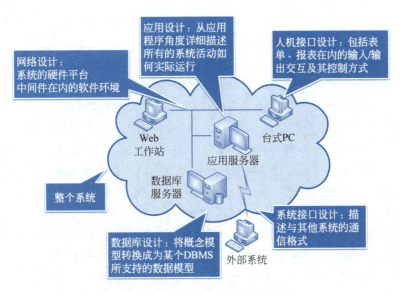

图 7-2　系统解决方案的主要组成部分

每项设计活动都要有详细的最终设计文档,就像一栋房子的建筑图纸要有一些不同的文件材料一样,一个系统设计也要包括一套详细说明整个系统的文档,而且这些设计文档间还必须具有高度的内部一致性,这样才能体现出具有整体性系统的各个组成部分的有机集成。

系统设计过程中的诸多活动一般被分成两大类:抽象层次较高的总体结构设计(architectural design)和抽象层次较低的详细设计(detailed design)。总体结构设计首先决定了系统的整个框架结构,如网络的集成与设计、系统应用程序体系结构设计等可看作总体结构设计类的活动,而详细设计则包括具体的诸如人机界面、系统控制的设计。其实把一个活动归类到哪一个层次并不是很重要,何况有些活动是并行的或者是交织在一起的,例如,在设计数据库的同时也可以进行用户界面的设计,重要的是这个过程本身的"先整体、后局部"性,必须体现"自顶向下"的设计策略。表 7-1 提供了系统设计阶段各种活动的一个简单描述。

表 7-1　系统设计阶段的各种活动及其关键问题

设计阶段活动	关　键　问　题
网络的设计与集成	是否已经详细指定了系统的各部分是如何在整个组织内部进行通信的
应用程序体系结构设计	是否已经详细指定了每个系统活动是如何被实际完成的
数据库的设计与集成	是否已经详细指定了系统是如何以及在哪儿存储系统所需的所有信息的
用户界面的设计	是否已经详细指定了系统的所有用户是如何与系统进行交互的
系统接口的设计	是否已经详细指定了系统是如何与组织内外的所有其他系统一起运行的
系统控制的设计与集成	是否已经详细指定了如何才能确保系统正确运行和具有足够的安全性
功能模块(类方法)的详细设计	是否已经详细指定了完成每个功能模块活动(对象如何响应消息)的内部细节

(1) 网络的设计与集成。有时一个新系统是与一个新网络一起实施的,这时就需考虑网络设计;有时不是设计一个网络,而是项目组必须根据机构的全面战略规划把新系统集成到现有的网络中。网络设计需要参考信息系统的体系架构和网络拓扑结构进行分析和设计。在完成"网络的设计与集成"活动后,需要回答的关键问题是:是否已经详细指定了系统的各个部分是如何在整个组织内部进行通信的?

(2) 应用程序体系结构设计。应用程序体系结构由执行系统功能的若干软件模块组成,也可以看作由基于事件驱动的一系列交互对象组成,该结构能详细指明所有的系统活动如何实际运行,这些活动在系统分析阶段被描述为逻辑模型,另外,应用程序结构的设计还必须与数据库、用户界面相关联。当完成了"应用程序体系结构设计"活动后,需要回答的关键问题是,是否已经详细指定了每个系统活动是如何被实际完成的?

(3) 数据库的设计与集成。数据库设计首先要确定所使用的数据库的类型和数据库管理系统,然后将分析阶段所创建的数据模型转换成数据库的物理模型。另一个关键方面是确保新数据库和现有数据库适当地结合在一起。另外,系统的有些技术需求与数据库的性能表现有直接关系(比如响应时间),因此数据库设计还需依靠系统的体系结构。数据库设计的理论和工具将在第 8 章介绍。在完成了"数据库的设计与集成"活动后,需要回答的关键问题是:是否已经详细指定了系统是如何以及在哪儿存储系统所需的所有信息的?

(4) 用户界面的设计。用户界面的设计定义了用户将如何与系统进行交互,随着信息系统对交互性、易于访问性的需求越来越多,它的设计正成为系统设计的一个很重要的组成部分。系统开发人员应该记住"对于系统的用户来说,用户界面就是系统",用户界面不仅仅只是屏幕,而是用户使用系统时所接触到的任何事物,包括概念上的、感觉上的和实际存在的,因此用户界面并不是系统的附加组件。在完成了"用户界面的设计"活动后,需要回答的关键问题是:是否已经详细指定了系统的所有用户是如何与系统进行交互的?

(5) 系统接口的设计。没有哪一个信息系统是孤立存在的,当系统运行时,各个相对独立的系统之间将不断地进行信息交换。使系统共享信息的部分就是系统接口,新系统与每个系统的接口都需仔细设计,比如新系统需要考虑这样的接口,以便和一个购买并已经安装了的应用程序进行通信。在完成了"系统接口的设计"活动后,需要回答的关键问题是:是否已经详细指定了系统是如何与组织内外的所有其他系统一起运行的?

(6) 系统控制的设计与集成。系统控制要求系统能够有足够的安全防范措施以保护系统的所有资源。系统控制的设计往往与其他设计活动交织在一起,网络控制确保基于网络的通信受到保护,应用程序结构确保系统的所有事务处理能正确完成,数据库控制确保数据不会受到未授权用户的访问或由于设备故障所造成的意外损失,用户界面控制把对系统的访问权限授权给用户,系统接口控制确保其他系统不会对该系统有损害。在完成了"系统控制的设计与集成"活动后,需要回答的关键问题是:是否已经详细指定了如何才能确保系统正确运行和具有足够的安全性?

(7) 功能模块(类方法)的详细设计。针对应用程序体系结构中的每个软件模块(对象类)。在完成了"功能模块(类方法)的详细设计"活动后,需要回答的关键问题是:是否已经进行设计和说明详细指定了完成每个功能模块活动(对象如何响应消息)的内部细节?

系统设计活动的输出是一系列与系统目标一致的定义为系统解决方案各个不同组成部分的模型及文档,这些模型及文档构成了系统的物理模型,反映"系统如何做"的问题。

与系统分析一样,不同的开发方法对系统设计过程的技术支持不同,所形成的设计模型也就不同。在图 7-3 中,对两种不同的方法而言,有一部分模型非常相似,而有些模型则完全不同。比如对用户界面来说,不管是结构化设计方法还是面向对象设计方法,有关菜单、表单、报表以及其他人机对话界面等都使用了很多相同的技术。但就应用程

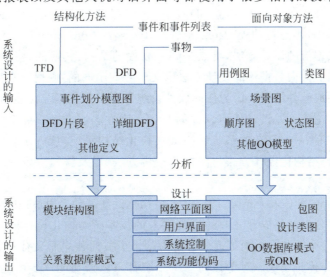

图 7-3 结构化方法和面向对象设计方法系统模型

序结构设计而言,结构化设计技术和面向对象设计技术则有着本质的不同,用结构化方法进行的应用程序设计提供的是基于系统功能的体系结构,具有典型的"输入—处理—输出"(IPO)模型特征,而面向对象设计方法建立的则是基于一系列交互对象的体系结构,强调的是实时性、事件驱动等应用特征。面向对象方法与结构化方法不同,不是按照传统的 SDLC 瀑布模型开发,因此面向对象的分析和设计阶段之间的界限比较模糊。例如,在类图设计中,类的属性和操作基本上在 OO 分析阶段就已经确定,OO 设计阶段会更多地关注接口、消息的实现以及对象到关系的映射等问题。因此,设计模式将对 OO 设计更加具有指导意义。

7.2 系统结构的结构化设计方法

系统结构设计也称系统总体结构设计,是指根据系统分析阶段确定的新系统的目标和逻辑模型,科学合理地将系统划分成若干个子系统和模块,确立模块间的调用关系和数据传递关系。在系统分析阶段,已经进行了初步的子系统划分,本阶段是从计算机实现的角度出发,对系统分析阶段划分的子系统进行校核,使其界面更加清楚和明确,并在此基础上,以系统的逻辑功能和数据流关系为基础,借助一套标准的设计准则和图表工具,通过"自上而下"和"自下而上"的多次反复,把系统分解为若干个大小适当、功能明确、具有一定的独立性且容易实现的模块。从而将复杂系统的设计转变为多个简单模块的设计。合理地进行模块的分解和定义,是系统结构设计的主要内容。

系统结构设计的好坏将直接影响系统的质量和整体特性,在系统结构设计中要牢记"整体大于部分之和"思想,力求系统的整体性能最佳而不是各个局部性能最佳。

7.2.1 结构化设计方法

系统结构设计在技术上有相当的难度,为此需要有一定的设计方法和设计工具来指导。结构化设计(Structured Design,SD)方法是使用最广的一种设计方法,是 20 世纪 70 年代中期由美国 IBM 公司的 W. Stevens、G. Myers、L. Constantine 与 E. Yourdon 等提出的一种面向数据流的设计方法,重点是确定软件的结构,其目的是提出满足软件需求的最佳软件结构。面向数据流的设计方法定义了一些不同的"映射",利用这些映射可以把数据流图变换成软件结构。因为任何软件系统都可以用数据流图表示,所以面向数据流的设计方法理论上可以设计任何软件的结构。该方法适合于软件系统的总体设计和详细设计,特别是将一个复杂的系统转换成模块化结构系统,该方法具有它的优势。在使用过程中,可将结构化设计方法与结构化分析方法,以及编程阶段的结构化程序设计方法前后衔接起来。

根据 Yourdon 和 Constantine 的定义,"结构化设计就是采用最佳的可能方法设计系统的各个组成部分以及各成分之间的内部联系的技术。"结构化设计的基本思想是使系统模块化,即把一个系统自上而下逐步分解为若干个彼此独立而又有一定联系的组成部分,这些组成部分称为模块。对于任何一个系统都可以按功能逐步由上到下、由抽象到具体,逐层将其分解为一个多层次的、由具有相对独立功能的模块所组成的系统。结构化设计的工作过程可分为两步：第一步是根据数据流程图导出系统的初始结构，第二步是对初始结构图进行优化。

SD方法具有以下特点。

(1) 设计结果是相对独立、功能单一的模块结构。结构化设计的基本思想是将系统设计成由多个相对独立、功能单一的模块组成的结构。因此，对于复杂的系统，可以用分解的方法予以简化。由于模块之间相对独立，每一模块可以单独地被理解、编写、测试、排错和修改，从而有效地防止错误在模块之间扩散蔓延，提高了系统的质量（可维护性、可靠性等）。因此，大大简化了系统研制开发的工作。

(2) 有一组基本的设计原则与方法。在从数据流程图导出初始结构图时，有确定的方法可以遵循。如变换型或事务型设计方法。

(3) 有一组评价标准和质量优化技术。"高内聚、低耦合"是结构化设计中衡量模块"相对独立"性能的标准。对于模块内聚性的衡量及块间联系紧密程度的度量都有明确的标准及优化的技术。

(4) 采用模块结构图的描述方式。模块结构图是结构化设计的主要工具，它不仅可以表示一个系统的层次结构关系，还反映了模块的调用关和模块之间数据流及控制流的传递关系等特性。

7.2.2 模块和模块化

模块是系统结构中的基本组成单位，模块化是进行系统结构设计的重要指导思想。

模块（module）是组成目标系统逻辑模型和物理模型的基本单位，是可以组合、分解和更换的单元。在结构化程序设计中，模块可典型地表现为一个函数、过程或子程序，而且这些模块之间通常是以树状结构表示的层次关系进行组织的。应用程序结构由执行系统功能的若干个模块组成，系统中任何一个处理功能都可以看成是一个模块。模块（功能）的大小是相对的，也就是说，模块可以组合和分解，一般称系统的顶层模块为主模块或主控模块，处于系统中间层的模块为控制模块，处于系统最低层的模块为执行模块或工作模块，这些端节点模块可以表现为一个具体的计算算法或一个处理逻辑，甚至是手工操作过程的某项具体工作。

应用程序结构中的模块具有以下3个特征。

(1) 功能特征说明模块所能体现的功能。

(2) 逻辑特征刻画模块的内部逻辑，即其功能是如何实现的。

(3) 状态特征描述模块使用的环境条件，即与其他模块之间的相互调用及接口关系。

一个模块应具备4个要素。

(1) 输入和输出。模块的输入来源和输出去向通常都是同一个调用者，即一个模块从调用者那里取得输入，进行加工后再把输出返回调用者。

(2) 处理功能。指模块把输入转换成输出所做的工作。

(3) 内部数据。指仅供该模块本身引用的数据。

(4) 程序代码。指用来实现模块功能的程序。

前两个要素是模块的外部特性,反映了模块的外貌,后两个要素是模块的内部特性。在结构化设计中,主要考虑的是模块的外部特性,其内部特性只做必要了解,具体的实现将在系统实施阶段完成。

模块化(modularization)是把系统分割成能完成独立功能的模块,明确规定各模块的输入输出规格,使模块的界面清楚,功能明确,每个模块可独立命名。几乎所有的软件体系结构都体现了模块化的思想,即把软件划分为多个模块,每个模块完成一个子功能,当把所有模块组装到一起成为一个整体时,便可以完成指定的功能。采用模块化思想的优点如下。

(1) 可以减少复杂性。模块化可以使软件结构清晰,容易设计,容易阅读和理解,容易测试和调试。

(2) 可以提高软件的可靠性和可维护性,因为变动往往只涉及少数几个模块。

(3) 有助于软件开发工程的组织管理。一个复杂的大型程序可以由许多程序员分工编写不同的模块,并且可以进一步分配给熟练的程序员编写困难的模块。

模块化可以降低解决问题的复杂度,从而降低系统开发的工作量。但是不是模块划分得越多越好呢?对问题 P_x,其复杂度 $C(P_x)$ 和工作量 $E(P_x)$ 有一个基本规律,即:若 $C(P_1) > C(P_2)$,则 $E(P_1) > E(P_2)$。这样,若一个问题由两个问题组合而成,则它的复杂程度大于分别考虑每个问题的复杂程度之和,即

$$C(P_1 + P_2) > C(P_1) + C(P_2)$$
$$E(P_1 + P_2) > E(P_1) + E(P_2)$$

可以推论,当一个系统问题有 n 个独立元素时,一般有

$$C(P_1 + P_2 + \cdots + P_n) > C(P_1) + C(P_2) + \cdots + C(P_n)$$
$$E(P_1 + P_2 + \cdots + P_n) > E(P_1) + E(P_2) + \cdots + E(P_n)$$

但是,当模块数量增加时,模块之间接口的数量和复杂程度也会增加,因此系统总成本反而会增加,如图 7-4 所示,系统开发的最小成本区一般是在模块数目适中的位置。

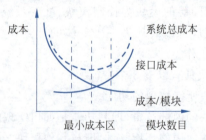

图 7-4 系统总成本与模块数目的关系

7.2.3 模块结构图

模块结构图(Module Structure Chart,MSC)是用于描述系统模块结构的图形工具,它不仅反映系统功能模块的层次分解关系,而且反映模块之间的调用关系,以及数据信息和控制信息的传递关系,并定义了各个模块的名字、功能和接口。

模块结构图是结构化设计中描述系统模块结构的图形工具。模块结构图能严格地定义模块的名字、功能和接口，同时还能在模块结构图上反映出结构化设计的思想。模块结构图由模块、调用、数据、控制等基本符号组成，如图 7-5 所示。

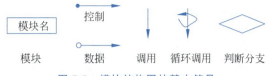

图 7-5 模块结构图的基本符号

（1）模块：在模块结构图中，用长方形框表示一个模块，长方形中间标上能反映模块处理功能的模块名字。模块名通常由一个动词和一个作为宾语的名词组成。

（2）调用：在模块结构图中，用连接两个模块的箭头线表示调用，箭头总是由调用模块指向被调用模块，但是应该理解成被调用模块执行后又返回到调用模块。

若一个模块是否调用一个从属模块由调用模块内部的判断条件决定，则该调用称为模块间的判断调用，采用菱形符号表示。若一个模块通过其内部的循环功能来循环调用一个或多个从属模块，则该调用称为循环调用，用弧形箭头表示。

调用、判断调用、循环调用和数据流动在模块结构图中的表示方法如图 7-6 所示。

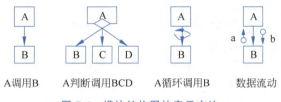

图 7-6 模块结构图的表示方法

（3）数据：当一个模块调用另一个模块时，调用模块可以把数据传送到被调用模块处进行处理，而被调用模块又可以将处理的结果数据送回到调用模块。在模块之间传送的数据，使用与调用箭头平行的带空心圆的箭头表示，并在旁边标上数据名。

（4）控制信息：为了指导程序下一步的执行，模块间有时还必须传送某些控制信息。例如，数据输入完成后给出的结束标志，文件读到末尾所产生的文件结束标志等。控制信息与数据的主要区别是前者只反映数据的某种状态，不必进行处理。在模块结构图中，用带实心圆点的箭头表示控制信息。

结构化方法是一种面向过程的开发方法，但是不管多么复杂的模块结构图，都可以根据"输出-处理-输出"这一基本特征发现出一些简单的规律，如图 7-7 所示。利用这些规律有助于构造和理解一个模块结构图。

（1）传入结构。传入结构（afferent structure）的数据流大多具有由下而上的特征，表现为系统数据的输入。低层模块接收数据传递给上层模块，上层模块经过适当加工、组织或不经任何处理再传递给其上层的模块。例如，数据库的数据导入功能，就是典型的传入结构，使用百度网盘上传本地数据，属于传入结构的应用。

（2）传出结构。传出结构（efferent structure）正好和传入结构相反，传出结构的数据流大多具有由上而下的特征，表现为系统数据的输出。例如，数据库的数据导出功能，就

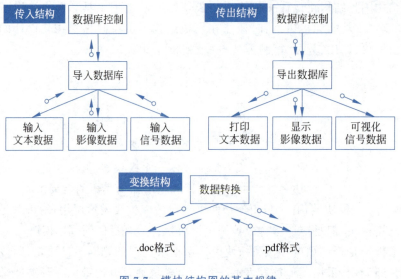

图 7-7 模块结构图的基本规律

是典型的传出结构,使用导航信息系统将规划的路径作为地图导出,属于传出结构的应用。

(3)变换结构。变换结构(transform structure)的特征是下层模块从上层模块接收数据,进行各种变换处理后,再把处理的结果传递给同一个上层模块。例如,信息系统的数据格式转换功能,属于典型的变换结构,地理空间情报系统中经常要将原始的雷达图像解译为具有意义的目标数据,这就是变换结构的应用。

7.2.4 模块结构图的构造

结构化分析的结果是 DFD 模型,MSC 的构造需要依据 DFD 进行模块分解。模块分解是根据目标系统数据流程图的分解过程,遵照模块分解的原则,将系统处理逐层分解的过程。一个合理的子系统或模块划分,应该是内部联系强,子系统或模块间尽可能独立,接口明确、简单,尽量适应用户的组织体系,有适当的共用性。为了能够合理地划分系统的各个模块,使其具有较强的独立性,在划分模块时要遵循的总的原则是:尽量把密切相关的子问题划归到同一模块;把不相关的子问题划归到系统的不同模块。分解完成的系列处理模块,应反映数据流程图所规定的各项任务和处理顺序,但并非一定是数据流程图中各处理模块的简单排列,而是根据模块分解基本原则所进行的优化分解的结果。

模块分解没有固定的答案,通常情况下,各子系统都会设立原始数据的输入模块、查询模块、报表输出模块、统计分析模块,以及其他特殊处理模块,另外,还会设立系统管理模块,用于系统的初始化、数据备份、系统用户的管理。模块分解首先根据顶层数据流程图的分解情况,将目标系统分解成若干子系统;然后根据各子系统的分解过程,将子系统逐步分解为若干按层次分布的模块;接着按照模块分解的基本原则,优化模块分解,调整模块调用关系;最后绘制系统层次化模块结构图。

模块结构图的构造过程就是模块化的过程,即把应用程序划分为若干个功能模块,每个模块完成一个子功能,把这些模块有机地集总起来组成一个整体,以满足指定求解问题的要求。根据上述介绍,模块结构图呈树状结构,由树根(根节点模块)和若干个树枝(子树节点模块)构成,模块结构图的开发同样需体现结构化方法的思想,即"自顶向下、逐步求精"。与系统分析相比,系统设计只不过是逐步加入具体实现细节的过程,也就是在较低的抽象层次上进行工作的过程。

在给出 MSC 具体构造过程之前,首先要认识 DFD 的两种基本类型。无论数据流程图如何庞大复杂,其信息流都可分为变换流和事务流。信息流的类型将决定 DFD 映射到 MSC 的方法。

1. 变换流

变换流(transform flow)的 DFD 是一个线性结构,由输入、变换和输出 3 部分组成,如图 7-8(a)所示。信息沿输入通路进入系统,同时由外部形式变换成内部形式,进入系统的信息通过变换中心,经加工处理以后再沿输出通路变换成外部形式离开软件系统。当数据流图具有这些特征时,这种信息流就称为变换流。变换是系统的变换中心,变换输入端的数据流为系统的逻辑输入,输出端为逻辑输出。而系统输入端的数据流为物理输入,输出端为物理输出。变换型数据处理的工作过程大致分为 3 步,即取得数据、变换数据和给出数据。这 3 步反映了变换型问题 DFD 的基本思想。其中,变换数据是数据处理过程的核心工作,而取得数据是为它做准备,给出数据则是对变换后的数据进行后处理工作。

2. 事务流

变换流是一种基本的系统模型。因此,原则上所有信息流都可以归结为这一类。但是,当数据流图具有与图 7-8(b)类似的形状时,这种数据流是"以事务为中心的",也就是说,数据沿输入通路到达一个事务中心 T,这个处理根据输入数据的类型在若干个动作列中选出一个来执行。

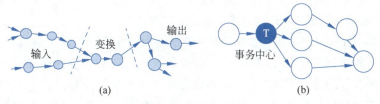

图 7-8 变换流和事务流

这类数据流应该划为一类特殊的数据流,即事务流。图 7-8 中的 T 称为事务中心,它完成下述任务:接收输入数据(输入数据又称为事务);分析每个事务以确定它的类型;根据事务类型选取一条活动通路。

对于具有变换流或事务流的 DFD,在从 DFD 映射成软件结构时,要分别进行变换分析或事务分析。构造步骤如图 7-9 所示。

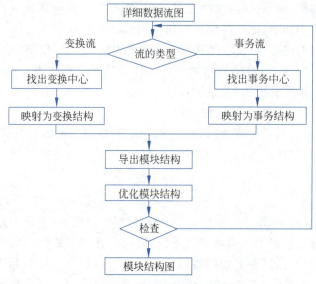

图 7-9 MSC 构造步骤

1）变换分析

变换分析法一般以顶层模块结构图及分析模型中的片段 DFD 为基础，其工作原理是基于"变换"，即对顶层模块结构图中的每个事务模块，分析与该事务相应的细化后的事件片段 DFD，也就是该 DFD 是如何将输入的数据经过适当处理变换成相应的输出信息。首先面向数据流图上的过程框，找出主要处理功能；然后把数据流图划分为输入、变换、输出 3 个部分；最后再进一步地分解和优化，获得系统的最终模块结构图。经过变换分析法所得到的模块结构图是对顶层结构图的进一步细化，在这个模块结构图中一般包括 3 类子树：用于得到数据的输入子模块，实现变换的计算处理子模块，用于得到结果的输出子模块。这些子模块由与该事务相对应的片段 DFD 经转换而得到，转换的关键是分析并发现片段 DFD 中的传入数据流部分、传出数据流部分及变换中心部分。

例 7-1 修改账目的 MSC 构造步骤。

以图 7-10 为例，首先需要在数据流图上区分系统的逻辑输入、逻辑输出和中心变换部分。从输入的数据源开始，沿着每一个由数据源传入的数据流的移动方向进行跟踪，逐个分析它所经过的处理逻辑功能，如果只是对传入的数据流做形式上的转换，逻辑上还没有进行实际的数据处理功能，则这些处理逻辑都属于系统的输入处理部分，沿着传入的数据流的移动方向，一直跟踪到它被真正地处理为止。从输入账号到根据账号查找到账目后，才变成逻辑输入传送给中心变换部分。从输出结果的地方开始，沿每一个传递出去的数据流回溯，逐个分析它所经过的处理逻辑，如果只是对传送出去的数据流做形式上的转换，那么这些处理逻辑都属于整个系统的输出处理部分，一直回溯到它被真正地产生出来为止。从中心变换部分产生的是逻辑输出，它要经过重新排序后，才成为用户可见的输出。中心变换部分是系统的中心加工部分。这样，就区分出了系统的逻辑输入、逻辑输出和中心变换部分。

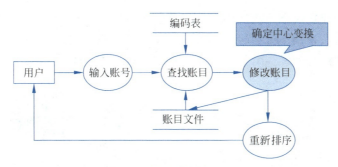

图 7-10　修改账目的 MSC

第二步进行一级分解，设计系统模块结构的顶层主模块和第一层。用系统的名字为主模块命名，然后将它画在与中心变换相对应的位置上。作为系统的顶层，它的功能是调用下一层模块，完成各下层模块的协调工作。主模块设计好之后，下面的程序结构就可按输入、中心变换和输出等分支来处理。系统结构的第一层可以这样设计：为每一个逻辑输入设计一个输入模块，它的功能是为主模块提供数据；为每一个逻辑输出设计一个输出模块，它的功能是将主模块提供的数据输出；为中心变换设计一个变换模块，它的功能是将逻辑输入转换成逻辑输出。

第一层模块与主模块之间传送的数据应与数据流图相对应，参见图 7-11。图 7-11 中主模块控制、协调第一层的输入模块、变换模块和输出模块的工作。一般来说，它要根据一些逻辑条件或循环来控制对这些模块的调用。

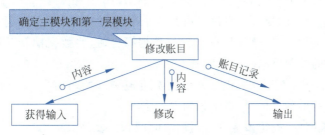

图 7-11　修改账目 MSC 的第一级分解

第三步进行二级分解，设计输入、中心变换和输出部分的中、下层模块。自顶向下，逐层细化，为第一层的每一个输入模块、输出模块、变换模块设计它们的从属模块。设计下层模块的顺序是任意的。但一般是先设计输入模块的下层模块。输入模块的功能是向调用它的上级模块提供数据，所以它必须要有一个数据来源。因而它必须有两个下属模块：一个用来接收数据；另一个用来把这些数据变换成它的上级模块所需的数据。而如果接收数据模块又是输入模块，则要重复上述工作。如果输入模块已经是物理输入端，则细化工作停止。因此，对于每一个逻辑输入，在数据流图上向物理输入端方向逆向移动，只要还有加工，就在相应输入模块下面建立一个子输入模块和一个子变换模块。同样，输出模块是从调用它的上级模块接收数据，用于输出，因而也应当有两个下属模块：一个用来将上级模块提供的数据变换成输出的形式，另一个用来将它们输出。因此，对于每一个逻辑输出，在数据流图上向物理输出端方向正向移动，只要还有加工，就在相应输出模块下面建立一个子变换模块和一个子输出模块。设计中心变换模块的下层模块没有通用的方法，一般应参照数据流图的中心变换部分和功能分解的原则来考虑如何对中心变换模块进行分解。图 7-12 是对图 7-10 进行变换分析的结果。

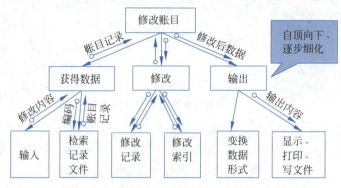

图 7-12　修改账目的 MSC

2）事务分析

事务分析法的原理是以事件列表或事件划分 DFD 为基础，构造出最顶层的模块结构图，在顶层模块结构图中，一般只给出主控模块和第一层被调用的模块。对应于顶层模块结构图的模块程序本质上实现了在屏幕上显示系统支持的所有事务并允许用户进行选择执行的功能，每个事务本身的执行处理过程在此不必明确，可以用变换分析法进一步完成。因此事务分析法必须根据 DFD 识别出每一个相对独立的事件，并为它们构造各自分支，这些分支的根节点自然又成为每个事件的主控模块。在通过事务分析法所得到的顶层模块结构图中，通常只有很少的数据耦合，这些数据耦合一般表现为简单的用于"选择"操作的控制信息。

与变换分析一样，事务分析也是从分析数据流图开始，自顶向下，逐步细化，建立系统的结构图。进行事务分析时，通常采用以下步骤。

第一步，在 DFD 上确定事务中心、接收部分和发送部分。

第二步，画出初始 MSC 框架，把 DFD 上的 3 部分分别映射为事务控制模块、接收模块和动作发送模块。

第三步，分解细化接收分支和发送分支，完成初始 MSC。

例 7-2　销售系统的 MSC 构造步骤。

销售系统的事务中心是根据分析类型进行不同的销售情况分析。因此，如图 7-13（a）所示的 DFD 可以映射为如图 7-13（b）所示的 MSC。

变换分析是软件系统结构设计的主要方法，大部分软件系统都可以应用变换分析进行设计。但是，在一些情况下，仅使用变换分析是不够的，还需要其他方法作为补充。事务分析就是最重要的一种方法。如果数据流不具有显著的事务特点，则最好使用变换分析；反之，如果具有明显的事务中心，则应该采用事务分析技术。通常，一个大型的软件系统是变换型结构和事务型结构的混合结构，如图 7-14 所示。所以，通常采用以变换分析为主、事务分析为辅的方式进行软件结构设计。在系统结构设计时，首先利用变换分析方法把软件系统分为输入、中心变换和输出3部分,设计上层模块,即主模块和第一层模块。然后根据数据流图各部分的结构特点,适当地利用变换分析或事务分析,就可以得到初始系统结构图的某个方案。在采用面向数据流的设计方法得到初始的结构图以后,还要根据对模块独立性的度量准则及模块设计的启发规则对初始结构图进行优化,经过反复优化以后,得到系统功能结构图。

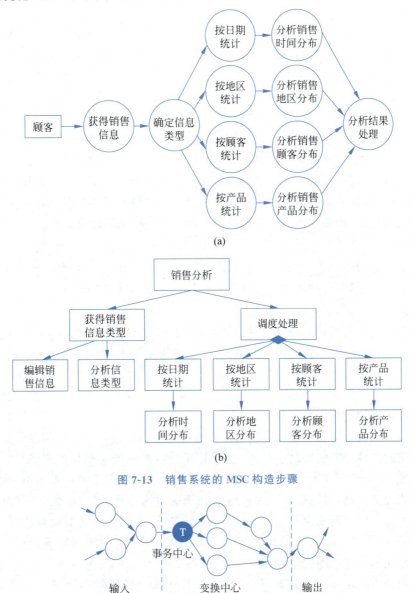

图 7-13 销售系统的 MSC 构造步骤

图 7-14 混合类型的 DFD

7.2.5　评价模块结构图的度量标准

模块结构图设计质量的好坏直接影响到系统实施的软件质量的高低,高质量的模块结构图能保证系统的可维护性、灵活性和可测试性。在从 DFD 开发模块结构图这一较为复杂的过程中,自然会产生一个问题:"为了得到最好的一组模块,应该怎样分解软件程序呢?"

信息隐藏(information hiding)原理指出,应该这样设计和确定模块:它使得一个模块内包含的信息(过程和数据)对于不需要这些信息的模块来说,是不能访问的。局部化的概念和信息隐藏概念密切相关。所谓局部化,是指把一些关系密切的软件元素物理地放得彼此靠近,在模块中使用局部数据就是局部化的一个例子,显然局部化有利于实现信息隐藏。"隐藏"意味着有效的模块化可以通过定义一组独立的模块而实现,这些独立的模块彼此之间仅仅交换那些为了完成系统功能而必须交换的信息。由此可见,模块独立的概念是模块化、信息隐藏和局部化概念的直接结果,它是良好设计的关键。

模块的独立程度可以由两个定性标准度量,这两个标准分别称为模块耦合和模块内聚,其他的度量标准则是以这两者为基础的引申。耦合说明了不同模块彼此间互相依赖(联结)的紧密程度,内聚则表示一个模块内部各个元素彼此结合的紧密程度。

1. 耦合

模块耦合是对一个应用程序体系结构内两个不同模块之间关联程度的一种度量。模块间的依赖程度越大,则其耦合程度也就越大;反之,模块间的依赖程度越小,则其耦合程度也就越小。

为了使系统具有较好的可维护性、可测试性和可理解性,模块间的关联程度即耦合程度应越小越好。耦合程度越小,表明模块的独立程度越大,这样在修改、测试或研究一个模块时,对其他模块的影响程度就越小,也不需要对系统的其他模块有更多了解,从而使得这些工作仅局限于一个最小范围之内,此外,由于模块间联系简单,发生在一处的错误传播到整个系统的可能性就较小。

影响模块耦合程度的因素一般包括两方面。一方面是通过接口的控制信息流类型。这包括模块间两种类型的控制信息:一类是由子模块传递给父模块控制信息,一般表示子模块处理的一种"异常"结果,如:"记录结束""查不到记录";另一类是由父模块传递给子模块的控制信息,通过控制子模块内部处理逻辑执行哪类处理,说明子模块还没有被分解成为功能独立的子模块。影响耦合程度的另一方面是模块间接口的复杂性。一般来说,模块间传递的数据流越多,其接口就越复杂,从而导致模块间耦合程度的增加,也就说明模块的分解尚不完全,还需进一步进行分解。

既然模块耦合是一种度量指标,那么怎样具体区分模块间耦合程度的高低呢?通常,按耦合程度由低到高,可以分为如下几种类型。

(1) 数据耦合。数据耦合是指两个模块彼此间通过参数交换信息,而且传递的参数仅仅为数据。数据耦合是最低耦合,系统中必须至少存在这种耦合,因为只有当某些模块的输出数据作为另一些模块的输出数据时,系统才能完成有价值有意义的功能。模块之间传输的数据元素越少,对模块间相互影响程度就越低,因此要尽量减少模块间不必要的输出传递。如图 7-15 所示,"记录 CPU 使用情况"模块与"读取 CPU 占有率"模块和"写 CPU 使用日志"模块之间,只传递 CPU 占用率和时间等数据。

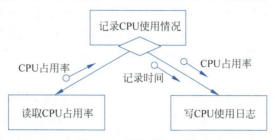

图 7-15　数据耦合示例

(2) 控制耦合。控制耦合是指两个模块之间除了数据信息的传递之外,还有控制信息的传递,而且这种控制信息用来控制被调用模块的内部处理逻辑。显然,导致控制耦合的原因是模块分解得不彻底,被调用的模块不是完成单一的功能,如图 7-16 所示,"统计计算资源情况"模块通过标志位控制读取 CPU 资源或内存资源。控制耦合是中等耦合,它增加了系统的复杂程度,在把模块适当分解之后可以用数据耦合代替它。

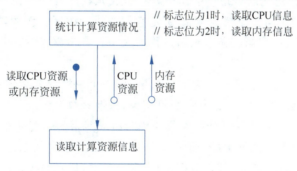

图 7-16　控制耦合示例

(3) 公共耦合。公共耦合是指两个模块彼此间通过一个公共的数据区域传递信息,也称为公共数据域耦合。在公共耦合中,当一个公共数据区域被多个模块共同使用时,模块数越多,其耦合的复杂度越大。一般建议尽量做到一个模块只使用自身的局部变量,而不去使用全局变量,即避免公共耦合。

(4) 内容耦合。内容耦合是指两个模块之间不是通过正常的调用关系发生关联,而是一个模块直接存取或修改另一个模块的数据。内容耦合是最高程度的耦合,是系统设计中应该尽量避免的情况,事实上在许多高级程序设计语言中已规定不允许在程序中出现任何形式的内容耦合,如不能使用 goto 语句。

模块耦合是影响软件程序复杂程度的一个重要因素,应该尽量使用数据耦合,少用控制耦合,限制使用公共耦合的模块数量,完全不用内容耦合。

2. 内聚

模块内聚是对一个模块内部各元素在功能上内在联系紧密程度的一种度量。也就是说,内聚是对模块内各处理动作组合强度的一种度量。

按模块内聚紧密程度由低到高分成如下 7 种类型。

(1) 偶然内聚。偶然内聚是指一个模块内各组成元素除同属一个"集合"外,其间无任何实质性的关联。例如,当设计模块 A、B、C 时,发现均有相同的部分代码 α,则把 α 抽出作为一个模块。α 只是若干条语句的简单拼凑,其本身与系统的数据流、控制流无关,而修改这个模块又会涉及多个调用模块,且逻辑上功能不明确,内容不容易理解,应尽量避免这种设计。

(2) 逻辑内聚。逻辑内聚是指一个模块内各组成元素的处理动作在逻辑功能上相同或具有一定的相似性。例如,可把系统中与"输出"有关的操作抽取出来组成一个模块,即一个模块产生各种类型的全部输出,由调用模块传递参数来确定产生哪种类型的输出。这种内聚程度比偶然内聚要高,但是传递了控制信息,增加了模块间的控制耦合。

(3) 时间内聚。时间内聚指一个模块内各组成元素的处理动作要求在同一时间段内完成,即这些元素只与时间有关而与功能无关。如"读取 CPU 资源情况,读取内存使用情况,获取网络连接情况"这类初始化模块。一般情况下,时间内聚模块中的各部分可以按任意顺序执行,需要判定的转移更少,比逻辑内聚程度要高。

(4) 过程内聚。过程内聚指一个模块内各组成元素的处理动作各不相同,彼此也没有什么关系,但它们受同一控制流支配,决定它们的执行次序。例如,"系统初始化,输入后验证,连接数据库,读取第一条记录",过程内聚中的各步骤连续发生,是一种较弱的内聚,同时隐含了时间内聚。

(5) 通信内聚。通信内聚也称为数据内聚,指一个模块内各组成元素的处理动作都使用或产生相同的数据。如"修改某一数据记录,查询该数据记录"模块。

(6) 顺序内聚。顺序内聚是指一个模块内各组成元素的处理动作均和同一个功能密切相关,且有严格的先后执行次序(通常其中一个元素的输出数据是下一个元素的输入数据)。如"遥感影像读入"和"情报数据处理"两个模块,后者必须依赖前者才能执行。

(7) 功能内聚。功能内聚是指一个模块内各组成元素的处理动作都是为完成同一个功能而联系在一起的,即一个模块执行一个功能,且完成该功能所必需的所有元素都包含在模块中。功能内聚的模块都具有一个明确的目的、有单一的功能,因而其界面非常清楚,与其他模块的耦合低,可读性、可修改性、可维护性、可测试性均很好。应尽可能地设计为功能内聚。

图 7-17 是对模块聚合程度判断的基本规则。在模块层次分解设计过程中,没有必要精确确定模块内聚的级别,重要的是设计时应力争做到高内聚,并且能够辨认出低内聚的模块。模块内聚和耦合都是进行模块化设计的有力工具,两者往往相辅相成、相互一致。一般来说,模块内聚性越高则模块间的耦合性越低,若所有模块都是功能内聚的话,那么模块间必然都是数据耦合,从而可以获得较高的模块独立性。

3. 模块的影响范围和控制范围

在模块分解设计时,有时会遇到在某个模块中存在着判定处理的逻辑,对这样的模块需考虑其影响范围和控制范围的关系。

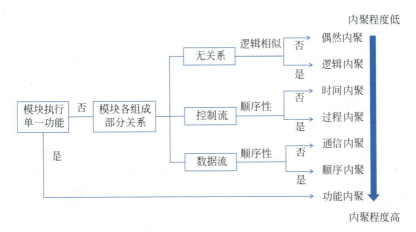

图 7-17 模块聚合程度判断

模块影响范围也称为作用范围,定义为所有这些模块的集合,这些模块内含有依赖于这个判断结果的处理。模块的控制范围是指这个模块本身及其所有的下属模块组成的集合。在图 7-18(a)中,模块 A 的控制范围为 A、B、C、D、E、F、G,模块 B 的控制范围为 B、E、F。

在一个设计得好的系统中,所有受到判定影响的模块应该都从属于做出判断的那个模块,最好局限于做出判定的那个模块本身及它的直接下属模块。换句话说,就是一个模块的判定的作用范围必须是判定所在模块的控制范围的一个真子集,且判定范围由判定所在模块及其直接下层模块组成。这也就是模块影响范围和控制范围必须满足的关系规则。例如,若图 7-18(a)中模块 B 做出的判定只影响模块 E 和 F,则是符合这条规则的。但是,若模块 B 做出的判定同时还影响模块 C 中的处理过程,则会带来一些问题。首先,这样的结构使得软件难于理解。其次,为了使得 B 中的判定能影响 C 中的处理过程,通常需要在 B 中给一个标记设置状态以指示判定的结果,并且应该把这个标记传递给 B 和 C 的公共上级模块 A,再由 A 把它传给 C。这个标记是控制信息而不是数据,因此将使模块间出现控制耦合。

如何修改程序体系结构才能使模块的影响范围是控制范围的子集呢?如图 7-18(b)所示,一种方法是上移判定点的位置,例如,把判定从模块 B 移到模块 A 中。另一种方法是把那些在影响范围内但不在控制范围内的模块移至控制范围内,例如,把模块 C 移到模块 B 的下面,成为其直接下属模块。究竟采用哪种方法改进体系结构,需要根据具体问题而定,亦即应该使软件结构能最好地体现问题原来的结构。

4. 模块结构的度量参数

定义 7-4 深度表示模块结构中控制的层数,它往往能粗略地标志一个系统的大小和复杂程度。

深度和模块的大小之间应该有某种对应关系,当然这个对应关系是在一定范围内变化的。如果层数过多,则应考虑是否有许多控制管理模块过分简单,应做适当合并。

定义 7-5 宽度是指软件结构内同一层次的模块总数的最大值。一般来说,宽度越

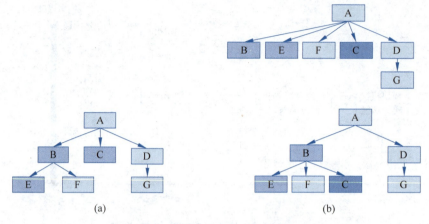

图 7-18　模块的作用范围和影响范围

大系统越复杂,对宽度影响最大的因素是模块的扇出。

定义 7-6　扇出是一个模块直接控制(调用)其他模块的数目。

扇出越大意味着模块越复杂,其内聚性也就越低,需要控制和协调越多的下级模块。经验表明,一个设计得好的系统,其模块的平均扇出通常是 3 或 4(扇出的上限通常是 5~9)。扇出太大一般是因为缺乏中间层次,应该适当添加中间层次的控制模块,扇出太小时可以把下级模块进一步分解成若干个子功能模块,或者合并到它的上级模块中去。当然模块的分解或合并必须符合问题结构,不能违背模块独立原理。

定义 7-7　扇入是指有多少个上级模块直接调用该模块。

扇入越大则共享该模块的上级模块数目就越多,说明该模块的通用性也就越强,这理所当然是有好处的,但同样也不能违背模块独立原理一味追求高扇入。

实践经验表明,好的系统模块结构随着层次深度的增加,高扇出数目逐渐减少,而逐步争取更大的扇入,软件体系结构呈现"上尖、中宽、底小"形状。

7.3　处理流程设计

系统结构设计的重点在于描述系统的功能特征及模块之间的调用关系。但是,它并不能表达出系统中数据的存储情况,系统对数据的处理过程以及各功能模块的输入数据、处理过程和输出数据之间的逻辑关系。因此,为了进一步表达系统的处理过程和系统中数据的传递关系,还必须进行系统处理流程设计和具体模块的处理流程设计,以便为后续的程序设计提供详细资料。

7.3.1　系统流程设计

在实际工作中,许多业务和功能都是通过数据存储文件联系起来的,这个情况在模块结构图中未能反映出来。例如,某一模块向某一数据文件中存入数据,而另一个模块则从该数据文件中读取数据。系统流程设计主要是通过系统处理流程图来描述数据在计算机存储介质间的流动、转换和存储情况,以便为模块的处理流程设计提供详细的输入输出依据。

系统流程图以新系统的数据流图和模块结构图为基础,首先找出数据之间的关系,即由什么输入数据,产生什么中间输出数据(可建立一个临时中间文件),最后又得到什么输出信息。然后,把各个处理功能与数据关系结合起来,形成整个系统的信息系统流程图。绘制系统流程图应使用统一的符号。系统流程图的符号标准国内外大致相同,具体可以参考我国国家标准 GB/T 1526—1989 中的信息处理流程图图形符号,国际标准化组织标准 ISO 1028、ISO 2636 以及美国国家标准协会的符号标准。装备仓库器材申请系统流程如图 7-19 所示。

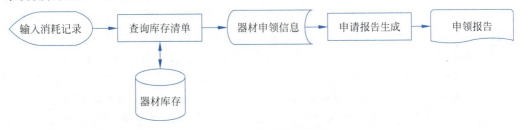

图 7-19　系统流程图示例

通过系统流程图可以反映出系统处理的方式,各个数据文件存放的介质,处理程序的目的和个数,数据在系统中的流动、处理和存储过程,处理程序的输入输出形式和内容,对计算机外部设备的要求,以及对各类文件保存形式的要求等内容。

7.3.2　模块处理流程设计

模块处理流程设计也称为程序处理流程设计,是指用统一规定的标准符号来描述某一模块内部具体运行步骤的设计过程,为程序员提供详细的技术资料。对模块处理流程的设计是在系统处理流程图的基础上,通过将具体的处理模块在计算机中的主要运行步骤表示出来而形成模块处理流程图,并将之作为程序设计的最基本依据。模块处理流程设计主要采用程序流程图、盒图(N-S 图)、PAD 图作为设计工具。

1. 程序流程图

程序流程图是最常使用的程序细节描述工具,由 Goldstine 于 1946 年首先采用,是历史最悠久、使用最广泛的描述软件设计的方法,采用框图形式描述程序流程,如图 7-20 所示,特点是清晰易懂,能直观地描述过程的控制流程,便于初学者掌握。基于结构化的程序设计,框图包括顺序、选择、循环 3 种基本结构,循环一般可以分为 for 型、do-while(后判定)型和 while-do(先判定)型。

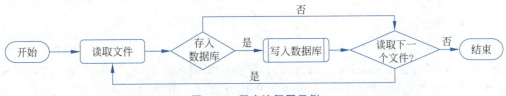

图 7-20　程序流程图示例

在结构化程序设计出现之前,流程图一直可用箭头实现向程序任意位置的转移(即 goto 语句),这种流程跳转的随意性是不符合结构化设计的思想的。箭头的使用不当,会使流程图非常难懂,而且无法维护。因此在使用流程图时要坚持使用结构化的程序流程图符号,采用函数封装模块,以保证所设计的程序处理流程符合结构化程序设计的需要。从 20 世纪 40 年代末到 70 年代中期,程序流程图一直是软件设计的主要工具。它的主要优点是对控制流程的描绘很直观,便于初学者掌握,而目前更多的是作为结构化设计的辅助说明方式。

2. 盒图

1973 年,Nassi 和 Shneiderman 提出了盒图,又称为 N-S 图。将每个处理步骤都用一个盒子来表示,这些处理步骤可以是语句或语句序列,在需要时,盒子中还可以嵌套另一个盒子,嵌套深度一般没有限制,只要整张图可以在一张纸上容纳下就行。

盒图具有下述特点。

- 功能域(即一个特定控制结构的作用域)明确,可以很容易地从盒图看出来。
- 由于只能从上边进入盒子然后从下面离开盒子,除此之外没有其他的入口和出口,所以盒图限制了任意的控制转移,保证程序有良好的结构。
- 很容易确定局部和全程数据的作用域。
- 很容易表现嵌套关系,也可以表示模块的层次结构。

图 7-21 给出了结构化控制结构的盒图表示符号,也给出了调用子程序的盒图表示方法。盒图没有箭头,因此不允许随意进行控制转移。坚持使用盒图作为详细设计的工具,可以使程序员逐步养成用结构化的方式思考问题和解决问题的习惯。如图 7-20 所示的流程用盒图可以描述为如图 7-22 所示。

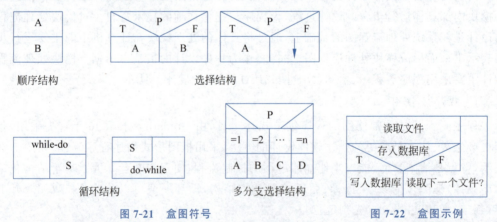

图 7-21 盒图符号　　　　　　图 7-22 盒图示例

3. PAD 图

PAD 是问题分析图(Problem Analysis Diagram)的英文缩写,1973 年由日本日立公司提出,已得到一定程度的推广。它是由程序流程图演化而来,用二维树状结构的图来表示程序的制流,将这种图翻译成程序代码比较容易。图 7-23 给出了 PAD 图的基本符号。

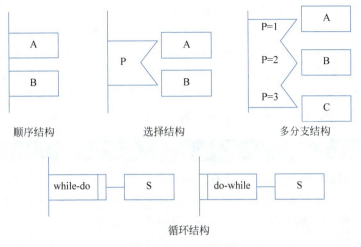

图 7-23　PAD 图符号

PAD 图的基本原理是：采用自顶向下、逐步细化和结构化设计的原则，力求将模糊的问题求解的概念逐步转换为确定的和详尽的过程，使之最终可采用计算机直接进行处理。PAD 图的主要优点有：使用表示结构化控制结构的 PAD 符号设计出来的程序必然是结构化程序；PAD 图所描绘的程序结构十分清晰，图中最左边的竖线是程序的主线，即第一层结构，随着程序层次的增加，PAD 图逐渐向右延伸，每增加一个层次，图形向右扩展一条竖线，PAD 图中竖线的总条数就是程序的层次数；用 PAD 图表现程序逻辑，易读、易懂、易记，PAD 图是二维树状结构的图形，程序从图中最左竖线上端的节点开始执行，自上而下，从左向右顺序执行，遍历所有节点；容易将 PAD 图转换成高级语言源程序，这种转换可用软件工具自动完成，从而可省去人工编码的工作，有利于提高软件可靠性和软件生产率；既可用于表示程序逻辑，又可用于描绘数据结构；PAD 图的符号支持自顶向下、逐步求精方法的使用。开始时设计者可以定义一个抽象的程序，随着设计工作的深入而使用 def 符号逐步增加细节，直至完成详细设计，如图 7-24 所示。

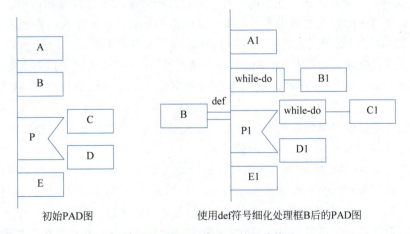

图 7-24　PAD 图中定义符号的使用

PAD 图是面向高级程序设计语言的,为 FORTRAN、Cobol 和 Pascal 等常用的高级程序设计语言都提供了一整套相应的图形符号。由于每种控制语句都有一套图形符号与之对应,显然将 PAD 图转换成与对应的高级语言程序比较容易。PAD 的执行顺序从最左主干线的上端的节点开始,自上而下依次执行。每遇到判断或循环,就自左而右进入下一层,从表示下一层的纵线上端开始执行,直到该纵线下端,再返回上一层的纵线的转入处,如此继续,直到执行到主干线的下端为止。

7.4 输入输出设计

系统的输入输出部分主要负责系统与用户之间的交互,输入输出界面的质量直接关系到用户的使用效果。符合用户习惯,设计良好的输入输出界面,能够为用户建立良好的工作环境,方便用户操作,使目标系统易于为用户所接受。

7.4.1 输入设计

良好的输入是系统正确运行的基本保障,要想获得高质量的信息,首先要求输入高质量的信息。如果输入数据不正确,那么即使处理过程毫无差错,也不会得到正确的结果。因此,输入设计的目标是:在保证输入信息正确性和满足输出需要的提下,应做到输入内容少,输入方法简便、迅速、经济。

1. 输入设计的基本原则

在输入设计中,提高效率和减少错误是两个最根本的原则,具体应遵循以下基本原则。

(1) 输入量应保持在能满足处理要求的最低限度。输入的数据越多,可能产生的错误也越多。在数据录入时,如果系统大多数时间都处于等待状态,系统效率显著降低,而且会浪费大量的人力,增加系统的运行成本。因此,在输入设计时,只需输入基本的信息,其他可以通过计算、统计、检索得到的信息应由系统自动产生。在软件设计的范围,可以通过以下方式来减少用户输入的工作量:对共同的输入内容设置默认值;使用代码或缩写;自动填入已输入过的内容或需要重复输入的内容;如果输入内容是来自一个有限的备选集,则可以采用列表选择(下拉列表框)或提示的方式。

(2) 杜绝重复输入,特别是数据能共享的大系统、多子系统一定要避免重复输入。

(3) 减少输入延迟。为减少输入数据时的延迟,可以采用中间文件、批量输入等方式。

(4) 输入数据应尽早地用其处理所需的形式进行记录,以便减少或避免数据由一种介质转换到另一种介质时可能产生的错误。

(5) 界面友好,容错能力强。要提供数据校验功能,以便使错误及时得到改正。对于用户操作上的错误(如击键错、未按要求操作)、数据输入错误(如类型错误、数据不合理、数据越界等)、多用户环境冲突等必须给予提示,并让用户予以纠正。

(6) 输入过程应尽量简化,处理要方便快速。在为用户提供纠错和输入校验的同时,要保证输入过程简便易用,不能因查错、纠错而使输入复杂化,增加用户负担。尽量缩短数据输入时系统的查找和计算时间,以避免用户过久等待。

(7) 输入过程随意、灵活。用户在数据输入过程中,应处于主导地位,随意灵活。用户可一次性输入所有单据,也可分批输入,用户可输入,也可修改;用户可通过运行其他功能缓解数据输入的单调感受和疲劳感觉。总之,输入界面应减少约束、增加自由度。

2. 确定输入数据的内容及输入形式

系统的输入数据,在系统分析阶段已基本确定,在这一阶段,主要是结合系统输出的需要,详细确定输入数据的项目名称、数据类型、取值范围和精度、输入数据存放的逻辑位置等内容。确定了输入数据的内容后,还应根据输入数据的特点及业务处理的需要选择相应的数据输入形式。以下是几种数据输入的形式。

(1) 问答式数据输入。根据问答式对话进行数据输入,其优点是输入数据简单易用,但是过程比较单调和冗长。因此不适用于大量的数据输入。除了生疏型用户和简单系统外,现在一般不使用这种输入界面。

(2) 填表输入。这是常用的数据输入形式,屏幕显示一张待充填的表格,表格中有明确的输入项目提示,用户可以按提示填入合适数据。填表输入可将系统需要的数据按提示准确输入,用户可以不经过学习、训练,也不必记忆有关的语义、语法规则,便可以在系统引导下,完成数据输入工作。填表输入界面充分有效地利用了屏幕空间,表中信息之间联系紧密,有利于用户识别输入,而且,填表输入过程是可视的,出现的错误可显示、可修改。对于大量相关信息的输入(如数据库数据的输入),填表输入是最合适的数据输入方法。

(3) 点取输入。在面向对象编程环境下,可以利用组合框或列表框显示要输入的内容,通过移动光标进行查找并按键选取来完成数据的输入。显然,点取输入界面输入简单、方便,不会出错。但是,输入数据被限定在预定范围内,如果数据量很大,则会有一定的系统开销。

在进行输入格式设计时,应该针对输入设备的特点进行设计。若选用键盘方式人机交互输入数据,则输入格式的编排应尽量做到计算机屏幕显示格式与单据格式一致。数据内容应当根据它们的使用频率、重要性、功能关系或它们的使用次序进行组织。如果分组应与用户商量。在用户输入时,应对要输入的内容有明确的提示。在输入过程中,应允许用户对已输入的内容进行修改,应提供复原功能,允许用户恢复输入以前的状态,这在编辑和修改错误的操作中经常用到。

输入设计各项内容完成后,通常要填写输入设计说明书。在输入设计说明书中要标明输入的名称、所包含的具体项目、输入方式、输入格式等内容。

3. 数据输入方式

数据的输入方式有两种类型,即联机输入与脱机输入。联机输入方式有键盘输入、数/模、模/数转换方式、网络数据传送等形式;脱机输入方式有磁/光盘读入等形式。

1) 键盘输入

键盘输入适用于常规数据和控制信息的输入以及原始数据的录入。这种方式不适合大批中间处理性质的数据的输入。由数据录入员通过工作站录入,经拼写检查和可靠性验证后存入磁记录介质(如磁带、磁盘等)。

2) 数/模、模/数转换方式

数/模、模/数转换方式(D/A,A/D)是当前比较流行的基础数据输入方式。这是一种直接通过光电设备对实际数据进行采集并将其转换成数字信息的方法,是一种既省事,又安全可靠的数据输入方式,这种方法最常见的包括:条码(二维码)输入,将统一规范化的条码贴于商品的包装上,然后通过光学符号阅读器(Optical Character Reader, OCR)来采集和统计商品的流通信息,广泛用于商业企业、工商、质检、海关等部门的信息系统中;扫描仪输入,这种方式与条码输入原理类似,它被大量地用于图形、图像的输入,大段印刷体文字的输入,标准考试试卷的自动阅卷,投票和公决的统计等方面;传感器输入,即利用各类传感器接收和采集物理信息,然后再通过 A/D 将其转换为数字信息,这也是一种用来采集和输入生产过程数据的方法。

3) 触摸式

它是在屏幕表面直接安装透明的二维光敏器件阵列,通过用户直接用手指接触它时光束的被阻断来检测位置,适用于简单的内容选择,而不适用于编辑或绘图。

4) 网络传送数据

网络传送数据既是一种输入数据的方式,又是一种输出数据的方式,使用网络可以方便快捷地传输数据。网络传送有两种方式:利用数字网络直接传送数据;利用电话网络(通过 modem)传送数据。

5) 磁盘传送数据

磁盘传送数据也具有输入与输出两重性。通过磁盘传送数据,这种方式是一种非常方便的输入数据方式,随着磁盘容量的增大,通过磁盘可以同时传送大量的数据。

4. 确定输入设备和介质

输入设备是用户和计算机系统之间进行信息交换的主要装置,用于把原始数据和处理这些数据的程序输入到计算机中,把待输入信息转换成能为计算机处理的数据形式。计算机输入的信息有数字、模拟量、文字符号、语音和图形图像等形式。对于这些信息形式,计算机往往无法直接处理,必须把它们转换成相应的数字编码后才能处理。输入信息的传输率变化也很大,它们与计算机的工作速率不相匹配。输入设备的一个作用是使这两方面协调起来,提高计算机工作效率。

确定输入设备时应注意以下几点。

- 输入的数据量与频度。
- 输入信息的来源、形式。
- 输入类型与格式的灵活程度。
- 输入的速度和准确性的要求。
- 输入的校验方法、允许的错误率及纠正的难易程度。
- 数据记录的要求、特点、保密性等。
- 数据收集的环境,以及对于其他系统是否适应。
- 可选的设备和费用等。

5. 输入数据的校验

对于大多数信息系统来说,输入数据是经常发生的业务,输入数据过程中出现错误也是不可避免的,对于系统中的主要数据,确保其正确性是非常重要的。因此,在输入这些数据时,要采取各种校验措施,以保证它们的正确性。最重要的校验对象是主文件数据,其次是各种金额和数量数据。

数据出错的种类如表 7-2 所示。

表 7-2 数据输入的错误类型

数据出错类型	错 误 描 述
数据内容错误	由于原始单据有错误或录入时产生的错误
数据延迟错误	因为时间上延误而产生的差错
数据多余和不足	数据收集中的差错,由于原始单据丢失、遗漏或重复而引起的

针对数据输入中的错误,可以采用的数据校验方法如表 7-3 所示。

表 7-3 常用的数据校验方法

数据校验方法	方 法 描 述	适 用 场 景
重复校验	将同一数据多次(一般为两次)进行输入,然后由系统进行对比的校验方法	工作量较大,一般用于数据比较重要的场合
视觉校验	输入数据后,由系统将输入数据显示在屏幕上或打印出来,由人工来进行检验	常用于少量数据或控制字符输入的校验,一般安排在原始数据转换到介质上时执行,是一种效率较高且简便易行的校验方法
分批汇总校验	在原始报表的每行或每列中增加一位数字小计字段,然后在设计新系统的输入时另设一个累计值,先让计算机将输入的数据累加起来,然后再将累加的结果与原始报表中的数字小计字段值自动比较	常用于对财务报表和统计报表等这类完全数字型报表的输入校验中
数据类型校验	校验数据是否为规定的数据类型	例如,规定年龄是整数型
格式校验	校验记录中各项数据的位数和位置是否符合预先确定的格式	例如,规定电话号码为 11 位数
逻辑校验	也称合理性校验,根据业务上各种数据的逻辑性,检查数据项是否符合逻辑	用于检查数据的逻辑性,例如,人员年龄为 18 岁以下,但婚姻状况为"已婚",则输入有误
界限校验	指某数据项输入是否位于预先指定的范围之内,界限校验分上限、下限和范围 3 种	用于验证数据范围,如规定学生的年龄为 18～30 岁,如果输入的年龄不在此范围,则输入有误
记录计数校验	通过计算记录的个数检查数据记录是否有遗漏和重复	在统计和分析功能中适用
平衡校验	主要用于检查相反项目间是否平衡	财务信息系统中检查借方会计科目合计与贷方会计科目合计是否一致

续表

数据校验方法	方法描述	适用场景
对照校验	将输入的数据与基本文件的相关数据相核对，检查二者是否一致	例如，当输入零件编号时，可将其与零件代码总表相核对，如找不到相应的代码，则认为输入有误

当数据校验发现差错时，差错的改正方法根据出错的类型和原因而异。如果发现原始数据有错，那么应将原始单据送交填写单据的原单位修改，不能由数据输入人员通过猜测进行修改。如果是由程序查出的差错，那么出错的恢复方法有下几种。

- 剔除出错数据留待纠正，正确数据照常处理。
- 出错数据查出后马上进行纠正，纠正后再与正确数据一起输入处理。
- 废弃出错数据，只用正确数据进行处理。一般用于某些统计分析等业务只要大体上正确即可。

7.4.2 输出设计

输出是系统产生的结果或提供的信息。系统的各种输出，是管理人员处理日常业务和各级领导进行经营决策所需要的信息。对于信息系统来说，输出是系统开发的目的和评价系统开发成功与否的标准，输出设计的目的是正确及时地反映和构成用于管理各部门所需要的信息。输出设计要确定输出的内容及格式，选择输出方式。

1. 确定输出的内容

为了满足用户的使用要求，在确定输出的内容时要考虑以下几方面的问题。

- 有关输出信息使用方面的情况。包括信息的使用者、使用目的、信息量、输出周期、有效期、保管方法和输出份数等。
- 输出信息的内容。包括输出项目、长度、精度、信息形式（文字、数字）。
- 输出格式。如表格、报告、图形等。
- 输出设备和介质。设备有打印机、显示器等；介质有磁盘、磁带、纸张（普通、专用）等。

输出设计各项内容完成后，通常要填写输出设计说明书。在输出设计说明书中要标明输出的名称、所包含的具体项目、输出形式、处理周期、输出格式、份数等内容。

2. 输出形式

在系统设计阶段，设计人员应给出系统输出的说明，这个说明既是将来编程人员在软件开发中进行实际输出设计的依据，也是用户评价系统实用性的依据。因此，设计人员要能选择合适的输出方法，并以清楚的方式表达出来。输出主要有以下几种。

- 表格。表格是一种常用的输出信息形式，一般用来表示详细的信息。
- 图形。信息系统用到的图形信息主要有直方图、饼图、曲线图、地图、词图等。图形信息在表示事物的趋势、多方面的比较等方面有较大的优势，在进行各种类比分析时，起着数据报表所起不到的显著作用。图形表示方式直观，是决策层用户常用的输出设计。

- 图标。图标也用来表示数据间的比例关系和比较情况。由于图标易于辨认,无须过多解释,在信息系统的应用也日益广泛。

以开源数据库 PostgreSQL 的数据库管理员工具 pgAdmin 的输出设计为例,如图 7-25 所示,其中曲线图用来表示数据库各项性能发展的趋势、更细微的变化,适合展现连续变化的数据;表格用来展示数据的细节信息。在输出设计中,还可以选择直方图对比多组数据,更适合表达离散或排序的数据;采用地图从多维度对数据进行展示,互联网应用也常用词图中不同词的大小来反映新闻中的关注热点。

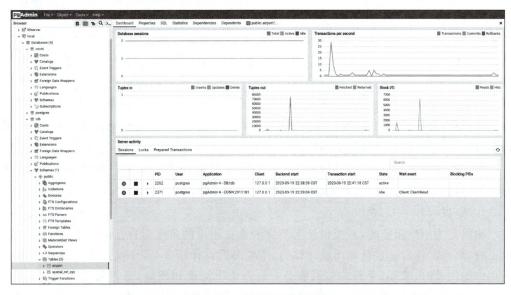

图 7-25　pgAdmin 输出设计

在进行数据输出显示设计时,应当了解数据显示的要求,解决应该显示哪些数据、屏幕上一次显示多少信息的问题。画面显示信息过少,则用户需要不断切换屏幕才能找到所需的数据;画面显示过多,则重点不突出。因此,显示的信息对于用户任务来说应当是适当的,不要过于拥挤。

选择显示内容时应当只显示必需的数据,与用户需求无直接关系的一律省略,在一起使用的数据应显示在一起。要根据用户要求,将数据分组,然后将每组数据按一定的结构形式来安排,总的目的是使得用户感到使用方便,通过结构形式便于了解数据项的含义。

在安排显示结构时,应按逻辑方式把数据分组。比如,根据使用频率、操作顺序或功能来分组,这取决于用户的需要。安排数据要考虑是否有益于用户的使用,关键词和识别符应安排在显示部分的左上角,其余数据可按其重要性、使用频率、正常使用顺序来安排。可根据一个或多个关键因素将数据分类,使得每组数据同属同一类型。如果需要,可显示数据的抽象特性,并用图表说明这些特性的趋势、联系和区别。显示设计要使得相关的数据成组地出现,并通过用户与系统的会话来控制。若不使用覆盖技术,则可根据屏幕的大小,使每帧屏幕包含若干子区域,让每个子区域显示不同的信息。

屏幕布局时应当尽量少使用代码和缩写,显示的数据对于读者来说,应当是易于理解的。显示画面中应提供明晰的标题、栏目以及其他提示信息,帮助用户浏览各种显示画面。要遵循用户的习惯,在画面中保留用户使用的术语。对于重要的数据,可采用颜色、字符大小、下画线或不同的字体等方式来强化显示效果。

3. 输出设备和介质

目前信息系统主要使用的输出方式是屏幕显示和打印机打印。磁盘或磁带往往作为一种备份(保存)数据的手段。通常在功能选择、查询、检索信息时,采用屏幕输出方式。用屏幕输出方式的优点是实时性强,但输出的信息不能保存。打印机一般用于输出报表、发票等,这种方式输出的信息可以长期保存和传递。输出介质主要是各种规格的打印用纸,包括专用纸和通用纸。通用纸用于通常用的打印机,输出内容需全部打印。专用纸是事先印刷好的报表或票据,输出只要打印有关的数据即可,无须打印表格框架等。另外,绘图机是直接由计算机或数字信号控制,用于自动输出各种图形、图像和字符的绘图设备,常用于绘制各种管理图表和统计图、地图、建筑设计图、电路布线图、各种机械图与计算机辅助设计图等。

在实际应用中,可以根据具体需求、容量要求、数据访问特点、精度要求等,选择适合的输出设备和介质。

4. 输出设计的评价

输出是为用户服务的,系统设计人员必须站在用户的角度对自己的输出设计结果做出正确、全面的评价。进行输出设计评价,主要是看设计结果是否满足了以下要求:能否为用户提供及时、准确、全面的信息服务;是否便于阅读和理解,是否符合用户的习惯;是否充分考虑和利用了输出设备的功能;是否为今后的发展变化预留一定的余地;规格是否标准化,文字和术语是否统一。

为了提高系统的规范化程度和编程效率,在输出设计上应尽量保持输出内容和格式的统一性。设计屏幕输出格式时,除了合理安排数据项的显示位置,还应注意适当的色彩搭配,美观的屏幕格式能给人以享受,容易获得用户的好感。设计纸质报表的格式时,要先了解打印机的特性,包括熟悉各种制表符号、打印字体大小、换页走纸命令,因为许多打印机的控制方式都有其独特之处。

7.5 用户界面设计

用户界面(User Interface,UI)的设计是现代信息系统设计的关键活动之一,用户界面的设计就是用户与计算机系统之间所进行的所有交互活动的设计,系统通过人机交互来完成一个特定的任务,而人机交互往往表现为系统的输入/输出。因此,确定系统输入输出是用户界面设计的基础,对系统的每个输入/输出,系统开发人员都必须考虑用户和计算机之间的交互,并设计相应的界面以处理输入/输出。因为用户界面中的人机交互更像是用户与计算机之间的对话,因此也通常将用户界面设计称为人机对话设计。

7.5.1 用户界面的特征及其设计思路

对具有高度交互性的信息系统来说,用户界面并不能只简单地理解成直至开发过程的后期才添加到系统中的一个部件。事实上,不论从物理方面、感知方面,还是从概念方面上来讲,终端用户在使用系统时所接触到的全部事物均表现为用户界面。因此,对系统的终端用户来说,用户界面就是系统本身;对系统开发人员来说,用户界面的设计就是系统的设计。由此可见,在系统设计过程中应该尽可能早地考虑用户界面。

1. 用户界面的物理特征

除了用户实际接触到的设备,如键盘、鼠标、触摸屏和小数字键盘等计算机终端硬件,用户界面的物理特征还包括用户利用计算机完成任务时所涉及的其他物理部分,如参考手册、打印文档和书面数据表格等。

2. 用户界面的感知特征

感知特征包括物理特征除外的用户所看到、听到和触摸到的所有事物。其中,用户所看到的事物包括显示在屏幕上的所有数据和指令,如数字字符、文字、线段及其他形状的图形;用户所听到的事物包括系统所发出的任何声响,如鼠标单击或键盘敲击的声音、系统确认功能选择的蜂鸣声以及计算机合成的语音输出、基于语音识别软件的人类语音的输入;用户所"触摸"到的事物包括屏幕上的菜单、对话框、按钮以及完成任务时鼠标所单击的电子文档、应用图标和事务处理等对象。

3. 用户界面的概念特征

概念特征包括用户要了解的有关使用系统的所有知识,具体来说,包括问题域的"事物"(比如学生、课程、课表)、系统所能够执行的操作(比如添加、删除、更新)以及实现这些操作的程序步骤(比如双击、拖放、取消)。所有这些要了解的知识总称为系统的用户模型,用户模型不仅包括系统内部如何实现,而且包括系统"做什么"(功能)以及这些功能是如何去完成任务的,不难看出,系统用户模型的大多内容实质上就是系统的逻辑模型,也就是说,用户必须认识反映系统需求的逻辑模型的细节才能去操作系统,而由系统分析员所建立的系统逻辑模型依赖于终端用户对系统需求的定义,这就是说,用户对系统的需求是决定一个系统究竟怎么样的根本因素。因此,从用户界面的概念特征角度来讲,用户界面绝不仅仅只是在系统开发过程临近结束时才添加到系统中的一个部件。

4. 以用户为中心的设计思路

正是因为越来越多的研究人员已经认识到用户界面对系统、系统用户及系统开发人员的重要性,因此研究焦点开始集中到 SDLC 中的系统分析和系统设计技术如何体现以用户为中心上,这样的设计称为以用户为中心的设计。

以用户为中心的设计的思路的第一点是及早关注用户及其工作。理解和识别系统用户及他们对系统的需求是一项非常重要的工作。对传统的开发方法而言,是从业务过程角度强调需求,包括系统做什么、数据的来源以及数据的目的地;对面向对象方法而言,其更具有交互性,是通过识别参与者、用例和场景等,强调用户及其工作内容,这也就是用户与计算机之间的自动化边界在系统需求建模的早期就已定义好了。

以用户为中心的设计的思路的第二点是以系统的友善性（易用性）为目标评估用户界面设计。系统的友善性是指一个系统易于学习和使用的方便程度。确保系统的友好性并不像所想象的那么简单，一方面是因为系统不仅有多种不同类型的用户，而且相同类型的用户可能会有不同的偏好和适应能力，某个设计特点对于一个人来说也许做到了易学易用，但对另一个人来说也许非常困难，因此有必要把握好界面设计的严谨性和灵活性这两者之间的平衡；另一方面还在于一个易于学习的界面并不总是易于使用，反之亦然。例如，拥有众多表单、对话框以及大量提示性或指导性信息的基于菜单的应用程序的确易于学习，这种导航性、自解释性的界面方式对不经常使用系统的用户将更为合适，而对每天都要面对系统的用户来说，界面风格则应显得快捷而灵活，比如快捷键、热键、少而精的屏幕信息等的使用。因此用户界面应该能适应多种不同熟练程度的用户，这两方面在本质上是一致的。对用户界面设计的评估应该包括对以用户为中心的设计的各方面的评估，但对界面的友好性而言，开发人员的评估方式可尝试采用诸如界面设计预排、分组座谈会、专家意见、原型化实验、收集用户的感受及态度方面的主观数据等。

以用户为中心的设计的思路的第三点是使用迭代开发方法。迭代开发方法就是在先做一些分析工作，再做一些设计工作，然后再做一些实施工作之间的多次往复，每次往复都需对当前系统进行评估。对设计用户界面而言，每次的迭代过程均需集中注意力于用户及其需求方面，且每次迭代过程结束后均需做相应的评估工作（比如不同的用户或同一用户在不同的时刻对操作灵活性的要求、信息量的要求会有所不同，应权衡考虑）。

7.5.2 用户界面设计的指导原则

用户界面设计原则所包括的范围很广，包括从一般性的原则到非常专业性的原则。其实，用户界面作为人机交互研究方向的一个分支，其设计原则除了涉及计算机科学自身的内容外，还涉及包括认知心理学、社会心理学、人类生理学、工程学、语言学等其他众多学科。将人的因素正式引入到工程中始于第二次世界大战期间，当时的飞机工程师研究战斗机驾驶舱里控制器的不同排列对飞行员的影响，飞行员在飞行过程中要负责控制许多设备，飞行员与设备之间交互的有效性显得尤为重要，他的一个错误或失误将会导致机毁人亡，因此工程师应该以人的因素为第一要素，设计出各种控制器的最佳排列方式，让控制器来适应飞行员而不是让飞行员去适应控制器。然而有一次工程师交换了飞机油门杆和座椅弹射控制手柄的位置，结果使得飞行员被弹射次数急剧上升，起初工程师们把这一失误归因于飞行员缺乏严格而准确的操作训练，但在加强操作训练后飞行员依然抓错操纵杆，其实根本原因是在于缺乏对人的因素的考虑。如今，信息系统领域的专家正在研究如何在计算机中引入这些原则。

1. 可视性和提示性

自20世纪80年代末期起，计算机的图形用户界面已逐步取代原先的字符用户界面。所谓可视性，是指所有控件对用户都是可见的，且控件能提供反馈信息以表明其对用户动作的响应。例如,屏幕上显示的一个可被单击按钮对用户是可见的,当用户单击时,它在外观上会产生一些变化,这一反馈信息表示按钮已被按下去了,有时有些按钮会以产生一个单击声响的方式来提供反馈信息。所谓提示性,是指所有控件在外观上都应该能体现出其功能,也就是其使用目的。例如,按钮提示可单击、滚动条提示可滚动、列表中的任一条目提示可选择等。可视性和提示性原则可应用于计算机中的任一应用软件的界面和控制。

2. 一致性

一致性是界面设计中要考虑的要点原则之一。例如,一个特定的图符不仅应该始终形状、大小一致,而且还应该始终只有一个含义,而不能依靠上下文来代表多个动作或对象;菜单总是放在相同的关联位置,使用户不必每次都去寻找特定的选择;总是使用一个相同的快捷组合键或热键来代表同一个动作;总是使用一种颜色编码,从而使相同的颜色在不同的情况下具有一致含义;窗口格式(标题、标签、图标、字体大小、颜色亮度对比)及窗口布局(窗口中的数据字段的排列组织方式、按钮分配及执行次序)应该贯穿系统始终等。一般来说,一个具有一致性的用户界面不仅易于学习,也易于操作;相反,一个不一致的用户界面不仅难以被用户理解,而且工作效率低下。因为人都具有习惯性,一旦学会做某件事情的方式后就很难再去改变过来,就像习惯盲打的人无须考虑每次的按键,手指总习惯性地自动击键,试想若将键盘上第二排与第三排的按键位置交换一下后会出现什么结果?人机交互也是一样,在界面满足一致性的很多情况下操作计算机时,人们对程序的操作都是下意识的。

当然在某些情况下,不一致的用户界面有时也是有益处的。例如,用户在多个独立的窗口与多个应用程序进行交互时,不同的外观有助于用户分辨它们。但这些益处相对于一致性来说还是微不足道的。

3. 反馈

用户界面对每一次的交互对话,都要提供某种类型的反馈信息,以便让用户知道每一步动作的进展情况。例如,用户在选择菜单时通过颜色变化给出选择的反馈信息;用户在输入文本框中输入一个学号后,则给出该学生的姓名和专业等信息以反馈所输入的学号是正确的,等等。若没有反馈,则用户可能会搞不清系统的进展情况以及何时应继续输入。例如,用户转储数据库可能会占用较长的时间,若没有相关的反馈信息以指示系统正在执行该操作,那么用户很容易去怀疑自己的输入命令是否已被系统接受。有经验的用户希望觉得是他们自己在控制系统,系统响应用户命令,而不是被系统所控制或者被强迫去做某事。

醒目地显示一个对象、光标闪烁、改变像素颜色、在固定位置显示信息、声响等是系统常见类型的反馈形式。反馈信息通常应足够清晰使其不易被忽略,但它们也不能过分突出以至于分散用户的注意力;反馈信息通常应显示在屏幕的固定区域中且用不同的颜色以便于用户查看和区别于其他显示的对象;听觉反馈的优点是不占用屏幕空间,也不分散用户的视觉注意力;系统反馈信息应少用要求用户做出响应的对话框形式,以免降低用户工作效率。

4. 防止出错和出错处理

任何用户错误都需付出代价,既包括错误所造成的后果损失,又包括纠正错误所花费的时间。因此用户界面的设计应尽可能阻止用户发生错误,其中的一个主要途径是限制可用性的选择,例如,一个表单上的所有操作并非在任何时刻对用户都是可用的;当没有选中一个对象时不允许移动一个对象的位置或删除对象;当剪贴板上没有对象时不允许选择粘贴操作。另外,反馈机制也能减少一些错误。

除此之外,还应该设计出一些好的控制程序以用于捕捉错误,例如,输入完整性控制技术,与此同时还能提供"有效的"出错信息以便于确定错误发生的原因和如何改正错误,例如,当输入学生学号后,若控制程序给出"输入的学生信息无效,请重新输入"这样的出错信息则应该视作"无效的",因为通过该信息用户并不能知道到底错在哪儿以及如何去纠正它,但若控制程序给出"学号不能以字母打头且长度只能为 10 个字符"这样的出错信息则应该视作是"有效的"。

好的出错处理机制还能够简化错误处理。例如,当用户输入一个无效的学号后,系统在给出出错信息的同时,应将光标移动至学号的文本框中以供用户修改编辑,这样便于用户看到错误并且在修改编辑错误时不必完全重新输入学号。

5. 允许撤销操作

在一些操作过程中,回退或撤销机制是用户界面的另一个公共原则。在一个操作状态下,用户执行回退或撤销动作可以回到前一个操作状态。有些系统要求支持能回退多个操作步骤。撤销操作也是防止出错的一种方法。对不能被撤销的操作,在操作执行前,用户界面应该要求用户确认后再执行操作。

6. 最少记忆量

界面的交互还应该容易理解和记忆。模糊的、复杂的、不一致的和缩写的命令格式会导致软件使用时产生混淆并降低效率。例如,对所有的删除操作,使用同一个名称、按键比对不同类型的删除操作使用不同的名称、按键更容易记忆。窗口能帮助减少记忆量,不同类的信息可以分别显示在不同窗口中,因而在不同的信息重叠显示时不必依赖于记忆,只需窗口切换即可。另外,通过显示代表各种对象和操作的容易辨认的图符也有助于减少记忆量。

上述这些原则中的一些互为补充、互为依赖。有些原则不一定会应用到一个机构的信息系统中;反之,一个机构也有可能去添加一些其他指导原则。但不管怎样,系统开发机构应该先制定一个界面设计标准或原则,隶属于该机构的任何系统的开发都要服从该标准,以保证用户交互的效率和有效性。

7.5.3 用户界面的形式

界面设计的形式包括菜单式、填表式、选择性问答式及按钮式。

1. 菜单式

菜单的形式可以多种多样,通过屏幕显示出可选择的功能代码,由操作者根据需要进行选择。将菜单设计成层次结构,则通过层层调用,可以引导用户使用系统的每一个功能。菜单是系统整体功能结构的具体体现,应使得用户能够用尽可能少的操作找到所需要的功能,同时功能描述上应明确无误。随着软件技术的发展,菜单设计也更加趋于美观、方便和实用。目前,系统设计中常用的菜单设计方法如下。

(1) 一般菜单。在屏幕上显示出各个选项,每个选项指定一个代号,然后根据操作者通过键盘输入的代号或单击鼠标左键,即可决定后续操作。

(2) 下拉菜单。它是一种二级菜单,第一级是选择栏,第二级是选择项,各个选择栏横排在屏幕的第一行,用户可以利用光标控制键选定当前选择栏,在当前选择栏下立即显示出该栏的各项功能,以供用户进行选择。

(3) 快捷菜单。选中对象后右击所出现的菜单,将鼠标移到所需的功能项目上,然后单击左键即执行相应的操作。

(4) 级联菜单。若下拉菜单或快捷菜单中的某个选择项还包括多项功能,则在选中该项后使它所包含的功能显示在其附近,称为级联菜单。

(5) 菜单树。以树状结构组织菜单,可灵活地展开与折叠菜单内容。

一般菜单现在已很少使用,下拉菜单和快捷菜单是目前常用的菜单形式。下拉菜单一般可令其常驻屏幕中,在整个运行过程中可随时供用户使用,而快捷菜单一般在操作某一对象时提供有针对性的服务。菜单树常在系统菜单结构复杂、功能项很多时使用。在给用户提供菜单时,要注意使与当前操作无关的功能失效,以避免误操作,如图 7-26 所

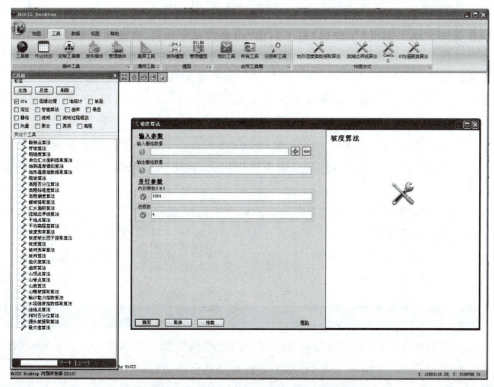

图 7-26 地理信息应用系统菜单设计

示，C/S架构的地理信息应用系统菜单树一级目录为"地图""工具""数据""帮助"等，在"工具"菜单下又分为"插件工具""通用工具""快捷方式"等二级目录面板。"模型"面板上，又细分"发布模型""管理模型"三级功能选项。

2. 填表式

填表式一般用于通过终端向系统输入数据，系统将要输入的项目显示在屏幕上，然后由用户逐项填入有关数据。另外，填表式界面设计也常用于系统的输出。如当要查询系统中的某些数据时，可以将数据的名称按一定的方式排列在屏幕上，然后由计算机将数据的内容自动填写在相应的位置上。这种方法简便、清晰、易读且不容易出错，是通过屏幕进行输入输出的主要形式。

3. 选择性问答式

当系统运行到某一阶段时，可以通过屏幕向用户提问，系统根据用户选择的结果决定下一步执行什么操作。这种方法通常可以用在提示操作人员确认输入数据的正确性，或者询问用户是否继续某项处理等方面。例如，当用户输完一条记录后，可通过屏幕询问"输入是否正确（Y/N）？"，计算机根据用户的回答来决定是继续输入数据还是对刚输入的数据进行修改。

4. 按钮式

在界面上用不同的按钮图标表示系统的可执行功能，单击按钮即可执行该操作。按钮的表面可写上功能的名称，也可用能反映该功能的图形加文字说明。使用按钮可使界面显得美观、漂亮，使系统看起来更简单、好用，操作更方便、灵活。设计用户界面要充分考虑到人的因素，如用户的特点、用户怎样学会与系统交互、用户怎样理解系统产生的输出信息以及用户对系统有什么期望等。还要考虑界面的风格，可用的软、硬件技术及应用本身产生的影响。要充分考虑用户的心理，尽量使得用户界面的设计符合用户的需要。在界面设计时，要考虑系统的响应时间不应过长。在界面操作过程中要为用户提供必要的帮助信息，在用户操作错误时，应能提供简明、清晰的错误提示信息，并给出适当的操作建议。

信息系统应用中往往需要结合多种界面元素进行设计。如图7-27所示，地理信息应用系统的功能调用就体现了多种界面设计元素。比如在进行"HiGIS地图配准"工具调用时，提供了控制点的填表式界面、内存限制的选择式界面、提交执行的按钮式界面，以及对该功能的辅助式说明。

7.6 面向对象的设计模式

在面向对象方法中，类设计是将分析模型映射到设计模型的基础工作。类设计就是按具体的实现语言，如Java、C♯等，细化分析模型的已有方法，补充类属性，完成基本设计模型。面向对象分析得到的类可以直接映射为设计类，只需要将其属性和方法完全映

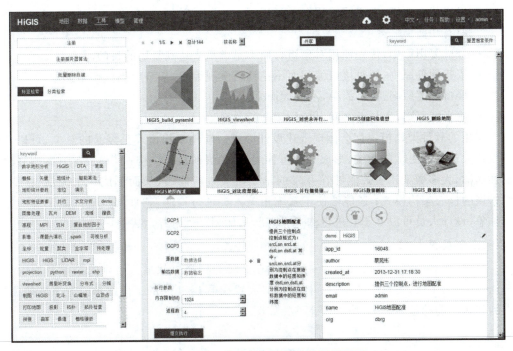

图 7-27　地理信息应用系统功能调用界面

射到设计类即可。将分析类都映射到设计类后,绘制出这些设计类之间的关系,就得到了设计模型。面向对象的优点是接口与实现的分离,进行程序逻辑设计时要重点考虑对象交互的接口,接口使对象之间相互传递消息从而构成整个系统。在一个多层次的软件架构中,如果层次之间的交互过程没有很好的接口设计,那么软件分层带来的好处可能会完全丧失。根据面向对象方法的实践,可以参考好的模式来开展设计工作。

7.6.1　软件架构设计

软件是信息系统的主要表现形式。软件架构是一种思想,一个系统蓝图,是对信息系统软件结构组成的规划和职责设定。软件架构将软件中计算、界面、数据、业务、安全等逻辑独立出来,并通过约定的接口和协议有机地结合在一起,形成职责清晰、结构清楚的软件架构。软件架构包括软件层次、每一层次的职责、层次间的接口、传输协议和标准以及每一层次上所采用的解决方案和工具。

软件架构模式是针对特定环境中常见软件架构问题的通用且可重用的解决方案。实践表明,很多信息系统项目的失败就是因为选择了不恰当的软件架构模式。在使用面向对象方法设计软件架构时,可以参考以下原则。

- 单一职责原则,软件功能分工明确,一个类只有一个职责。
- "开-闭"原则,尽量封装变化。对象(类、模块、函数等)对于扩展应该是开放的,但对于修改应该是封闭的。

- 里氏代换原则,类之间采用继承复用,子类可以扩展父类功能,但不能改变父类的原有功能。
- 合成复用原则,优先使用对象组合而不是继承来达到复用的目的。
- 依赖倒置原则,针对接口编程而不是针对实现编程,细节应该依赖于抽象。
- 接口隔离原则,接口简单,不能大而全。
- 迪米特原则,类与类之间保持松耦合的关系。

常用的软件架构模式都会体现上述设计原则。软件架构模式是经验的总结,可以帮助设计人员构建更优的系统,形成一个可伸缩、可扩展的最优结构;使得设计方案的修改更加简洁,大多数架构模式能够在开发的早期阶段进行修改,从而形成一个灵活、鲁棒、无错误的核心架构模式;还能够便于系统相关人员进行沟通,软件架构模式是系统的基本抽象,设计人员可以基于它进行沟通、协商,从而相互理解并达成共识。

1. 分层模式

分层(Layer)模式是最常见的一种架构模式。分层模式从最低级别的抽象开始构建架构,称为第 1 层,是系统的基础;将第 j 层放置在第 $j-1$ 层的上面逐步向上完成抽象;直到到达功能的最高级别,称为第 N 层,如图 7-28 所示。

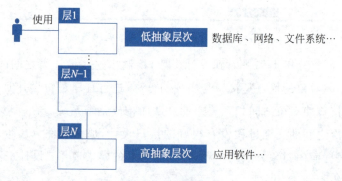

图 7-28 分层模式

分层模式的优点是为每个层次建立好抽象接口,可以使其在其他环境的复用层次之间,体现复用性;支持基于抽象程度递增的系统设计,使设计者可以对复杂系统进行分解,系统更易模块化;因为每一层至多和相邻的上下层进行交互,功能改变最多影响相邻层,且层次可被相似模块替换。分层模式的缺点在于抽象层次多,可能会降低效率,层次的变化会带来连锁反应,不同粒度的抽象层次困难。信息系统常见的分层模式有客户端/服务器模型,包含用户表示层、业务逻辑层、数据层的三层模型等。

2. 黑板模式

黑板(Blackboard)模式的思想是,有一系列独立的模块或方案,各自能解决一部分问题,通过协作使问题得到最终解决。这就像一群人在一块黑板前,共同解决一个问题,根据当前问题解决的程度和状态,不同的人在黑板上解决他所能解决的部分,这样经过多人的协作,最终将问题解决。这就是黑板模式这个名字的来历。

黑板模式的实现分为 3 个主要组件：黑板（Blackboard）、知识源（Knowledge Source）和控制（Control）。数据库管理系统和消息队列就是一种典型的黑板模式。

3. 管道-过滤器模式

管道-过滤器（Pipe-Filter）模式架构中的每个构件都有一组输入和输出，构件读入数据流，经过处理产生输出数据。构件就是过滤器，而构件间的连接件则是过滤器之间数据流传输的管道，过滤器不能与其他的过滤器共享数据。多个过滤器相连，形成过滤器链，排列顺序可配置。

管道-过滤器模式最典型的应用是在编译系统。一个普通的编译系统包括词法分析器、语法分析器、语义分析与中间代码生成器、优化器、目标代码生成器等一系列对源程序进行处理的过程。可以将编译系统看作一系列过滤器的连接体，按照管道-过滤器的体系结构进行设计。为了提高空间查询和分析效率，地理信息系统也是采用管道-过滤器模式，先对空间对象外包框进行过滤，减少大量不必要的计算，然后再根据对象边界进行最后的测试，如图 7-29 所示。

图 7-29 管道-过滤器模式示例

4. 中介模式

中介（Mediator）模式就是用一个中介对象来封装一系列的对象的交互，使各对象之间不需要显式的相互作用，以降低对象之间的耦合度。中介模式适用于对象之间存在大量关联的情况，例如，机场的各架飞机如果起飞和降落的消息都是两两互相发送的话，机场调度肯定会变得混乱，所以需要通过机场塔台来统一进行调度管理。

中介模式是构建带有中介构件的分布式系统，系统通过远程服务调用进行交互。中介构件负责协调通信，包括转发请求、传送结果和异常等。这样的架构模式并不是一个整体的应用程序，而是若干个独立的和互操作的构件集合。通过将功能分割成独立的构件，系统具有可分割性和可扩展性，并具有较大的灵活性、可维护性和可变性。在中介模式中，系统可以添加、移动、交换、激活和定位构件服务，可以仅通过对象接口使用服务器中的应用程序对象，而不需要知道对象的细节或其物理位置。

5. 代理模式

代理（Proxy）模式是由客户机、服务器、代理程序、桥接、客户端代理和服务器端代理等构件组成的软件架构模式。客户机通过代理程序实现发送请求访问服务器功能。服务器为应用领域提供公共服务，或者向单一应用提供特定的功能服务。代理程序位于客户机和服务器之间，协调客户机和服务器之间的活动。客户机端代理是客户机和代理程序之间的一个层。桥接是用来隐藏两个代理程序互相操作的细节的可选构件，它建立一个所有系统细节封装起来的层，便于系统在异构环境中运行。在代理模式中应用程序不需要关注分布式环境下的通信细节。代理模式结构灵活,允许对象动态变化。

Web 服务的调用就是一种典型的代理模式,服务提供者将服务注册到注册中心,服务请求者在注册中心查询到所需服务后,与服务提供者建立连接并使用服务。注册中心就起到了一个服务代理的作用,但是并不提供服务。

6. MVC 模式

MVC(Model-View-Control)是模型-视图-控制器的简称,MVC 模式是一种流行的系统开发框架。把交互系统的组成分解成模型、视图、控制 3 种部件。"视图"面向用户,从"模型"获取信息,进行不同的展示。"模型"封装核心数据和处理逻辑。"控制器"确保界面与模型间的联系,接收用户输入,并反馈给模型,进而实现对模型的计算控制。模型不用关心处理结果如何展现,比如,模型返回一些数据,然后交给不同的视图来展现(表格方式、图形方式等)。可以使用不同的视图来访问同一个模型,MVC 模式如图 7-30 所示。

图 7-30　MVC 模式

计算器小程序是一种最简单的 MVC 模式,在计算器程序中,外部的那些按钮和最上面的显示条就是"视图层",那些需要运算的数字就是"数据层",执行加减乘除的那些内部运算步骤就是"控制层"。每一层执行不同的功能,整个程序的结构非常清晰。

7. 反射模式

反射(Reflection)模式是为动态地改变系统结构和行为提供相应机制的架构模式,从而保持系统的可变性和可扩展性。一个反射系统在实现方面处于开放状态,以支持特定的结构和行为。

反射架构由两部分组成:元层次(Meta Level)和基本层次(Base Level)。反射模式的优点主要有:反射系统不直接修改源代码;系统更新简单方便;支持多种类型的变更。数据库应用的通用开发接口体现了反射模式的思想,数据库应用基于接口开发,只要接口是遵循标准的,底层可以更换为任意支持该接口的数据库。

8. 微核模式

微核(MircoKernel)模式用于必须适应需求变化的软件系统。这种模式把最小功能核心与扩展功能、应用程序分离开来,因此也称为插件架构。这种设计模式包含两大部分:核心系统和插件模块(或扩展)。Web 浏览器就是一种微核模式,它相当于核心系统,可以通过安装扩展(或插件)实现功能的增强。

9. 微服务模式

微服务（MicroServices）模式作为一种软件架构，是面向服务的体系结构（Service Oriented Architecture,SOA）架构的一种变体，它提倡将单一应用程序划分成一组小的服务，服务之间互相协调、互相配合，为用户提供最终价值。每个服务运行在其独立的进程中，服务与服务间采用轻量级的通信机制互相沟通（通常是基于 HTTP 的 RESTful API）。每个服务都围绕着具体业务进行构建，并且能够独立地部署到生产环境、类生产环境等。另外，应尽量避免统一的、集中式的服务管理机制，对具体的服务而言，应根据上下文，选择合适的语言、工具对其进行构建。

如图 7-31 所示，与整体服务模式相比，微服务的优点是将应用程序分解为小型服务（松散耦合），可使开发、维护进程更快，更易理解，可以提供更高的灵活性；而且每个服务能够独立扩展、独立开发和部署，每个服务都运行在自己的进程内，这样每个服务的更新都不会影响其他服务的运行；可通过最合适的编程语言与工具进行开发，能够做到有的放矢地解决问题；支持自动部署与持续集成工具集成。微服务的缺点是微服务架构是一个分布式系统，必须构建一个通信机制，需要考虑网络延迟、容错性、消息序列化、不可靠的网络、异步机制、版本化、差异化的工作负载等问题，处理故障难度高；每个服务都有不同的实例，每个实例都需要配置、部署、缩放和监控，部署工作量大且运营成本增加；微服务在一定程度上也会导致系统变得越来越复杂，增加了集成测试的复杂度。

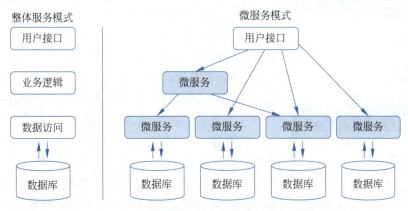

图 7-31 整体服务模式与微服务模式对比

7.6.2 设计模式

面向对象的分析完成后，将分析模型映射到设计模型的基础工作主要包括类设计和接口设计。分析模型中的类可以直接映射为设计类，再明确这些设计类之间的关系，从而进一步完善了设计模型。此外，面向对象的优点是接口与实现的分离，使得考虑程序逻辑时首先要重点考虑对象交互的接口。接口使对象之间相互传递消息从而构成整个系统。在一个多层次的软件架构中，如果层次之间的交互过程没有很好的接口设计，那么软件分层带来的好处可能会完全丧失。

1994 年，Erich Gamma 等首次提到软件开发中设计模式（design pattern）的概念。设计模式代表最佳的实践，是软件开发人员在开发过程中面临的一般问题的解决方案。这些解决方案是众多软件开发人员经过长时间的试验和错误总结出来的。每种模式都对应一个不断重复发生的问题，以及该问题的核心解决方案。采用设计模式可以很好地指导面向对象的类设计和接口设计。

总体来说设计模式分为三大类。第一类是创建型模式，隐藏对象创建逻辑，共 5 种：单例模式、原型模式、工厂方法模式、抽象工厂模式、建造者模式。第二类是结构型模式，关注类和对象组合，共 7 种：适配器模式、装饰器模式、代理模式、外观模式、桥接模式、组合模式、享元模式。第三类是行为型模式，关注对象间通信，共 11 种：策略模式、模板模式、观察者模式、迭代子模式、责任链模式、命令模式、备忘录模式、状态模式、访问者模式、中介者模式、解释器模式。以下选择代表性的设计模式进行介绍。

1. 单例模式

单例模式（Singleton）是最简单的设计模式之一。这种类型的设计模式属于创建型模式，它提供了一种创建对象的最佳方式。

这种模式涉及一个单一的类，该类负责创建自己的对象，同时确保只有单个对象被创建。这个类提供了一种访问其唯一的对象的方式，可以直接访问，不需要实例化该类的对象。单例模式确保一个类只有一个实例，并提供了一个全局访问点来访问该实例。

单例模式的应用实例包括：Windows 中的任务管理器软件就是典型的单例模式软件，每次只能打开一个窗口，而 Word 等软件每打开一个文档就可以创建一个实例，不属于单例模式。单例模式可以用于描述一个连队只有一个连长等应用场景。单例模式类图如图 7-32 所示。将创建一个 TeamLeader 类。TeamLeader 类有它的私有构造函数和本身的一个静态实例。TeamLeader 类提供了一个静态方法，供外界获取它的静态实例。TeamDemo 类使用 TeamLeader 类来获取 TeamLeader 对象。使用 Java 描述的代码实现如下：

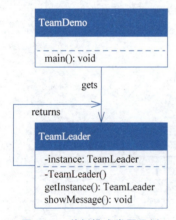

图 7-32 单例模式类图示例

```
public class TeamLeader {
    private static TeamLeader instance = new TeamLeader();      //创建 TeamLeader 的一个对象
    private TeamLeader(){}     //声明构造函数为 private,这样该类就不会被实例化
    public static TeamLeader getInstance(){ return instance; }   //获取唯一可用的对象
    public void showMessage(){
        System.out.println("Hello My Team!");
    }
}
```

```
public class TeamDemo{
  public static void main(String[] args) {
    TeamLeader object = TeamLeader.getInstance(); //获取唯一可用的对象
    object.showMessage(); //显示消息
    }
}
```

注意,不能使用 new TeamLeader()的方式获取对象,因为构造函数 TeamLeader()是不可见的。程序执行的结果为显示"Hello My Team!"。

2. 工厂模式

工厂(Factory)模式通过一个通用的工厂方法来生成对象,并专门负责将大量有共同接口的类实例化,是一种创建对象的有效方式。例如,部队需要补充装备,只需要向上级部门申请即可,而不需要关心这个装备是哪个工厂生产的,装备的零部件来自哪里等。工厂模式有简单工厂模式、工厂方法模式、抽象工厂模式3种。在信息系统设计时,一般在设计阶段还不会明确最后系统采用哪一类数据库,数据库选型也可能会有变化,这时可以使用标准的数据库驱动程序接口来进行设计,最后实现时替换为任何一种符合驱动程序接口规范的数据库。

图 7-33 为工厂模式的类图示例。FactoryDemo 调用 ShapeFactory 的 getShape()方法,并传给该方法具体的形状参数,根据参数,调用 Circle、Rectangle、Square 等形状实现的 Shape 接口。

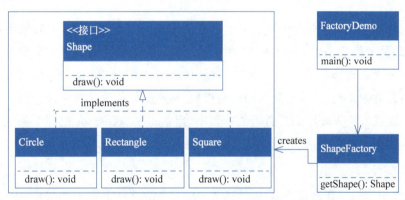

图 7-33 工厂模式类图示例

3. 适配器模式

适配器(Adapter)模式作为两个不兼容的接口之间的桥梁,把一个类的接口变换成客户端所期待的另一种接口,从而使原本接口不匹配而无法在一起工作的两个类能够在一起工作。这种类型的设计模式属于结构型模式,它结合了两个独立接口的功能。

这种模式涉及一个单一的类,该类负责加入独立的或不兼容的接口功能。例如,不同国家的电源插头标准不一样,可以设计一个兼容不同国家标准的电源适配器,这样就可以方便地在任意国家使用电源插头了。

图 7-34 说明了适配器模式的使用。其中，视频播放器设备默认只能播放 MP4 文件，通过使用一个媒体播放器的适配器可以播放 AVI 和 MKV 格式的文件。图 7-34 中设计了 MediaPlayer 接口，以及实现 MediaPlayer 接口的实体类 VideoPlayer，默认支持播放 MP4 格式的文件。接口 AdvancedPlayer 以及实现该接口的实体类，可以播放 AVI 和 MKV 格式文件。要让 VideoPlayer 播放其他格式的音频文件，需要创建一个实现了 MediaPlayer 接口的适配器类 MediaAdapter，并使用 AdvancedPlayer 对象来播放所需的格式。这样 VideoPlayer 就可向适配器类 MediaAdapter 传递所需播放的视频类型。

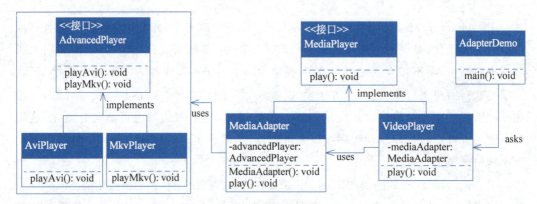

图 7-34 适配器模式类图示例

4．装饰器模式

装饰器(Decorator)模式允许向一个现有的对象添加新的功能，同时又不改变其结构。这种结构型模式是作为现有的类的一个包装。装饰器模式通过将对象包装在装饰器类中，以便动态地修改其行为。例如，航空母舰可以增加甲板面积、更换电子对抗系统、加装电磁弹射系统，形成改装后的航空母舰，从而更好地提升战斗力。

图 7-35 展示了装饰器模式的用法。其中，通过 RedDecorator 把一个形状装饰上不同的颜色，同时又不改变形状类。

5．代理模式

与软件架构的代理模式类似，设计模式中的代理就是为其他对象提供一种代理以控制对这个对象的访问。例如，Windows 系统中的快捷方式本身不实现任何功能，但是能够提供对实际软件的调用链接。代理(Agent)模式和适配器模式的区别在于适配器模式要改变所考虑对象的接口，而代理模式不能改变所代理类的接口。与装饰器模式的区别则在于装饰器模式是为了增强功能，而代理模式是为了加以控制。

以图 7-36 为例，对于地理空间情报部门来说，需要频繁地读取海量遥感影像并进行分析和处理。因此，要创建一个 Image 接口，并实现 Image 接口的实体类。ImageProxy 是一个代理类，当调用遥感影像时，首先通过代理读取，若此时影像已经加载到内存，则

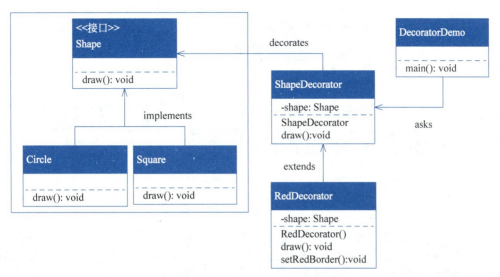

图 7-35 装饰器模式类图示例

无须从磁盘上读取,从而减少了 ImageData 对象加载的内存占用。

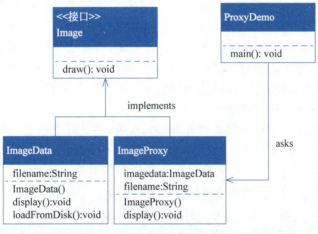

图 7-36 代理模式类图示例

6. 策略模式

策略(Strategy)模式中一个类的行为或算法可以在运行时更改。这种类型的设计模式属于行为型模式。在策略模式定义了一系列算法或策略,并将每个算法封装在独立的类中,使得它们可以互相替换。通过使用策略模式,可以在运行时根据需要选择不同的算法,而不需要修改客户端代码。

如图 7-37 所示,在策略模式中,通常创建表示各种策略的对象和一个行为随着策略对象改变而改变的 context 对象。策略对象改变 context 对象的执行算法。

例如,阵地战中,在确定目标的经度和纬度位置后,可以选择无人机、导弹、火炮等多种攻击策略。调用代码示例如下:

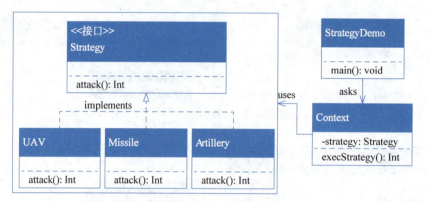

图 7-37　策略模式类图示例

```
Context context = new Context(new UAV());
System.out.println("UAV Attack: " + context.executeStrategy(lat, lon));
context = new Context(new Missile());
System.out.println("Missile Attack: " + context.executeStrategy(lat, lon));
context = new Context(new Artillery());
System.out.println("Artillery Attack: " + context.executeStrategy(lat, lon));
```

7. 观察者模式

观察者（Observer）模式是一种行为型设计模式，它定义了一种一对多的依赖关系，当一个对象的状态发生改变时，其所有依赖者都会收到通知并自动更新。例如，在协同作战时，联合指挥中心综合获得的最新情报，然后通知参加协同作战的各个军兵种。观察者模式包含以下几个核心角色。

主题（Subject）——也称为被观察者或可观察者，它是具有状态的对象，并维护着一个观察者列表。主题提供了添加、删除和通知观察者的方法。

观察者（Observer）——观察者是接收主题通知的对象。观察者需要实现一个更新方法，当收到主题的通知时，调用该方法进行更新操作。

具体主题（Concrete Subject）——具体主题是主题的具体实现类。它维护着观察者列表，并在状态发生改变时通知观察者。

具体观察者（Concrete Observer）——具体观察者是观察者的具体实现类。它实现了更新方法，定义了在收到主题通知时需要执行的具体操作。

如图 7-38 所示，Subject 是主题，设置了 Binary、Octal、Hexa 三个观察者，当主题状态变化时，观察者均会收到消息，更新自己的状态。观察者模式示例代码如下：

```
Subject subject = new Subject();
new Hexa(subject);
new Octal(subject);
new Binary(subject);
System.out.println("First State: 15");
subject.setState(15);
System.out.println("Second State: 10");
subject.setState(10);
```

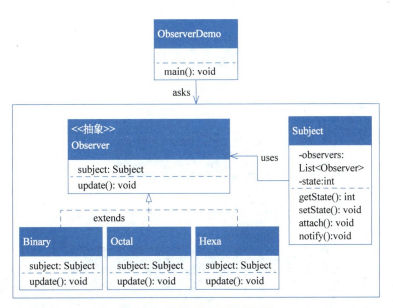

图 7-38 观察者模式类图示例

执行结果为

```
First state : 15
Hex String: F
Octal String: 17
Binary String: 1111
Second state : 10
Hex String: A
Octal String: 12
Binary String: 1010
```

8. 解释器模式

解释器(Interpreter)模式提供了评估语言的语法或表达式的方式,它属于行为型模式。这种模式适用于信息系统中对语言、规则、流程等处理的功能,例如,SQL 解析、符号处理引擎、空间查询处理等。如图 7-39 所示的解释器模式实现了一个表达式接口,该接口解释一个特定的上下文,其中 Term 是表达式的项,And 和 Or 是组合的表达式。

9. 状态模式

在状态(State)模式中,类的行为是基于它的状态改变的。状态模式允许一个对象在其内部状态变化时改变它的行为,如打电话时有不同的状态(拨号、通话和挂机等)。被呼叫方收到其他对象的请求时,会根据自身的状态做出相应的响应。

图 7-40 创建了一个 State 接口,以及实现了 State 接口的实体状态类。Context 是一个带有某个状态的类。StateDemo 设置状态后,Context 在状态改变时的行为会相应变化。

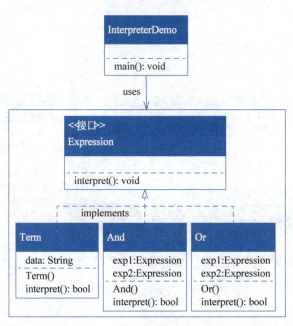

图 7-39 解释器模式类图示例

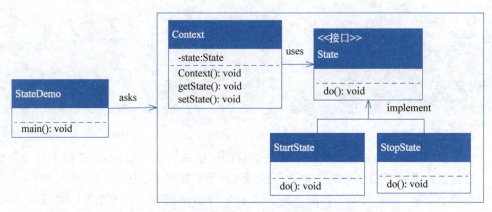

图 7-40 状态模式类图示例

以上简单介绍了代表性的设计模式,通过示例,可以看到,设计模式提供了一个标准的设计规范,而且具体到特定的情景。因为已经经历了很长一段时间的发展,设计模式代表着最佳实践,学习这些模式有助于经验不足的开发人员通过一种简单快捷的方式来学习软件设计。设计模式促进了代码的重用,避免了重复的设计和实现。通过遵循设计模式,可以减少系统中的错误和问题,提高代码质量。当然,在选择设计模式时需要结合具体的应用需求和场景进行判定。

本章思维导图

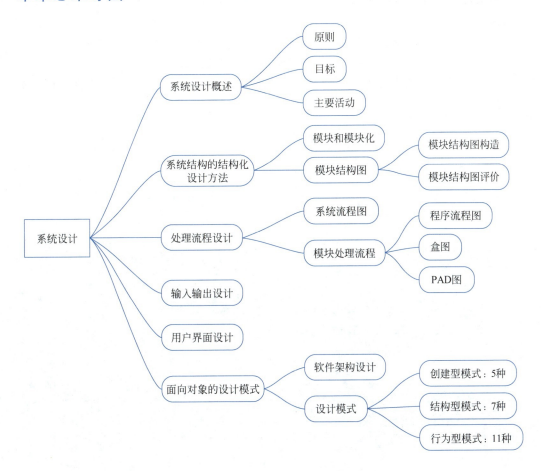

习题 7

1. 简述系统设计的主要任务和活动。与系统分析相比,简述系统设计的侧重点。
2. 某装备管理信息系统发生故障后的平均修复时间为 5 小时。如果要求该系统可靠性达到 99%,则该系统的平均无故障运行时间(即 MTBF)大约是多少天? 如果要求可靠性达到 99.9%,则 MTBF 大约是多少天?
3. 简述数据耦合与控制耦合的区别。
4. 模块结构的度量参数有哪些? 含义是什么?
5. 某战场环境保障部队情报处理系统的业务流程如下。
(1) 由战场环境保障部队采集,获取新的战场环境图像。
(2) 将战场环境图像保存到历史图像库。
(3) 结合最新图像和历史图像进行战场图像判读。
(4) 对图像判读结果进行情报整编,保存到战场图像情报数据库。

（5）情报整编结果发送给战场环境保障部队。

请根据上述流程,画出数据流图,试开发它们相应的模块结构图。(提示：采用变换分析法)

6. 以你最熟悉的网页浏览器为例,简述其中体现的界面设计的指导原则。

7. 在设计模式中,代理模式与装饰器模式的区别是什么？

8. 设计模式分为哪几类？选择身边熟悉的两种软件,简述它们体现了哪些设计模式的思想。

第 8 章 数据库设计

数据库设计是指根据业务需求、信息需求和处理需求,确定信息系统中的数据库结构、数据操作和数据一致性约束的过程。数据库和数据库管理系统(DBMS)是现代信息系统的重要组成部分,而数据模型则是数据库系统的核心和基础。各种机器上实现的DBMS软件都是基于某种数据模型的,为了把现实世界中的具体事物抽象、组织成为某种DBMS支持的数据模型,系统开发人员首先将现实世界抽象为信息世界,然后将信息世界转换为计算机世界。也就是说,首先把现实世界中的客观对象抽象为某一种信息结构,这种信息结构并不依赖于具体的计算机系统,不是某种DBMS支持的数据模型,而是概念级的模型;然后把概念模型转换为计算机上具体某种DBMS支持的数据模型,最后在DBMS中实现这一数据模型。在这一过程中主要的理论和工具包括实体联系模型、函数依赖和范式。

8.1 数据库设计过程

8.1.1 数据库设计概述

数据库设计是指给定一个应用环境,构造最优的数据库模式,建立数据库及其应用系统。目标是使之能够有效地存储数据,满足各种应用需求(信息要求和处理要求),为用户和各种应用系统提供一个信息基础设施和高效率的运行环境。

数据库设计通过把信息系统中大量的数据按一定的模型组织起来,提供存储、维护、检索数据的功能,能够方便、及时、准确地从中获取信息。数据库的设计和建立是在信息系统建设过程中完成的,所以数据库的设计过程与整个信息系统的开发紧密结合,是信息系统开发和建设的重要组成部分,同时也是信息系统的各部分能否紧密结合以及如何结合的关键。

数据库设计要考虑两方面:首先是数据(结构)设计,主要设计数据库框架或数据库结构;其次是处理(行为)设计,即设计应用程序、业务流程等。一般分为6个阶段。

(1) 需求分析。
(2) 概念结构设计。
(3) 逻辑结构设计。
(4) 物理结构设计。
(5) 数据库实施。
(6) 数据库运行和维护。

数据库数据和处理两方面设计的主要方法和工具如图8-1所示,在数据库设计过程中,需求分析阶段是整个设计过程中最困难的一步,也是最重要的一步,主要任务是从所有数据库用户那里收集信息内容和处理要求。需求分析既要保证机构的信息流观点的一致性,又要保证用户目标的一致性。概念结构设计阶段是通过对用户信息需求的综合归纳,形成一个不依赖于DBMS的信息结构的设计,概念结构设计结果得到的是数据库概念结构或称概念模型。逻辑结构设计阶段得到的数据库结构是DBMS可以处理的数据模型,通常用数据定义语言表示,称为数据库逻辑结构。逻辑结构设计与概念结构设计不同,概念结构设计仅仅是对客观世界的描述,与实现无关,而逻辑结构设计与实现有关,依赖于实现的基础 DBMS。物理结构设计阶段是选择物理数据库结构,得到一个完整的、可实现的数据库结构。数据库实施阶段用 DBMS 提供的数据语言、工具及宿主语言,根据逻辑结构设计和物理结构设计建立数据库、编制与调试应用程序、数据入库、进行试运行。在数据库运行和维护阶段中,数据库应用系统经过试运行后即可投入正式运行,同时在数据库系统运行过程中对其进行评价、调整与修改。

设计阶段	设计描述	
	数据	处理
需求分析	数据字典、全系统中数据项、数据流、数据存储的描述	数据流图和判定表(判定树)、数据字典中处理过程的描述
概念结构设计	概念模型 数据字典	系统说明书包括: • 系统要求、方案和概图 • 反映新系统信息流的数据流图
逻辑结构设计	某种数据模型 关系　　非关系	系统结构图 (模块结构)
物理结构设计	存储安排 方法选择 存取路径建立	模块设计 IPO表
实施阶段	编写模式 装入数据 数据库试运行	程序编码、编译链接、测试
运行维护	性能监测、转储/恢复 数据库重组和重构	新旧系统转换、运行、维护(修正性、适应性、改善性维护)

图 8-1　数据库设计的主要方法和工具

这样,数据库各级模式的形成过程如图 8-2 所示。需求分析将用户的应用需求进行综合;概念结构设计形成独立于计算机和 DBMS 的概念模式;逻辑结构设计将概念模式转换成具体的数据库产品支持的数据模型,如关系模型,形成数据库逻辑模式;根据用户处理要求、安全性等考虑,在基本表基础上建立必要的视图(View),形成数据的外模式;物理结构设计根据 DBMS 特点和处理的需要,进行物理存储安排,建立索引,形成数据库的内模式。

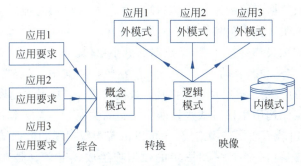

图 8-2　数据库各级模式的形成过程

在开展数据库设计的准备工作时,要选定参加设计的人,主要包括:自始至终参与数据库设计的系统分析人员、数据库设计人员;主要参加需求分析和数据库的运行维护用户和数据库管理员;以及在系统实施阶段参与进来,负责编制程序、准备软硬件环境和使用应用开发人员(程序员和操作员)。

8.1.2 数据库设计阶段

以下详细讨论数据库设计过程各个阶段的主要步骤。

1. 需求分析

为了设计出满足要求的数据库,必须先进行用户需求调查、描述与分析,这是数据库设计过程的第一步,是基础工作。从数据库的设计目标讲,要满足用户的数据要求和数据处理要求,就必须向用户调查,并对用户要求进行描述与分析。因为对开发设计人员来说,事先并不知道用户的这些需求,开发设计人员应该全面、细致地了解这些,才能清楚将要开发的信息系统应"做什么",这是由用户的现实世界进入计算机世界的必经之路。

而且,由于数据库是用数据模型来模拟现实世界的信息类型和信息间的联系的,因此,为了更好地模拟现实世界,必须全面地了解用户的需求,同时还要熟悉信息系统的工作环境(操作系统、DBMS和软硬件资源等)。

数据库设计的另一个目标是数据库有好的性能,主要的是存取操作的效率高。为达到此目标,必须全面了解用户的要求,并且很好地结合信息系统的工作环境,设计好数据库,同时还要开发好应用系统。

对用户要求的了解是多方面的,通过与用户单位各层次的领导和业务管理人员交谈,可以了解、收集用户单位各部门的组成结构,各部门的职责、业务联系、业务流程,各部门和各种业务活动,以及业务管理人员对数据的需求和对处理的要求等。这一阶段的工作量大,很烦琐,开发人员应和业务人员互相沟通,最后写出用户要求说明书。

对用户要求的描述与分析可采用结构分析方法自上而下逐层地描述与分析。可以画出用户单位的组成结构图、业务流程图(TFD)、数据流程图(DFD)。在DFD图中应表示出数据流、数据存储要求、处理的逻辑表示、对数据的立即存取要求等。因为DFD只提供逻辑流程,没有给出具体细节,所以需要提供描述规范和消除歧义。数据字典的作用就是描述数据流、数据存储的逻辑内容,以及描述外部项和处理过程的数据特征。通过编制数据字典,说明对数据项和数据项关系的操作。

定义 8-1 数据项又称数据元素,是数据的最小单位。

分析数据特性应从静态和动态两方面进行,在数据字典中,仅定义数据的静态特性,具体包括:数据项的名称、编号、别名和简述;数据项长度;数据项的取值范围。

定义 8-2 数据结构用于描述某些数据项之间的关系。一个数据结构可以由若干数据项组成;也可以由若干数据结构组成,还可以由若干数据项和数据结构组成。

定义 8-3 数据流由一个或一组固定的数据项组成。定义数据流时,不仅要说明数据流的名称、组成等,还应指明它的来源、去向和数据量等。

定义 8-4 数据存储。在数据字典中的数据存储只描述数据的逻辑存储结构,而不涉及它的物理组织。

有两种类型的数据存储:一种是文件形式,另一种是数据库形式。对于文件形式,其定义包括:定义文件的组成数据项和文件的组织方式两项内容,其中,文件组成数据项的定义方式与数据流的定义方式相同。

定义 8-5 处理流程的定义仅对数据流程图中最底层的处理逻辑加以说明。

数据字典中只需列出基本处理的定义即可,因为任何一个处理最后总能分解成一些基本处理,只要有了基本处理的定义,就可以理解其他处理。它是用简短的自然语言对数据处理过程的高度概括,而不是具体的处理逻辑。

对数据库设计来说,数据字典着重描述数据以及对数据的操作,学校信息系统的数据字典示例如图 8-3 所示。

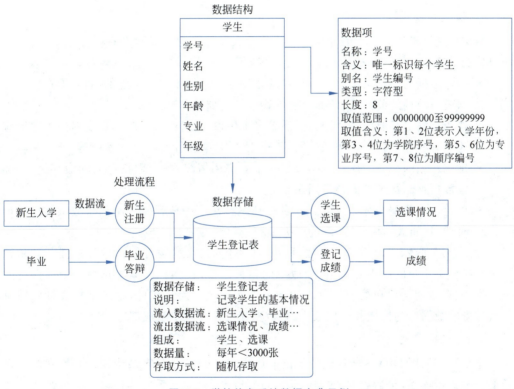

图 8-3 学校信息系统数据字典示例

2. 概念结构设计

概念模型是对现实世界的一次抽象与模拟,是在用户要求描述与分析的基础上进行的,是以用户能理解的形式表示信息。概念模型独立于数据库逻辑结构,也独立于具体的计算机系统和 DBMS。实体联系(Entity Relationship,ER)模型就是最常用的数据库概念模型。

将需求分析得到的用户需求抽象为概念模型的过程,就是概念结构设计。概念结构是各种数据模型的共同基础，它比数据模型更独立于机器、更抽象，从而更加稳定。概念结构设计是整个数据库设计的关键。

3. 逻辑结构设计

逻辑结构设计是将现实世界的概念数据模型设计成适应于特定数据库管理系统的逻辑数据模式。逻辑数据模式简称为逻辑模型或数据模式，关系数据库的数据模式是关系模式。如果数据库采用关系数据库，则需要把ER模型或业务对象模型描述的概念数据模型转换为等价的关系模式及其约束。数据库逻辑设计的结果是一组关联的规范关系、一系列经过结构化处理的业务规则，以及数据库存取的安全性设计。

逻辑结构设计的基本工作包括：将概念结构转化为一般的关系、网状、层次模型等表示的逻辑结构；然后将得到的关系、网状、层次模型转换为特定DBMS支持下的数据模型，并对数据模型进行优化；最后对业务规则进行结构化。

4. 物理结构设计

数据库的物理结构主要是指数据库在物理设备上的存储结构和存取方法，通常依赖于具体的计算机。物理结构设计的主要内容如下。

- 确定数据的存储结构。在所提供的各种存储结构中选取合适的结构，即在保证数据逻辑结构的前提下，选择合适的物理结构加以实现。
- 选择和确定存取路径。即为了满足多个用户的不同应用要求，确定对数据存储应建立哪些存取路径。例如，是否要建立索引，建立什么类型的索引等。
- 确定数据的存储介质。根据数据的不同应用情况，确定数据存储的缓存机制，确定数据存储在磁盘上还是固态硬盘上。
- 确定存储分配的有关参数。许多DBMS提供了一些存储分配的参数供物理设计时选用，如数据块长度、缓冲区大小和个数等。

对于上述问题，采取不同的方法可以产生不同的方案，物理结构设计的任务就是根据数据库全部用户的应用要求，合理地考虑各种因素，在多种方案中选择一个存储空间利用率高、存取速度快和维护代价小的方案去实现数据库。因此，物理结构设计的质量将直接影响数据库的性能和应用效果，是数据库设计的重要组成部分。

5. 数据库实施

这个阶段采用DBMS所提供的数据描述语言（DDL）对逻辑结构设计和物理结构设计的结果进行描述，包括数据的描述、记录的描述、记录间联系的描述以及物理结构的各种描述。然后进行数据的装载、应用程序调试和数据库的试运行，用DBMS提供的数据操纵语言（DML）对数据库进行各种操作，测试应用程序的功能。还包括测试系统的各种性能指标，分析是否符合设计目标。

6. 数据库运行和维护

由于应用环境在不断变化，数据库运行过程中物理存储也会不断变化，对数据库设计进行评价、调整、修改等维护工作是一个长期的任务，也是设计工作的延伸。数据库经常性的维护工作主要是由DBA完成，这个阶段的工作通常还包括数据库的转储和恢复，数据库的安全性、完整性控制,数据库性能的监督、分析和改进,以及数据库的重组织和重构造等。

需要指出的是,这些设计步骤既是数据库设计的过程,也包括了基于数据库的信息系统的设计过程。在设计过程中务必要把数据库的设计和对数据库中数据处理的设计紧密结合起来,将这两方面的需求分析、抽象、设计、实现在各个阶段同时进行,相互参照、相互补充,以完善两方面的设计。

8.2 实体联系模型

实体联系(ER)模型是常用的数据概念模型,在描述现实世界和数据库设计中广泛应用,是一种语义模型和数据库设计工具。ER 模型是一种用图形方式来设计数据库的方法,也称 ER 图方法。ER 模型主要用来对数据库的概念模型进行表达,并不直接实现数据库,但 ER 图的表达和转换已经非常规范,通常有很多软件工具支持将 ER 模型映射到其他模型(如关系模型),从而可以提高数据库设计的工作效率。

8.2.1 ER 模型基本概念

定义 8-6 实体是描述现实世界中"事件"或"物体"的概念,是可以与其他对象区分的对象,如人、公司、事件、植物。实体用矩形表示,矩形框内写明实体名,如图 8-4 所示。

定义 8-7 属性是指实体具有的特征性质。如学生的学号、姓名、年龄等。一个实体总是通过其属性来描述。属性用椭圆形表示,用无向边将其与相应的实体连接起来,如果一个属性可以通过其他属性推导出来,则称为导出属性,用虚线椭圆形表示,如图 8-5 所示。

图 8-4 实体的表示方式　　　　图 8-5 属性的表示方式

现实世界的事物总是存在着各种关联关系,因此需要在信息世界中映射。

定义 8-8 联系是指实体之间的关系。

联系可以用数学中集合来定义:假设 $E_1, E_2, \cdots, E_n$ 是实体集,$(e_1, e_2, \cdots, e_n)$ 是一个联系,则 $\{(e_1, e_2, \cdots, e_n) | e_1 \in E_1, e_2 \in E_2, \cdots, e_n \in E_n\}$

例如,SC 是学生实体集和课程实体集之间的联系,则(李红,数据库系统原理)∈SC,参与联系的实体集数量成为联系集的度,SC 的度是 2,也称为二元联系。联系用菱形表示,实体和联系间用无向边连接,联系也可以有自己的属性,如学生选课的联系,课程的成绩就是这个联系的属性,如图 8-6 所示。

定义 8-9 基数约束表示一个实体通过联系与另一个实体相关联的数量。

如图 8-6 所示,一个班级只能有一个班长,一个班长只能管理一个班级,所以管理联系是 1 对 1 的联系,在实体和联系连接边上标上 1。而一个班级可以有多个学生,一个学

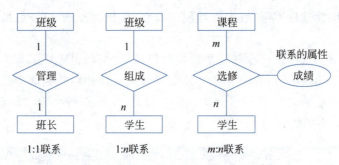

图 8-6 联系及基数约束的表示方式

生只能属于一个班级,所以组成的联系是 1 对多的联系,多用 1∶n 来表示。一个学生可以选修多门课程,一门课程可以由多个学生选修,所以选修联系是多对多的联系。

例 8-1 表示顾客、啤酒和酒吧之间的 ER 图。

如图 8-7(a)所示的 ER 图表示酒吧卖(Sells)啤酒,顾客喜欢(Likes)某类啤酒,顾客频繁光顾(Frequents)去某个酒吧。图 8-7(b)是 Sells 联系对应的数据。

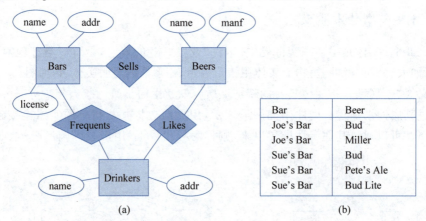

图 8-7 ER 图示例

有时需要关联两个以上的实体,假设顾客只在一定的酒吧喝一定的啤酒,喜欢、销售和频繁光顾 3 个二元联系都无法表达这个联系,但是三元联系偏好(Preferences)可以表达这种联系,如图 8-8 所示。

图 8-8 三元联系示例

定义 8-10 角色(Role)。若实体集在一个联系中出现多次,则需要在实体和该联系上进行标记,称为角色。

例如，顾客可以和另一个顾客具有婚姻关系，但是要标记是丈夫或妻子，如图 8-9 所示。

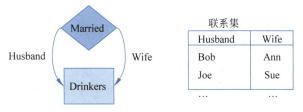

图 8-9　角色示例

8.2.2　ER 图设计

1. 使用实体集和属性

进行 ER 图设计的主要依据还是根据能够真实反映建模的现实世界。当信息项定义为实体比属性更具通用性时，应定义为实体。不要将一个实体集的主码作为另一个实体集的属性，应用联系来明确表达两者之间的关系。不要将相关实体集的主码属性作为联系集的属性。如图 8-10 所示，如果将厂商的主码（name）作为啤酒的生产厂家名称属性（manf），那么对于同一厂商生产的不同种啤酒，在 Beers 实体中会记录厂商地址重复多次。

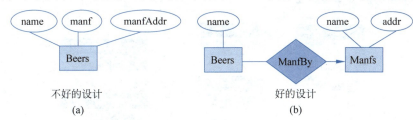

图 8-10　主码作为属性示例

而实体集应该至少满足以下条件之一：不应该只是名称，至少有一个非码属性；是多对一联系或多对多联系中多的一方。设计时应当尽量避免冗余实体或联系，这好比用多种方式表达同一件事，会导致浪费空间、产生数据的不一致。当属性可以表达时不要使用实体集。对于如图 8-10(b) 所示的 ER 图来说，如果 Manfs 实体只有一个属性 name，而 Manfs 又是多对一联系 ManfBy 中的一方，则不符合实体集的条件。

2. 联系集的设计

一个对象被表述为实体集或联系集并不总是显而易见的。ER 图中判断是使用实体集还是联系集的一个简单规则是：如果是使用名词描述事物，则一般使用实体；如果需要描述两个实体间发生的动作，则用联系。

一个联系的映射基数会影响联系属性的布局。一对一或一对多联系集的属性可以放到一个参与该联系的实体集中，而不是放到联系集中。在多对多联系中，描述关联的属性应放置在联系集中。描述性属性作为联系集的属性还是实体集的属性应该反映出被建模企业的特点。

3. 特化与概化

在 ER 图设计中常常需要定义高层实体集和一个或多个低层实体集之间的包含关系。

定义 8-11 特化（Specialization）是指取出高层实体集的一个子集来形成一个低层实体集。

特化是在实体集内部进行分组的过程，例如，实体集 person 可特化为 employee 类和 student 类。一个实体集可以根据多个可区分的特征进行特化，例如，实体集 employee 可按工作类型特化为 manager 和 secretary，也可按任期特化为 temporary_employee 和 contract_employee。当一个实体集形成了多于一种特化时，某个特定实体可能同时属于多个特化实体集。例如，一个特定的 employee 可以既是 temporary_employee，又是 secretary。

定义 8-12 概化（Generalization）是指用两个或多个不相交的（低层）实体集的并集形成一个高层实体集。

概化体现了自底向上的设计过程，通过合并特征相似的一组实体集为高层实体集。概化和特化可互为逆过程，与特化的主要区别在于：概化基于一定数量的实体集共享一些共同特征（用相同的属性描述，且参与到相同的联系集中），概化使共享属性不重复出现，表达更简洁。

在 ER 图中，用从特化实体指向另一方实体的空心箭头表示特化，称为 ISA 关系，代表"is a"，概化也类似，只是指向相反，如图 8-11 所示。通过特化和概化，可以实现高层实体集的属性被低层实体集继承。

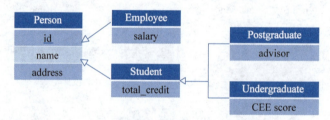

图 8-11 特化与概化 ER 图示例

根据一个实体是否属于多个低级别特化实体集，可以将概化分为两类。

- 不相交概化。实体只属于一个低级别实体集，用多箭头表示，如 Student 只能是 Postgraduate 或 Undergraduate。
- 重叠概化。实体属于多个低级别实体集，用单箭头表示，如 Person 可以具有两重身份，既是 Employee 又是在职的 Student。

8.2.3　ER 图转换为关系

关系模型的逻辑结构为一组关系模式，因而从概念结构到关系模型逻辑结构的转换，就是从 ER 图转换为关系模式。在实体和属性的转换中，一个实体对应一个关系模式，实体的属性就是关系的属性。进行联系集转换时，对应关系的属性包括参与的每个实体集的主码，再加上联系自身描述性属性。

确定实体集 E_1 和 E_2 上二元联系集 R 的主码，需要分以下 3 种情况讨论。

第一种情况，若 R 是一对一联系，则 R 的主码为 E_1 的主码或 E_2 的主码。

第二种情况，若 R 是多对一（一对多）联系，则 R 的主码为多的一方的主码。

第三种情况，若 R 是多对多联系，则 R 的主码 E_1 的主码与 E_2 的主码的并集。

对于特化和概化的情况，以图 8-11 中的 Person 和 Student 为例，有 3 种方式进行转换。

（1）面向对象方式：每个子类一个对应一个关系，每个关系拥有子类的所有属性（包括继承的和自己的属性）。这种方式 Person 和 Student 各转换为一个关系，如表 8-1 所示。

表 8-1　面向对象方式转换 ER 图

id	name	address
001	Tom	Deya road
003	Jack	Wuyi road

Person

id	name	address	total_credit
002	John	Dongfeng road	180
004	Mary	Furong avenue	195

Student

这种方式的好处是查询学生实体及其属性时很方便。

（2）置空方式：父类和子类转换后对应到一个关系（包含所有类的属性），不属于实体的属性赋予一个空值。对于子类多的情况，这种方式比较节省空间，如表 8-2 所示。

表 8-2　置空方式转换 ER 图

id	name	address	total_credit
001	Tom	Deya road	NULL
002	John	Dongfeng road	180
003	Jack	Wuyi road	NULL
004	Mary	Furong avenue	195

（3）ER 方式：所有实例都在父类中出现，每个子类对应一个关系，该关系的属性包括码属性和子类独有的属性。这种方式在查询所有实体时比较方便，如表 8-3 所示。

表 8-3　ER 方式转换 ER 图

id	name	address
001	Tom	Deya road
002	John	Dongfeng road
003	Jack	Wuyi road
004	Mary	Furong avenue

Person

id	total_credit
002	180
004	195

Student

8.3　关系数据库设计理论

8.3.1　好的关系模式

针对具体问题，要将数据之间的逻辑梳理清楚，构造一个适合于它的数据模式，必须先了解"好"的关系模式是什么样的。

以学生关系模式为例，假设有关系模式 Student，包含的属性为：学生的学号（Sno）、所在系（Sdept）、系主任姓名（Mname）、课程名（Cname）、成绩（Score）。根据现实应用要求,具有的语义约束有:一个系有若干学生,一个学生只属于一个系;一个系只有一名主任;一个学生可选修多门课程,每门课程有若干学生选修;每个学生所学的每门课程都有一个成绩,则关系模式的数据如表 8-4 所示,那么,该关系模式存在什么问题呢?

表 8-4　Student 关系模式的问题

SNo	Sdept	Mname	Cname	Score
0001	电子技术系	章雷	模拟电子技术	85
0002	电子技术系	章雷	数字电子技术	77
0003	电子技术系	章雷	计算方法	93
0004	信息工程系	陈超	数字电子技术	82
000?	微电子系	余文	大规模集成电路	NULL
…	…	…	…	…

首先是数据冗余太大,浪费了大量的存储空间,如:电子技术系主任章雷的姓名重复出现;其次是更新异常,由于数据冗余,更新数据时,维护数据完整性代价大,如:电子技术系更换系主任后,系统必须修改与该系学生有关的全部元组;再次是插入异常,该插的数据插不进去,如:微电子系是一个刚成立的系,尚无学生,因此无法把这个系及其系主任的信息存入数据库;最后是删除异常,不该删除的数据不得不删除,如:如果某个系的学生全部毕业了,那么在删除该系学生信息的同时,也丢掉了这个系及其系主任的信息。

这样,就可以判断什么是"好"的关系模式了,指关系模式不会发生插入异常、删除异常、更新异常,同时数据冗余应尽可能少。"不好"的原因是由存在于模式中的某些数据依赖(Student 的语义约束)引起的。数据依赖是现实世界属性间相互联系的抽象,通过一个关系中属性间值是否相等体现出来的数据间的相互关系,是数据内在的性质和语义的体现。解决数据依赖对关系模式的影响,方法是通过分解关系模式来消除其中不合适的数据依赖。这就需要用到规范化的理论。数据库概念设计的模型是 ER 图,数据库逻辑设计的工具则是关系数据库的规范化理论。

8.3.2　规范化理论

规范化理论研究的是关系模式中各属性之间的依赖关系及其对关系模式性能的影响,探讨"好"的关系模式应该具备的性质,以及达到"好"的关系模式的设计算法,即关系模式的"优化"问题。规范化理论提供了提供判断关系模式优劣的理论标准,帮助预测可能出现的问题,提供了自动产生各种模式的算法工具,因此是设计人员的有力工具,也使数据库设计工作有了严格的理论基础。

关系规范化理论也称数据库模式设计理论,它主要遵循两个原则,即关系的等价替代和数据最小冗余。通过关系规范化使数据模式设计得既稳定又灵活。稳定是指数据模式不随存储硬件的更新或存储方式的改变而改变。灵活是指数据结构允许方便地调整、扩充,如增加新的数据项,增加新的应用等,都不影响原来的程序。

规范化理论的目的是用来改造"不好的"关系模式,通过消除其中不合适的数据依赖,解决插入异常、删除异常、更新异常和数据冗余问题。关系数据库的规范化理论中最重要的概念就是函数依赖。

定义 8-13 函数依赖(Functional Dependencies,FD)。设 $R(U)$ 是一个属性集 U 上的关系模式，X 和 Y 是 U 的子集，若对于 $R(U)$ 的任意一个关系 r，r 中不存在两个元组在 X 上的属性值相等，而在 Y 上的属性值不等，则称"X 函数确定 Y"或"Y 函数依赖于 X"，记作 $X \to Y$。X 称为这个函数依赖的决定属性集。若 $X \to Y$，并且 $Y \to X$，则记为 $X \leftrightarrow Y$。若 Y 不函数依赖于 X，则记为 $X \not\to Y$。

函数依赖的含义是指：假设 A、B 是关系模式 R 上的属性集，$A \to B$ 成立，当且仅当对于任意有效关系 r，当两个元组 t_1、t_2 在属性 A 上的取值相同，那么在属性 B 上的取值也相同。给定了函数依赖后，关系模式也可以表示为 $R<U,F>$，其中，U 表示属性集，F 表示函数依赖集。

如表 8-4 所示，当 Sdept 取值都为"电子技术系"时，而 Cname 取值不相等，因此 Sdept $\not\to$ Cname。而当 Sdetp 取值相同时，Mname 取值也都是相同的，因此 Sdept $\to$ Mname。

根据上述定义，在关系模式中，有一些函数依赖总是被满足的。如 $A \to A$，又如 $A \to B$，$B \subseteq A$，这些函数依赖没有实际的意义。

定义 8-14 平凡(trivial)函数依赖与非平凡函数依赖。在关系模式 $R(U)$ 中，对于 U 的子集 X 和 Y，如果 $X \to Y$，但 $Y \not\subseteq X$，则称 $X \to Y$ 是非平凡的函数依赖，若 $X \to Y$，但 $Y \subseteq X$，则称 $X \to Y$ 是平凡的函数依赖。

例如，在关系 SC(Sno,Cno,Score)中，(Sno,Cno) $\to$ Score 是非平凡函数依赖，(Sno,Cno) $\to$ Sno、(Sno,Cno) $\to$ Cno 是平凡函数依赖。

对于任一关系模式，平凡函数依赖都是必然成立的，它不反映新的语义。因此若不特别声明，一般讨论非平凡函数依赖。

定义 8-15 完全函数依赖与部分函数依赖，在关系模式 $R(U)$ 中，若 $X \to Y$，且对于 X 的任何一个真子集 X'，都有 $X' \not\to Y$，则称 Y 完全函数依赖于 X，记作 $X \xrightarrow{F} Y$。若 $X \to Y$，但 Y 不完全函数依赖于 X，则称 Y 部分函数依赖于 X，记作 $X \xrightarrow{P} Y$。

例如，在关系 SC(Sno,Cno,Score)中，由于 Sno $\not\to$ Score，且 Cno $\not\to$ Score，因此(Sno,Cno) $\xrightarrow{F}$ Score。

定义 8-16 传递函数依赖。在关系模式 $R(U)$ 中，若 $X \to Y(Y \not\subseteq X)$，$Y \to Z$，且 $Y \not\to X$，则称 Z 传递函数依赖于 X。注意，若 $Y \to X$，即 $X \leftrightarrow Y$，则 Z 直接依赖于 X。

例如，在关系 Std(Sno,Sdept,Mname)中，有：Sno $\to$ Sdept，Sdept $\to$ Mname，Mname 传递函数依赖于 Sno。

有了函数依赖的概念，就可以重新定义码了。

定义 8-17 主码。设 K 为关系模式 $R(U)$ 中的属性或属性组合。若 $K \xrightarrow{F} U$，则 K 称为 R 的一个候选码。若关系模式 R 有多个候选码，则选定其中的一个作为主码。若 $K=U$，则 K 称为全码。

定义 8-18 主属性与非主属性。包含在候选码中的属性称为主属性，不包含在任何码中的属性称为非主属性。

函数依赖根据应用需求可以确定,但是关系模式中是否还有其他隐含的函数依赖?这些函数依赖又如何找出来?这需要引入一套关于数据依赖的公理系统来进行推导。公理系统是"好"关系模式分解算法的理论基础。在给出函数依赖的公理系统之前,先给出逻辑蕴含的定义。

定义 8-19 逻辑蕴含。对于满足一组函数依赖 F 的关系模式 $R<U,F>$,其任何一个关系 r,若函数依赖 $X \to Y$ 都成立,则称 F 逻辑蕴含 $X \to Y$,即:对 r 中任意两个元组 t、s,若 $t[X]=s[X]$,则有 $t[Y]=s[Y]$。

1974 年,Armstrong 提出了一套规则,用来对函数依赖进行推导,即:Armstrong 公理系统,证明了关系模式 $R<U,F>$ 有以下的推理规则。

A1. 自反律(Reflexivity):若 $Y \subseteq X \subseteq U$,则 $X \to Y$ 为 F 所蕴含。

证明:设 $Y \subseteq X \subseteq U$,对 $R<U,F>$ 的任一关系 r 中的任意两个元组 t、s,若 $t[X]=s[X]$,由于 $Y \subseteq X$,有 $t[Y]=s[Y]$,所以 $X \to Y$ 成立。

自反律得证。

A2. 增广律(Augmentation):若 $X \to Y$ 为 F 所蕴含,且 $Z \subseteq U$,则 $XZ \to YZ$ 为 F 所蕴含。

证明:设 $X \to Y$ 为 F 所蕴含,且 $Z \subseteq U$。设 $R<U,F>$ 的任一关系 r 中任意的两个元组 t、s,若 $t[XZ]=s[XZ]$,则有 $t[X]=s[X]$ 和 $t[Z]=s[Z]$;由 $X \to Y$,有 $t[Y]=s[Y]$,所以 $t[YZ]=s[YZ]$,所以,$XZ \to YZ$ 为 F 所蕴含。

增广律得证。

A3. 传递律(Transitivity):若 $X \to Y$ 及 $Y \to Z$ 为 F 所蕴含,则 $X \to Z$ 为 F 所蕴含。

证明:设 $X \to Y$ 及 $Y \to Z$ 为 F 所蕴含。对 $R<U,F>$ 的任一关系 r 中的任意两个元组 t、s,若 $t[X]=s[X]$,由 $X \to Y$,有 $t[Y]=s[Y]$;再由 $Y \to Z$,有 $t[Z]=s[Z]$,所以 $X \to Z$ 为 F 所蕴含。

传递律得证。

上述证明过程表明 Armstrong 推理规则是正确的。通过 A1、A2、A3 等 3 条规则可以得到如下 3 条附加的推理规则。

B1. 合并律(Union):由 $X \to Y, X \to Z$,有 $X \to YZ$。

B2. 分解律(Decomposition):由 $X \to YZ$,有 $X \to Y, X \to Z$。

B3. 伪传递律(Pseudo-transitivity):由 $X \to Y$ 及 $WY \to Z$,有 $XW \to Z$。

这些规则均能够从 Armstrong 公理系统推导出来。

定义 8-20 函数依赖集闭包(Closure)。在关系模式 $R<U,F>$ 中为 F 所逻辑蕴含的函数依赖的全体称为 F 的闭包,记为 F^+。

例 8-2 假设有关系模式 $R=(A,B,C,D,E,F)$,函数依赖集 $FD=\{A \to B, A \to C, CD \to E, CD \to F, B \to E\}$,则可以通过 Armstrong 公理系统推导出 F^+ 中的一些成员如下:

$A \to E$(传递律:$A \to B, B \to E$);

$AD \to F$(增广律和传递律:$A \to C$,则 $AD \to CD, CD \to F$);

$CD \rightarrow EF$（合并律：$CD \rightarrow E$，$CD \rightarrow F$）。

函数依赖集闭包计算的算法伪代码如下：

```
F⁺ = F
repeat
    for each F⁺ 中的函数依赖 f
        在 f 上应用自反律和增广律,将结果加入到 F⁺
    for each F⁺ 中的一对函数依赖 f1 和 f2
        if f1 和 f2 可以使用传递律结合起来
            将结果加入到 F⁺
until F⁺ 不再发生变化
```

定义 8-21 属性集 X 关于函数依赖集 F 的闭包。设 F 为属性集 U 上的一组函数依赖，$X \subseteq U$，$X_{F^+} = \{A \mid X \rightarrow A$ 能由 F 根据 Armstrong 公理导出$\}$，X_{F^+} 称为属性集 X 关于函数依赖集 F 的闭包，不影响理解时，也可以简写为 X^+。

属性集闭包计算的算法伪代码如下：

```
result = a
while (result 不再增加) do
    for each β → γ in F
        if β ⊆ result then result = result ∪ γ
```

例 8-3 假设有关系模式 $R = (A, B, C, D, E, F)$，函数依赖集 $FD = \{A \rightarrow B, A \rightarrow C, CD \rightarrow E, CD \rightarrow F, B \rightarrow E\}$，计算 $(AD)^+$。

计算步骤如下所示：

result $= AD$

result $= ABCD$，因为 $A \rightarrow B$，$A \rightarrow C$，且 $A \subseteq AD$

result $= ABCDE$，因为 $CD \rightarrow E$，且 $CD \subseteq ABCD$

result $= ABCDEF$，因为 $CD \rightarrow F$，且 $CD \subseteq ABCDE$

所以，$(AD)^+ = ABCDEF$。

属性集闭包主要有以下用途。

（1）判断超码。若属性集 α 的闭包 α^+ 包含 R 中所有属性，则 α 为超码。

（2）检查函数依赖是否成立。若 $\beta \subseteq \alpha^+$，则函数依赖 $\alpha \rightarrow \beta$ 成立，这样就将判定 $\alpha \rightarrow \beta$ 是否能由函数依赖集 F 根据 Armstrong 公理导出的问题，转化为求出 α^+，判定 β 是否为 α^+ 的子集的问题。

（3）用于计算函数依赖集的闭包 F^+：对任意 $\gamma \subseteq R$，计算出属性集闭包 γ^+。对任意 $S \subseteq \gamma^+$，输出函数依赖 $\gamma \rightarrow S$，得到的函数依赖集，即 F^+。

8.3.3 范式

关系数据库中的关系必须满足一定的要求，才能尽可能地避免出现表 8-4 中的问题，满足不同程度要求的为不同范式。

定义 8-22 范式(Normal Form)。符合某一种级别的关系模式集合,某一关系模式 R 为第 n 范式,简记为 $R \in n\text{NF}$。

1971—1972 年,E. F. Codd 提出了 1NF、2NF、3NF;1974 年,Boyce 和 Codd 提出了 BCNF;1976 年,Fagin 提出了 4NF。

1. 第一范式(1NF)

定义 8-23 第一范式是指在关系模型中,所有的域都应该是原子性的。

即数据库表的每一列都是不可分割的原子数据项,而不能是集合、数组、记录等非原子数据项。即实体中的某个属性有多个值时,必须拆分为不同的属性。在符合 1NF 的表中的每个域值只能是实体的一个属性或一个属性的一部分。简言之,第一范式就是无重复的域。

在任何一个关系数据库中,1NF 是对关系模式的设计基本要求,一般设计中都必须满足 1NF。但是满足第一范式的关系模式并不一定是一个好的关系模式。

例 8-4 假设有关系模式 SLC(Sno,Sdept,Sloc,Cno,Score),其中 Sloc 为学生住处,假设每个系的学生住在同一个住处。在关系模式上的函数依赖包括:(Sno,Cno)→Score,Sno→Sdept,Sno→Sloc,Sdept→Sloc。

因此,(Sno,Cno)$^+$ 包含了 SLC 所有的属性,SLC 的码为(Sno,Cno)。非主属性 Sdept 和 Sloc 部分函数依赖于码(Sno,Cno)。而 SLC 满足 1NF。

那么 SLC 存在什么问题呢?如表 8-5 所示,假设 Sno=0005,Sdept="信息工程系",Sloc="北栋 3 楼"的学生还未选课,因课程号是主属性,因此该学生的信息无法插入 SLC,存在插入异常。假定某个学生因身体原因,不选修 2103009 课程,由于 Sno 是主属性,所以此操作将导致该学生信息的整个元组都要删除,存在删除异常。如某学生选修 10 门课程,其 Sdept 和 Sloc 值就要重复存储 10 次,数据冗余度大。如果某学生转系,那么修改此学生元组的 Sdept 值时,还需修改 Sloc;如果该学生选修了 K 门课,则要修改 K 个元组中 Sdept、Sloc 值,修改复杂。

表 8-5 SLC 关系模式的问题

SNo	Sdept	Sloc	Cno	Score
0001	电子技术系	南栋 1 楼	2103001	85
0001	电子技术系	南栋 1 楼	2103001	89
0002	电子技术系	南栋 1 楼	2103002	77
0003	电子技术系	南栋 1 楼	2103003	93
0004	信息工程系	北栋 3 楼	?	NULL
000?	微电子系	南栋 2 楼	2103009	NULL
...	...	...	...	...

出现这些问题的原因就是 Sdept、Sloc 两个属性是部分函数依赖于码(Sno,Cno)的,这种函数依赖的存在导致了关系模式的码不能完全确定其他属性。而部分函数依赖也说明不需要用这么多属性来函数决定 Sdept、Sloc。

因此可以考虑将 SLC 分解为以下两个关系模式,以消除部分函数依赖:

SC(Sno,Cno,Score)
SL(Sno,Sdept,Sloc)
这样就得到了满足第二范式要求的关系模式。

2. 第二范式(2NF)

第二范式是在 1NF 的基础上建立起来的，即满足 2NF 必须先满足 1NF。2NF 要求数据库表中的每个实例或行必须可以被唯一地区分。

定义 8-24 第二范式。若关系模式 $R \in 1NF$，并且每一个非主属性都完全函数依赖于 R 的码，则 $R \in 2NF$。

SLC(Sno,Cno,Sdept,Sloc,Grade) $\in$ 1NF，但不是 2NF。SC(Sno,Cno,Score) $\in$ 2NF，SL(Sno,Sdept,Sloc) $\in$ 2NF。2NF 可在一定程度上减轻原 1NF 关系中存在的插入异常、删除异常、数据冗余度大、修改复杂等问题。但将一个 1NF 关系分解为多个 2NF 的关系，并不能完全消除关系模式中的各种异常情况和数据冗余。

例 8-5 关系模式 SL(Sno,Sdept,Sloc) 中函数依赖为：Sno→Sdept，Sdept→Sloc，Sno→Sloc。

因而，Sloc 传递函数依赖于 Sno，即 SL 中存在非主属性对码的传递函数依赖。传递函数依赖导致关系模式 SL 有什么问题？

如表 8-6 所示，若新成立系，还没有招收学生，则该系无法插入到数据库中（因为 Sno 为主属性），存在插入异常。若一个系全部学生毕业，则系和学生宿舍信息都删除，存在删除异常。同一个系所有学生宿舍的信息都是完全相同的，数据冗余度大。若有 3000 条电子技术系学生的数据，同时学生宿舍由"南栋 1 楼"搬到了"北栋 4 楼"，则需要修改 3000 次，依然有修改复杂的问题。

表 8-6 SL 关系模式的问题

SNo	Sdept	Sloc
0001	电子技术系	南栋 1 楼
0001	电子技术系	南栋 1 楼
0002	电子技术系	南栋 1 楼
000?	微电子系	南栋 2 楼
...	...	...

出现这些问题的原因就是 Sloc 传递函数依赖于 Sno，Sloc 属性可以由 Sno 和 Sdept 两个属性函数决定，需要消除这种依赖。

解决办法如图 8-12 所示，需要再次进行关系模式的分解，这样就获得了第三范式。

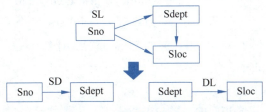

图 8-12 分解第二范式示意

3. 第三范式（3NF）

定义 8-25 第三范式。若关系模式 $R \in 2NF$，且没有任何 R 的非主要属性传递依赖于 R 的任何一个主属性，则 $R \in 3NF$。

显然，若 $R \in 3NF$，则 R 的每一个非主属性既不部分函数依赖于候选码也不传递函数依赖于候选码。3NF 就已经是基本规范的关系模式了。

不能说规范化程度越高的关系模式就越好，在设计数据库模式结构时，必须对现实世界的实际情况和用户应用需求作进一步分析，确定一个合适的、能够反映现实世界的模式。上面的规范化步骤可以在其中任何一步终止。

4. BCNF

定义 8-26 BCNF。设关系模式 $R \in 1NF$，如果对于 R 的每个函数依赖 $X \rightarrow Y$，若 Y 不属于 X，则 X 必含有候选码，那么 $R \in BCNF$。

BCNF 的定义说明，满足要求的关系模式中，每一个决定属性集都包含（候选）码，R 中的所有属性（主/非主属性）都完全函数依赖于码。因此，BCNF 是比 3NF 还要严格的范式。判断 R 是否为 BCNF 时，一般找出 R 上所有成立的非平凡的函数依赖，若所有箭头左侧的属性都是超码，则 R 属于 BCNF。

例 8-6 关系模式 Drinkers(name, addr, beersLiked, manf, favBeer) 上的函数依赖为：name→addr, name→favBeer, beersLiked→manf。

所以 Drinkers 的码为：{name, beersLiked}，而上述函数依赖的左侧都不是超码，所以 Drinkers 不是 BCNF。

判定是否是 BCNF 的方法是，给定关系 R 及其函数依赖集 F，找出是否有与 BCNF 冲突的函数依赖：$X \rightarrow Y$，其中 X 不是 R 的超码。可以通过计算 X^+，验证 X^+ 是否包含 R 所有属性，即验证是否是超码。

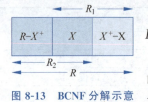

图 8-13 BCNF 分解示意

若 X^+ 不是超码，则可以按图 8-13 所示方式，将 R 分解为 R_1、R_2：

首先令 $R_1 = X^+$；然后令 $R_2 = R - (X^+ - X)$；这样产生的模式中可能有一个或多个不属于 BCNF，需要进一步分解，最终结果为一个 BCNF 模式集合。

在例 8-6 中，选择不符合 BCNF 要求的非平凡函数依赖，name→addr，因为 name 不是超码，计算 name 的闭包为{name, addr, favBeer}，然后分解关系 Drinkers 为：

$Drinkers_1 = name^+ = \{name, addr, favBeer\}$

$Drinkers_2 = R - \{name^+ - name\} = \{name, beersLiked, manf\}$

现在 $Drinkers_1$ 符合 BCNF 要求了，但是对于 $Drinkers_2$ 上的函数依赖 beersLiked→manf，其中 beersLiked 不是超码，因此还要继续分解。计算 $beersLiked^+ = \{beersLiked, manf\}$，则分解关系 $Drinkers_2$ 为：

$Drinkers_3(beersLiked, manf)$

$Drinkers_4(name, beersLiked)$

最终所有的关系模式符合 BCNF，再分析其含义：$Drinkers_1$ 是描述顾客信息，$Drinkers_3$ 描述啤酒的信息，$Drinkers_4$ 描述顾客和喜欢的啤酒的关系。关系模式分解后，与现实应用的表达就一致了。

5．无损分解

在关系模式分解以满足更高级范式要求的过程中，还要注意分解后不能出现不一致的信息。如图 8-14 所示，学生关系模式分解后，再进行自然连接，会出现多个不一致的学生信息。

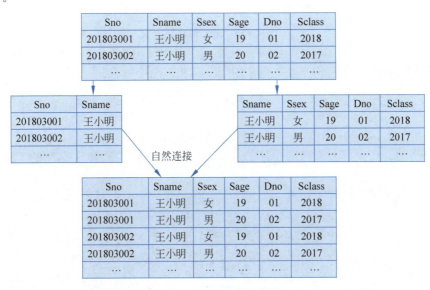

图 8-14　关系模式分解的问题

定义 8-27　无损分解。设关系模式 R 上的函数依赖集 F，令 R_1 和 R_2 为 R 的分解。如果用两个关系模式 R_1 和 R_2 替代 R 时没有信息损失，则称该分解为无损分解。具体来说，就是将 R 中的任意元组 r 投影至 R_1 和 R_2 上，计算自然连接仍得到一样的 r。所有的有效分解都必须是无损的，不是无损分解的分解称为有损分解。

一般用函数依赖来判断分解是否无损。设关系模式 R 上的函数依赖集 F，令 R_1 和 R_2 为 R 的分解。如果以下函数依赖中至少有一个属于 F^+（即 $R_1 \cap R_2$ 是 R_1 或 R_2 的超码）：

$$R_1 \cap R_2 \rightarrow R_1, \quad R_1 \cap R_2 \rightarrow R_2$$

则该分解为无损分解。

例 8-7　关系 Drinkers(name,addr,beersLiked,manf,favBeer) 分解为

$Drinkers_1=\{name,addr,favBeer\}$

$Drinkers_2=\{name,beersLiked,manf\}$

因为 $Drinkers_1 \cap Drinkers_2 =$ name，而 name 是 $Drinkers_1$ 的主码，所以是无损分解。

虽然也有学者提出了第四范式、第五范式，但是从实用性角度来看，一般第三范式在信息系统应用中就足够了，更严格的范式可能反而不一定具有实用性。最后，总结范式

之间的转换如图 8-15 所示。

```
非范式
 ↓ 消除非原子的属性
1NF
 ↓ 消除非主属性对码的部分函数依赖
2NF
 ↓ 消除非主属性对码的传递函数依赖
3NF
 ↓ 消除主属性对码的部分和传递函数依赖
BCNF
```

图 8-15 范式的转换

本章思维导图

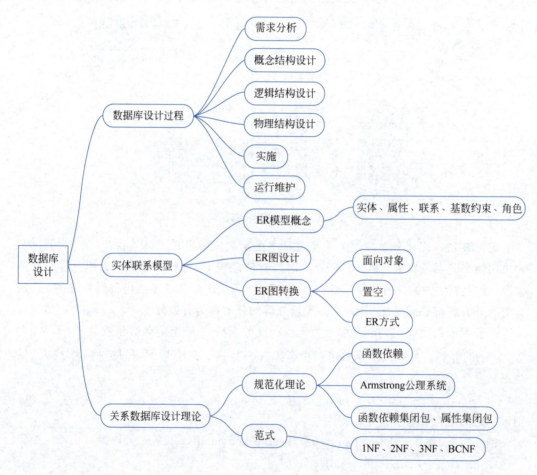

习题 8

1. 数据库设计分为哪几个阶段？
2. 简单描述数据字典包含哪些内容？

3. 基数约束表示一个实体通过联系与另一个实体相关联的数量,请分别举例说明 1∶1 联系、1∶n 联系和 n∶m 联系。

4. 举两个实例说明生活中的三元联系？

5. 下列信息描述大学教学活动。

(1) 学生(Student)有学号(SID)、姓名(SName)等属性,其中 SID 无重复。

(2) 学生又分为两类,分别为本科生(Undergraduate)和研究生(Postgraduate)。

(3) 本科生有专业(Major)属性,研究生有导师(Supervisor)和研究方向(Area)属性。

(4) 课程(Course)有课程号(Cno)、课程名(CName)、学分(Credit)等属性,其中 Cno 无重复。

(5) 教师(Instructor)有姓名(IName)、职称(Title)等属性,假设无重名教师。

(6) 教室(Classroom)有大楼(Building)和房号(Room)等属性。

(7) 学生选修(Take)课程,参加考试取得分数(Grade)。

(8) 每门课程至多有一门先修课程。

(9) 假设一门课程只能由一个教师在一个教室讲授,但一个教师可以讲授多门课程,一个教室可以分配给多门课程使用。

(10) 评价(Evaluate)教师上课的质量。

请给出符合全部以上信息的 ER 图。

6. 试用 Armstrong 公理系统推导出以下附加推理规则。

B1：合并律(Union)：由 $X \to Y, X \to Z$,有 $X \to YZ$。

B2：分解律(Decomposition)：由 $X \to YZ$,有 $X \to Y, X \to Z$。

B3：伪传递律(Pseudo-transitivity)：由 $X \to Y$ 及 $WY \to Z$,有 $XW \to Z$。

7. 关系模式设计的目标是什么？简述 1NF、2NF、3NF 以及 BCNF 的概念。

8. 假设有关系模式 $R=(A,B,C,D,E)$ 和函数依赖集 $F=\{A \to B, C \to D, BD \to E, E \to C\}$

(1) R 有哪些码？给出求解过程。

(2) F 中是否有函数依赖违反了 3NF？说明理由。

9. 已知关系模式 $R(A,B,C,D)$,函数依赖集 $F=\{A \to D, AC \to B\}$,请分析关系 R 是否满足第二范式。

10. ER 图转换为关系有哪几种方式？试举例说明。

第9章 系统实施与管理

系统设计说明书审核通过之后,信息系统的开发进入实施阶段。这一阶段要把物理模型转换为可实际运行的物理系统。一个好的设计方案,只有经过精心实施,才能带来实际效益。因此,系统实施阶段对系统的质量有着十分直接的影响。系统交付使用以后,开发工作随即结束。但是信息系统不同于其他产品,在其开发和运行过程中,需要进行有效的管理。管理在一定程度上决定着信息系统开发的成败,一方面是对系统实施过程进行管理,从而保证系统的开发进度和质量;另一方面是系统运行后,还有大量运行管理、维护和评价的工作要做。

9.1 系统实施

9.1.1 系统实施阶段的主要任务

系统实施是投入大量的人力、物力及占用较长的时间进行物理系统的实施、程序设计、程序和系统调试、人员培训、系统转换、系统管理等一系列工作的过程,它既是成功地实现新系统,又是取得用户对新系统信任的关键阶段。

系统实施是一项复杂的工程,管理信息系统的规模越大,实施阶段的任务越复杂。系统实施的主要任务如图 9-1 所示。

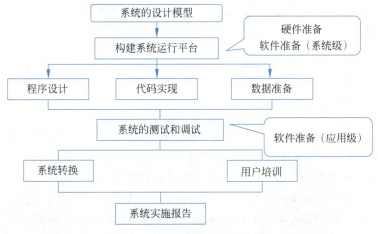

图 9-1　系统实施的主要任务

一般来说,在系统设计模型的基础上,系统实施阶段主要有以下几方面的工作。

(1) 系统运行平台的构建。系统实施首先进行运行平台的实施,要根据计算机物理系统配置方案购买和安装计算机硬件、系统级软件和通信网络系统(如果购买的时间太早会带来经济上的损失),还包括计算机机房的准备和设备安装调试等一系列活动,要熟悉计算机物理系统的性能和使用方法。

(2) 程序设计和代码实现。它主要是指程序设计人员按照系统设计的要求和程序设计说明书的规定,选用某种语言去实现各模块程序的编制工作。

(3) 数据准备。完成基础数据的录入,将准备好的、符合系统格式需要的数据输入计算机中。

(4) 系统的测试和调试。完成系统实现和数据准备后,需要对系统的各项功能进行单元测试、集成测试等工作。这个阶段完成系统应用级的软件准备,并准备好信息系统部署和使用的场所,在信息系统场所将计算机设备、网络设备装配起来并使其运转。

(5) 系统转换。根据系统的特点选用某一种方式进行新旧系统的转换工作。

(6) 用户培训。制定系统操作规程,对系统实施与运行中所需要的各类人员进行技术培训和操作培训。

(7) 系统实施报告。对系统实施阶段的各项工作进行整理,形成各种相关文档,作为以后系统运行与维护的文档资料。

系统实施的一般步骤如图 9-2 所示。

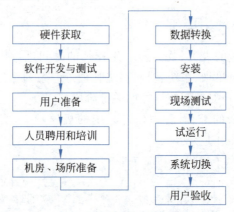

图 9-2 系统实施的一般步骤

9.1.2 系统实施计划制定

与 SDLC 前几个阶段相比,系统实施阶段所涉及的人力和物力都要多得多。在此期间,各项具体实施工作将逐步展开,大量的各类专业技术人员将陆续加入到各个项目的研制中来。在系统实施过程中,经常会遇到各种各样的实施前未曾预料到的棘手问题,这些问题导致了计划变更频繁,部门之间、单位之间、人员之间的协调成本增加,项目严重拖延甚至失败。因此,制定一个好的实施计划对信息系统的成功实施起着决定性的作用。

1. 制定实施计划应考虑的问题

(1) 工作量的估计。工作量的估计是根据系统实施阶段各项工作的内容而定。一般由系统实施的组织者根据经验并参照同类系统的工作量加以估算,单位用"人年"或"人月"来表示。

(2) 实施进度安排。在弄清楚各项工作关系的基础上,安排好各项工作的先后顺序,并根据对工作量的估算和用户对完工时间的要求,定出各项工作的开工时间和完工时间,并由此做出系统实施各项工作的时间进度计划。实施进度计划可用甘特(Gant)图表示,如图 9-3 所示。

(3) 系统人员配备和培训。根据系统实施进度和工作量确定各种专业人员在各阶段的数量和比例,并按照不同的层次需要做出相应的培训计划。

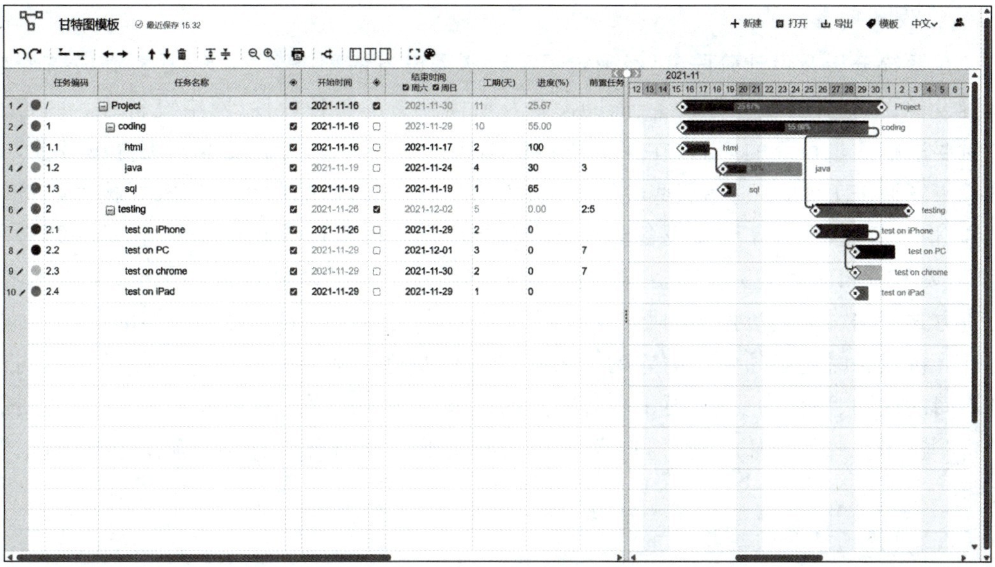

图 9-3　甘特图示例

(4) 系统实施的资金筹措和投入。由于在系统实施阶段需要投入的资金比较多,时间也较长,因此,系统实施的组织者应该在预算的基础上,根据各工期工作内容和企业的经济状况,制定出相应的资金筹措计划和合理的资金投入计划,以保证系统实施工作能顺利完成,但也要注意不能过多地占用资金。

2. 实施计划的内容

(1) 设备采购供应计划。由于计算机类产品的市场情况变化很快,因此,设备应根据实施的需要分批采购,要根据设备的市场行情制定采购计划,计划中包括所需设备的品种、型号和数量的清单,设备需要达到的技术参数,供应商的资质及设备进货来源,设备最迟进场时间等。

(2) 环境资源供应计划。对于一些大型项目,除了对系统设备有所要求外,环境资源也是一项重要的物理支持。因此,要制定好切实可行的物资、技术等环境资源供应计划,这也会关系到项目的工期和成本。

(3) 变更控制计划。在信息系统实施过程中,实际情况与计划不符的情况是经常发生的,因此,必须为项目变更做好充分的准备,最好就是有一套比较完善的变更控制计划,规定处理变更的步骤、程序,确定变更行动的准则等。

(4) 进度控制计划。进度控制计划包括需要监督的工作、监督时间、监督部门,收集与处理信息的方法,按时检查工作进展情况的方式及调整措施,以及控制工作所需的时间和物资、技术资源等。

9.1.3　系统实施的环境建设与设备购置

信息系统的运行,需要硬件系统的支持,在正式组织系统实施时必须先做好实施环境的建设。

1. 设备购置

在系统分析及设计阶段,已经确定了系统所需设备的种类、数量等,在实施时首先要购置设备,包括计算机硬件设备、辅助设备及所需配备的各种软件、网络设备等。购置设备时要选购质量可靠的产品,在保证质量的前提下尽量降低购置成本。购置设备前,要做好市场调查工作,要选择那些性能稳定、故障少的产品,产品的生产厂家要技术经济实力强、信誉好、服务好。购置设备要求供货单位提供的设备资料必须齐全、售货手续必须完整,要签订相应的买卖合同,在合同中要详细约定设备的软硬件配置情况、交货期限、交货方式、付款方式、所提供的服务等。为了满足今后系统扩展及性能提高的需要,在购置计算机设备时还必须要考虑它的兼容性和可维护性。兼容性好的设备能满足不同机型之间的联网、通信的要求,便于今后购买的硬件的接入。要选择那些维护、升级方便的设备。对于一些易损坏的部件,应购置一些必要的备品备件以保证计算机设备的正常运行。

2. 计算机机房的建设

计算机机房是指能够满足安放计算机设备所要求的各项环境指标,使其充分发挥功能的工作场地。计算机机房的建设要考虑计算机系统设备和用户人员对环境的要求,要计算好机房的面积。在建设时要依据所需容纳的计算机台数计算出机房的面积,要考虑电源的设置及今后联网布线的需求,如需预埋何种线路、需在哪里留有接口等。

3. 设备的安装与调试

设备的安装是指将计算机系统设备按照总体设计方案中指定的位置所进行的设备组装工作。这项工作应该按照由里到外、从单机到多机的步骤,循序渐进地进行。设备的调试是指在系统设备安装完毕后对其各项硬件和软件功能的调试。如计算机的运行速度、存储容量、显示器、打印机、系统软件的配置与运行等的测试与调试。设备安装完毕后,就可进行网络的测试,要对网络设备的通信处理能力、可靠性、可扩充性、开放性等进行测试;要测试网络的连通性、可靠性、响应时间、抗干扰能力、安全保密能力等。

9.2 程序开发

大型复杂系统的开发是一个有难度的过程。以汽车制造的过程为例,制造一辆完整的汽车,首先要生产或购买成千上万种零部件,接着,一部分零部件组装成汽车的部件(如仪表、线束、刹车总成等),然后将这些部件组装成汽车更大的主部件(如仪器仪表盘、引擎、传动装置等),最后再组装成一辆完整的汽车,其实这些只是成千上万个各自独立的生产工序中的一些工序,每一工序都必须要经过构造、严格检测后才能移交给下一工序,下一工序的完工情况依赖于其前面的所有工序的努力、按时、成本及质量。

信息系统的程序开发(或者称为系统构造)在许多方面类似于汽车制造,在系统的需求及其设计说明书确定后,剩下的是复杂的并要求确保有效地利用资源、占用最少开发时间、获得最高产品质量的"生产"和装配过程。但与汽车制造不同的是,汽车制造过程只需进行一次设计,而后便可据此生产成千上万个相似的单元部件。而对每个新系统而言,软件制造过程都是一个重新开发的过程,以满足这个系统独有的特征。

9.2.1 好程序的标准

程序设计(Programming)是以程序设计说明书和数据存储结构设计为基础,选择某一种编程工具和方法,去实现系统功能模块的程序编制工作。程序设计的目的是实现开发者在系统分析和系统设计中所提出的管理方法和处理构想,是系统实现阶段的核心工作。在系统开发的各个阶段中,编程是最容易的,也是人们已掌握得较好的一项工作,但不是系统开发的目的。在编程实现时,建议尽量利用已有的程序和各种开发工具,尽快、尽好地实现系统。

对于什么是"好程序",20 世纪 50 年代与现在的观点有很大不同。早期计算机内存小、速度慢,人们往往把程序的长度和执行速度放在很重要的位置,尽可能地缩短程序长度,减少存储量,提高速度。现在情况有了很大的不同,一般认为好程序应具有下列特点。

(1) 能够工作,即程序的功能必须按照规定的要求,正确地满足预期的需要。

(2) 易于修改和维护,程序的适应性强。程序交付使用后,若应用问题或外界环境有了变化时,调整和修改程序比较简便。

(3) 设计不复杂。程序的内容清晰明了,书写格式及变量的命名等都有统一的规范,便于阅读和理解。

(4) 效率高。程序和数据的存储、调用安排得当,节省存储空间,调试和运行速度快。

"能够工作"当然是最基本的。一个根本不能够工作的程序肯定谈不上"好",更不用讨论其执行速度、程序长度等指标。调试代价低,是指花在调试上的时间少。这一条是衡量程序好坏,也是衡量程序员水平的一个重要标志。第(2)、(3)条要求程序可读性强,易于理解。早期人们认为程序是用于给机器执行而不是给人阅读的,因而程序员存在严重的低估编程方法、不注意程序风格的倾向。可读性是 20 世纪 70 年代提出的概念,主张程序应使人们易于阅读,编程的目标是编出逻辑上正确又易于阅读的程序。程序可读性好,自然易于理解、易于维护,并将大大降低隐含错误的可能性,从而提高程序的可靠性。要使程序可读性好,总的要求是使程序简单、清晰。通常认为使程序简单、清晰的技巧和方法包括:用结构化方法或面向对象方法进行详细设计;程序中包含说明性材料;良好的程序书写格式;良好的编程风格等。

9.2.2 程序设计方法

1. 结构化程序设计方法

结构化程序设计用于详细设计和程序设计阶段,指导人们用良好的思想方法,开发出正确又易于理解的程序。Bohm 和 Jacopini 在 1966 年就证明了结构定理:任何程序结构都可以用顺序、选择和循环这 3 种基本结构来表示。

结构化程序设计至今还没有一个统一的定义，一般认为，结构化程序设计是一种设计程序的技术，它采用自顶向下、逐步求精的设计方法和单入口、单出口的控制技术。结构化程序设计的由 3 种标准控制结构反复嵌套来构造一个程序。按照这种思想，可以对一个执行过程模糊不清的模块，以顺序、选择、循环的形式加以分解，最后使整个模块都清晰起来，从而确定全部细节。

用结构化程序设计方法产生的程序也由许多模块组成，每个模块只有一个入口和一个出口，程序中一般没有 goto 语句，所以这种程序称为结构化程序。结构化程序易于阅读，而且可提高系统的可修改性和可维护性。

由于大多高级语言都支持结构化程序设计方法，其语法上都含有表示 3 种基本结构的语句，所以用结构化程序设计方法设计的模块结构到程序的实现是直接转换的，只需用相应的语句结构代替标准的控制结构即可，因此减轻了程序设计的工作量。

2. 原型式程序开发方法

第一步，将类似带有普遍性的、要被多个功能模块程序调用的功能模块集中，如菜单模块、报表模块、查询模块、统计分析和图形模块等。

第二步，在现有的软件库中寻找有无相应程序或可用的软件工具，若有可用的程序和软件则可以直接采用或稍加修改后使用；若没有，则考虑开发相应的能够适用于各功能模块的通用模块，使用这些工具生成这些程序模型原型。否则，可考虑开发一个能够适合各子系统情况的通用模块。

第三步，如果所开发系统存在着一些特有的处理功能和模型，并且这些功能和模型又是现有工具不可能生成出来的，则考虑再编制一段新的程序实现该处理功能或模型。利用现有的工具和原型方法可以很快地开发出所需要的程序，实现系统各功能模块的编程工作。

3. 面向对象程序设计方法

面向对象的程序设计方法一般应与面向对象分析与设计中所设计的内容相对应。它实际上是一个简单、直接的映射过程，即将 OOA 中所定义的范式直接用面向对象的程序设计语言，如 Java、C++ 等来取代即可。例如，用 C++ 中的对象类型取代 OOA 中的类和对象。在系统实现阶段，面向对象的程序设计语言的优点是其他方法所无法比拟的。

9.2.3 程序设计语言的选择

在程序设计之前，从系统开发的角度考虑选用哪种语言来编程是很重要的。一种合适的程序设计语言能使根据设计去完成编程时困难最少，可以减少所需要的程序调试量，并且可以得出更容易阅读和维护的程序。要选择适合进行管理信息系统的程序设计语言，应该从以下 6 方面考虑。

(1) 语言的结构化机制与数据管理能力。选用高级语言应该有理想的模块化机制、可读性好的控制结构和数据结构，同时具备较强的数据管理能力，例如数据库语言。

(2) 语言可提供的交互功能。选用的语言必须能够提供开发美观的人机交互程序的功能，例如色彩、声音、窗口等。这对用户来说是非常重要的。

(3) 有较丰富的软件工具。如果有某种语言支持程序开发的软件工具可以利用,则使系统的实现和调试都变得比较容易。

(4) 开发人员的熟练程度。虽然对于有经验的程序员来说,学习一种新语言并不困难,但要完全掌握一种新语言并用它编出高质量的程序,需要经过一段时间的实践。因此,如果可能,应该尽量选择一种已经为程序员所熟悉的语言。

(5) 软件可移植性要求。如果开发出的系统软件将在不同的计算机上运行,或打算在某个部门推广使用,那么应该选择一种通用性强的语言。

(6) 系统用户的要求。如果所开发的系统由用户负责维护,那么用户通常会要求用他们熟悉的语言书写程序。

9.2.4　程序设计的风格

程序的可读性对于软件,尤其是对软件的质量有重要影响,因此在程序设计过程中应当充分重视。为了提高程序的可读性,在程序设计风格方面应注意以下几点。

(1) 适当的程序注释。程序中适当地加上注释后,可以使程序成为一篇"自我解释"的文章,读程序时就不必翻阅其他说明材料了。注释原则上可以出现在程序中的任何位置,但是将注释和程序的结构配合起来效果更好。注释一般分为两类:序言性注释和描述性注释。序言性注释出现在模块的首部,内容包括:模块功能说明;界面描述(如调用语句格式、所有参数的解释和该模块需调用的模块名等);某些重要变量的使用、限制;开发信息(如作者、复查日期、修改日期等)。描述性注释嵌在程序之中,用来说明程序段的功能或数据的状态。书写注释时应注意和程序一致,修改程序时应同时修改注释,否则会起反作用,使人更难明白,同时,注释应提供一些程序本身难以表达的信息。

(2) 有规律的程序书写格式。恰当的书写格式将有助于阅读,在结构化程序设计中一般采用所谓阶梯形式来书写程序,即把同一层次的语句行左端对齐,而下一层的语句则向右边缩进若干格书写,它能体现程序逻辑结构的深度。此外,在程序段与段之间安排空白行,也有助于阅读。

(3) 恰当选择变量名。理解程序中每个变量的含义是理解程序的关键,所以变量的名字应该适当选取,使其直观,易于理解和记忆。例如,采用有实际意义的变量名、不用过于相似的变量名、同一变量名不要具有多种意义。此外,在编程前最好能对变量名的取约定统一标准,以后阅读理解就会方便得多。

9.3　系统测试

9.3.1　测试的概念

1. 测试的定义

IBM 研究员 Glenford Myers 在《软件测试的艺术》一书中定义软件测试是为了发现系统中的错误而运行系统的过程。信息系统测试则是在信息系统开发过程中,通过确定的方法,从信息系统模型和软件代码中发现并排除潜在的错误,以得到能可靠运行的信息系统的过程。信息系统开发的复杂性决定了在所开发的信息系统中肯定会隐含和残存这样或那样的错误和问题。因为在理论上不能保证所开发的信息系统是绝对正确的,所以必须通过测试来发现和排除这些问题。测试的目的是发现问题,但是测试并不能保证可以发现系统中潜在的所有问题。因此,再彻底的测试,也总会遗留一些问题到运行阶段。所谓成功的测试,是指尽量多地发现问题,并保证所提交的系统是能够可靠运行的系统。

信息系统是一个复杂的整体,包括硬件和软件、模型和代码、程序和数据。其中任一部分出了问题,信息系统都不能够正常运行。因此,从广义上讲,信息系统测试是对信息系统所有部分的测试。硬件网络和系统支撑软件是可以可靠使用的成熟产品,在应用环境中,对信息系统的测试主要限于安装测试和协调性测试。而数据的正确性则需要由数据员来保证。因此,本节主要讨论对信息系统模型和软件程序代码的测试。

2. 测试工作

可以把信息系统的测试划分为模型测试、单元测试、集成测试、系统测试和验收测试等部分,每一个部分包括确定测试目的和测试对象、编制测试计划、组织测试队伍、选择测试方法、设计测试用例、实施测试和测试结果评价等工作。

开展系统测试的基本原则包括以下几点。

(1) 建立一支独立于开发的测试队伍。开发者与测试者对信息系统持有完全不同的态度。开发是建设性的,它以构建满足用户需要的信息系统为目的。系统中问题越少,开发者的成功感越高。而测试是破坏性的,它假定被测试的信息系统中存在问题,并以找出问题为目的。被找出的问题越多,测试人员的成就感越强。由于开发者和测试者对系统持有不同的态度,所以原则上不能由开发者测试自己所开发的系统。

(2) 应尽早在系统开发的各个阶段不断地进行测试。以便及时发现需求分析、系统设计和系统实现中存在的缺陷和错误,以免积累到最后再解决,造成不必要的人力和物力的浪费。

(3) 应该严格按照测试计划进行测试。以保证测试进度,使测试和纠错工作在预定的范围内进行,避免随意性。

(4) 精心设计测试用例。测试用例直接反映被测对象的覆盖范围和测试深度,好的测试用例能够集中发现系统中存在的隐患,用尽可能少的测试投入发现尽可能多的问题。

(5) 对错误多发程序段进行重点测试,对改正过的程序进行回归测试。在测试过程中,发现的错误越多,说明存在的隐患越大,对这样的测试对象越应该重点进行深入测试。在纠正错误后还必须重新测试,以免带来新的错误。

(6) 妥善保存各类测试资料,为系统维护提供方便。当系统功能增加后,可以利用以前的测试用例或在其基础上进行修改、扩充后,再次用于系统测试,为重新测试或追加测试提供方便。

3. 测试方法

对信息系统的测试可以采用多种方法,并可从不同角度对测试方法进行分类。根据是否执行被测程序,可以将测试分为静态测试和动态测试。动态测试方法又可以分为黑盒测试和白盒测试。根据测试的对象,可以将测试分为模型测试方法和程序测试方法。根据测试的重复性可以分为顺序测试和回归测试。根据被测对象的覆盖性可以将测试分为穷举测试和抽样测试。

各种测试方法各有优缺点,没有哪一种是最好的,更没有哪一种方法可以代替其他方法,同一种方法在不同的应用场合下的效果可能相差很大。因此,通常需要联合使用多种方法开展测试。以下主要介绍的测试设计方法有:适用于黑盒测试的等价类划分、边界值分析以及错误推测法等;适用于白盒测试的逻辑覆盖法。通常的测试做法是,用黑盒法设计基本的测试用例,再用白盒法补充一些测试用例。

9.3.2 黑盒测试方法

黑盒测试用于了解系统的外部功能特性,找出功能中的错误,验证功能是否符合需求。因此,黑盒测试又称为功能测试或数据驱动测试,主要用于发现如下错误:是否有不正确或遗漏了的功能?在接口上,输入能否正确地接收?能否输出正确的结果?是否有数据结构错误或外部信息(数据文件)访问错误?性能上是否能够满足要求?是否有初始化或终止性错误?

对于黑盒测试来讲,如果要穷举所有可能的输入数据组合,测试时间和工作量将非常大,必须对测试用例进行合理的设计。一般包括以下 3 种方法。

1. 等价类划分

把所有可能的输入数据(即程序的输入域),划分成若干部分(等价类),然后从每一部分中选取少数有代表性的数据作为测试用例。这样,等价类是指某个输入域的子集合。在该子集合中,各个输入数据对于揭露程序中的错误都是等效的。测试某等价类的代表值就等价于对这一类其他值的测试。对于程序的规格说明来说,是合理的、有意义的输入数据构成的集合,称为有效等价类。对于程序的规格说明来说,是不合理的、无意义的输入数据构成的集合,称为无效等价类。

划分方法 1:若输入条件规定了取值范围,或值的个数,则可以确立一个有效等价类和两个无效等价类。

例 9-1 在程序的规格说明中,对输入条件有一句话:"……项数可以从 1 到 999 ……"。有效等价类是"1≤项数≤999",两个无效等价类是"项数<1"或"项数>999"。

在数轴上的表示如图 9-4 所示。

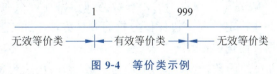

图 9-4 等价类示例

划分方法 2：如果输入条件规定了输入值的集合，或者是规定了"必须如何"的条件，那么这时可确立一个有效等价类和一个无效等价类。

例 9-2　在人员状态管理系统中，要求人员状态必须是"在位、出差、训练、病假、事假、无故不在位"中的一种，则上述状态之一构成有效等价类，而不在此集合内的构成无效等价类。

划分方法 3：如果规定了输入数据的一组值，而且程序要对每个输入值分别进行处理，那么这时可为每一个输入值确立一个有效等价类，此外，可针对这组值确立一个无效等价类，它是所有不允许的输入值的集合。

例 9-3　在人员状态管理系统中，要求人员状态必须是"在位、出差、训练、病假、事假、无故不在位"中的一种，且程序要对这些状态逐一做出处理，则针对上述状态可构造 6 个有效等价类，而不在此集合内的构成无效等价类。

划分方法 4：如果规定了输入数据必须遵守的规则，则可以确立一个有效等价类（符合规则）和若干个无效等价类（从不同角度违反规则）。

例 9-4　C 语言规定"一个语句必须以';'结束"。这时，可以确定一个有效等价类"以';'结束"，若干无效等价类"以':'结束""以','结束""以'.'结束"等。

为等价类设计测试用例时，首先引入一个新的测试用例，应该使其尽可能多地覆盖尚未被覆盖的有效等价类，重复这一步，直到所有的有效等价类都被覆盖；然后引入一个新的测试用例，使其仅覆盖一个尚未被覆盖的无效等价类，重复这一步，直到所有的无效等价类都被覆盖；最后为每一个等价类规定一个唯一编号。

例 9-5　在信息系统的用户登录界面中，要求用户名长度为 1～6 个字符，且字符由数字和英文字母组成，则构造等价类划分和测试用例如表 9-1 所示。其中，1 和 2 为有效等价类，3～6 为无效等价类。

表 9-1　等价类划分和测试用例设计

等价类划分		测试用例			
有效等价类	无效等价类	编号	用例	等价类	输出
1：长度 1～6	3：长度为 0	1	ABF123	1、2	正确
	4：长度大于或等于 7	2	' '	3	空
2：字符为'0'～'9'、'a'～'z'、'A'～'Z'	5：含有英文和数字以外可显示字符	3	abc1234	4	超长
		4	A,bc	5	非法字符
	6：含有不可显示字符	5	A bc	6	非法字符

2. 边界值分析

大量的错误是发生在输入或输出范围的边界。因此针对各种边界值设计测试用例，可以查出更多的错误。边界是指相当于输入等价类和输出等价类而言，稍高于其边界值及稍低于其边界值的一些特定情况。边界值分析的测试方法不是选取等价类中的典型值或任意值作为测试数据。而选取正好等于、刚刚大于或刚刚小于边界的值作为测试数据。

例 9-6　计算平方根的函数，输入和输出均为实数，则采用边界值分析方法和等价类划分方法设计测试用例如表 9-2 所示。

表 9-2 边界值分析与等价类划分方法对比

边界值分析方法	等价类划分方法
（ⅰ）边界为最小负实数和 0 （ⅱ）边界为 0 和最大正实数	（ⅰ）输入(1)< 0 和(2)>=0 （ⅱ）输出(Ⅰ)>=0 和(Ⅱ)Error
（a）输入{最小负实数} （b）输入{大于最小负实数,且趋近于最小值} （c）输入 0 （d）输入{小于最大正实数,且趋近于最大值} （e）输入{最大正实数}	a. 输入 4,输出 2。对应（2）和（Ⅰ） b. 输入－10,输出 0 和 Error。对应（1）和（Ⅱ）

3．错误推测法

错误推测法主要思路是靠经验和直觉推测程序中可能存在的各种错误,从而有针对性地编写检查这些错误的例子。通过列举出程序中所有可能有的错误和容易发生错误的特殊情况,根据它们选择测试用例。

例 9-7 测试手机通话功能,设计各种通话失败的测试用例如下。

（1）无 SIM 卡插入时进行呼出(非紧急呼叫)。

（2）插入已欠费 SIM 卡进行呼出。

（3）无信号区域插入有效 SIM 卡呼出。

（4）网络正常,插入有效 SIM 卡,呼出无效号码(如 123 等)。

9.3.3 白盒测试方法

白盒测试又称为结构测试或逻辑驱动测试,通过在不同点检查程序的状态,确定实际的状态是否与预期的状态一致。测试用例的设计原则为:对程序模块的所有独立的执行路径至少测试一次;对所有的逻辑判定,取"真"与取"假"的情况都至少测试一次;保证每一循环都在边界条件和一般条件下至少测试一次;验证所有内部数据结构的有效性。

有选择地执行程序中某些最有代表性的通路是对穷尽测试的唯一可行的替代办法。

逻辑覆盖是关于程序结构的一系列测试过程的总称,由这组测试过程来逐步进行越来越完整的通路测试。那么,测试数据执行(或称覆盖)程序逻辑的程度可以划分成哪些不同的等级呢?从覆盖源程序语句的详尽程度分析,大致有以下逻辑覆盖测试方法。

1．语句覆盖

为了暴露程序中的错误,至少每条语句应该执行一次。语句覆盖的含义是,设计足够多的测试用例,使得被测试程序中的每条语句至少执行一次。

例如,图 9-5 中只需设计一个测试用例：a＝2,

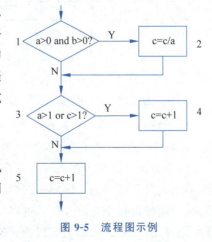

图 9-5 流程图示例

b=1,c=6；即可以覆盖全部语句。但是对于程序中很多问题不能发现，如：第一个条件 and 错为 or，第二个条件 a>1 错为 a>0 等。

2. 判定覆盖

判定覆盖又称为分支覆盖，其含义是，设计足够多的测试用例，不仅使得每条语句必须至少执行一次，而且还使得每个判定的每种可能的结果都应至少执行一次（也就是每个判定取真和取假的分支都至少执行一次）。判定覆盖比语句覆盖强，但是对程序逻辑的覆盖程度仍然不高，比如若一个程序由若干个布尔型判定条件语句构成，则判定覆盖的测试数据只覆盖了该程序全部路径的一半。

例如，如图 9-5 所示的判定覆盖需要设计 4 个测试用例：

a=2,b=1,c=6；a=2,b=-1,c=-3；a=1,b=1,c=-3；a=1,b=-2,c=3

从而覆盖了 2 个判定的 4 种分支情况。

3. 条件覆盖

条件覆盖的含义是，设计足够多的测试用例，不仅使得每条语句必须至少执行一次，而且还使得每个判定表达式中的每个条件的各种可能的结果都至少取得一次。条件覆盖通常比判定覆盖强，因为它使判定表达式中每个条件都取到了"真""假"两个不同的结果，而判定覆盖只关注整个判定表达式的值，如上述测试用例就没有考虑 a<0 的取值情况。条件覆盖和判定覆盖两者间的关系显得较为微妙，有时满足条件覆盖的测试数据同时也满足判定覆盖标准，但有时不能同时满足；反之亦然。这就是说，判定覆盖不一定包含条件覆盖，条件覆盖也不一定包含判定覆盖。

以图 9-5 为例，判定表达式每个条件的可能性取值如表 9-3 所示。

表 9-3 判定表达式每个条件的可能性取值

条 件	真 值	假 值
a>0	T1	F1
b>0	T2	F2
a>1	T3	F3
c>1	T4	F4

因此，可以设计的测试用例如下。

第一组，a=2,b=-1,c=-2，覆盖的条件取值包括 T1、F2、T3、F4。

第二组，a=-1,b=2,c=3，覆盖的条件取值包括 F1、T2、F3、T4。

同样，这两组测试用例没有覆盖 a>0 且 b>0 的判定分支情况。

4. 判定-条件覆盖

既然判定覆盖不一定包含条件覆盖，条件覆盖也不一定包含判定覆盖，自然会提出一种能同时满足这两种覆盖标准的逻辑覆盖，这就是判定-条件覆盖。判定-条件覆盖的含义是，设计足够多的测试用例，使得每个判定表达式中的每个条件都取到各种可能的值，而且还使得每个判定表达式也都取到各种可能的结果。有时判定-条件覆盖也并不一定比条件覆盖更强，比如当一组测试数据在满足条件覆盖的同时也满足判定覆盖标准，这时倘若再去设计满足判定-条件覆盖的测试数据,那么这组测试数据可能就会是刚才的用于条件覆盖的测试数据。

以图 9-5 为例,判定-条件覆盖的测试用例设计如表 9-4 所示。

表 9-4 判定-条件覆盖的测试用例设计

测 试 用 例	覆 盖 条 件	覆 盖 判 定
输入:a=2,b=1,c=6 输出:a=2,b=1,c=5	T1,T2,T3,T4	1,2,4
输入:a=-1,b=-2,c=-3 输出:a=-1,b=-2,c=-5	F1,F2,F3,F4	1,3,5

5. 条件组合覆盖

条件组合覆盖是更强的逻辑覆盖标准,它要求设计足够多的测试用例,使得每个判定表达式中的所有条件的各种可能的组合都至少出现一次。显然,满足条件组合覆盖标准的测试数据也一定满足判定覆盖、条件覆盖和判定-条件覆盖标准。以图 9-5 为例,条件组合覆盖的测试用例设计如表 9-5 所示。

表 9-5 条件组合覆盖的测试用例设计

条 件 组 合			测 试 用 例			
编号	条件组合	判定-条件取值	测试用例	覆盖条件	路径	条件组合
1	T1,T2	a>0,b>0,条件1取真	a=2,b=1, c=6	T1,T2, T3,T4	1-2-4	1,5
2	T1,F2	a>0,b<=0,条件1取假				
3	F1,T2	a<=0,b>0,条件1取假	a=2,b=-1, c=-2	T1,F2, T3,F4	1-3-4	2,6
4	F1,F2	a<=0,b<=0,条件1取假				
5	T3,T4	a>1,c>1,条件2取真	a=-1,b= 2,c=3	F1,T2, F3,T4	1-3-4	3,7
6	T3,F4	a>1,c>1,条件2取真				
7	F3,T4	a<=1,c>1,条件2取真	a=-1,b= -2,c=-3	F1,F2, F3,F4	1-3-5	4,8
8	F3,F4	a<=1,c<=1,条件2取假				

因此,条件组合覆盖是前述几种覆盖标准中最强的覆盖标准。然而,满足条件组合覆盖标准的测试数据并不一定能使程序中的每条路径都执行到。例如,在表 9-5 中,路径 1-2-3 就没有覆盖,于是提出了路径覆盖标准。

6. 路径覆盖

测试数据所检测的程序路径的多少,也反映了对程序检测的详尽程度。路径覆盖的含义是,设计足够多的测试用例,使得程序中的每条可能的路径都至少执行一次。以图 9-5 为例,需要增加一个测试用例:a=1,b=1,c=-3,使得覆盖条件 T1、T2、F3、F4,覆盖路径 1-2-3。

路径覆盖是相当强的逻辑覆盖标准,它保证程序中每条可能的路径都至少执行一次,因此这样的测试数据更有代表性,暴露错误的能力也比较强。但是,为了做到路径覆盖,只需考虑每个判定表达式的取值,并没有检验表达式中条件的各种可能组合情况,若把路径覆盖和条件组合覆盖结合起来,则可以设计出检错能力更强的测试用例。

以上简单介绍了白盒测试设计测试用例的几种基本方法,使用每种方法都能设计出一组有用的测试用例,但是没有一种方法能设计出全部测试用例。此外,不同方法各有所长,用一种方法设计出的测试用例可能最容易发现某些类型的错误,但对另外一些类型的错误可能不容易发现。因此,对软件系统进行测试时,应联合使用各种设计测试用例的方法而形成一种综合策略,通常的测试做法是,用黑盒法设计基本的测试用例,再用白盒法补充一些必要的测试用例,具体地说,可以使用下述策略结合各种方法。

(1) 在任何情况下都应该使用边界值分析的方法。经验表明,用这种方法设计出的测试用例暴露程序错误的能力最强。但需要注意的是,应既包括输入数据的边界情况,又包括输出数据的边界情况。

(2) 必要时使用等价类划分法补充测试用例。

(3) 必要时再用错误推测法补充测试用例。

(4) 对照程序逻辑,检查已经设计的测试用例,可以根据程序可靠性的要求采用不同的逻辑覆盖标准,若现有测试用例的逻辑覆盖程度没有达到要求的覆盖标准,则应再补充一些测试用例。

需要强调的是,即使使用上述综合策略设计测试用例,仍然不能保证测试会发现所有程序错误,但是这个策略确实是在测试成本和测试效果之间的一个合理的折中。总之,无论是测试行为本身还是软件测试方法与技术的研究都是一项十分艰巨而又繁重的工作。

9.3.4 测试阶段

1. 模型测试

检查并发现系统模型中存在的错误的工作称为模型测试。信息系统开发过程要建立大量的模型。只有完整、正确和一致的系统模型才有可能得到成功的信息系统,错误的系统模型必然带来错误的结果。另外,信息系统的错误具有放大效应,前期模型中的错误带到后期开发中,会使错误蔓延到更多的地方,并且解决起来需要花费更大的代价。因此,通过模型测试及时发现并纠正系统模型中的错误,对信息系统开发具有重要意义。

模型测试是一项十分庞杂的工作。因为信息系统具有多种模型,包括领域模型、需求模型、设计模型和实现模型等,每一种模型都是从一个阶段或一个侧面对信息系统的描述。保证这些模型的正确、一致和完整性是十分困难的。

可以运用多种方法进行模型测试,但较实用的还是模型审查法。模型审查法是由建立模型的人员或专家,按照审查标准对所要测试的模型文档进行分析和审查,找出模型中存在的问题。模型审查应该按照完整性、正确性和一致性 3 方面的标准要求进行。对用例图而言,完整性的含义是该用例图完整地描述了被审查部分所需要的功能,既没有漏掉必须要的功能用例,也没有包含不需要的功能用例。正确性的含义是每一个用例都精确地描述所要描述的系统功能,用例描述是规范正确的。一致性含义更为广泛,要求本图与其他用例图没有冲突和矛盾,与系统功能没有矛盾。

2. 单元测试

单元测试是指对程序的基本组成单元进行的测试,验证每个单元是否完成了设计的预期功能。一般来说,基本单元是一个函数、一个过程或者一个类。单元测试一般情况下由程序的开发人员采用白盒法进行测试。

单元测试的具体步骤如下。

(1) 设计和编写测试用例。从理论上讲,应该在详细设计结束之后设计和编写测试用例。但实际应用中常常在编码结束之后才从事此项工作,这样可以减少因详细设计变动而引起工时浪费,达到更好的测试效果。

(2) 构造测试环境和设置测试数据。由于在单元测试阶段整个软件还没有构成,为了测试每个单元,必须构造必要的测试环境以便实施测试。这项工作主要包括编写调用被测单元的程序、被测单元中调用到的函数替代程序,以及准备测试所需要的数据。

(3) 在对面向对象的软件进行单元测试时,它的基本单位是一个方法或者一个类。即使是以类为单位的测试,在每个方法内部也必须进行严密的测试,为类的测试打下坚实的基础。在每一个方法内部可以采用白盒测试的各种方法进行充分测试。

3. 集成测试

集成测试是在单元测试的基础上,将所有的模块按照系统设计的要求联合起来进行的测试。集成测试的对象是经过单元测试之后的代码。集成测试关注的是各个模块的接口,以及各个模块组合之后是否运行正常,而单元测试关注的是每个单元、每个模块的内部处理。因此,集成测试和单元测试是不能互相替代的。

当然,如果一个程序非常简单,仅由几个函数组成,且在单元测试中已经把几个函数的调用都测试过了,那么在这种情况下就可以省略集成测试。一般来说,对于由一个以上的模块组成的软件的集成测试是必需的。集成测试一般是由程序开发人员采用白盒法进行测试。集成测试的具体步骤同单元测试基本相同。

集成测试中测试策略的选择是最重要的一个环节。对软件进行集成测试时,有很多种集成策略。例如,一次性集成、渐增式集成、基于进度的集成、基于功能的集成、分层集成等。

主要集成策略如下。

(1) 一次性集成方式。此方式是指把所有的已完成单元测试的单元组装在一起进行测试,最终得到要求的软件。由于程序中不可避免地存在涉及模块间接口、全局数据结构等方面的问题,所以一次试运行成功的可能性不大。

(2) 渐增式集成方式。此方式是指首先对一个个模块进行单元测试,然后将这些模块逐步组装成较大的系统,在组装的过程中边连接、边测试,以发现连接过程中产生的问题。最后通过渐增式逐步组装成为要求的软件系统。具体分为自顶向下的渐增、自底向上的渐增和混合渐增式测试。

选择适当的集成测试策略之后,就可以真正地实施测试了。集成测试与单元测试的实施过程基本相似,由于是白盒测试,因此很多都是在开发环境下用单步跟踪等方式进行测试。但是集成测试有一点特别需要注意的地方,就是一般集成测试都是多个人联合进行,所以要求各个测试人员要及时交流,密切配合。

面向对象的集成测试主要指类之间的集成测试以及类的对象的创建、释放等操作对类中其他方法的影响等的测试。面向对象程序相互调用的功能是散布在程序的不同类中,类的行为与它的状态密切相关,由此可见,类之间相互依赖极其紧密,根本无法在编译不完全的程序上进行集成测试。此外,面向对象程序具有动态特性,程序的控制流往往无法确定,因此面向对象的集成测试通常需要在整个程序编译完成后进行。

4. 系统测试

系统测试是将已经集成好的各个模块作为一个整体,与操作系统、计算机硬件、外设、数据和人员等其他元素结合在一起对软件进行一系列的测试。系统测试一般是采用黑盒法进行测试,其具体步骤与单元测试基本相同。

系统测试包括多种测试,例如功能测试、性能测试、兼容性测试、压力测试、文档测试、可用性测试等。下面主要介绍几种重要的测试。

(1) 功能测试。这是最基本的一种测试。依据需求说明和概要设计文档采用黑盒法的等价类、边界值、错误推测等方法设计各种测试用例,然后根据测试用例进行测试。

(2) 性能测试。目标是度量系统相对于预定义目标的差距。性能测试关注的主要参数包括处理的响应时间、系统资源(CPU、内存等)的使用情况等。

(3) 兼容性测试。是指对软件与操作系统之间、软件自身的各个版本之间及第三方软件等的兼容性进行的测试。

(4) 压力测试。压力测试是指系统在高负荷的条件下进行的运行测试。其目的是测试系统在比较极端的情况下的反应,检查极端情况是否会导致系统崩溃等异常出现。压力测试与性能测试的区别在于,性能测试注重正常运行状态下的各种参数,而压力测试注重极端状态下的各种状况。

目前有很多测试工具比较适合用来做系统测试,如 Winrunner、LoadRunner 等,利用这些工具可以大大提高测试的自动化程度和测试的质量。

5. 验收测试

验收测试一般是指由用户、特定的第三方测试机构或者软件公司的 QA 部门进行的测试。一般采用黑盒法进行。主要测试内容包括功能、安全性、可靠性、易用性、可扩充性、兼容性、性能、资源占用率、用户文档等方面。

此外,在系统交付使用之后,用户将如何实际使用程序,对于开发者来说是无法预测的。为了进行模拟用户的测试,很多软件公司还采用α测试和β测试以发现更多错误。α测试是由一个用户在开发环境下进行的测试,也可以是公司内部的用户在模拟实际操作环境下进行的测试。这是在受控制的环境下进行的测试。β测试是由系统的多个用户在实际使用环境下进行的测试。与α测试不同的是,β测试开发者通常不在测试现场,是在开发者无法控制的环境下进行的系统现场应用。

9.4 系统开发管理

9.4.1 项目与项目管理

项目(Project)是人们通过努力,运用各种方法,将人力、材料和财务等资源组织起来，根据商业模式的相关策划安排，进行一项独立的一次性或长期无限期的工作任务，以期达到由数量和质量指标所限定的目标。项目参数包括项目范围、质量、成本、时间、资源。美国项目管理协会(Project Management Institute，PMI)在其出版的《项目管理知识体系指南》中对项目所做的定义是：项目是为创造独特的产品、服务或成果而进行的体系化的工作。"项目"普遍存在于人们的工作和生活中，并对人们的工作和生活产生重大影响。修建一座水电站、开发或运营一种新产品、策划和举行大型活动等工作任务都是项目。通俗地讲，项目是在一定的资源约束下完成既定目标的一次性任务。

信息系统开发就是一类典型的项目，它具备前面描述的项目特点：信息系统开发是一次性任务，有一定的任务范围和质量要求，有时间限制或进度要求，有经费等资源的限制。所以，可以用项目管理的思想和方法进行管理。

与一般技术项目相比，信息系统开发项目还有以下特点。

(1) 目标不确切，边界较模糊，质量要求更多地由项目团队定义。在信息系统开发的初期，客户往往只能提出一些初步的功能要求，而提不出确切的要求。由于客户不熟悉信息技术的各种性能指标，所以信息系统应达到的各种技术指标更多地由项目组来定义，由客户审查和确认。

(2) 信息系统项目在进行过程中，客户的需求会不断被激发并进一步明确，导致项目进度、费用等计划的更改。

(3) 信息系统开发项目是智力密集型项目，受人力资源影响最大，项目组的结构、项目组成员的责任心和能力对项目的成功与否有决定性的影响。

项目管理是规划、组织、领导和控制信息系统开发的过程，包含一系列的活动，包括：计划、指导及控制人力、设备、物料和时间，并满足技术、成本及时间的限制。目的是引导项目的成功完成，具体包括达成项目的目标、保证开发的进度、控制投入的成本。项目管理的内容包括项目的组织和人员管理、制定项目计划、项目的进度控制、项目的质量控制、项目的文档管理等。其中，项目计划在信息系统规划阶段完成，其他任务则贯穿在整个 SDLC 过程中。

项目管理具有以下基本特点。

(1) 项目管理是一项复杂的工作。一个项目由多部分组成，工作跨越多个组织，需要多学科的知识。项目工作没有或很少有以往的经验可以借鉴；执行中涉及多个因素，每个因素又常常带有不确定性；同时，需要将不同经历、来自不同组织的人员组织在一个临时性的集体内，在技术性能、成本、进度等较为严格的约束条件下实现目标。这些因素决定了项目管理的复杂性远远高于一般的生产管理。

(2) 项目管理具有创造性。项目是实现创新的活动，项目管理也就是实现创新的管理。这也是与一般日常性管理的主要区别。创新总是带有探索性的，有较高的失败率。

(3) 项目管理需要集权领导并建立专门的项目机构。项目进行过程中出现的各种问题往往涉及多个部门，要求这些部门能够做出迅速而相互关联的反应。传统的职能机构难以与横向协调的需求相配合，所以需要建立专门机构，由不同专业、来自不同部门的人员构成。

（4）项目负责人在项目管理中起着非常重要的作用。项目管理的主要原则之一，就是把一个时间有限、预算有限的任务委托给一个人——项目负责人。项目负责人有权独立进行计划、资源分析、协调和控制，必须能够了解、利用和管理项目的技术逻辑方面的复杂性，能够综合各种不同专业观点来考虑问题。除了具备这些技术知识和专业知识之外，项目负责人还必须具备组织能力，能够通过人来熟练地运用技术因素，达到项目目标。也就是说，项目负责人必须使团队成为一支工作配合默契、具有积极性和责任心的高效率群体。

9.4.2 系统开发的组织与管理

系统开发时一般以分组的形式进行，这样多名开发人员同时去并行开发系统的不同部分能缩短开发时间，基于分组的开发的组织结构形式就带来一些管理上的问题，包括如何组织开发小组、如何分配任务给开发小组或小组成员以及如何保证小组或成员间的交流与协调等。

大多开发项目及其组织结构均以分组的一些共性指导原则为基础，系统开发的组织方式也不例外，其中的一个共性原则就是保持小组的规模相对较小（一般不超过10人），规模较大的组织结构因其内部交流与协调的固有复杂性往往工作效率不高，因此当一个项目的队伍成员数在10人以上时，最好将其拆分成几个小组（每组3～5人），每个小组均可承担项目的一个相对独立的部分，与此同时，一般还需给每个小组指定一名成员来负责与其他小组的沟通与协调，这样不仅保证小组成员职责明确，而且简化了小组间的交流。

分组的另一个共性原则是小组的组织结构应该与项目及其任务的特征相匹配。一些常见的小组组织模式，例如同等协作小组、首席专家小组（对不同项目还可称为首席工程师、首席经济师等）、合作专家小组等，如图9-6所示。

图 9-6 项目分组模式

所谓同等协作小组，是指由具有相似专业知识背景且有着大体相同的技能、经验的人员所组成的小组，对同等协作小组的成员来说，尽管有时他们被分配了不同重要程度和复杂程度的工作任务，但他们均被视为是平等的，问题的决策需遵从参照小组大多数人的意见。所谓首席专家小组，是指绝大多数的重要决定均由小组中的一名充当管理者角色的程序员做出，首席专家小组非常类似于一个小的军事单位，被指定的一名领导者行使着诸如技术咨询、小组协调和任务分配等管理职责，这种组织模式与同等协作小组模式相比其成员间的交流沟通要少得多，尽管首席专家会向其小组成员征求意见，但大多数的重大决策还是由首席专家本人来决定。合作专家小组和同等协作小组的组织模式类似,但组成合作专家小组的成员在技能和经验方面各不相同,而且其技术专业也是最小限度的重叠,合作专家小组的成员通常来自不同的组织单位,各小组成员也有可能从中推举一名负责人,但也只行使一些管理上的职能(比如时间进度控制、协调、与外部人员的交流等),也就是说,虽然说小组中每个成员的意见在某种程度上能代表其是所从事专业领域的专家,但技术决策一般都依据小组集体的意见来决定。

因此,按照"小组的组织结构应该与项目及其任务的特征相匹配"的原则,对定义良好的任务,若它们对成员的知识和技术可行性没有特别要求的限制,则首席专家小组的组织模式是最佳的选择,在这种组织结构下会具有很高的工作效率;而对那些具有实验性或创造性的任务,则最好采用同等协作小组或合作专家小组的组织模式,考虑到这类任务的完成过程中会要求产生很多的新思想、新方法并对之进行评估,因此同等协作小组或合作专家小组的成员之间的平等的协作方式和更具开放性的交流形式特别适合处理这些任务,而且各成员在技能、专业和经验方面的相近性或跨越性使得对每个想法都能有一个全面彻底的评估;另外,对那些边缘性的且技术范围有较大跨度的项目或任务,应考虑采用合作专家小组的组织模式,例如,诊断和修复已经存在的复杂系统中的错误,这样的项目或任务首先就要求产生问题的解决方案,因而合作专家小组的组织模式更适合应对这类项目,但成功的先决条件是各成员之间的真诚合作。分配任务时,既要考虑成员的技术能力必须与其所承担的任务大体匹配,也要考虑非技能及其他特性因素的匹配性,当然大多情况下对后者的考虑不如前者重要。比如,像数据库管理、用户界面、算法等任务的完成对技能的要求相当明显,而创新性、发表意见和参与意见以及集中意见、与外部人员的沟通等则属于其他特性的要求。

中大规模的软件系统不仅复杂而且需要做经常性的修改,这种修改工作在系统实施阶段迅速增多而后逐步减少,这也就产生了许多管理上的问题,特别是对测试与维护工作更是如此。因为系统经常性的修改调整与变化,在这样的环境下的测试势必会有疑问,等到发现了错误所在,引起错误的代码可能已被移走、改变或删除了。相似的原因也使系统维护变得更复杂,维护人员要对系统所发生的问题或用户的帮助请求做出适当的响应,就必须知道安装在用户计算机上的软件系统的状态。

对于复杂系统,一系列的程序版本有助于简化系统的测试与维护工作。在开发过程中所创建的软件系统的程序版本称为测试版本,测试版本包含了一组定义良好的功能特征,它代表着向最终的完整系统迈进的一个具体的步骤,也是评估项目进程的一个"检查站"。α版本和β版本是两个最为常见的测试版本。

α版本是一个功能尚不完善但即将要接受某种级别严格测试的系统。α版本的生命周期短,一般只有几天或几个星期,这也是α版本的一个显著特点。另外,一个系统可以根据其规模大小及其复杂程度而定义多个α版本。β版本是一个功能完整且足够稳定的能够接受终端用户测试的系统。一个β版本通常是在对一个或多个α版本进行过测试并已经纠正了所发现的问题之后而形成的,终端用户通过使用该系统完成实际业务工作来对β版本进行测试,因此β版本相对于α版本来说,它必须更为完整且产生重大错误的概率更小。β版本的显著特点是用于分发给终端用户并经历数周或数月之后再对其做评估。

把正式发行的并能够给用户长期使用的系统版本称为产品版本、发行版本或产品发行版本。尽管很少有软件系统是完美无缺的,但产品版本往往被看作最终的产品。在产品版本的发行过程中,经常会出现多个产品版本,一般来说,一个新产品版本的发行,要么是增加了一些新的功能特征,要么是修正了已发行的产品版本中所发现的错误,要么是两者兼而有之。在一系列的产品版本中,通常将其中只用于纠正错误而对已有功能特征只做少量更新或不做更新的产品版本称为补丁版本或维护版本,而将其中的添加有重要意义的新功能后的产品版本或者也许是对旧版本的代码彻底重写后的产品版本称为主要产品版本。

版本管理的一般工作模式如图 9-7 所示。代码通常保存在服务器,在客户端可以从服务器检出代码进行修改,修改完后再检入到服务器。如果不同客户端的代码有冲突,需要进行冲突消解,确保服务器版本的唯一性。常用的版本管理软件包括 Git、Svn 等。

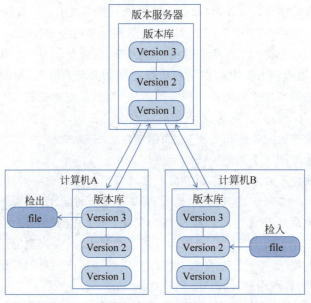

图 9-7 版本管理的一般工作模式

9.4.3 成本及进度管理

信息系统项目的成本随着系统的类型、范围及功能要求的不同而不同,可以根据 SDLC 的各阶段将信息系统成本划分为开发成本与运行维护成本两大类,在各类中又可根据项目的目的进行逐级细分,如图 9-8 所示。

信息系统项目的成本测算,就是根据待开发的信息系统的成本特征以及当前能够获得的有关数据和情况,运用定量和定性分析的方法对信息系统生命周期各阶段的成本水

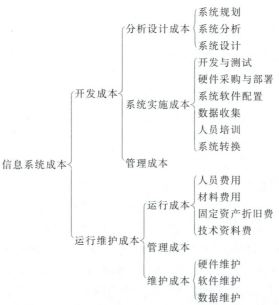

图 9-8　信息系统项目成本构成

平和变动趋势做出尽可能科学的估计。其中,最难确定的是开发成本中的软件开发成本,硬件成本和其他成本相对容易估算出来。至于运行维护成本,则可根据开发成本与运行维护成本比值的经验数据和测算出来的开发成本一起计算。所以信息系统项目成本测算的重点是软件开发成本。然而,由于软件是逻辑产品,成本估算涉及人、技术、环境、政策等多种因素,因此在项目完成前,很难精确地估算出待开发项目的开销。

常用的信息系统成本估算方法有 4 种。

(1) 参照已经完成的类似项目,估算待开发项目的软件开发成本和工作量。

(2) 将大的项目分解成若干小的子系统,在估算出每个子系统软件开发成本和工作量之后,再估算整个项目的软件开发成本。

(3) 将软件按信息系统的生命周期分解,分别估算出软件开发在各个阶段的工作量和成本,然后汇总,估算出整个软件开发的工作量和成本。

(4) 根据实验或历史数据给出软件开发工作量或软件开发成本的经验估算公式。

对信息系统进度进行控制通常使用甘特图。甘特图以条形图的方式表示项目任务及其持续的时间。一旦项目开始,就可以将实际的任务进展时间与待完成的任务估计周期结合起来绘制甘特图,以便反映项目进展中出现的实际情况,并对项目计划进行必要的调整。如图 9-3 所示,甘特图是基于二维坐标的项目进度图示表示法,纵坐标表示组成项目的具体任务,如编码、测试等;任务也可以继续划分为子任务,如编码又包括前端、后台和数据库等;横坐标表示完成整个项目的估计时间,时间单位可以是天、周或月。图中用长方形的进度条来表示某一个具体任务。在甘特图中可以清晰看出每个任务的开始和结束时间,以及项目任务之间开始或结束的时间顺序关系。每个进度条的阴影表示目前某任务项的进展状况。在重要的日期时间上,甘特图简单地在图上自顶至底画竖条,既可观察该时间项目的进展情况,又可以看到重复或并行的任务。

9.4.4 质量控制

信息系统的质量管理不仅是项目开发完成后的最终评价,还包括在信息系统开发过程中的全面质量控制,包括系统分析、系统设计、系统实现的软件、文档、开发人员和用户培训的质量控制。业界从 20 世纪 70 年代初就开始研究软件的质量控制问题,随着软件质量领域知识的增长,一些流行和重要的国际标准纷纷出台。ISO 9000 和软件能力成熟度模型(Capability Maturity Model,CMM)就是其中最具代表性的成果。

1. 信息系统质量的指标体系

ISO 9000 系列国际标准是为企业建立质量体系并提供质量保证的模式,其目标是:被业界普遍接受,与当前技术协调,与未来发展协调,适应未来技术的发展。ISO 9000 系列标准自从 1987 年发布以来,已经陆续发布了十几个相关的标准和指南,形成了质量管理和质量保证标准体系,目前已被世界各国普遍接受。我国 1992 年采用 ISO 9000 系列标准制定了 GB/T 19000—1994 系列标准。该标准颁布实施后,为我国的企业同国际接轨奠定了基础,得到了各行业、企业的极大关注。ISO 9000 系列标准包含了综合的质量管理概念和指南,是现代质量管理和质量保证理论的结晶,也是实践经验的总结。同时,在消除国际贸易中的技术壁垒、提高企业素质、开展质量认证工作及保护消费者利益等方面起到了越来越大的作用。

在 ISO 9000 系列中,ISO 9001 是一个可以适用于所有行业的质量管理标准。尤其是 2000 年版的 ISO 9001,将产品的实现过程流程化,并以板块化的形式对生产组织的管理体系、管理职责、资源、产品实现、测量与改进等提出质量管理的要求,更加适合软件行业的软件开发和生产的维护。我国采用等同 ISO 9000 系列标准的方式建立了我国的质量保证标准系列 GB/T 19000。我国作为 ISO 9000 认证的国际互认发起国之一,成功通过了首批国际同行评审,成为具有国际认证资格的国家之一。同时,在国家和政府的大力推动下,已建立了规范化的认证机构和审核员管理制度,确保了我国在认证行业的国际地位。这些都为建立基于 ISO 9000 的软件质量保证平台奠定了坚实的社会基础。随着软件质量管理和认证工作在我国 IT 行业的开展,其支撑技术的研究、支撑工具的开发也日益引起人们的重视。

软件能力成熟度模型(CMM)是美国软件工程研究所开发的用于描述有效软件过程中关键成分的框架,是国际标准 ISO/IEC TR 15504:1998"信息技术-软件过程评估"的基础。CMM 模型分为 5 个等级。

第 1 级:初始级。其特点是软件过程无序,未经定义;软件的成功取决于软件人员的个人素质。

第 2 级:可重复级。其特点是已建立基本的项目功能过程,以进行成本、进度和功能跟踪,并使具有类似应用的项目能重复以前的功能。

第 3 级:已定义级。其特点是管理活动和工程活动两方面的软件工程均已文档化、标准化,并已集成到软件机构的标准化过程中。

第 4 级:已管理级。其特点是已采用详细的有关软件过程和产品质量的度量,并使软件过程和产品质量得到定量控制。

第5级：优化级。其特点是能及时采用新思想、新方法和新技术以不断改进软件过程。

从第1级上升到第2级称为"有规则的过程"；从第2级上升到第3级称为"标准一致的过程"；从第3级上升到第4级称为"可预测的过程"；从第4级上升到第5级称为"不断改进的过程"。

1998年，为了进一步改善模型，CMMI模型被提出。CMMI提供了CMMI分级模型和CMMI连续模型两种表示。CMMI分级模型主要对应于已有的CMM模型，依然分为5个成熟度级别，但提出了一个更加通用的框架。它将原来的公共特征分为通用和特殊两种，分别针对过程的通用和特殊目标，帮助软件组织进行过程改进。CMMI连续模型摒弃了传统的台阶式上升的模型，它认为，软件组织的改进是持续的，并从其自身最希望的、可以带来效益的地方来进行。因此，软件组织完全有理由把某些过程域的成熟度能力提高到很高的级别，而将其他某些过程域继续留在较低级别。CMMI连续模型把软件过程划分为过程管理、项目管理、工程、支持4类，软件组织可以根据需要来选择改进的过程域，使之具备所期望的能力级别。连续模型为软件组织的过程改进提供了更加方便的途径。

2. 信息系统实施全面质量控制的方法

软件产业经历了3个时代：结构化生产时代、以过程为中心的时代和工业化生产时代。美国从1995年开始进入工业生产时代，而我国尚处于结构化生产时代向以过程为中心时代的过渡阶段。管理是影响软件研发项目全局的因素，技术只影响局部，而提高软件组织的生产和管理能力，必须关注技术、过程和人员这3个相关的因素，这称为软件产品的质量三角。可采取以下措施实施全面质量控制：实行工程化的开发方法，如对小组成员进行培训；采用国际通用软件质量评测标准，如 ISO 9001 和 CMM；进行软件配置管理，对软件的变更实施严格的控制，建立和维护在项目的整个软件生存周期中软件项目产品的完整性；实行面向用户参与的原型演化；强化项目管理，引入外部监理与审计；尽量采用面向对象和基于构件的方法进行系统开发；进行全面测试。

9.4.5 文档管理

文档是记录信息系统开发思路、过程、方法及运行状态的书面形式的文字资料，是系统维护人员的指南，是开发人员与用户的交流工具。规范的文档意味着系统是按照工程化模式开发的，意味着信息系统的质量有了形式上的保障。文档的欠缺、随意性和不规范，极有可能导致原来的开发人员流动以后，系统不可维护、不可升级，变成一个没有扩展性、没有生命力的系统。信息系统文档的管理工作主要有：文档标准与规范的制定；文档编写的指导与督促；文档的收存、保管与借用手续的办理等。

我国于1988年发布了国家标准 GB 8566—1988《计算机软件开发规范》和 GB 8567—1988《计算机软件产品开发文件编制指南》，可将之作为软件开发人员工作的准则和规程。它们基于软件生存期方法，规范了软件产品从形成概念开始，经过开发、使用和不断增补修订，直到最后被淘汰的整个过程。

信息系统开发过程中应提交的主要文档如图 9-9 所示,分为开发文档、管理文档及用户文档 3 类。其中某些文档在分类时有重叠,如系统需求(规格)说明书既属于开发文档又属于用户文档,项目开发计划既属于开发文档又属于管理文档。

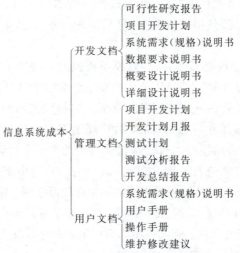

图 9-9　信息系统开发主要文档

文档是信息系统的生命线,必须从这一高度来认识文档的编写工作,才有可能产生质量较好的文档。高质量的文档应具备以下特点。

(1) 要有针对性。立足于读者,是编写文档的重要原则。编制文档,首先要分清读者对象,适应他们的需要。管理文档主要是面向管理人员的,用户文档是面向用户的。这两类文档不要过多地使用信息技术专业术语。

(2) 文字准确,简单明了。行文要确切,没有二义性。前后内容协调一致,没有矛盾。

(3) 完整统一。一份文档应当是完整的、独立的、自成体系的。为了便于阅读,同一项目的几个文档有些部分相同,这样的重复是必要的。

(4) 可追溯性。同一项目各开发阶段之间提供的文档应当有可追溯的关系,必要时可以跟踪追查。例如,某项功能需求,应当在系统分析说明书、系统设计说明书、测试计划以及用户手册中都有所体现。

(5) 可检索性。文档的结构安排、装订都应考虑读者查阅的方便,使他们能以最快的速度找到所需的内容。

信息系统文档管理,包括以下几方面的内容。

(1) 文档管理制度化。必须形成一整套的文档管理制度,包括文档的标准、修改文档和出版文档的条件、开发人员应承担的责任和任务。根据这一套完善的制度协调系统开发,评价开发成员的工作。

(2) 文档标准化、规范化。在系统开发前先选择或制定文档标准。对已有参考格式和内容的文档,应按相应的规范撰写文档。对于没有参考格式和内容的文档,应在项目组内部制定相应的规范和格式。在统一标准下开发人员编制文档资料。

(3) 维护文档的一致性。信息系统的开发建设是一个不断变化的动态过程,一旦涉及某个文档的修改,就必须及时准确地修改与之相关联的文档,否则将引起系统开发工作的混乱。对于主文件的修改尤其要谨慎。修改前要估计可能带来的影响,并按照提议、评议、审核、批准和实施的步骤加以严格控制。

(4)维持文档的可追踪性。由于信息系统开发的动态性,系统的某种修改是否有效,要经过一段时间的检验,因此对文档也可以采用版本管理软件来分版本进行管理。各版本的更新时机和要求要有相应的制度。

9.5 运行与维护

系统的运行与维护是对系统投入运行后的活动的描述。信息系统是现代机构的生命源泉,因此系统的运行维护活动,也是一个机构非常重要的工作内容。

9.5.1 系统的安装与转换

一个新系统的开发和测试工作一旦完成,就必须要付诸安装和转换以投入运行,其中转换就是指现行系统(旧系统,它或者是自动化的或者是人工的)如何向新系统过渡。信息系统的安装和转换往往也是一件复杂的事情,因为在此期间会涉及多方面的冲突限制,包括费用问题、与客户之间的关系问题、与用户之间的关系问题、后勤保障的复杂性以及其他所有可能暴露的风险。因此,当计划去安装和转换系统时,就必须要具体地考虑以下几个较为重要的问题。

(1)并行运行新、旧两个系统所带来的开销。
(2)发现和纠正新系统的错误。
(3)对机构及其现行信息系统日常运行的可能的潜在干预。
(4)用户的培训和使客户熟悉新的业务处理流程。

有3种最为常用的安装、转换方法,它们是直接安装、并行安装和阶段安装。每种方法都有其优势和不足,没有哪一种方法适合所有系统的安装与转换,选择一种安装、转换方法必须体现出它是在成本、复杂性及风险之间的综合权衡之后的结果。

1. 直接安装

直接安装是指新系统安装后即快速地使系统进入运行状态,并关闭现行系统。直接安装方法的显著特征是新、旧系统之间没有并行运行时间(有时会有一段很短的时间比如一天或几天)。

如图9-10所示,它示意了直接安装与转换的时间线。直接安装的主要优点在于它的简单性,毕竟支撑一个系统的运行所需资源及后勤管理等问题均会相对较少。其主要缺陷在于它的风险性,这是因为旧系统不处于并行运行状态,当新系统运行发生失败事件时将没有

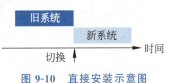

图9-10 直接安装示意图

备份保护措施,这种风险的大小取决于系统的性质、因失败事件而引起的成本耗费、系统处于非最佳状态或系统不能使用时而带来的损失等。

因此,除非新系统还没有代替现行系统或者说用户能容忍接受系统有数天、数周的

停工期,否则直接安装方法将不能被考虑,换句话说,直接安装通常典型地用于满足上述两个条件之一或之二的情形。

2. 并行安装

并行安装是指新、旧系统有一段较长的(数周或数月)并行运行时间,即新系统安装后,现行系统向新系统转换不是一个立即事件,而是要让新系统有一段试运行的时间。并行运行是并行安装的显著特征。图 9-11 说明了并行安装的时间线,理想的情况是,旧系统应该持续运行到新系统被彻底测试并确信无错、可以独立运行为止,但实际的情况是,并行运行的时间经常事先就被定义好并尽量地使双系统运行的成本降到最低。

图 9-11 并行安装示意图

并行安装的主要优点体现在两方面:一是相对较低的系统失败的风险性,二是相对较少的因系统失败而产生的负面影响。倘若两个系统能完全地并行运行(即均使用所有数据和行使全部功能),那么旧系统就行使着新系统备份的职责,新系统的任何失败都可以通过旧系统得到弥补。

并行安装的主要缺点是成本高。在并行运行期间,组织要担负着两个系统的运行费用,因此会带来许多额外的开销,比如,雇佣临时职员或者给现有职员临时添加任务、增加了管理和后勤工作的复杂性(如需要给计算机设备和人员获取额外的物理空间)等。统计表明,除非新系统的运行开销确实比旧系统的运行开销少,否则新、旧系统并行运行的开销一般是单独运行旧系统开销的 2.5~3 倍。

3. 阶段安装

阶段安装是指新系统的安装与转换分批分期地进行,也就是说,到新系统的最终投入运行需要经历一系列的步骤或阶段,每个阶段都要为运行的系统添加一些部件或功能,每个阶段也都要被反复测试以便为下一阶段做好充分准备。阶段安装的显著特点是分批分期的阶段性。特别地,当新系统将要接管有多个并存的现行系统的运行时,阶段安装和并行安装可以结合起来进行。

如图 9-12 所示,一个新系统要替换两个并存的现行系统,其安装与转换过程分为三个

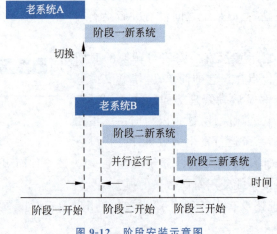

图 9-12 阶段安装示意图

阶段,第一个阶段是对两个现存系统中的一个系统 A 进行直接安装转换,第二、三两个阶段是一个并行安装的两个不同的部分,用来替换另一个现存系统 B。显然,阶段安装的执行并不是只有上述的这种单一的方法,一个阶段安装的具体阶段的构成及其安装转换的安排顺序随着系统的不同而有着广泛的差异,其具体情况将直接决定阶段安装的阶段数目、安装顺序以及哪些部分需要新旧系统并行运行。

阶段安装的主要优点是降低了风险。风险减少的原因是单个阶段的失败所引发的问题要比整个系统所引发的问题小。阶段安装的主要缺点是增加了复杂性,将安装转换分成多个阶段势必会形成更多的活动和"里程碑",从而使得整个过程更加复杂,当然这时对其中的每个单一阶段所包含的一组活动来说,其"活动"规模会变得更小也更易于处理。总的来说,如果整个系统因为太大或太复杂而不能一次性完成安装转换,那么阶段安装所获得的风险性减少相对于其在多个阶段上的管理与协调所带来的复杂性来说还是值得的。

因此,当一个系统大而复杂且由一些相对独立的子系统组成时,阶段安装最为有效,但是倘若其子系统的相对独立程度并不高,那么定义独立的安装阶段就显得困难甚至不可能了,不过当系统因其规模太大、复杂性太高以至于一次性要完成所有的安装与转换不可行时,也确实别无选择,只能使用阶段安装了。

9.5.2 软件维护

美国电子电气工程师学会(IEEE)和美国国家标准协会(ANSI)将软件维护定义为软件产品交付使用后对其所做的修改,这种修改至少要达到下列目标中的一项。

(1) 故障的修复。
(2) 使软件适应变化了的环境。
(3) 性能或其他特征的改进。

因为软件测试不可能暴露出一个大型软件系统中所有潜藏的错误,在任何大型程序的使用期间,用户必然会发现程序错误,并把他们遇到的问题报告给维护人员,这类故障修复的过程也称为修正性维护。

IT 领域的各方面都在迅速发展,大约每隔 36 个月就有新一代的硬件宣告出现,经常推出新型操作系统或现有系统的修改版本,时常增加或修改升级包括网络设备在内的外部设备及其他系统部件;另外,信息系统作为应用软件的使用寿命往往会长于最初设计开发这个软件时的运行环境的寿命。因此,使软件适应变化了的环境不仅是必要的也是经常性的一种软件维护,这类软件维护又常称为适应性维护。

当一个软件正常顺利地运行时,常常会出现另一类维护,这就是在使用软件的过程中,用户提出增加新的功能或修改现有功能的建议或其他一般性的改进意见。通常把满足这类要求的软件维护称为完善性维护。

从上述关于软件维护的定义不难看出,软件维护不仅仅限于纠正软件使用中发现的错误,事实上,完善性维护占全部软件维护内容的一半以上,统计表明,完善性维护占全部软件维护内容的 50%～66%,适应性维护占 17%～21%,修正性维护占 18%～25%。

软件维护的主要对象是源代码,因为系统的可执行软件代码与源程序代码直接相连,但修改二进制的可执行代码则显得困难且花销也多。需要注意的是,上述 3 类维护活动都必须应用于整个软件配置,维护软件系统的文档和维护软件程序的代码同样重要。正如文档的管理那样,管理的措施之一就是保证文档一致性,而文档一致性的内容之一就是确保开发类文档与程序代码之间的一致性(注:其实源程序代码也是开发类文档中的一种)。开发类文档所包含的所有信息也可以通过对系统的检查来直接获得,例如,程序员可以通过检查描述关系数据库模式的 SQL 语句来确定关系数据库的实体及其关系,程序员可以通过检查程序源代码来确定结构化程序中的模块结构或面向对象程序中的类,倘若得不到源代码,则可以从可执行代码来确定程序结构,当然这一过程将非常复杂。但从维护角度来说,文档不充分的系统或者文档不一致的系统,维护工作将非常困难甚至根本不可能完成,这样也就有可能导致系统过早地成为"废品"或需要重新实施。因此,缺乏对系统文档的维护足以危及系统的价值;反之,及时地维护文档则会延长作为组织的生产性资产的信息系统的使用寿命。

9.5.3 维护的代价

维护的概念实际上覆盖了自系统交付使用后所发生的除整个系统都被置换或都被放弃以外的一切事件,因此支持活动也可以看作系统维护的工作内容之一。对大多数机构而言,现有信息系统是一个机构的资产,与机构的其他固定资产一样需要维护管理,信息系统是否具有长久的使用价值和生命力依赖于是否对它积极地进行维护管理。然而,过去几十年的软件维护费用的统计表明,软件维护费用逐渐稳步上升。近年来,用于软件维护的费用已占整个系统开发预算的 70%~80%,也就是说,对一个现有系统的维护开销至少与重新开发一个新系统的开销一样多。统计结果还表明,世界上有 90% 的软件人员在从事软件产品的维护工作,而只有 10% 的人员在从事新产品的开发。

维护费用只不过是软件维护的最明显的代价,其他一些现在还不明显的代价将来可能更为人们所关注。比如可用的资源必须供维护任务使用,以免耽误了甚至丧失了开发的良机,这是软件维护的一个无形的代价。其他无形的代价如下。

(1) 当看来合理的有关纠正或改进的要求不能得到及时满足时将引起用户不满。

(2) 凡是维护都牵涉到改动——去适应新环境、去适应变化了的用户需求或去修正发生或发现的问题,而改动可能会在软件中引入潜在的故障,从而降低软件的质量。

(3) 当必须要把开发人员抽去从事维护工作时,将会造成开发过程的混乱。

(4) 如果软件的开发途径不好(即没有使用软件工程论方法和缺少文档支持)且维护人员对软件熟练程度不高(维护阶段往往持续时间很久,因而会导致原来的开发人员不能参加维护工作),则会造成维护量和维护费用增加。

9.5.4 维护的活动及其管理

软件维护对软件所进行的改动总具有风险性,不仅可能会在被维护的模块中引入新的潜在问题,而且可能波及其他模块甚至其他系统,可见,对一个处于运行状态的系统做改动比对一个处于开发状态的系统做改动要困难得多。若一个改动导致一个处于开发状态的系统发生崩溃,则不会存在用户向帮助台(help desk)请求支持的现象,也不会立即形成财政上的影响;但是,若因改动而致使处于运行状态的系统发生失败时,则立刻会对用户以及整个机构等产生极大的不良影响,其后果也是灾难性的。因此,维护软件的工作和开发一个新系统的工作两者相比有着很大的区别。新系统的开发一般都发生在一个相对开放的环境中,这时用户希望有变动,尝试新思路新方法,对所出现的风险也能容忍接受;相反地,维护发生在一个相对保守的环境中,这时用户只允许进行必要的改动,竭力反对任何风险行为。按照软件维护的定义,一般包括如下维护活动。

(1) 跟踪修改请求和出错报告。

(2) 实施错误纠正的改动。

(3) 监控系统性能,实施改进系统性能或增强系统能力的改动。

(4) 升级硬件设备和系统软件。

(5) 更新文档以反映维护改动的内容。

可以看出,维护活动与新系统的开发活动在许多方面又有相同点,例如,维护同样包括分析、设计、构建、测试以及文档编制等,但这些活动的具体实施在许多方面又有着区别,诸如涉及范围和细节程度方面、触发事件方面、实施的限制方面等。

为了控制与改动相关的风险,大多数机构对所有处于运行状态的系统都采用了正规而又严格的管理程序,通过规范的管理以确保在改动正式实施之前对其进行充分的描述、考虑和计划。

改动的实施是 SDLC 的一个缩小版本,SDLC 的大多数活动在维护实施过程中都要有所体现,只不过是其范围上有所缩小或取消了少数活动。事实上,维护改动的本质是一项用户和开发人员预先就已经完全知道的增加性的开发项目,分析阶段的一些活动在维护实施期间也就因此略去或跳过。改动实施的计划主要包括以下几项活动。

(1) 识别系统的哪些部分需要改动。

(2) 保护改动实施需要动用的可用资源。

(3) 为改动的设计活动及实施活动制定进度表。

(4) 为改动之后的系统开发测试标准和测试计划。

其中,识别现有系统的哪些部分将要受到改动的影响需要阅读现有系统的相关文档,维护改动的设计人员、实施人员及操作人员通过对这些文档的回顾来决定改动的范围,现有系统的测试计划及测试用例是改动之后的新系统的测试计划和测试标准制定的出发点,这时的测试计划往往只需要做些简单修改以说明改动的或新添加的功能,修改后的测试计划和测试数据仍然需要为将来的改动项目而归档。

若改动相对简单,则改动的设计活动可以与改动实施的计划活动结合在一起进行;若改动较为复杂,则改动的设计活动需要有一个独立的阶段。为实施所提出的改动,必须对现有系统的设计进行评估与修改。与测试计划及测试数据一样,修改后的设计也需要为将来的改动项目而归档。

现有系统是一个时刻处在运行状态的生产系统,因此,实施活动通常是在现有运行系统的副本上执行的。改动之后的系统只有在完全的和成功的测试后才能成为新的可运行的生产系统。

考虑到计算机系统软件维护版本(补丁版本)的发布、版本的升级及系统性能的不断下降等原因,计算机硬件、系统软件及网络必须定期地进行升级。就像应用软件一样,为了纠正错误或添加新的功能,包括操作系统和数据库管理系统在内的系统软件也必须定期地进行改动,系统软件的开发商每年都要发布几次维护版本,近几年来,颁布维护版本的频率还有所增加,其中的一个原因是基于 Internet 软件的广泛发行。其他的诸如用于检测和防范病毒的防火墙软件以及操作系统的安全子系统等的更新维护频率则更高。

就像系统软件的开发商在其机构内部进行改动时会面临风险一样,机构在对系统软件进行更改时也同样会面临风险,这是因为一个应用软件在现有版本的系统软件支撑下能正常运行,但系统软件更新后也许会导致运行失败。因此,在许多场合下,系统软件的维护版本或升级版本应常常被忽视以减少不必要的风险,除非这个系统软件版本能立刻带来好处。

当系统要增加容量、增强能力或解决其他与性能表现相关的一些问题时,比如,当信息系统的事务处理数量增多或现有的硬件与网络设备对信息系统的支持已经到达不能接受的程度时,就要求对包括网络在内的计算机基础设施进行升级。基础设施升级的实施与其他类型的改动相似,其主要区别在于从如何使系统性能升级开始。性能升级的需求主要起源于用户或信息系统开发人员,但是,最终是否需要进行升级以及升级程度的具体标准还需专门的技术人员通过调查研究后决定,因为计算机及网络的性能表现往往复杂而且技术含量高,一些看似性能上的问题其实也许与计算机及网络的能力没有任何关系,如果确实是因为计算机或网络的问题,则需具体问题具体分析,去选择一个适当的升级途径,以免购买添置一些并非真正需要的硬件或网络设备。

9.5.5 影响系统可维护性的因素

系统的可维护性与系统维护不同,可维护性是信息系统作为软件产品的一个质量标准,它可以定性地定义为软件被纠正、修改和改进的难易程度。在讨论系统开发方法时也一直强调,提供系统可维护性是系统开发方法的所有步骤的关键目标之一。系统维护是系统交付使用后所进行的改动。

维护改动之前必须先定位和理解改动的对象,改动之后还应进行必要的测试。因此,影响系统可维护性的因素主要包括以下3方面。

(1) 可理解性。信息系统作为软件的可理解性表现为非直接参与者理解软件的结构、接口、功能和内部过程的难易程度,结构化技术的模块化,结构化设计技术,面向对象技术的类、继承、封装机制,详细设计的文档,源程序代码及良好的编程语言等,都会对改动软件的可理解性有重要影响。

(2) 可测试性。诊断和测试的难易程度主要依赖于软件容易理解的程度,良好的软件结构及文档对诊断和测试至关重要,以前的测试计划和测试用例也同样重要,可以通过它们产生新的测试计划、测试用例,也可以利用它们进行"回归"测试。

（3）可修改性。软件容易修改的程度与相应开发方法的设计技术直接相关。

上述 3 个因素密切相关，维护人员在正确理解一个程序之前根本不可能修改它；如果不能进行完善的诊断和测试，则表面上正确的修改可能会引入其他错误。

本章思维导图

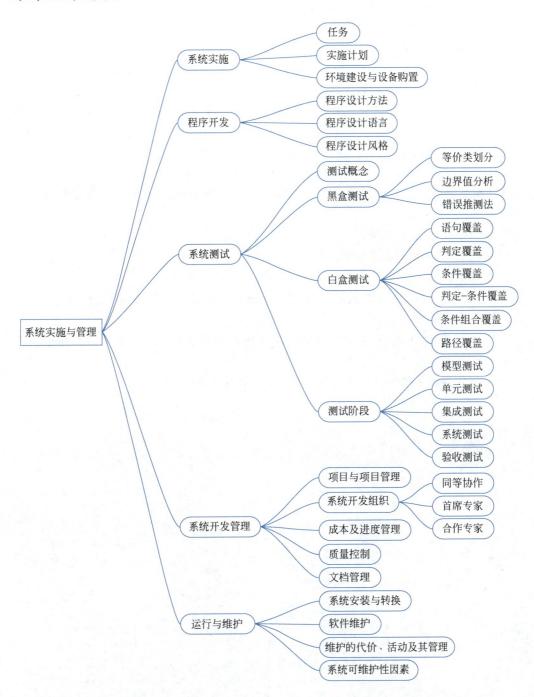

习题 9

1. 简述系统实施阶段的主要任务。
2. 判断下列说法正确与否,并简单说明理由。
   (1) 满足判定覆盖的测试数据一定满足语句覆盖;
   (2) 满足条件覆盖的测试数据一定满足语句覆盖。
3. 某装备管理信息系统用户登录功能对用户名输入有如下要求:长度为 1~6 个字符,有效字符组成为数字 0~9,小写字母 a~z,大写字母 A~Z,写出有效等价类和无效等价类并编号,并按照等价类划分方法设计测试用例(覆盖有效等价类和无效等价类)。
4. 假设在舰船目标识别系统中,舰船归一化面积系数 S 和长宽比 W 是两个主要指标,并有如下判决过程:若归一化面积系数大于或等于 0.8 且长宽比小于或等于 5,则可能是航母,需要调用航母识别模块 P1;若归一化面积系数小于 0.8 但大于或等于 0.5,且长宽比大于 5 小于或等于 8,则可能是油轮或运输舰,需要调用运输舰识别模块 P2;若归一化面积系数小于 0.5,或长宽比大于 8,则可能是驱逐舰等,需要调用驱逐舰识别模块 P3。要求:
   (1) 画出上述过程的流程图;
   (2) 设计实现语句覆盖的测试用例。
5. 项目开发的分组模式有哪几种?适用场景分别是什么?
6. 结合自己参与或开发的项目,简述如何进行控制开发进度,如何管理代码和文档,以及所采用的管理工具软件。
7. 直接安装、并行安装及阶段安装这 3 种方法分别适用于什么场合?简单说明理由。
8. 如何理解系统维护本身就相当于一个小型项目的开发?

第10章 信息系统发展趋势

信息技术领域的发展日新月异,云计算、大数据、数字孪生、人工智能与信息系统的结合,使得传统的信息系统在数据形态、技术形态、交互方式等方面都发生了革命性的变化。同时,科学发展、国家安全、经济发展以及民生改善等领域的多样化需求,也迫切要求在信息系统领域提出适合互联网环境、具备大数据思维方式、灵活展现和动态扩展的新型智能化服务模式,从而推动信息系统分析与设计的技术革新。在此背景下,新型的信息系统应该面向下一代互联网、物联网、云计算等基础环境,具备时空大数据的分布式存储管理能力、高性能分析计算能力、移动互联网环境下分析与展示能力,满足地理信息知识服务需求,即进入新一代信息系统软件发展阶段。

10.1 云计算

10.1.1 基本概念

在互联网时代,人们更希望计算、网络和存储等资源就像使用水、电、气一样简单,需要一个支持传统计算、大数据和 AI 的公共基础设施。这时的信息系统可能不再是更为具体化的计算机系统,而是体现为服务和能力,并且使用模式需要支持多用户共享。同时,人们希望资源能够按需分配,当负载增加时,资源增加;当负载降低时,资源可以共用。此外,从管理的角度来看,信息系统的部署从需求、采购、部署和实施,可能以周、月乃至年来衡量。一方面应该降低管理开销,使得系统管理简单;另一方面,应该有好的解决方案,确保系统的可用性,减轻管理人员的压力。因此,云计算不仅是一种计算模式,而是从基础设施、使用模式、调度策略、管理方式等多方面带来的信息系统的新观念。

云计算的目标是把信息系统变成像水、电等公用服务一样,随用随取,按需使用。因此也把云计算称为"Utility Computing",即"公共服务计算"。云计算的应用需求驱动是大粒度应用系统日益增多,系统规模日益扩大,而小粒度应用系统资源重复、无法共享,随着网络带宽提升、分布式技术、虚拟化技术、Web 服务技术的成熟,各国政府也开始关注低碳经济与节能减排需求。因而物联网、云计算等信息基础设施的设想逐步形成。2006 年,Google 推出"101 计划",正式提出云概念,随后 Amazon 推出 EC2 弹性云计算服务,Google 推出 Google App Engine,微软推出 Windows Azure,直至今日,云计算一直位列改变 IT 前景的十大革命性技术。虽然云计算不是革命性的创新技术,但确实是技术和商业模式的双重创新,将信息系统的建设观念从购买软硬件转变为购买信息服务。

云计算并没有统一的定义。美国国家标准与技术实验室(NIST)给出的定义是:

定义 10-1 云计算是一个提供便捷的通过互联网访问一个可定制的 IT 资源共享池能力的按使用量付费的模式(IT 资源包括网络、服务器、存储、应用、服务),这些资源能够快速部署,仅需要很少的管理工作或很少的与服务提供商的交互。

技术咨询公司 Gartner 认为云计算是一种计算方式,能通过 Internet 技术将可扩展的和弹性的 IT 能力作为服务交付给外部用户。但这些观点都体现了云计算的特点,即资源共享、泛在接入、按需使用、弹性伸缩、服务可度量。所以,任何一台可以上网的通信设备(包括手机、PAD、上网本)均可接入云系统,享受服务。在全球范围内,只有 30% 的计算能力被利用,甚至更低,而云端由成千上万台甚至更多服务器组成的集群为存储和管理数据提供了趋于无限大的空间和计算资源。用户可以根据自己的需要或喜好定制相应的服务、应用和资源。云端动态迁移可保证应用和计算的正常进行；在云计算服务器端提供了可靠、安全的数据存储中心。但是云计算也需要考虑数据存在云上,丢了谁来负责？数据被人偷窥怎么办？云服务商哪天突然不做了怎么办？并且网速低下使云应用的性能不高,难以达到实时效果。另外,没有持续的网络连接能力,很多功能都无法实现。

10.1.2 体系架构

云计算用一个集中管理的巨大的计算资源池,提供巨大的计算资源和能力,为小粒度应用提供资源共享；为大粒度应用提供大规模存储和计算能力。云计算体系结构如图10-1所示。

图 10-1 云计算体系结构

云计算服务模式一般可以分为 IaaS(Infrastructure as Service)、PaaS(Platform as Service)、SaaS(Software as Service),如图10-2所示。

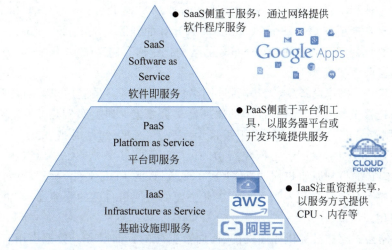

图 10-2 云计算服务模式

IaaS 表示基础设施即服务,注重资源共享,以服务方式提供 CPU、内存等,亚马逊云、阿里云都是典型的 IaaS 服务,在人工智能的模型训练领域,常常需要提供强大的算力,租用 IaaS 服务是性价比比较高的方式。PaaS 侧重于平台和工具,以服务器平台或开发环境的方式提供服务,如 CloudFoundry 云开发平台等。SaaS 侧重于服务,通过网络提供软件程序服务,例如 Google 的在线应用、腾讯在线文档等。相比传统信息系统,这 3 种服务模式构建信息系统的区别如图 10-3 所示。

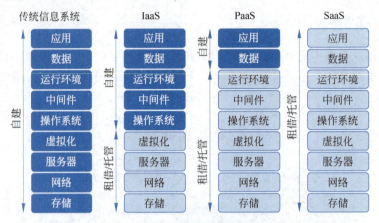

图 10-3 云计算服务模式的比较

在主流的商业云平台中,亚马逊 AWS 是公有云的推动者和引领者,技术成熟,产品完善,服务贯穿 IaaS 到 PaaS,用户包括 CIA、美国联邦航空管理局、Apple、纽约时报等。微软 Azure 则主要面向企业用户,如波音、Facebook,建立了从 IaaS(虚拟机、存储、网络)到 PaaS(数据库、开发环境),再到 SaaS(Office 365、机器学习)的完整云生态体系。Google GCP 提供的服务多样,包括计算、存储、大数据分析、机器学习等 IaaS/PaaS 服务与 Google Docs、Google Maps、Gmail 等 SaaS,也构成了完整生态。阿里云是我国的公有云提供商,自研了飞天云平台,服务包括 IaaS、PaaS,主要用户为国有大中型企业。华为云也主要面向企业用户,与其自有硬件绑定,主要面向 IaaS 层。

开源的云计算平台包括:Google 云计算的开源实现 Hadoop、NASA 和 Rackspace 合作的云平台管理项目 OpenStack、Amazon 云计算的开源实现 Eucalyptus、提供类似于 EC2 的云计算框架 Enomaly ECP、分布式的结构化键值存储系统 Cassandra 等。

典型的云服务实现如下。

(1) 计算云。操作设备(端设备)通过网络访问云服务。虽然用户面对的还是终端,但是计算被迁移至具有强大计算能力的服务器集群之上。典型案例是 2007 年,美国《纽约时报》租用亚马逊的云计算平台,用于将 1851—1922 年《纽约时报》的 1100 万篇报刊文章转换为 PDF 文件,供读者上网免费访问。共租用了 100 个 EC2 节点,运行了 24 小时,处理了 4TB 的报刊原始扫描图像,生成了 1.5TB 的 PDF 文件。每节点每小时费用为 10 美分,整个计算任务仅花费了 240 美元。而如果使用自己的服务器,将需要数月和多得多的费用。

(2) 存储云。存储云提供面向文件、面向数据库的存储服务。典型应用有面向普通用户的文件存储百度网盘、云原生的数据库 PolarDB 等。

(3) 软件服务云。根据用户应用需求,打包整合、一站式服务。软件即服务有时称为"即需即用软件"。

10.1.3 关键技术

云计算的关键技术如下。

(1) 虚拟化技术——实现对计算、存储、网络资源进行整合和高效利用。虚拟化的本质是将物理硬件与操作系统分开,提供更高的资源利用效率和灵活性。通过虚拟机监控器对虚拟机进行统一管理,实现 CPU 虚拟化、内存虚拟化、I/O 虚拟化和网络虚拟化。

(2) 大数据存储技术——包括大数据分布存储、共享访问、数据备份等。传统的集中式存储架构通过昂贵硬件保证高可用性,对管理维护能力要求高,主要称为通过提升硬件配置实现扩展,称为 Scale-up 模式。面向云计算的分布式存储架构通过廉价硬件冗余保证高可用性,对管理维护能力要求低,通过增加硬件很容易实现扩展,称为 Scale-out 模式。

(3) 资源管理技术——根据一定的使用规则,对云环境的不同资源进行组合以满足不同资源使用者的需求,包括物理或虚拟资源的自动化分配、调度、配置、使用、负载均衡、回收等。对于云服务提供商,解决最大化的云资源利用率问题。对于用户,解决高性能、稳定、价格合适的资源的获取问题。对于系统管理员,尽量减少维护的工作量。

(4) 并行计算技术——针对大数据或复杂计算,解决数据或计算任务切分和并行算法设计问题。主要的并行计算模式对比如表 10-1 所示。

表 10-1 典型并行计算模式对比

比 较 项	MPI	MapReduce	Dryad
部署方式	计算与存储分开部署(数据移动到计算节点)	计算和存储部署在同一节点(计算靠近数据)	计算和数据部署在同一节点(计算靠近数据)
资源调度	Torque、Maui	Workqueue(Google)、HOD(Yahoo!)	Work stealing 算法
底层接口	MPI API	MapReduce API	Dryad API
高级接口	无	Pig、Hive、Jaql 等	Scope、Dryad LINQ
数据存储	本地文件系统、NFS 等	GFS(Google)、HDFS(Hadoop)、KFS、Amazon S3 等	NTFS、Cosmos DFS
任务划分	手动进行任务划分	自动化	自动化
通信	消息传递、远端内存访问	Files(Local FS、DFS)	Files、TCP Pipes、shared-memory FIFOs
容错	Checkpoint	任务重做	任务重做

(5) 云安全技术。云计算系统的访问安全性、数据安全性等问题,包含云虚拟化安全、云数据安全、云应用安全等多个层次。具体如图 10-4 所示。

(6) 云计算应用。面向各行业、不同形式的云计算应用技术。

此外,还有云计算中心的节能和散热等工程技术问题。

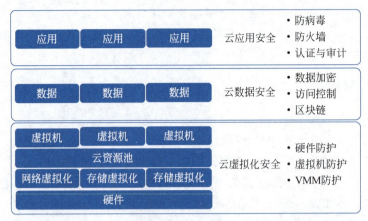

图 10-4 云安全技术

10.2 大数据思维

10.2.1 基本概念

信息技术发展带来了数据获取与处理能力的不断增强,在面向政府管理决策、企业生产运营以及人民群众生活的多类型应用中,涌现出大量新型数据,例如,来自不同类型传感器的海量时空数据,来自于导航定位系统的海量移动对象数据,来自地理社交网络的海量签到数据,面向多媒体地图和三维虚拟地图的三维时空对象数据及场数据,面向分析应用的复杂时空关联数据等。表 10-2 列举了当前互联网时代典型信息应用的数据规模。面对日益增长的数据规模,在线服务、社交网络、旅游出行、电子商务和其他行业等应用中的海量数据存储、管理和处理已经成为当今信息系统应用面临的严峻问题。

表 10-2 互联网时代信息系统应用的数据规模

应用类型	应 用	规 模
在线服务	百度地图(2019 年)	兴趣点:1.5 亿个,全景照片:13 亿张,道路:940 万千米
	天地图(2020 年)	数据总量:80TB,地图服务调用:4.23 亿次/天,日访问峰值:331 万
社交网络	腾讯(2016 年)	定位请求:450 亿次/日,覆盖人数:6 亿,位置大数据:4PB,定位数据:10TB/日
旅游出行	滴滴出行(2018 年)	用户:4 亿,轨迹数据:106TB/天,处理数据:4875TB/天,路径规划:400 亿次/天,定位点:150 亿/天
	携程网(2016 年)	并发访问:1 亿次/天,增量数据:TB/天,用户数据:100 亿条,产品数据:100 万条
电子商务	淘宝(2020 年)	注册用户:5 亿,固定访客:6000 万/天,月活跃用户 8.81 亿,在线商品数:8 亿件/天,销售量:4.8 万件/分钟

续表

应用类型	应　用	规　　　模
行业应用	美国航空航天局(NASA)(2016年)	气候模拟:37PB,行星数据:100TB,火星探测:120TB
	土地利用(2014年)	总数据量:135TB,影像:129TB,向量:6TB
	地质云(2018年)	岩心图像:29万米,钻孔数据:90万个,全文检索:8.9亿种

和云计算一样,大数据并没有严格统一的定义。NIST将之定义为:具有数量大、多样性、处理快速等特征,且需要一种能够高效存储、处理及分析数据的可扩展的体系结构。Gartner公司给出的定义是:数量巨大、高速产生、种类众多的信息集合,需要通过高效、创新的信息处理方法,来达到提高洞察力和决策制定能力的目的。维基百科的定义为:无法在一定时间内用常规软件工具对其内容进行抓取、管理和处理的数据集合。这些定义从不同角度强调了大数据难以用传统技术和方法处理,但定义内涵仅局限于数据本身,从广义的角度来看,大数据可以定义如下:

定义10-2　大数据是基于多源异构、跨域关联的海量数据分析,产生的决策流程、商业模式、科学范式、生活方式和观念形态上的颠覆性变化的总和。

大数据绝不仅仅指数据量大,其特征一般体现为4个V。

(1) 数据量巨大(Volumn):全球在2010年正式进入泽字节(ZB)时代,并且增量巨大。

(2) 类型和来源多样(Variety):包含结构化数据、半结构化数据和非结构化数据。

(3) 价值密度低(Value):海量数据中有价值的信息很少,需要进行数据价值"提纯"。

(4) 产生高速(Velocity):数据高速实时生成且增长迅速,要求处理能力强。

大数据的核心技术是分布式存储和分布式处理。从不同技术层面来看,如表10-3所示。

表10-3　大数据关键技术

技术层面	功　　　能
数据采集	利用ETL(Extraction,Transform,Load)工具对数据进行清洗、转换、集成,最后加载到数据仓库或数据集市;实时数据作为流处理系统的输入,进行实时处理分析
数据存储和管理	利用分布式文件系统、数据库等,实现对结构化、半结构化和非结构化海量数据的存储和管理
数据处理与分析	利用分布式并行计算框架,结合机器学习和数据挖掘算法,实现对海量数据的处理和分析;对分析结果进行可视化呈现,帮助人们更好地理解数据、分析数据
数据隐私和安全	构建隐私数据保护体系和数据安全体系,有效保护个人隐私和数据安全

大数据与云计算的关系体现在:分布式存储是云计算的关键技术;数据中心是云计算的基础设施,包括刀片服务器、宽带网络、环境控制设备、监控设备以及安全装置等;数据中心是云计算的重要载体,为云计算提供计算、存储、带宽等硬件资源,为各种平台和应用提供运行支撑环境。

10.2.2 大数据背景下的思维方式

1. 一切皆可数据化

数字化是把模拟数据变为计算机可读的数据,数据化是把数据变成计算机可分析处理的格式。把文档数据化后,我们就可以检索、组织这些数据。数字化带来数据化,但数字化无法取代数据化,那么到底什么可以数据化呢?文字、方位可以数据化,其实一切皆可数据化,这也是大数据时代带来的新思维方式。

地板数据化后,可以判别物体,分辨身份,进行人流量感知;疾病感应器可以将环境与病情的关系数据化;可穿戴的各种传感器,可以通过心率和皮肤等电导数据,判断人体承受的压力等;数字眼镜能够用数据增强现实。数据化的世界,充满了无限可能。甚至人类的情绪也是可以数据化的。中国自古就有七情六欲的说法,把人类的情感分为"喜、怒、忧、思、悲、恐、惊"7种,又把人的需求分为"眼、耳、鼻、舌、身、意"6类。这就是一种数据化,将原本不具体、抽象的情感变成数字化的类型。而通过对微博、微信语言的分析,可以把情感具体转化为积极、消极两种情绪。这有什么好处呢?用于国际事件,比如,对于股市,如果股民乐观,则股市上扬,悲观则下降。又如可以分析各种网络言论,来获取老百姓对战争的看法等。借助社交网络量化分析技术,可以分析清楚人的行为、相互影响等,从而掌握社交网络结构、互动和传播规律等。例如,对社交网络、论坛中关联关系和话题的挖掘,找出哪些人群对体育感兴趣,哪些对军事感兴趣等。对社交网络关系可视化后,可以看出哪些人是核心节点、网络大V,哪些人形成了一个具有较紧密关系的社团。

2. 全样思维

"盲人摸象""管中窥豹"的故事说明,从局部的视角看事物,自然会得到片面的结论。要树立系统思维,要从全局、从整体来看待事物。在数据获取手段和能力不足,无法获得全部数据的背景下,传统的思维方式是统计学的理论基础,即以尽可能少的数据,证实尽可能大的事实。然而,这种采样的思维方式依赖于采样的随机性,与样本空间关系不大,容易受主观影响。如果一首歌曲、一部电影被分成几个片段,人们还会去欣赏它吗?

大数据时代拥有丰富的数据获取手段,强大的存储和处理能力,先进的分析方法。因而可以树立全样思维的方式,也许隐藏的未抽样的数据隐含了更有价值的信息。

以 Google 预测 H1N1 流感为例。传统方法是病人到医院就诊,医院确认病例向疾控中心报告,疾控中心每周汇总病例情况。这样对疾病流行的预测往往严重滞后。而 Google 首先搜集与 H1N1 搜索相关的几十亿个词条,然后获取疾控中心 2003—2008 年统计数据,对比分析后确定用于 H1N1 预测的 45 个词条。2009 年夏,Google 发现加州网民频繁搜索这 45 个相关词条,从而断定加州发生 H1N1 流行,比疾控中心的预测提前了 2 周。

大数据与"小数据"的根本区别在于:大数据采用全样思维方式,小数据强调抽样。抽样是在数据采集、数据存储、数据分析、数据呈现技术达不到实际要求,或成本远超过预期的情况下的权宜之计。随着技术的发展,不可能获取全样数据,不可能存储和分析全样数据的情况都将一去不复返。

3. 容错思维

关注精确性,是"小数据"时代的观点。因为收集的信息量有限,细微错误就会被放大,甚至影响整个结果的准确性,必须提升数据准确度以降低错误率。北京某个月的出租车轨迹可视化后如图 10-5 所示,可以看出,图 10-5(a)呈现所有的轨迹点,其实反映不了任何有意义的信息,而图 10-5(b)将轨迹密度聚合后,能够清楚地看出交通拥堵的区域。

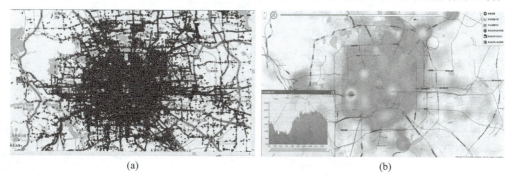

图 10-5 出租车轨迹可视化对比

因此,大数据时代,当数据量变得数量巨大,增量迅速,执迷于精确性将无所适从。例如,GPS 定位时最大可能出现十几米误差,但加上地图的校正,依然能实现准确的导航。又如,在百度中搜索"dashuju""大树据"等,依然能够返回"大数据"搜索的结果。百度是如何做到接受了错误信息,仍能返回正确结果?这说明不好的、错误、有缺陷的数据也是很有用的。可以帮助百度改进搜索质量,开发拼写检查器,还成功用于搜索完成、自动翻译。在现实中,世界本身就是不完美的,现实中的数据本身就是存在异常、纰漏、疏忽,甚至错误。将抽样数据做了极致清洗后,很可能导致结论反而不符合客观事实。这也是为什么很多小数据的模型在测试阶段效果非常好,一到了实际环境效果就非常差的原因。

在大数据时代,可以这样认为:如果杂质是偶然的,那么一定会被正确数据淹没;如果噪声存在规律,那么足够多的数据可以发现这个规律,从而过滤噪声;如果误差是内在必然,那么多样化的数据采集和信息融合必然修正误差。

4. 相关思维

唯物辩证法普遍联系的观点认为世界是一个有机的整体,世界上的一切事物都处于相互影响、相互作用、相互制约之中,反对以片面或孤立的观点看问题。

"小数据"时代人们早已习惯"行必因,然必果"的思维方式,以推理和假设来认知世界。而大数据提供了新的视野和方法。从因果到关联,就是大数据时代的思维特征。当问题空间和求解空间足够大时,可以放弃找寻原因而直奔答案。让数据自己发声,让数据来帮助预测。基于相关关系的预测,就是大数据的核心。例如,Netflix 公司收集了网站上 3000 万用户的收视选择、400 万条评论、300 万次主题搜索等,分析发现人们关注的影星、导演和小说,从而拍出了风靡全球的美剧《纸牌屋》。

因果思维方式的证明代价大,找出一种特殊的相关关系,是事后"救火"模式。相关思维方式寻找代价小,是研究因果关系的基础,是事先"预防"模式。两种思维方式的对比如图 10-6 所示。

图 10-6　因果思维与相关思维

10.2.3　大数据处理

1. 数据清洗

客观来看,大数据的质量得不到保证是采集设备或人为原因所致。主观上,用户不愿意透露个人信息。数据清洗就是把数据中不一致、不完整、噪声的"脏"数据清洗掉,提高数据质量。常见的数据质量问题如表 10-4 所示。

表 10-4　数据质量问题

问　　题	脏　数　据	原　　因
缺少值	电话＝0000-00000000	录入数据时不知道
拼写错误	城市＝'常沙'	输入错误
域对应错误	城市＝'湖南'	错误的取值
重复记录	姓名＝'张兵',编号＝01 姓名＝'张兵',编号＝02	同一实体记录
错误赋值	姓名＝'张兵',籍贯＝'湖南'	张兵不是湖南人
自由文本	姓名＝'张兵,湖南人'	一个属性域中输入多个值

因此,针对数据质量的清洗包括缺失值的处理、噪声的处理、一致性的处理。

例如,对于缺失的数据,可以填充为该类数据的均值,或者忽略掉该数据。

又如,对于数据记录中对"弹药数量"估计不准带来的噪声,可以先对原始数据进行排序,然后划分为等频箱,最后用箱均值来平滑数据以减少噪声带来的影响,具体过程如图 10-7 所示。

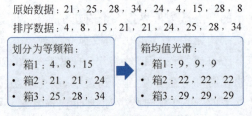

图 10-7　噪声数据的处理

再如,对于多个来源的数据表示同一个实体,可以考虑取值标准一致性,将"考试成绩"用 A、B、C 等级还是百分制;建立属性抽象层次一致性,区分"学院"和"系"的总人数;利用逻辑一致性,判断"婚姻状况"和"配偶就业情况"之间存在的逻辑关联。

2. 数据整理

不同的数据组织形式给大数据分析带来了困难,需要进行整理和变换。具体方法如下。

- 光滑——去除噪声数据,常用方法包括分箱、回归和聚类。
- 属性构造——从给定属性构造新的属性,然后用新的属性替换原来的属性。
- 聚集——对数据进行汇总,如求和、排序等。
- 规范化——把属性值规范化到统一范围。
- 离散化——将连续的值替换为离散值,将值形成分类。

3. 大数据处理工具

传统的数据处理方法在存储能力和查询性能上都难以满足大数据需求,如果要实现大数据处理,则需要非常昂贵的设备。例如,Oracle 海量数据库系统 Exadata,每个定制集群系统 2000 万美元,存储数据 100TB,IBM DB2 每个定制集群系统 500 万美元,存储数据 60TB。

因此,大数据处理工具更多地使用分而治之的思想,通过廉价的计算设备、分布式存储和并行计算策略,支撑实现对大数据高效的处理。对于相互间没有依赖关系的大数据,实现并行最自然的办法就是采取分而治之的策略。例如,MapReduce 计算模型就是借鉴 Lisp 函数式编程思想,用 Map 和 Reduce 两个函数提供高层的并行编程抽象模型。使得程序员只需描述需要"做什么",不需要关心"怎么做",如数据存储访问、数据划分、计算调度、通信、结果收集、容错、负载均衡、性能优化等。例如,使用这种模型进行单词计数的过程示例如图 10-8 所示。

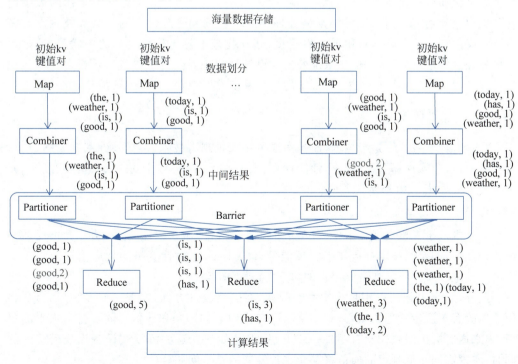

图 10-8 分布式并行的大数据处理示例

10.3 元宇宙

10.3.1 基本概念

"元宇宙"一词诞生于1992年的科幻小说《雪崩》,其中提到了 Metaverse(元宇宙)和 Avatar(化身)两个概念。人们在 Metaverse 里可以拥有自己的虚拟替身,这个虚拟的世界就称为"元宇宙"。小说描绘了一个庞大的虚拟现实世界,在这里,人们通过控制数字化身相互竞争以提高自己的地位。即使到如今看来,小说描述的还是超前的未来世界。

元宇宙(Metaverse)一词由前缀 meta(意为超越、元)和词根 verse(源于 universe,意为宇宙)组成,直译就是"元宇宙",是建立在网络、算力和算法之上的平行于现实世界的数字化世界,可以看作现实世界的延伸,预示着互联网未来的发展方向。元宇宙利用虚拟现实(Virtual Reality,VR)、增强现实(Augmented Reality,AR)和互联网等技术,将现实世界投射到数字世界中。人们可以通过虚拟形象在元宇宙中搭建社交、生活甚至经济系统,实现现实世界和虚拟世界的融合。在信息技术领域,首先是2021年3月"元宇宙第一股"的 Roblox 公司上市。随后,英伟达等科技公司陆续宣布进军元宇宙。10月全球最大的社交网站脸书更是将公司名改为"Meta"。11月,韩国首尔市政府宣布,启动"元宇宙首尔"计划,打造元宇宙城市。我国上海、杭州等城市也陆续提出发展元宇宙的计划。元宇宙重新走进大众视野,2021年也因此称为"元宇宙"元年。

元宇宙与信息系统有着密不可分的关系。元宇宙是一个虚拟现实的概念,代表了一个由数字化和可视化技术构建的综合性、跨平台的虚拟空间,其中包含了丰富的数字内容和用户交互功能。而信息系统则是处理、存储、传输和管理信息的工具和技术。元宇宙要解决的核心问题就是对物理世界建模、建立物理世界与信息世界的关联、再通过信息世界控制物理世界,这与信息系统分析与设计过程中对物理世界进行分析、建模、实现的过程是很类似的。可以预想,在未来的信息系统发展中,元宇宙将起到重要的作用。

10.3.2 主要技术

"元宇宙"本身并不是新技术,而是集成了一大批现有技术,包括硬件基础设施、计算机网络通信、边缘计算、云计算、高性能计算、人工智能、物联网、区块链、人机交互等。元宇宙技术栈如图10-9所示。

1. 计算机网络通信

元宇宙基于人机交互技术实现互动体验,将数据传输至云端、边缘端计算再反馈至设备。然而,如今的技术难点在于实现低延迟的连接,这对计算机网络通信技术提出了更高的要求。可以将其视为元宇宙的数字"高速公路"。

此外,元宇宙强调以用户为中心。因此,在网络设计方面,需要采取多种形式,从将用户体验置于流量管理的核心,到支持以用户为中心的感知和通信。随着技术水平的更新,未来内容的沉浸式体验有望进一步升级,但是如何在这些沉浸式设备大规模接入的同时,实现高同步低延迟的通信将是元宇宙发展的基本问题。

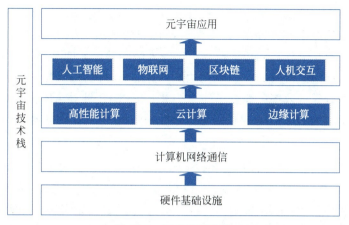

图 10-9 元宇宙技术栈

2. 高性能计算

元宇宙可以看成继互联网和移动互联网之后的下一个计算平台的形态。以 ChatGPT 为代表的人工智能应用在运行背后需要强大的算力支撑,OpenAI 在 2018 年推出的 GPT 参数量为 1.17 亿,预训练数据量约 5GB,而 GPT-3 参数量达 1750 亿,预训练数据量达 45TB。这就要求计算、存储和网络基础设施还需要进一步提升以实现这一愿景。从目前的情况看,突破算力瓶颈存在多种可能的技术路径。

在元宇宙领域,很多大型企业给出的计算解决方案的优势都是基于异构并行的。英伟达在很早的时候就开始探索 GPU 和 CPU 之间的协同,并取得了很好的效果。元宇宙提供的完全沉浸式虚拟环境需要高性能计算作为底层基础设施支撑,在元宇宙需求的推动下,数据中心作为计算和存储的重要硬件设施将有望保持 10% 以上的增速。如果想要参与构建元宇宙,在规模化的体系下必须要有两大基础资源支撑:计算和存储。

3. 云计算

如果高性能计算和量子计算都不能完全解决元宇宙带来的算力挑战,那么还有一种解决思路就是应用云计算。云计算通过建立一个大型的计算、存储和网络资源池,使得用户无须购买物理的服务器设备和机房设施就可以使用理论上可以无限扩展的算力。而云计算服务商都会提供丰富的在线服务,用户无须知道提供算力的资源在哪里,只需要关注如何设计好程序。

4. 边缘计算

从理论上看,尽管云计算可以很好地满足元宇宙产生的巨大运算和存储需求,但是其缺陷也很明显。比较重要的一点是,在执行云计算时,有大量的数据要在本地和云端之间进行交换,这可能会造成明显的延迟。对于元宇宙的用户来说,这会对其使用体验产生负面效果。

"边缘计算"(edge computing)是一种在靠近物或数据源头的网络边缘提供智能服务的新型计算模型,能够节省网络流量、提高响应速度和保护用户隐私,在物联网应用中显示出了优于云计算的性能,受到工业界、学术界的高度关注和认可。边缘计算是元宇宙中补充当前云解决方案的一个有潜力的技术路径,与云计算相比,可以有效减少用户的延迟体验。由于边缘平台靠近用户,因而其与用户的数据交换更加及时,可以较好地解决延迟问题。可以把元计算和边缘计算类比为大脑和神经元的关系。研究表明,借助边缘计算,延迟可以降低 60% 以上。利用边缘计算的延时优势,研究人员提出了一些解决方案来提高边缘计算的效率。如边缘计算技术 EdgeXAR 针对 AR 服务提供了一个移动 AR 框架,利用边缘卸载的优点提供轻量级跟踪,并对用户的感知隐藏了卸载延迟。

5. 人工智能

元宇宙中的人工智能主要用于实时场景和数字孪生(digital twins)体制造。在元宇宙中,用户的位置随时变换。与之对应,虚拟场景也要随之变换,以保证其与用户的互动。在这个过程中,大量的图形、阴影变化,都需要人工智能实时做出判断。在工业领域,数字孪生技术正在助力产品设计、测试等关键过程。在元宇宙中如何让数字孪生与现实世界的物体保持一致并实时交互,深度学习技术发挥了重要作用。航空航天以及军工技术等离不开数字孪生的支持。发达国家目前一直在关注与利用数字孪生技术来构建未来战场,不仅是利用数字孪生技术来帮助技术的研发,还是借助数字孪生技术来构建与开展战场的训练与管理。

此外,强化学习、生成对抗网络等人工智能技术在元宇宙中常常被用于虚拟人的智能化、数字化身份生成等。

6. 物联网

元宇宙需要将现实世界与相对的虚拟世界连接起来。这时,物联网、机器人等技术就显示出了重要作用。伴随着新技术的发展,虚实之间的互动变得更加容易。

如果物联网得到充分的普及,那么当人们在元宇宙里看到了想吃的美食之后,就可以通过物联网将烹调美食的指令发送到附近的机器人。机器人可以根据程序,制作出对应的美食再送到我们的身边。如果能够达成这样的虚实互动,那么元宇宙对人们来讲就不再是一个虚拟世界,而将成为生活世界的一部分。

7. 区块链

区块链是一个共享的、不可篡改的账本,旨在促进业务网络中的交易记录和资产跟踪流程。几乎任何有价值的东西都可以在区块链网络上进行跟踪和交易,从而降低各方面的风险和成本。在元宇宙中,区块链是一种重要的技术,包括 Sandbox 等在内的众多元宇宙公司均采用区块链作为经济和治理系统的技术基础。

严格地说,区块链并不是一种单一的技术,而是由多种技术组成的集合体,它的思想可以追溯到中本聪于 2008 年发表的奠基性论文。现在,区块链通常被用来指一种去中心化的基础架构和计算范式。它利用加密链式区块结构来验证与存储数据、利用分布式节点共识算法来生成和更新数据、利用智能合约来对数据进行编程和操作。

元宇宙产生了难以估量的海量数据,有限的网络资源无法将如此庞大的数据上传到云服务器。区块链技术的迅速发展使人们看到,将区块链应用到数据存储系统中可以保证元宇宙服务器的去中心化和安全性。区块链是由一系列区块串接而成的链。这些区块按照生成时间顺序排列,每一个数据区块由包含元数据的区块头和区块体组成。其中,区块头保存的是各种时间戳的信息;区块体保存的是主要的交易和连接上一区块的信息、各种用来验证区块信息的信息。换言之,区块头是用来对"链"进行串接的,而区块体则是保存信息的主要载体。最新的各种元宇宙项目通常都采用区块链作为底层架构。这样,用户就可以基于区块链对这些项目进行自治化的管理,自己决定这个项目如何运作、如何治理。

8. 人机交互

从技术角度看,元宇宙是由计算机生成的,因此计算机成为进入元宇宙的必要途径。并且,一个人在元宇宙内的所有行为,也都是通过计算机来实现的。因此,当需要找到一个现实世界通向元宇宙的"大门"时,人机交互就是打开这个大门的"钥匙"。

虽然计算机是人类发明的工具,但自它发明以来,一直处在"主体"的位置,人们要根据机器的特征去调整与它的交互方式。在这种条件下,人的创造性和能动性受到束缚。因此,实现人机交互的根本变革,实现从"机器是主体"到"人是主体"的转变就十分重要。元宇宙把人们从过去通过文字、代码等方式进行人机交流的情境中解脱出来,转而在一个虚拟环境下,用更为自然的方式来达成人机交互。而要做到这一点,就需要有多种技术进行支撑。

与元宇宙相关的人机交互技术主要分为两类:扩展现实技术(Extended Reality,ER)和输入技术。前者又包括了虚拟现实、增强现实以及混合现实(Mixed Reality,MR)。

10.3.3　元宇宙与信息系统的发展

第一,元宇宙将成为信息系统的新形态和载体。传统的信息系统主要以计算机、网络和软件应用为基础,提供各种功能和服务。随着技术的不断进步,特别是虚拟现实和增强现实技术的兴起,元宇宙成为一个全新的信息系统形态。在元宇宙中,用户可以通过虚拟现实设备进入一个虚拟的世界,与数字化内容进行互动和交流。通过元宇宙,信息系统可以呈现更加生动、直观和沉浸式的用户体验,使得信息的传达和理解更加高效和便捷。

第二,元宇宙将为信息系统的发展带来新的应用场景和业务模式。元宇宙作为一个全新的虚拟空间,可以模拟现实世界中的各种场景和环境,并提供丰富的虚拟内容和功能,这为信息系统的应用提供了广阔的发展空间。例如,在教育领域,教师和学生可以通过元宇宙进行虚拟实验、远程教学和协作学习;在医疗领域,医生可以利用元宇宙进行虚拟手术模拟和医学培训;在娱乐领域,用户可以通过元宇宙参与虚拟游戏、电影和音乐等活动。这些应用场景将改变人们的生活方式和工作方式,促进信息系统的创新和发展。

第三,元宇宙将推动信息系统的数据处理和管理能力的提升。元宇宙中包含大量的数字化内容和用户生成的数据,如虚拟现实设备生成的感知数据、用户行为数据等。这些数据需要被收集、存储、分析和展示,以支持元宇宙的运行和应用。因此,信息系统需要具备强大的数据处理和管理能力。未来的信息系统将发展出更加高效、智能和可扩展的数据处理和管理技术,以应对元宇宙中海量、多样化的数据需求。例如,利用人工智能和大数据分析技术,信息系统可以自动识别和提取元宇宙中的关键信息,为用户提供个性化的服务和推荐。

第四,元宇宙将加强信息系统的安全和隐私保护机制。元宇宙作为一个虚拟世界,与现实世界存在着复杂的关联。用户在元宇宙中的行为和个人信息可能会被盗窃、滥用和侵犯。因此,信息系统需要加强对元宇宙的安全和隐私保护措施。未来的信息系统将发展出更加健全、全面的安全机制,包括身份认证、数据加密、访问控制等,以保证用户在元宇宙中的安全和隐私权益。

第五,元宇宙也将促进信息系统的跨平台和互操作性发展。元宇宙不仅包含计算机和网络设备,还涉及移动设备、智能穿戴设备、物联网设备等多种终端和平台。信息系统需要具备跨平台和互操作的特性,以实现元宇宙中不同设备和平台之间的无缝连接和交互。未来的信息系统将发展出标准化的数据格式和协议,以实现元宇宙中数据和功能的共享和集成,为用户提供统一的体验和服务。

综上所述,元宇宙与信息系统有着密切的关系,两者相互促进、相互支持。在未来的信息系统发展中,元宇宙将成为一个全新的信息系统形态和载体,为信息系统提供新的应用场景和业务模式。同时,元宇宙也将推动信息系统的数据处理和管理能力的提升,加强信息系统的安全和隐私保护机制,促进信息系统的跨平台和互操作性发展。元宇宙的发展将使得信息系统更加智能、高效、便捷,为人们的生活和工作带来巨大的改变。

10.4 知识驱动

人工智能的浪潮推动着智慧信息系统的发展,信息系统正处于由感知智能到认知智能转变的关键时期。要实现认知智能的系统跃升,离不开知识的驱动。在云计算、大数据、元宇宙等技术的支撑下,数据对象和交互方式的日益丰富和变化,对以知识为中心的信息系统如何进一步形成驱动力、促进生产力,带来了新的研究机遇和挑战。

知识驱动的信息系统集中体现在知识与信息系统发生交互的两方面:一是面向信息系统的知识赋能方法与技术;二是知识驱动的信息系统方法与技术。为此,需要发展和利用以知识图谱为代表的技术,构建形成下一代信息系统,但是如何利用知识图谱的理论积淀和技术成果,来促进信息系统及其方法的发展,解决信息系统分析、设计、开发和应用过程中遇到的问题与挑战,仍有较大的研究空间。

10.4.1 知识图谱

大量的数据可以使人们获取足够丰富的内容,满足自身需要。但是过量的数据会引发信息过载(Information Overload),信息过载反而会影响人们的获取信息的效率,因为在海量的数据中很多内容是与人们的需求无关的,人们要想快速度检索得到自己需要的信息往往很困难。尽管可以利用搜索引擎通过关键字检索的方式寻找自己需要的结果,但是当用户无法准确描述自身的需求时,这种方法就不能为用户提供可能需要的内容。

在人工智能时代,机器已经开始像人类一样具有思考和学习的能力,机器学习、深度学习等算法得到了广泛的关注。这些方法往往通过大量的样本训练模型,使得模型从样本中获得某种特有的模式。尽管这样的学习方式与人类的学习方式也是相似的,但不同的是人类在学习新的事物时,总会将其与自身已经掌握的知识(先验知识)进行对比、联想和关联,而这样的思考方式往往是高效的,可以增强人们理解新事物、掌握新事物的能力。因此,人们考虑机器是否也可以拥有这样的先验知识？也可以像人类一样利用已有的先验知识帮助自身学习新事物,从而接受新的知识？于是可以考虑利用知识图谱(Knowledge Graph, KG)来有效地组织信息,通过表示知识之间关联语义的特点来增强信息获取的能力。例如,在电子商务的实际应用中,商品的属性信息、商品之间关联信息甚至是用户的个人信息可以通过边的连接构成知识图谱,进而辅助推荐系统为用户提供服务。使用知识图谱的意义在于知识图谱提供了可以直接运用的知识,挖掘了实体之间隐含的联系,产生了更多的关联信息。

知识图谱即图结构的知识库,被广泛用于表示结构化知识,并在多样化、动态和大规模数据的背景下执行各种人工智能驱动的任务。"知识图谱"的概念是在1972年被首次提出的,但直到2012年谷歌知识图谱被公布后这个概念才被广泛采用。这也促进了知识图谱在工业中的快速发展。

知识图谱使用网状结构的形式来描述真实世界中存在的事物与事物之间的联系,节点和边是构成网状结构的两个基本元素。其中,节点表示实体,可以是像"海豚"这样的具体实体,也可以是类似"动物"这样的抽象概念；连接各节点的边则表示实体之间的关系,如父子、父女关系,也可表示实体属性,比如性别、年龄。

知识图谱是由大量真实的三元组(h, r, t)组成的事实的集合,其中,h为头实体,t为尾实体,r为头实体和尾实体之间的关系。例如,三元组(长津湖战役,进行的战斗,三炸水门桥)表示长津湖战役中的三炸水门桥战斗这一事实,即头实体为节点"长津湖战役",尾实体为节点"三炸水门桥",头实体和尾实体之间的边为"进行的战斗"关系。现实世界中很多事实都能够表示为三元组的形式,大量事实三元组集中一起就形成了庞大的语义网络——知识图谱。如图10-10所示是一个战史知识图谱。

大数据时代使得知识图谱独特的数据结构在计算机的存储、表示以及应用上更具优势,因此知识图谱的研究热度逐渐上升,知识图谱旨在对多结构类型的复杂数据进行概念、实体和关系抽取,构建实体关系的可计算模型。根据覆盖范围和应用领域,知识图谱可分为通用知识图谱和行业知识图谱。例如,现有的Freebase、Wikidata、ConceptNet5等通用知识图谱,这类知识图谱主要涵盖了大量的通用知识,注重融合更多的实体。以阿里巴巴知识图谱、Linked Life Data、Kensho等为代表的行业知识图谱,注重融合专业领域的知识。通用知识图谱侧重于构建行业常识性知识,应用于搜索引擎或推荐系统,注重广度,强调融合更多的实体。行业知识图谱面向特定领域,依靠特定数据构建不同的行业知识图谱,为企业提供内部的知识化服务,实体的属性与数据模式丰富。

知识图谱的应用领域十分广泛,例如,基于知识图谱的智能搜索引擎,当用户以"长津湖战役的总指挥是谁"进行搜索时,传统的搜索引擎会对检索内容进行关键词匹配,然后返回多个与检索内容相似的链接,用户还需要从这些链接中再次筛选自己想要的内容。而智能搜索引擎则会直接返回结果"宋时轮"的名片,其中包含了宋时轮的人物基本

信息系统分析与设计

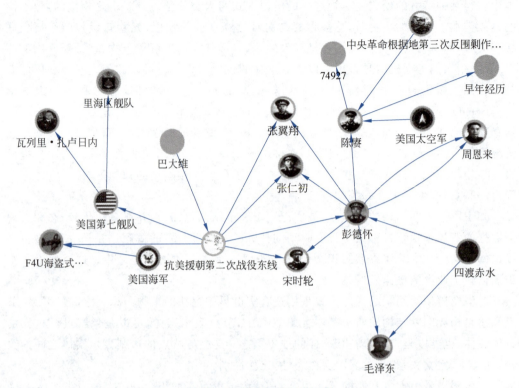

图 10-10　战史知识图谱示例

信息以及生平介绍,用户可以直接获得问题的答案。智能搜索引擎之所以智能就是因为其后台构建了一个巨大的知识图谱,大量的人物、事件、地点等词条通过边的连接产生了关联。换句话说,搜索引擎通过知识图谱将已有的信息资源整合成了自己的先验知识,所以可以很快得到检索问题的答案。不仅如此,知识图谱在智能问答、辅助决策以及电子商务等领域都有广泛的应用,已经成为了认知智能信息系统的重要发展技术。

值得一提的是,虽然 ChatGPT 等问答系统能够模拟人类对话方式处理自然语言输入并以自然语言输出进行回应,但其通常给出的答案的准确性无法保证,且不具备可解释性,如图 10-11 所示,ChatGPT 中关于黄洋界战斗的答案是不准确的,因而,基于客观知识的知识图谱对于认知智能系统的意义更为重要。

> 黄洋界战斗的时间和地点,主要目的是什么

> 黄洋界战斗是中国人民解放军和国民党军队之间的一次重要战斗,发生的时间是1948年11月22日至29日,地点是中国东北的辽宁省锦州市义县黄洋界。
>
> 黄洋界战斗的主要目的是打通东北平原的交通线,消灭国民党军队在辽东半岛的最后一支主力,加速解放东北。在这次战斗中,中国人民解放军第三野战军采取了机动灵活的战术,打出了"速战速决、集中优势兵力、以小胜大"的战斗策略,最终取得了胜利。这次战斗是解放东北的重要一步,为解放全国做出了重要贡献。

图 10-11　ChatGPT 关于黄洋界战斗的问答

10.4.2 知识图谱体系架构

按逻辑划分,知识图谱可分为数据层和模式层。数据层以事实(Fact)三元组为单位,存储具体的数据信息,模式层面向概念和关系,存储知识数据,包括实体(Entity)、关系(Relation)、属性(Attribute)等知识定义。

知识图谱的体系结构是指构建和组织知识图谱所采用的整体框架和结构。知识图谱首先对原始数据(非结构化、半结构化和结构化)进行获取与处理,提取信息要素。然后通过知识抽取、知识融合、知识加工等技术方法,从原始数据库和第三方数据库中提取知识事实,构建知识图谱。最后进行知识推理和应用,知识推理是知识图谱能力输出的主要方式,知识应用将知识图谱与其他特定业务或领域结合,利用知识图谱的技术特性提高业务效率,如图10-12所示。

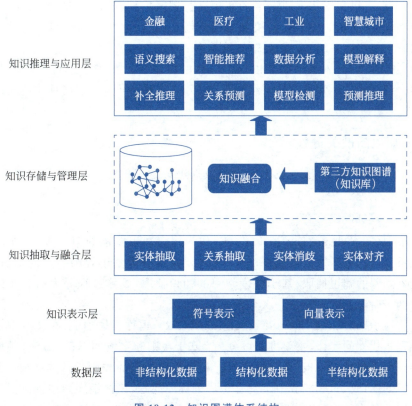

图 10-12 知识图谱体系结构

(1)数据层:知识图谱的数据层是指构建知识图谱所使用的原始数据。这些数据可以包括结构化数据、半结构化数据和非结构化数据。结构化数据是指具有明确结构和格式的数据,例如,数据库中的表格数据。半结构化数据是指具有部分结构化信息的数据,例如,XML和JSON格式的数据。非结构化数据是指没有明确结构和格式的数据,例如,文本和图像数据。

(2)知识表示层:知识表示层是指将原始数据转化为知识图谱中的实体、属性和关系的表示形式。在这一层,数据会被结构化和标注,以便后续的知识抽取和推理。常见的知识表示方法包括本体建模和语义标注等。

(3) 知识抽取与融合层:知识抽取与融合层是指从原始数据中自动地抽取知识,并将不同数据源中的知识进行融合。在这一层,可以使用自然语言处理、信息抽取、实体链接等技术来识别和提取实体、属性和关系。同时,也可以通过对不同数据源的对齐和统一,将不同数据源中的知识进行融合,构建更全面、准确的知识图谱。

(4) 知识存储与管理层:知识存储与管理层是指将抽取和融合的知识进行存储和管理。在这一层,可以使用图数据库、关系数据库或者其他存储技术来存储和管理知识图谱中的实体、属性和关系信息。同时,也需要考虑知识的索引、查询和更新等功能,以便高效地访问和操作知识图谱。

(5) 知识推理与应用层:知识推理与应用层是指基于知识图谱进行推理和应用的层级。在这一层,可以利用知识图谱中的知识进行逻辑推理、统计推理、语义推理等,以发现隐藏的知识、推断新的关系和解决复杂的问题。同时,也可以基于知识图谱构建各种应用,例如,智能问答系统、推荐系统、智能搜索等。

注意,知识图谱的体系结构可以根据具体的应用场景和需求进行灵活的调整和扩展。上述介绍仅为一种常见的体系结构示例,实际应用中可能会根据具体情况进行定制和改进。

10.4.3 知识图谱关键技术

知识图谱运用多种方法与技术对原始数据进行挖掘处理,主要可分为知识抽取、知识融合和知识推理。

1. 知识抽取

知识抽取(Knowledge Extraction,KE)作为构建知识图谱的第一步,旨在从异构数据中抽取重要信息要素。依据发展顺序,其主要技术分为基于规则字典的知识抽取、基于统计机器学习的知识抽取、基于深度学习的知识抽取,具体过程分为命名实体识别和关系抽取两个阶段。

命名实体识别(Name Entity Recognition,NER),也称实体抽取,在文本中识别出特定含义或强指代性的实体,主要方法可分为:基于规则和字典的 NER 方法,领域专家根据领域特点构造出规则模板,凭借模式匹配和字符串匹配的规则设计词典模板;基于统计机器学习的 NER 方法,将识别问题作为序列标注问题,在标签序列中预测强相互依赖关系;基于深度学习的 NER 方法,避免大量的人工特征构建,通过梯度传播训练优化网络结构模型。

关系抽取(Relation Extraction,RE)用于在 NER 之后识别文本语料中离散化实体间的语义关系,建立实体间的语义链接,主要方法可分为:基于规则和字典的 RE 方法,基于文本词语、词性或语义的模式集合,以人工构造形式构成语法和语义规则,在后续对特定领域字典进行扩充;基于统计机器学习的 RE 方法,以数据是否标注作为分类标准,分为有监督、半监督、无监督 3 种关系抽取方法,旨在提升召回率,增强跨领域通用性;基于深度学习的 RE 方法,通过神经网络训练数据构建模型。

2. 知识融合

知识融合(Knowledge Fusion,KF)旨在消歧、加工、整合知识抽取阶段获得的扁平化形式知识,确定知识图谱中等价的实例、类别和属性,去除冲突和重叠知识数据,更新知识图谱,主要方法包括实体消歧和实体对齐。

实体消歧(Entity Disambiguation)用于解决一词多义问题,确保知识图谱中的同名实体指称项具有明确定义和区分。实体消歧可分为聚类消歧和链接消歧方法,前者将所有实体指称项按其指向的目标实体进行聚类,即每一个实体指称项对应到一个单独的类别。后者将实体指称项与目标实体列表中的对应实体进行链接实现消歧。

实体对齐(Entity Alignment)用于解决同义异名问题,判断多个实体是否指向真实世界中同一客观对象,利用实体的属性信息,判定不同实体是否可进行对齐。基于机器学习的实体对齐方法主要采用监督和无监督学习方式,依据知识的属性相似度匹配方式进行实体对齐,例如,决策树(Decision Tree,DT)、支持向量机(Support Vector Machine,SVM)等。依赖实体的属性信息,通过属性相似度,进行跨平台实体对齐关系的推断。基于知识表示学习的方法通过将知识图谱中的实体和关系都映射到低维空间向量,使用数学方法对各实体间的相似度进行计算。

3. 知识推理

知识推理(Knowledge Reasoning,KR)是指根据知识库中现有的实体关系数据推测和构建实体之间新关系,进而丰富和扩大知识库网络。主要方法可分为:基于逻辑规则的推理方法,利用知识的符号性和简单规则及特征推理得到新知识;基于嵌入表示的推理方法,将图结构中的隐含关联信息映射向量化表示,发现内在关联关系;基于神经网络的推理方法,利用各种神经网络建模非线性复杂关系,挖掘隐含语义和结构特征。

10.4.4 发展趋势

知识图谱驱动的信息系统是一种基于知识图谱的智能化系统,它以知识图谱为核心,通过整合、结构化和推理知识,实现对信息的高效获取、处理和分析。知识图谱驱动的信息系统的发展趋势主要体现在以下几方面。

(1) 多模态信息融合。随着信息技术的迅猛发展,现代社会中产生的信息形式多种多样,包括文本、图像、音频、视频等多种模态。知识图谱驱动的信息系统将不仅局限于文本信息,还要能够有效地处理和融合多模态信息,构建更加全面、丰富的知识图谱,以更好地支持人们的信息获取和决策。

(2) 自动化知识抽取与更新。知识图谱是一个动态的信息网络,需要持续地更新和维护。传统的手工构建方法难以适应快速变化的信息环境。因此,未来的发展趋势是将自动化知识抽取技术与知识图谱结合起来,实现对大规模数据的自动化解析、抽取和更新,以保持知识图谱的及时性和准确性。

(3) 跨领域知识集成。知识图谱的构建需要从各个领域的数据中提取并整合知识,实现跨领域的知识集成,将不同领域的知识进行融合,构建更加全面的知识图谱。这样的跨领域知识集成将有助于发现不同领域之间的关联和信息的交叉点,为跨领域的应用提供更多可能性。同时,将知识图谱开放和共享,推动知识的共享和交流。这样可以促进不同领域的合作与创新,实现知识的共同进步。

(4)语义推理和智能问答。知识图谱的一个重要应用是语义推理和智能问答。通过在知识图谱上进行语义推理,可以实现更高级别的问题回答和推理能力。这包括基于知识图谱的推理机制、逻辑推理和统计推理等方法,使得知识图谱能够回答更加复杂和深入的问题,为用户提供更准确、全面的信息。

(5)个性化推荐与智能推送。知识图谱驱动的信息系统可以基于用户的兴趣和需求,进行个性化的推荐和智能推送。结合用户的个人偏好和历史行为数据,利用知识图谱中的丰富信息,将实现更加精准、智能的推荐和推送。这将大大提高用户的信息获取效率,提供更加个性化的服务体验。

总之,知识图谱驱动的信息系统在未来将会呈现出更加智能、多模态、自动化、个性化和开放共享的发展趋势,为人们提供更强大、高效的信息获取和处理能力。

本章思维导图

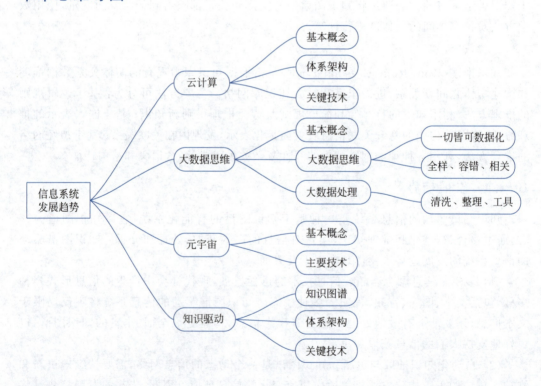

习题 10

1. 云计算仅仅是一种新的计算模式吗?结合身边的云计算案例,分析云计算带来了哪些信息系统观念的变化?

2. 结合身边的应用案例,分别列举哪些是 IaaS、PaaS、SaaS。
3. 如果把在线的地图导航看成云服务,属于哪一种云服务?
4. 分布式存储架构与集中存储架构相比,有什么特点?
5. 在大数据时代,效率有时候比精确性更加重要,这体现了哪种大数据思维?举例说明生活中的应用场景。
6. 对于多个来源的数据表示同一个实体,要考虑哪几种一致性处理?
7. 举例用三元组表示教务管理信息系统中的知识。
8. 知识图谱中抽取知识的关键技术有哪两种?分别是怎么进行的?

参 考 文 献

[1] 王昊,刘友华.信息系统分析与设计[M].南京:南京大学出版社,2021.
[2] 杜娟,赵春艳.信息系统分析与设计[M].3版.北京:清华大学出版社,2021.
[3] Laudon K C,Laudon J P. *Management Information Systems: Managing the Digital Firm*[M]. 17th ed. London: Pearson Education,2021.
[4] 黄孝章,刘鹏,苏利祥.信息系统分析与设计[M].2版.北京:清华大学出版社,2017.
[5] 王晓敏,崔国玺,李楠,等.信息系统分析与设计[M].5版.微课视频版.北京:清华大学出版社,2021.
[6] Stair R,Reynolds G. *Principles of Information Systems*[M]. 14th ed. Boston: Cengage Learning, 2020.
[7] 陈广宇.管理信息系统[M].2版.北京:清华大学出版社,2016.
[8] 吴彦文.软件工程导论与项目案例教程[M].微课视频版.北京:清华大学出版社,2023.
[9] 尹志宇.软件工程导论——方法、工具和案例[M].题库.微课视频版.北京:清华大学出版社,2022.
[10] Silberschatz A,Henry F K,Sudarshan S. *Database System Concepts*[M]. 7th ed. New York: McGraw-Hill,2019.
[11] Bryant R E,O'Hallaron D.深入理解计算机系统[M].龚奕利,贺莲,译.3版.北京:机械工业出版社 2016.
[12] 谢希仁.计算机网络[M].8版.北京:电子工业出版社,2021.
[13] 陈佳.信息系统开发方法教程[M].2版.北京:清华大学出版社,2005.
[14] 王珊,杜小勇,陈红.数据库系统概论[M].6版.北京:高等教育出版社,2023.
[15] Zhou X,Chai C,Li G,et al. Database Meets Artificial Intelligence: A Survey[J]. IEEE Transactions on Knowledge and Data Engineering,2020,34(3): 1096-1116.
[16] Narasayya V,Chaudhuri S. Cloud Data Services: Workloads, Architectures and Multi-Tenancy [J]. Foundations and Trends in Databases,2021,10(1): 1-107.
[17] Rekatsinas T,Roy S,Vartak M,et al. Opportunities for Data Management Research in the Era of Horizontal AI/ML[J]. Proceedings of the VLDB Endowment,2019,12(12): 2323-2323.
[18] 李国良,周煊赫,孙佶,等.基于机器学习的数据库技术综述[J].计算机学报,2020,43(11): 2019-2049.
[19] 孟小峰,马超红,杨晨.机器学习化数据库系统研究综述[J].计算机研究与发展,2019,56(9): 1803-1820.
[20] Sha E H M,Chen X,Zhuge Q,et al. A New Design of In-memory File System Based on File Virtual Address Framework[J]. *IEEE Transactions on Computers*,2016,65(10): 2959-2972.
[21] 姚斌,袁野,屠要峰.新硬件驱动的数据管理[J].中国计算机学会通讯,2022,18(6): 33-38.
[22] 章祥荪.管理信息系统的系统理论与规划方法[M].北京:科学出版社,2001.
[23] 杨青,黄丽华,何崑.企业规划与信息系统规划战略一致性实证研究[J].管理科学学报,2003, 6(4): 43-54.
[24] 温包谦,王涛,成坤,等.基于GIS与模糊评价法的防空雷达阵地选址[J].火力与指挥控制,2020, 45(10): 48-53,62.
[25] Richards M,Ford N.软件架构:架构模式、特征及实践指南[M].杨洋,徐栋栋,王妮,译.北京: 机械工业出版社,2021.

[26] Buschmann F,Meunier R,Rohnert H,et al.面向模式的软件体系结构 卷:1 模式系统[M].贲可荣,译.北京:机械工业出版社,2003.

[27] Gamma E,Helm Ri,Johnson R,et al. *Design Patterns*:*Elements of Reusable Object-Oriented Software*[M]. London:Pearson Education,1994.

[28] 姜志平,丁峰,易侃,等.综合电子信息系统综合级体系结构概念及框架[J].指挥信息系统与技术,2012,3(1):1-5,24.

[29] 黄敏珍,王璐璐,林晓蕾,等.面向软件项目管理的数据生命周期管理研究[J].项目管理技术,2023,21(2):124-129.

[30] 朱少民.软件测试方法和技术[M].北京:清华大学出版社,2010.

[31] Yang C,Huang Q,Li Z,et al. Big Data and Cloud Computing:Innovation Opportunities and Challenges[J]. *International Journal of Digital Earth*,2017,10(1):13-53.

[32] 王家耀,武芳,郭建忠,等.时空大数据面临的挑战与机遇[J].测绘科学,2017,42(7):1-7.

[33] 熊伟,吴烨,景宁,等.高性能地理信息系统架构与技术[M].北京:国防工业出版社,2021.

[34] 唐九阳,葛斌,张翀.信息系统工程[M].3版.北京:电子工业出版社,2014.

[35] Arnaldi B.虚拟现实与增强现实:神话与现实[M].侯文军,蒋之阳,译.北京:机械工业出版社,2021.

[36] 苟尤钊,季雪庭,叶盈如,等.元宇宙技术体系构建与展望[J].电子科技大学学报,2023,52(1):74-84.

[37] 朱迪,张博闻,程雅琪,等.知识赋能的新一代信息系统研究现状、发展与挑战[J].2023,34(10):0-10.

[38] 潘乐炳,葛林强,王铄.信息系统发展:从网络驱动到知识驱动[J].中国电子科学研究院学报,2022,17(9):929-934.